JN092791

反対尋問と事実認定 2

歴史をめぐる事件の記録と解説

渡邊春己 Harumi Watanabe

花伝社

反対尋問と事実認定2——歴史をめぐる事件の記録と解説◆目次

おわりに　323

はじめに

本書は筆者が刊行した『反対尋問と事実認定1――尋問の記録と解説』（花伝社　2021年）の特別編にあたる。

ここに収録した事案はいずれも歴史的事項に関連している。

第一は、いわゆる第三次家永教科書訴訟のうち、七三一部隊に関する記述についての検定の違法が争われたものであり、控訴審における秦証人に対する反対尋問および最高裁判決に関連した裁判資料を収録している。

第二は、1937年12月に旧日本軍によって引き起こされた、いわゆる南京事件の際の「幸存者」として著名な李秀英に対する名誉毀損事件である。「幸存者」とは中国語で「生き残る」ことを意味する。李秀英は、南京事件の際に深刻な被害を蒙りながら奇跡的に生き延びた。その李秀英を、真実の被害者ではない、いわば〝ニセ被害者〟であるとした『南京虐殺への大疑問』の著者と出版社に対する名誉毀損裁判の事例である。

第三は、「従軍慰安婦」問題の研究者である吉見義明中央大学教授（当時）の研究について「捏造」である旨の発言をしたとして、吉見教授が発言者に対し名誉毀損訴訟を提起した事案である。

第四は、経済史研究者である原朗（東京大学名誉教授・東京国際大学名誉教授）が、大学院生に対する最終講義において、自己の著作物が盗作された体験を述べたことに対して名誉毀損で訴えられた事件である。原朗は、自らの体験を踏まえて研究倫理の必要性を講じたもので、この最終講義は講義録等に収録されている。

これらの歴史的資料とその評価、歴史的事実の認定の方法や歴史叙述のあり方などが関連している。歴史学を専門としない裁判官にはその専門的知識が必要となるから、歴史研究者（本人を含む）の証言や意見書による専門的知見の顕出とその理解は必要不可欠である。

本書ではこうした専門研究者の意見書等も収録するとともに、事案の内容と審理の経過を理解する助けとなるよう、弁論要旨、証拠弁論、口頭陳述書などを収録している。

そして、本書に収録した事案に関する筆者の反対尋問はいずれも一定の成果を収めたものと考えているが、審理の結果は事案によって全く異なったものとなっている。

一般的に裁判では〝勝つべきものが勝つ〟ことが裁判のあるべき姿であるといわれている。

ところが、筆者は必ずしもそのようになっていない事案も存在していると考えている。

そこで、「おわりに」において、各事案の事実認定と判断（判決）について、比較対照して検討を加えた。本書の収録資料だけでは万全ではないが、単に法廷技術だけでなく、現在の裁判の現状を考察する資料となり得るものと考えている。

本書での判決に対する検討について、「おわりに」における筆者の〝判決批判〟が、公正な裁判、判決についての考察に関する一考の材料となれば幸いである。

（注）第1巻同様、調書における筆者の表記は「渡邊」に統一した。

また、調書等は、必要に応じて旧漢字を新漢字に変更し、明らかな誤記を修正した。紙面の関係上やむを得ず図表等のレイアウトを変更した場合がある。

第1章　第三次家永教科書裁判における七三一部隊の記述について

1　本件事案の概要と一審判決

（1）事案の概要

本書では、第三次家永教科書裁判で行われた七三一部隊に関する審理の記録の一部を収録した。事案の概要は次の通りである。

家永三郎は、教科書（『新日本史』三省堂出版）の本文の注に「ハルビン郊外に七三一部隊と称する細菌戦部隊を設け、数千人の中国人を主とする外国人を捕らえて生体実験を加えて殺すような残虐な作業をソ連の開戦に至るまで数年にわたってつづけた」と記載した。これに対し、文部省は「時期尚早」であるとして全面的削除を求めたことから、家永は文部省の検定は違憲違法であるとして損害賠償を求めたものである。

（2）一審での審理と判決

ア　一審での審理

一審では家永側から『悪魔の飽食』三部作を著した作家森村誠一及び歴史研究者として江口圭一愛知大学教授（当時）が証人として出廷した。そして、検定当時にはすでに『悪魔の飽食』三部作をはじめ多くの文献やハバロフスク裁判資料等によって七三一部隊の実態は十分に解明されていることを証言した。

国側証人として出廷した秦郁彦は、人体実験について「やったかもしれない」「非常に答え難い」「フェル・レポートが出てくるまでは、相当な根拠をもって学術的に処理できるという段階にするには達していないと思われますので、私としてもその辺を考えたから執筆の機会、まとめの機会を見送っている」などと証言した。

イ　一審判決

一審判決は、具体的な証言の信用性など考慮せずに、以下のように判示し、検定の違法性を認めなかった。

「右に認定したとおり、昭和五八年度検定当時、史料として問題がなくはなかったにせよ、いわゆる七三一部隊に関しては既に数多くの文献・資料が公刊されていたこと、中でも前掲『悪魔の飽食』、『消えた細菌戦部隊』を高く評価し、昭和五八年度検定当時の日本近・現代史の学界に於いては、七三一部隊に関し本件原稿記述に表現された程度の事実はすでに十分確認されていたとする見解があること等に照らせば、本件原稿記述程度の七三一部隊に関する記述についてその削除を求める修正意見を付すことが果たして当を得たものといえるかは、問題とする余地のあるところであろう。しかしながら、他方、当時の学界においては、七三一部隊に関する学術的研究はいまだ不十分であったとして高等学校の教科書においてこの点についての事実を記述することに慎重であるべきものとする見解もあること（これら双方の学問的見解の優劣については、当裁判所の判断し得るところではない。）にかんがみれば、七三一部隊を教科書に取り上げることは時期尚早であるとする検定理由が合理的根拠を欠くということはできず、文部大臣が検定基準の前記（選択・扱い）の観点から修正意見を付したことをもって、社会通念上著しく妥当性を欠くものと断ずることはできない。」

秦証言は、一審の法廷で秦自身初めて示した見解であり、かつ自著の内容にも反したものであった。

一審判決の論理によれば、検定当時どのような学問的な根拠があっても、法廷で証人が異議を唱えれば全て検定が合理化されることになるという極めて奇妙な論理構造になっている。

（3）控訴審での審理と判決

当然のことながら原告家永はこれを不服として控訴した。

ア　控訴審での審理

秦証人は一審判決後、雑誌『正論』に「日本の細菌戦――七三一部隊と石井四郎――」（上　１９９０年3月、下　同年4月）と題する論稿を公表した。そのなかで、七三一部隊の人体実験や中国大陸での細菌戦を実施したことも記述したのである。この論稿の内容は秦自身が行った証言と明らかに矛盾していた。

家永側証人の証言は、史料に基づいた明快な証言であったのに対し、秦証言は一種の不可知論を利用した対照的な証言内容に終始している。

秦氏は、上記論稿を公表後の控訴審でも、七三一部隊に関する国側（文部省側）の証人として再度出廷した。

そこで秦証人への尋問は、

・秦証人の論稿の内容と一審証言との関係

・七三一部隊が細菌戦部隊であり、人体実験を行っていたこと、及びそれを示す証拠

・検定当時の学説、文献の状況

などの解明を目的とした。

以下、秦証人がいかに恣意的であるかを明らかにするため、控訴審における秦証言の反対尋問部分を掲載する。

イ　控訴審における秦郁彦証人尋問調書

（平成三年一〇月二一日　第一二回口頭弁論）

控訴（附帯被控訴）代理人（渡邊）

――証人は本件の検定経過、すなわち本件教科書記述の内容、検定意見、それから結論的には全面削除になった、ということは当然御記憶ございますね。

はい。

原審における昭和62年11月30日付け、証人秦郁彦の証人調

書を示す
――一〇六項で、「実は、検定当局、つまり調査官の先生方や審査会の先生方は――法廷でもそうなんですが――記述内容そのものについては認めておられるんです。そのことは、ご存じですか。」という原告代理人の質問に、証人は「そういうふうには理解しておりません。」と答えておられますが、御記憶ありますか。

はい、そういうふうに答えております。

――ところで原判決ですが、「なお、検定意見が、右七三一部隊の存在や日本軍による生体実験の事実を否定する趣旨でないことは、時野谷滋証言によっても認められる」というふうに判断していることを御存じですか。

よく存じません。

――知らないんですか。そういう時野谷滋証言があるんですが、そのことをあなたは御存じないですか。

正確には聞いておりません。

――時野谷滋証言をお読みになったことはございますか。

正確に読んだことはありません。

――現在の発行されている教科書、例えば三省堂出版の教科書あるいは実教出版の教科書などでは、七三一部隊に関する記述が記載されているということは御存じですか。

聞いております。

――証人は具体的には中国の平房、この七三一部隊のあった場所へ訪れたことはございますか。

ありません。

――じゃあ、その平房のいろんな遺跡、遺品の写真、例えばねずみ取りの器具とかその他の写真について見たことはございますか。

全部ではないと思いますが、見た記憶はあります。

――先程あなたが御証言なさった『正論』についてお聞きします。この『正論』では、七三一部隊が人体実験をしたということについては、あなたもお認めになっておられますね。

はい、認めております。

――それはあなたの学者としての研究ですね。

はい。

――それから、七三一部隊の目的は、あくまで細菌を実用兵器化することにあったということも書いておられますね。

そうです。

――これも現在のあなたの研究ですね。

そうです。

――今度は、中国大陸での細菌戦についても寧波や常徳で行ったということを、あなたは『正論』にお書きになっておられますね。それはお認めになっておられますね。

はい。

――『正論』を見ますと、証人は七三一部隊の本来の目的は細菌の実用兵器化であって、そのために人体実験を行い、前日にも人体実験を実施したというふうにお書きになっていると伺ってよろしいですね。

大体、そういうふうに認識しております。

――ところで、先程あなたもおっしゃったとおり、具体的な実験についてはノモンハン事件のハルハ川ですか、そこで実用したということを書かれておりますね。

まあ、多少、不明確なところが残っておりますけれども、大体そのように推定はしております。

――でも、あなたは、いずれも伝聞や風説の範囲を出なかったところへやっと出現した決定的証言だったとお書きになって、その後に詳細な細菌資料をお書きになっていますね。

書いております。

――これは一般読者から見れば、あなたの学者の見解として、そういうふうに行ったという見解をお持ちだというふうに理解できるんですが、そうではありませんか。

そこは極めて複雑なのは、当時の状況下でホルステン川に細菌を投下するということの目的が科学的にはっきりしない、したがって味方がやられる可能性のほうが大きいわけです。ですから、これは細菌戦と言えるかどうか……

裁判長

――あなたは学術的裏付けがあったということを基にお書きになったのか、ということです。

若干、今言いかけた点で問題があるわけで、味方に対してやっているのは細菌戦とは言えないと思いますから、味方が被害者になるような場合は。ですから……

控訴（附帯被控訴）代理人（渡邊）

――要はこの文章を読んで、私は今言った細菌戦の実施内容が、あなたの見解として書かれているとしか読みとれないんですが、それでいいんですかという質問です。

大体、それでいいと思います。

裁判長

――あなたは推測しておりますと先程答えられましたが、文章からいくと推測ではなくて、裏付けを基にあなたは認定されていると受け取れますが、そのとおりでしょうか。

そういう行為があったということについては、そのとおりです。

控訴（附帯被控訴）代理人（渡邊）

――それ以外に、あなたはこれは推測であるとか、であろう、というふうに自分の論文でお書きになっておりますね、それは御記憶ありませんか。

それは多々あると思います。

――ところで、『正論』の「日本細菌戦（下）」の254ページ、中段一行目から、「入れかわりに十月からやはりデトリックのヒル博士とヴィクター博士もやってきた。二つの報告書の要点が公開されたのは一九八四年と八六年になってからだが」云々とお書きになっていますね。

はい。

——この「二つの報告書の要点が公開されたのは一九八四年と八六年」ということの具体的内容についてお伺いしますが、これはどういうことでしょうか。

原審でも証言いたしましたけれども、こういうアメリカの公文書が公開される場合には、こういうものを公開するという掲示があるわけではありません。したがって、だれか研究者がたまたま申請をして見つけた時点、これが言わば、初めて研究者に知られるということになるわけですが、その結果論文が書かれるとか、あるいは伝聞によって今回公開されたとか、その程度の意味合いでありますから、正確に公開の日付を知ることは不可能であります。

——私が聞いているのは、あなたが「公開されたのは一九八四年と八六年になってからだが」とおっしゃっているのは、具体的にどういう根拠でお書きになったのか、という質問なんです。

今申しましたのは、諸情報を総合して私は判断をしたわけであります。

——じゃ、その諸情報について具体的に聞きますが、1984年に公開したというのは、どの情報によってあなたはお書きになったんでしょうか。

正確には記憶しておりません。

——1986年になってからだというのは、どの情報によって何が公開されたのか御記憶ありますか。

正確には記憶しておりません。

——正確でなくて結構ですから、その二つについてお答えください。

先刻から申しましたが、松村高夫証人が入手した、あるいは常石証人が入手したという時点、その他諸々の情報を総合して、この時点で公開されたものというふうに私は判断しております。

——ですから、公開されたというと、例えばフェル・レポートが入手されたと、あなたがおっしゃりたいことが何か書かれているわけでしょう。あなたが入手したわけではないから。

私も入手しております。

——1984年の段階に、あなたは入手したんですか。

いや、そうじゃありません。もっと遅れております。

——1984年の段階では、フェル・レポートなりヒル・レポートなりがどんな書物によって明らかにされたのかあなたは御存じですか、という質問です。

昭和56年ですから1981年ですね、ジョン・パウエルが一部を読んで紹介したらしいということは、かなり後になって、わかってまいりましたが、私が申しておりますのは、ほぼ完全な形でという意味合いから申しますと、この両者が完全に明らかになったのは、部分的に逐次発表されるわけですね。ですから、常石さんの「標的イシイ」は１９８４年であり……

――これはフェル・レポートの一部ですね。

そうですね。

――それから。

海軍の作った要約もこの中に入っておりますね。それから、平成元年ですから１９８９年ですか、『消えた細菌戦部隊』の増補版に出てきておりますね。

――これは何がですか。

いろいろあります。

――私が聞いているのは、あなたがフェル・レポートとヒル・レポートについて二つ書いているから、そのことがあなたが先程御証言になっているとおり焦点になっているわけですよ。しかも、あなたが直接『正論』でお書きになっているから、その点、いつなのかという確認をしているわけですよ。端的にお答えください。

フェル・レポート、ヒル・レポートについては、いろいろ部分的な紹介がありますので、したがって、これらが逐次集まってきて、そして総合判断をするという過程でありますから、特定の何年何月というふうにお答えすることは困難であります。

――あなたは自分で「公開されたのは一九八四年と八六年になってからだ」と書いているから、この文章の根拠は何ですかと聞いているだけなんですよ。

総合して判断をした、と言っております。

――ですから、その総合の中で１９８４年はどれとどれ、１９８６年はどれとどれということがわからないんですか。

フェル・レポートについても、いろいろな形のレポートが何種類もあるわけです。したがって、このことを一つずつ証言するためには多大の手間を要しますし、ここではその必要はないと考えております。

裁判長

――１９８４年に公開されたとおっしゃっているのは、どちらのレポートだとおっしゃっているんですか。

これはフェル・レポート。但し、フェル・レポートもいろいろありますが、１９８６年がヒル・ヴィクター・レポート。こういうふうに私は見ております。

――１９８４年がフェルで、１９８６年がヒル・ヴィクターということですね。

はい。

控訴（附帯被控訴）代理人（渡邊）

――今の裁判長の整理によって、１９８４年はフェル・レポート、１９８６年はヒル・レポートということのようですが、１９８４年にフェル・レポートが公開されたというのは、どの書物による御指摘なんでしょうか。

先刻も申しましたように、１９８４年というのは総合的に私が判断したと、これが基本にあるわけです。部分的には、これが常石さんの本に出ております。アメリカのナショナル・アーカイブの公開状況から言いますと、正確に何年何月という断定はできないわけです。公開はどれを指すんでしょうか。

裁判長

――おっしゃっている趣旨は分かるんですけれども、公開というのは、あなたがさっきからおっしゃっているのは、一般的に目に触れるようになったという状態をおっしゃっているわけでしょう。

それをはっきり分けてお聞きいただければ、答えようもあると思うんです。

――ここでおっしゃっている公開というのは、一般の目に触れるようになったという趣旨でお使いになっているんじゃありませんか、言葉を。

必ずしもそうではありません。

――公開というのは、どういう状態をおっしゃっているんですか。

おおむね必要な範囲の情報が含まれたものが、研究者の相当部分に確実な形で周知されるということで、必ずしも一般公衆ということは意味しておりません。

――研究者が手に入れようとすれば、特定の人でなくて、手に入るようになったと、そういう意味ですか。

大体そういうことです。

――それを１９８４年と限定されたのは、どの状態を指しておっしゃったんでしょうか。

したがって、研究者仲間その他の情報、それまでに部分的に紹介されている印刷物その他から総合判断をして、１９８４年あるいは１９８６年というふうに申し述べているわけであります。

――少なくとも、それより前には入手できなかったと、こういうことを意味しているわけですね。

大体そういうことであります。

控訴（附帯被控訴）代理人（渡邊）

――じゃあ、聞きますけれども、総合的というふうにおっしゃいましたけれども、今、フェル・レポートについては常石さんの文献を挙げられましたね。それ以外の文献はございますか。

部分的にということから言えば、さっき申しましたようなパウエルもそうでありましょう。それから、生の形で入手して研究論文を発表していない人も、我々の知らないところでかなりあるかと思います。

――私が聞いているのは、公開されたものというふうにお聞きしているんです。

公開されたもので極めて満足すべき公開状況は、これはやはり常石さんの１９８９年、大体これでほぼ満足できる状況です。

裁判長

――公開されたものは、常石さんのもののほかに何かありましたかという質問です。

あるかもしれません。

――いや、あなたが知っていた範囲で。

それぐらいではないでしょうか

控訴（附帯被控訴）代理人（渡邊）

――１９８６年はヒル・レポートとおっしゃいましたね。先程のフェル・レポートに関連して同じ趣旨なんですが、ヒル・レポートがあるということが分かった資料というのは、どんなものでしょうか。端的にお答えください。

どんなものでしょうかと聞かれても困りますけれども、大体フェル・レポートの各論に記述されたものとほぼ内容の重複するようなものが記載されておりまして、これは人体実験を立証するというふうに理解をしています。

――その内容はいいです。あなたがヒル・レポートが公開されたというふうに言っているのは、どんな文献に、一部でも全部でも結構ですから、紹介されたから公開されたというふうにお考えなんでしょうかという端的な質問なんです。

常石さんの本じゃないでしょうか。

――常石さんの何ですか。

『消えた細菌戦部隊』の増補版などだと思います。

――これらのフェル・レポート、それからヒル・レポートの現物は、あなたはお持ちですか。

持っております。

――原文はお持ちですか。

持っております。

――フェル・レポートの原文は、いつ、どこから入手しましたか。

入手先については申し述べたくありません。

――じゃあ、いつでしょうか。

明確に記憶をしておりませんが、１９８４年以降であることは確かであります。昭和62年、すなわち１９８７年ですか、私が原審で証言した時点では私はまだ入手しておりませんでした。

――ヒル・レポートはいつ入手しましたか

それも同様でありますが、確か同時に入手したと思います。いずれにしても、原審での証言以降のことであります。

――そうすると、あなたはヒル・レポートの全文をお持ちですね。

全文であるかどうかは確認できません。しかしながら、大体要点は尽くしたものと考えております。

――先程、『消えた細菌戦部隊』の増補版でヒル・レポートが１９８６年に公開されたんだとおっしゃいましたね。

　ちょっと意味がよく取れないんですが。

――先程私が何回かしつこく聞いた部分なんですが、ヒル・レポートについては１９８６年に公開されたというのは、『消えた細菌戦部隊』の増補版であるという趣旨の証言をしたんでしょう。

　それが『消えた細菌戦部隊』に印刷した形で記載されていると、こういう理解です。

――ところが、この増補版というのは、出版が１９８９年なんですよ。そうすると、『消えた細菌戦部隊』の増補版ではないんじゃないですか。分からないなら分からないで結構です。

　それは、入手された後、ほかに部分的に常石さんが発表したものがあると記憶しております。

裁判長
――１９８６年に公開されたというのは、公の刊行物でどういう状態を言うんですかと聞いたら、常石さんの『消えた細菌戦部隊』に載っていたんだと、こうおっしゃったんで、それは１９８９年だから、１９８６年ではないんじゃないですかという質問です。

　ですから、入手した時点と……。

――入手したことじゃなくて、公開された状態を聞いているんです。

　これを公開と言えば、そう言えるかもしれませんけれども、私自身は１９８９年以前にこれを入手しております。

控訴（附帯被控訴）代理人（渡邉）

――先程の『正論』の下の255ページの上段の真ん中辺に「四七年八月五日の米海軍情報部レポートはフェル報告の成果を要約したものだが」云々とありますね。

（うなずく）

――これは後でも聞きますけれども、この「米海軍情報部レポート」というのは、これはフェル自身が作成したもののうちの全文ではありませんか。

　フェル・レポートと言っている場合には、フェル自身がどこからどこまで執筆したのかどうか、それは簡単には知り得ない。特にこういうレポートの場合は、付属部分のほうが極めて重要である。したがって、私はそういう観点で比較をしたことはありません。

裁判長
――そうなのか、そうでないのか、分かりませんか。

　分かりません。

控訴（附帯被控訴）代理人（渡邉）

――『正論』で、先程私が具体的に言いましたが、七三一部隊の本来の目的は細菌の実用兵器化であり、そのために人体実験を行い、現実にも細菌戦を実施したという内容をここでお書きになっていますけれども、これらを書くにあたって依拠した史料というのはどういうものですか。

極めてたくさんでありまして、オーラルも含んでおります。簡単に直ちには申し上げられない。

——原審の段階では、人体実験については、やったか、やらないか分からないという御証言だったんですが、人体実験について依拠した最大の史料は何でしょうか。

いろいろありますので、一概には申せません。

——具体的に幾つでも結構ですから、挙げてください。

この論文の中にそれぞれ引用がありますので、それでもって御判断をいただきたいと思います。

——援用がありますが、例えば人体実験については、フェル・レポートなりヒル・レポートなりの内容を具体的に示して援用されて書かれた部分は人体実験に関してはありませんが、そうすると、それを除いた史料によって人体実験についてお書きになったというふうに判断してよろしいんですか。

そうではありません。

——細菌戦について書かれておりますが、それについて最も依拠した史料というのはどんなものですか。

これも多々あって、一概には申せません。

——そうすると、あなたの証言をこういうふうにお聞きしてよろしいんでしょうか。この『正論』を書くについては、私、全部数えたんですが、ここに約30点ほどの史料が表示されているんですが、そういうものに基づいてあなたがお書きになったというふうに理解してよろしいですか。

これは学術論文の体裁をとっておりませんので、省略しているものもあります。ほかにもかなり多数あります。

——じゃあ、こういうふうに聞きましょう。細菌戦について依拠した史料について、あなたはトンプソン・レポートを参照しましたか。

参照したと思います。

——ハバロフスク裁判記録はどうですか。

参照しております。

——ほかに、あなたが細菌戦について依拠した史料を、記憶する範囲でお挙げになってください。

細菌戦の意味をもう少し具体的におっしゃっていただきたい。

——細菌戦を実施した事実についてあなたがお書きになった拠点史料です。

ただ一つの拠点史料というようなものはありません。これはすべて総合でありまして、それぞれの場所に、それぞれ記述してありますので、それで御判断をいただきたい。

——全部挙げろとは言っていないんです。あなたは史料について、いろいろ史料批判して、重要な史料と、そうでない史料を区別なさっているでしょう。

はい。

――あなたは、筆頭史料、次頭史料という趣旨で、原審において区別して証言なさっていますね。ですから、お聞きしているんですよ。どういうものを主として依拠して、細菌戦の実施についてお書きになったのかという質問なんです。

具体的に、ここに引用されている史料についてどう思うかという御質問なら答えやすいんですが、ちょっと今のような御質問の形では答えにくいですね。探していかなきゃいかんのでですね。

――あなたの記憶にないですか。今記憶で思い出せないですか。例えば、こういう史料、こういう史料、こういう史料を主として自分としては前提にしてお書きになった、あるいは、こういう史料が重要だと思ってお書きになったと。

非常に数が多いので、漏れたときに……。

裁判長

――主要な史料と、それの補足史料という形で考えて、主要な史料というのを幾つか挙げられませんかという質問です。

特に一つ、二つというふうには、私は申し上げないほうがいいと思います。

――そうすると、そういうものはないんですか。そういう分け方をして、主要な史料と……。

この論文の中に、多々、その都度列挙してあります。

――それを読んだ上でお聞きしているんで、この場合にはそういう史料の分け方はできないんですか。

総合判断でありますから、ここで私が等級を付けるということは避けたいと思います。

控訴（附帯被控訴）代理人（渡邊）

――あなたは原審で、フェル・レポートが出るまでは学術的な論文を書けないというふうに、具体的に史料の区別をして証言なさっているんですよ。だから、二等の史料の中でも、あるいは三等の史料の中でも、順次史料を判断してお書きになったと思うので、それの上のほうでも結構ですから挙げてくださいという質問ですよ。

フェル・レポートについての証言は、マルタについての人体実験のほうについて申し述べたことだと思います。今のは細菌戦の実施のほうだと思いますが。

――ですから、それは何ですかという簡単な質問です。

等級をここで分けることは、私は避けたいと思います。なぜならば、私は自分で第一級のものだというふうに判断したもの、更にそのほかと総合して、最終的に結論を出すわけでありますから、ここで非常にレベルの落ちる、自分で信頼できないというようなものは使っておりません。

裁判長

——だから、あなたが第一級とお考えになった史料は何ですかと、そういう質問なんです。

多々ございます。

——具体的に挙げてください。幾つでも結構ですから。

控訴（附帯被控訴）代理人（渡邊）

例えば、下の243ページ、「柳田節子稿、『歴史評論』一九八六年四月号」、これもそうだろうと思います。それから。「石井部隊航空班の某氏」と、ここにございますね。

それから、フェル・レポートの尋問も出てまいります。

——ヒル・レポートはどうですか。

ヒル・レポートについては、ここには特に書いてありませんね。それから、244ページから245ページ、ここに出てくる七三一部隊の幹部たちの一部の人からの証言、そういうものを組み合わせて判断をしております。そのほか、まだここにたくさん出てまいります。第一三軍の資料だとか。

——もういいです。その中にいろんな史料があります。そのうち、最も重要な史料と思われるとあなたが判断したものは何だったか、記憶がありますか、ありませんか。細菌戦です。

細菌戦は、あっちこっちでやっているわけです。ですから、それぞれについて出所が違うわけです、データが。ですから、一概に全般を通じて、ここでランクを付けろというのは無理だと思うんですね。

——『正論』の上の260ページの下段、「だが、これらの成果は純学術的には貴重であっても、七三一部隊の本来の目的からすれば、二次的な重要性しか持たなかった。研究開発の重点は、あくまで細菌を実用兵器化することにあったからだが」云々というふうにおっしゃっていますね。原審では、七三一部隊の本来のスタートの目的がどうだったか、よく分からないというふうな御証言だったですね。

部分的にはね。

——260ページの今読んだ部分では、具体的な史料が引用されておりませんね。

はい。

——こういう事実をお書きになった最大の史料、拠点とした最大の史料はどんなものでしたか。

これは、吉村さんに私がインタビューしたわけです。吉村寿人博士ですね。吉村さんの私家版の刊行物があります。それを私は拝借をして読ませてもらいました。

——それでこれをお書きになったと。

それだけではありませんけれども、それがさっきからおっしゃっている主たるものです、この部分については。

——『正論』の上の251ページの上段から、「陸大を出た高級将校が」云々というふうにあって、最後の二行に「と述べているのを自発的発言と受けとる人はあるまい」と、そういうふうにお書きになっておりますね。

はい。

――これは先程あなたが御証言なさいましたね、具体的な人間も。

はい。

――「と述べている」の主語は、「陸大を出た高級将校が」というのがこの文章の主語ですね。

最後までかかっているかどうかということは、必ずしも明確ではありません。

――全部読みましょうか。「陸大を出た高級将校が『天皇裕仁の秘密軍令』とか『マルタは中国人民革命軍の兵士及びパルチザン』式の表現をするはずはないし、『天皇裕仁、石井中将及び若松少将が厳重処罰されることを期待するものであります』とか『自分の余力を、かかる非人道的行為に反対する闘争に、平和の為の闘争に向けるよう努力します』と述べているのを自発的発言と受けとる人はあるまい。」という文章ですが、この文章の主語は「陸大を出た高級将校が」という以外にございますか。

日本語の表現はかなりあいまいですので、この点は私は不注意だったかもしれません。したがって、これはまだ雑誌論文でありますから、単行本にするときには「陸大を出た高級将校などが」と、こういうふうに直したほうが誤解を招きにくいというふうに判断いたします。

――あなたは先程も御証言なさったように、ハバロフスク裁判記録については史料批判を要する点が多々あるといった上で、この文章をお書きになっていることは間違いないですね。

そうです。

甲第七一七号証の二を示す
――この下段を見てください。

私もハバロフスク裁判、公判記録を全部調べる能力がなかったんですが、斜め読みに読みましたが、その下段の①の「天皇裕仁の秘密軍令」というのは、起訴状中に川島清の供述として書かれている部分。②の「天皇裕仁、石井中将及び」云々というのは、被告平櫻全作が最後の陳述中に述べている言葉です。それから、「自分の余力を」云々という③の部分は、被告尾上正男が最後の陳述中に述べている言葉です。これは先程あなたも御証言なさいましたね。

はい。

――川島清は軍医少将、平櫻全作は獣医中尉、尾上正男は軍医少佐と、どうもこのハバロフスク裁判の段階ではそういう地位にあった方ですが、これらの方は陸大を出た人ですか。

松村知勝は陸大を出ております。それから、川島清、尾上正男は軍医学校の甲種学生を終了しておりますが、人事的にはこれは陸大卒業生と同等の扱いを受けるということになっております。しかしながら、誤解を招くおそれがあるので、「高級将校など」という表現にしたほうがここでは適切だろうと思いますが、ここの文章の重点は「自発的発言」というところにあると思うんです。

――『正論』の下の246ページの中段、「松村知勝大佐は、ハバロフスク裁判で次のように証言している。」として、一段落落としていますね。これは、ハバロフスク裁判をそのまま引用したものだというのが、この表記の方法ですね。

だと思います。

甲第七一七号証の一を示す

――この右側の枠内があなたが引用した部分です。これによりますと、まあ、この片仮名を平仮名に直すのは分かるんですが、例えばいろいろありますが、助詞を入れると幾つかあるんですが、五、六点ありますが、このうちの特に枠内の五行目、「細菌兵器」という部分があなたの引用部分にはないんです。それから、更にその二行目後、これも「細菌兵器」という部分がないんです。

『正論』には、「細菌兵器使用法を研究、完成するよう命令しました」と、こうありますが。

――引用というのは、そのまま正確に引用するものではありませんかと聞いたら、そうですというふうにあなたがお答えになったから、この引用は不正確ではないですかという質問だけです。

全体としては、不正確だとは思いませんけれども。

――引用というのは、原典をそのまま引用するというのが、学術的な初歩的な方法じゃないですか。

場合によります。これは学術論文ではありません。

――この『正論』を書くにあたって、医者にお聞きになりましたか。

七三一部隊の幹部は大体医師出身者であります。

――あなた、原審では、人体実験について書く場合には、医者に相談しなきゃいけないという趣旨の証言をいたしましたね。

したほうがいいというのが私の意見であります。

――医師の友人なり何なりに確認する。更に、その医師に確認してもらったということを公示するというふうにあなたは証言しているんですよ。

それは、七三一部隊の医師の幹部にインタビューできないときにはという条件付きなんです。

――そうすると、この『正論』を書く場合に、まず第一にあなたは医師の幹部にお聞きになったんですか。

七三一部隊の複数の医師出身の幹部、現在医師をやっている人も含みますけれども、たくさんの人に私はインタビューいたしました。

――具体的に名前を挙げられますか。

ここの中に出てくる人はありますけれども、匿名を希望した者もありますので、それはお答えできません。

――森村さんの場合も匿名になっている例が多いですけれども、あなたと同じ立場でしょうね。そうだとすると、医師に確認してもらったということを公示すると原審で述べられていますけれども、この『正論』の中にそれを公示した部分がございますか。

七三一部隊の幹部の軍医が出てくるということは、それ、すなわちそうだというふうに読者は判断するだろうと思います。

――そうすると、それはどなたとどなたですか、ここで出ているのは。

直ちに言われても、探すのに少々時間がかかりますけれども。

――あなた、原審でも、そういう上級隊員の証言を得るのは非常に必要だと。そして、私も一生懸命探したというふうにおっしゃったでしょう。そうだとすると、医師の上級隊員についてのお名前を何人か、すぐに思い出せませんか。

そちらからおっしゃっていただければ、私はどういう人か御説明いたします

裁判長

――この中に挙げている医師で、上級隊員という方のお名前は今挙げられませんか。探さないと挙げられませんか。記憶で聞いているんですが。

例えば、目黒正彦薬剤大尉があります。それから、景山軍医大尉も確かそうだったと思いますね。それから、どこかへ出てくるんですがね……、まだ何人もあります。

控訴（附帯被控訴）代理人（渡邊）

――次に、原審の証言についてお聞きします。あなたは原審の証言の一一九項で、「アメリカのフェル・レポートを除く文書のコピーも持っております」というふうに証言なさっていますね。

はい。

――この当時、あなたはヒル・レポートはお持ちになっていなかったわけですね。

持っておりません。

――フェル・レポートについて、四一項で、「それを記述したフェル・レポートがいまだに見付からない。但し、フェル・レポートにはこういうことが書いてあるという間接の報告書、これは常石さんの本にも出ておりますけれども」というふうにあなたは御証言なさっていますね。

はい。

――この当時、あなたが表現なさった、ここに書いてある「間接の報告書」という文書ですね、この文書こそがフェル自身が直接お書きになったものではありませんか。

分かりません。

――あなたは今日の証言でも、フェル・レポートに総論と各論があるというふうにおっしゃいましたね。

はい。

――あなたがおっしゃる、あるいは前回の松村先生がおっしゃったフェル・レポートの総論というものが、あなたが御指摘になった「標的・イシイ」の中に書いてあるものではありませんでしたか。

完全にそれがフェル・レポートのいわゆる総論に当たるものかどうか、頭書きもひっくるめて完全であるかどうかは、私もちょっと確信が持てません。大体要点は出ていると思います。

——でも、直接書かれたレポートというのが、あなたのおっしゃる「間接の報告書」ではなかったですか。イエスかノーかだけで答えてください。

六〇ページのレポートのことですか。

裁判長

——あなたが原審でおっしゃった「間接の報告書」、これはまさにフェルが書いたものじゃありませんかと、こういう質問です。

海軍の要約ですね。で、これはフェルの書いたものと推定をされます、この時点では。推定はされておりましたけれども、確認はしておりません。

——あなたがさっき分からないというのは、確認はできないと、こういう意味ですか。

つまり、フェル・レポートの定義が人によって違うものですから、したがって……

——あなたがおっしゃった「間接の報告書」というのは、これはフェルが書いたものをあなたはおっしゃっているんじゃありませんかと聞いているんです。

そうです。

控訴（附帯被控訴）代理人（渡邊）

——原審の証言の四二項、尋問の内容を言いますと、「人体実験に関する『六〇ページのレポート』である。このレポートは有名ではあるが、一九八三年夏の段階ではその所在すら確認されていない」というふうにありますね。この『六〇ページのレポート』というのは、日本の細菌戦専門家19人が人間を使った生物研究についての60ページのレポートではありませんか。

そういうふうに理解しております。

——これはフェル自身の作成したものではございませんね。フェル自身が直接に自分で作成したレポートではございませんね。

直接に作成したかどうかということについては、私は何とも申し上げられません。つまり、筆記した人がだれであるのか、それに対してフェルが手を加えてまとめたかどうかという、そこら辺りの細かい状況については何とも言えないという意味であります。

甲第六八八号証を示す

——2ページを見てください。「A細菌戦計画における重要人物のなかの一九人（重要な地位に就いていた数人は死亡している）が集まり、人間に対してなされた細菌戦活動について六〇ページの英文レポートをほぼ一ヵ月かけて作成した。」というふうに、このレポートの作成名義人は日本人であるということがこの文章から明らかなんですが、あなたの理解は違うんですか。違うかどうかだけでいいです。

日本人が陳述したものであるという認識はしておりません。

――陳述したというよりも、ここでは「一ヵ月かけて作成した」と書いてあるんです。陳述と作成では違いますけれども、作成したというふうにあなたは理解できませんか。

英文でありますから、作成とはいかなる意味なのか。

――じゃあ、それはその程度にします。次に、あなたは原審の証言の四七項で、原告が大きな振幅を示した歴史研究者であるというふうにおっしゃっていましたね。

はい。

――あなたは『日本占領秘史』というものをお書きになりましたね。あなたも執筆者の一人として。

そうです。

――その下の中に、金原左門先生が解説をお書きになっておりますね。

記憶しておりません。

――その金原さんの解説の中で、322ページで「わたしはなぜかこの答えは慎重さと適切さを欠いていたと首をひねらざるをえない。」とか、あるいは323ページで「家永氏は『変節組』を代表する人物ではないからである。」と、そういうことを書いてあることは御存じですか。

記憶しておりませんが、それは初版でしょうか。

――もう既に甲第三九六号証の二で出されているんです。それから、甲第三九八号証の472ページで、尾鍋輝彦さんが、家永氏は「学問外の何かにこびたところは少しもない。」「『軍部に迎合したり、戦争を礼賛するような論文』を発表したという非難はまったく的外れである。」というふうに書いておられますね。

記憶しておりません。

――次に、『太平洋戦争』の記述についてお聞きします。まず、あなたは、原審の証言の二八項で「『新しい侵略者である米軍と軍事的結託を続けている背徳的行為』という表現があります。この本は、後にアメリカで英訳版が刊行されておりますけれども、以上の二点は英訳版には入っておりません。」というふうにおっしゃっておりますね。

はい。

――この英訳版の中に、「新しい侵略者である米軍と軍事的結託を続けている背徳的行為」という趣旨の文章が入っていることをあなたは御存じありませんか。甲第七一三号証の240ページです。

これは後で気が付きました。

――先程あなたが御証言になっているから前提事実は飛ばしますが、家永さんの『太平洋戦争』の12ページに、池田ロバートソン会談についての記述がございますね。

はい。

――この記述の（一三）の注を、あなたは原審でお読みになっていないということだったですね。

読んでないとは申しておりません。

――あなたはこの点について、四八項の途中から読みますが、「注の（一三）というのが付いておりますけれども、この注記はお読みになりましたでしょうか。」「注記は、読んでおりません。」と。これ以外に理解のしようがありますか。

これはイエスかノーかで答えろと言われたので、中身については記憶していないという意味で申し上げたんで、実際には読んでいるということです。これは後で気が付きました。

――そうすると、あなたは、『戦後の歴史教育』という家永さんの本の中で、家永さんが当時、朝日新聞の会談の議事録と宮沢さんの論文を突き合わせているということは御存じですね。

知っています。

甲第二四五号証の一を示す

――175ページを見てください。あなたは原審の三四項の証言で、盧溝橋事件の第一発について、盧溝橋事件の第一発は確定していないにもかかわらず、ここの部分で簡単に片付けて結論を出しているというふうにおっしゃいましたね。

はい。

――甲第二四五号証の一の175ページの1行目から、「かつビルマ方面軍所属第一五軍司令官牟田口廉也は、盧溝橋事件の際の現場の連隊長であったところから、『盧溝橋で第一発を撃って戦争を起したのはわしだから、わしがこの戦争のかたをつけねばならんと思うてをる』といった功名心にかられ、四四年三月、イムパール攻略作戦を強行した。」というふうに書かれておりますね。分かりますね。

（うなずく）

――ここの文章は、盧溝橋事件に関する記述ではなく、イムパール作戦についての記述ではありませんか。

まあ、そうでしょう。

――そうだとすると、ここで家永さんが盧溝橋事件について結論を出しているなどということは理解できませんね。

それはどうでしょうか、一概には言えないと思います。

――かぎ括弧を付けた場合にはその人の見解であり、地の文章の場合には判断になり得るということの区別ぐらいは、あなたはできるでしょう。

一応そういうふうに理解しています。

――そういうふうに言うなら結構です。次に、ハバロフスク公判記録についてお聞きします。あなたは原審での証言では、特移扱ということについて、内容は具体的に記憶ありませんでしたというふうに九七項で答えていますね。

（うなずく）

――ところで、『正論』では、「特移扱ニ関スル件通牒」というのを引用しながら、あなたは書かれておりますね。

（うなずく）

――この特移扱というのは、七三一部隊にとっては人体実験の材料の確保という意味で、非常に重要な史実ではありませんか。

そうだと思います。

――あなたは一方、九四項で、ハバロフスク軍事裁判については何度も読みましたとおっしゃっていますね、この記録を。

はい。

――それでも、当時、あなたは記憶の喚起もできなかったんですね。

いや、実は写りが悪くて、特移扱というのは読めないんですね。これはこう書いてあるんだという予備知識を持って見ると読めなくもないというようなことなんですね。

――じゃあ、こういうふうに聞きましょう。あなた、30年来、七三一部隊についての研究を続け、しかも、これが公開された史料の第一号であるというふうにおっしゃっていて、その中の「特移扱ニ関スル件通牒」ですね、写真版になっていいます。これを具体的に解読しなかったんですか、当時。

写真版の写りの悪いのを、想像によって分析をする、推定をするということはできるだけ避けたほうが安全だと思うんです。

甲第二六七号証を示す
――「『特移扱』ニヨリ」云々という説明文がありますね。

この説明文はあります。しかしながら、原本であるということの証拠としては、これはほとんど読めないんですね。写真版の字の写りが悪くて。ですから、私は、証拠になり得ないということです。

――ハバロフスク裁判の中で、多くの人たち、例を挙げましょうか。例えば、証人橘、証人倉員、この人たちがこの特移扱について証言をしているのをあなたはお分かりにならなかったんですか。

ハバロフスク裁判における陳述については、先般来申し上げているように、極めて信頼性については疑問があるという目で昭和五八年当時までは見ておりました。

――そうしたら、こういうふうに聞きましょう。30年来研究している段階にもかかわらず、この『公判記録――七三一細菌戦部隊』という史料についての写真版の特移扱について、他の研究者その他とも、具体的にこれは何だろうということで相談したこともないし、確認したこともないと。だから、出なかったというふうに聞いてよろしいですか。

そういう質問には大変お答えしにくいと思いますね。

――結構です。あなたの原審の証言、六〇項で外国人の捕虜について聞かれていまして、その上で六四項であなたは、ロシア人のマルタの存在について「ハバロフスク裁判で、それに対する被害者の言及がないからであります。」というふうにお答えになっていますね。

はい。

――甲第二六七号証によれば、ロシア人のマルタについては、川島の尋問304ページ、田村良雄452ページ、倉員480ページ、ここでロシア人のマルタについての供述があるんですが、あなたはこの原審での証言当時知っていなかったんですか。

疑わしいと。いるかもしれない、いないかもしれないという立場で証言しておりました。

――「ハバロフスク裁判で、それに対する被害者の言及がないからであります。」と言っているんですよ。この記録の中に、私がざっと読んだ中でも三人出てきたんですよ。

そうでしょうか。デムチェンコという兵士の名前は出てまいります。しかし、これはいかなる兵士か、また、なぜ日ソ中立条約下の満州国にソ連の兵士がいたのかと、そういう辺りが非常に疑問なんですね。

――ハバロフスク裁判については、原審の証言では、非公開でまとめられた記録とおっしゃっていますけれども、まず、具体的に非公開というふうにあなたが断じた根拠は何かあるんですか。

私が非公開という意味は、西側の自由なるジャーナリズムなどに公開をされているという意味でありまして、ソ連のような体制下において行われている公開というものは、これはどこでも公開とは認めないんじゃないでしょうか。

――最近のいろんな史料によれば、公開で市民の関心が集まって、市民が傍聴したというふうに書かれているんですが、そういうことは当時御存じなかったですね。

昭和62年当時はだれも知らなかっただろうと思います。

――次に、『悪魔の飽食』についてお聞きしたいんですが、まず、『悪魔の飽食』では、七三一部隊の要図、あるいは組織概要などが明らかにされておることは御存じですか。

はい。

甲第七一七号証の三を示す

――この上段は、『新版　続・悪魔の飽食』の23ページ以下で、森村氏が組織体をいろいろ聞いて明らかにしたという部分ですね。

はい。

――下段は、１９４７年12月12日付の「細菌戦調査に関する概要報告」という、114ページ以下で書かれている内容を一覧表にしたものです。これを見ますと、比較しますと、この「細菌戦調査に関する概要報告」では、石井中将、北野少将を筆頭として、班長クラスが八名聞かれているんですよ。お分かりになりますか。

はい。

――これを見ると、このレポートは、あなたは上級隊員の調査が必要であるということを原審の証言でおっしゃっていましたけれども、上級隊員の多くの方々を調査したものだということは、この対照表を見ても一見して分かりますね。

これは十分だと思います。

――これだけ調べれば十分でしょう。

名前という点だけですよ。

――この下段の真ん中辺、「オカモトコウゾウによれば八百五十件の標本記録があり、有効な資料を備えた四百一件と、資料不備な三百十七件がある。またオカモトは五百件以下をイシカワがハルピンから持ち帰ったと疑っている。」というふうに、標本についての記述がございますね。

はい。

――それから、「キャンプ・デトリックＭｄ基礎化学チーフ」というふうに書かれている以降、「個人面接調査の結果を次のように述べている。」ということで、いわば各論が具体的にここで簡潔に要約されて述べられておりますね。

はい。

――この史料だけを見ても、この当時、多くの上級隊員をアメリカ軍が調査し、そして、その調査の結果を報告しているということが容易に読み取れますね。

オリジナルの文書についての言及がないんですね。ですから、これはいかなる性質のものであるのかということが分かりません。それから、なぜ人名が全部片仮名なのか。

――さっきの括弧書きを見てください。これは、キャンプ・デトリックＭｄ基礎化学チーフ、こういう肩書の方が書かれたものであるというふうに十分理解できますね。

これだけでは、十分とは必ずしも言えませんね。

――この当時、七三一部隊の調査をしていたアメリカの機関というのは、まさにこのキャンプ・デトリックではありませんでしたか。

そうだと思います。

――あなたは、これを見て、キャンプ・デトリックの資料ではないかということで興味を示しませんでしたか。

ええ。したがって、これは原文を入手して、何とかチェックしたいと。それから、ここに出てくる片仮名名前の人を、実在の日本人の人名と照合して、漢字の名前を入れていく。まず、そういう作業から始めるということで、これは非常に有力ないい手掛かりであります。研究のためには非常にいいデータです。

――あなたは原審の証言では、証言する前にこの『悪魔の飽食』をお読みになったというふうにおっしゃっていますね。

はい。

――あなたは今まで確実な史料や証言を得るのに苦労していたと。これはあなたがお書きになった『諸君』ですが。また、だれがフェル・レポートを見つけるかという研究者同士の競争みたいなものがあったと。そういうふうにして、あなたのほうでこういう史料を追求しているという御証言があるんですが、これをお読みになって、この点について、これはどういうものであるかということについて、森村氏なりだれなりに問い合わせしたことはありませんでしたか。

問い合わせはしておりません。

――当時森村氏は、この史料について、多くのジャーナリストその他に対して、言われれば出したようなんですが、やりませんでしたか。

森村さんにはやっておりません。森村批判をその前に論文も書きましたし。

――それから、このヒル・レポート、12月12日付のこの報告書ですが、これは当時、アメリカの公文書館に収められたものであるということは分かりましたか。

公文書館であるかどうかということは、必ずしも私は明確にしておりません。キャンプ・デトリック自体ということもあり得るわけです。

――なぜ名前が出てないかということについては、実は、森村氏のこのヒル・レポートについては名前の部分だけが消されているんですよ。このヒル・レポートの原文は、名前が消されたものもあるし、消されてないものの二種類、アメリカの公文書館から出ているんですが、そのことはあなたは御存じありませんか。

二種類あるということは知りません。私が持っているのは、素直に名前が入っております。

――あなたは、森村さんの『〈悪魔の飽食〉ノート』をお読みになりましたね。

一応読んだ記憶はあります。

――この中で、パウエル論文の要約が書かれているのは御存じですか。

パウエル論文の要約であるかどうかということは確認しておりません。

甲第六九一号証を示す

――188ページ以下、パウエルとお会いして、翻訳権も得て、ここに大要を要約したということを書いてあるんですが、そのことはあなたは御存じないですか。

出た当時に読んだかどうかということは記憶が明確ではありませんが、今では読んだということが言えます。

――じゃあ、原審の証言当時はどうですか。

記憶しておりません。

――194ページ以降を見てください。ここに「〝格安〟な買い物だった」という小見出して、「エドウィン・V・ヒル博士は」云々と、そこからヒルについての内容が出ておりますね。

はい。

――同じく194ページの後ろのほうに、「ヒルとビクターは、この時点ですでに米国のために（七三一の）細菌戦資料をあつめ、報告書作成にあたっていた数名の日本人専門家とインタビューした。太田キヨシ博士は自分がおこなった炭疸病実験について」云々と、要するに、これの報告の内容が具体的にヒルから報告されているという趣旨の紹介が載っているんですが、当時あなたは気が付きませんでしたか。

明確に記憶しませんけれども、森村さんの著作については私はうのみにできないと、基本的にはそういう態度でありますから、したがって、こういうものがあったときには、原典、原文を入手して、自分なりにチェックしようと、こういうふうに考えるわけです。そういう意味では、森村さんの著作も非常にいい参考資料になると思います。

――私が言いたいのは、30年来研究して、上級隊員の証言がほしい、それから『諸君』では、確実な文献史料や文書史料や証言を得るのに苦労していたと、そういうふうにおっしゃるから、それだったら、なぜ、すぐさまあなたのおっしゃる史料を取り寄せようという努力をしなかったんですか。

これは学術的に処理されていないために、入手に非常に困難があるわけですね。ですから、学術論文では、ほかの人がすぐ検証できるために、利用できるように、例えばボックスのナンバーとか、そういうものを入れるのが常識になっております。しかし、これだと電報の番号しか入っていないんで、こんなものは探しようがないわけです。したがって、大抵の人はみんな、相当時間が経ってから入手しているわけです。それから、これ自体も原文とは言えないわけですね。

――大綱ですよ。ですから、あなたは原文だ原文だとおっしゃるから、それだけ研究しているなら、すぐさまアメリカの公文書館に問い合わせをして、具体的なところにどうして当たらなかったのかという質問をしているんです。

当たった結果、入手したわけです。少し遅れましたけれども。

――あなたは、当時、パウエルが書いた論文が、国会図書館その他、東大法学部、東大の生産技術研究所等に入っていたことは知っていますか。

東京大学中央図書館には確かないという話なんですね。技術研究所にもないんじゃないでしょうか。私が調べた限りでは、東大には法学部にありますね。生産技術研究所にはないようです。

――私どもは、当時のあれを全部調べたんですがね。

じゃあ、やめたかもしれません。いずれにしても、全国で37箇所ですね。

控訴（附帯被控訴）代理人（小林）

――パウエルの論文にミスが多いという抽象的な御指摘がありましたけれども、そういう内容の論文が公にされたことは今までございますか。

ありません。

――掲載雑誌、オーソドックスなものではないという御指摘ですが、これは学術研究者の間で学問的なものとは評価されていないと、そういう意味ですか。

いわゆる正統的な学術雑誌ではないと。つまり、各アトミック・サイエンティストたちが自分の研究に必須として考えている、いわゆるオーソドックスな雑誌ではないというふうに理解しています。

――私どもの調査によれば、証人の御勤務先の大学には入っていないようですが、例えば国会図書館に第一号から全部入っていることは御存じですか。

国会図書館にあることは知っております。

――それから、御出身の東京大学の総合図書館にも全部入っていますが、御存じですか。

それは、法学部が取っていると私は聞いております。

――法学部のほかに、総合図書館にも入っているようですが、御存じありませんか。

それは、法学部の図書館へしばらく置いた後に総合図書館に集めるというシステムがありますから、それかもしれません。

――京都大学の各学部、それから各研究所でも網羅的に取っているようですが、御存じですか。

それは知りません。私の調査では、多分取ってなかったと思います。

――本件検定当時、昭和58年ごろには、オーラルの方法がまだ市民権を獲得していなかったと、こういうことをおっしゃいましたけれども。

必ずしもということです。

――必ずしも取っていなかったということですが、その趣旨は、当時、オーラルの手法が学問的な方法としてまだ通用性がなかったと、こういう意味じゃないですね。通用性は既にありましたね。

それは非常に答えにくい質問なんですけれども……。

――オーラルの方法が、昭和58年当時、学問研究の方法として通用性を持っていたか、持っていなかったかと、そういう質問です。

学術的には、それだけでは通用しないのが普通だと思うんです。

――それだけではという意味が私には理解できないんですがね。聞いてきたことをうのみにすると、こういう学問研究は存在しますか。どなたか、そういうことをやっている人がいますか。

まあ、新聞記事なんかでは、そういうのが時々あるんじゃないでしょうか。

――それは学問じゃないでしょう。

ですから、学術的にはと私は申し上げているんです。ですから、学術的にはあり得ないと思いますが。

――証人御自身、『日中戦争史』という著書を、昭和58年よりはるか前にお出しになっておられますね。

はい。

（うなずく）

――この『消えた細菌戦部隊』の本文の中で、例えば日本病理学会会誌の34巻の「流行性出血熱の病原体の決定」という論文を挙げて、文中で引用をして、それに対して論評を加えておりますね。

いや、論証したかどうかは……。

――凍傷実験についても、吉村寿人、この方の論文を本文中に挙げて論評しておりますね。

はい。

――昭和58年当時、公開された文献で、七三一部隊が細菌戦部隊であったこと、それから捕虜を人体実験にしたこと、これを否定した文献があったでしょうか、なかったでしょうか。あなたの御記憶の範囲内で結構です。

記憶ありません。

以上

ウ　尋問の結果

秦証人の証人調書を読めばわかるように、秦証人に都合の悪い質問には「わかりません」「お答えすることは困難であります。」「答えにくい」「それはお答えできません。」などと回答を意図的に回避し、裁判所から質問に答えるように再三にわたり訴訟指揮を受けていることがわかる。また、証言の内容は一審での証言と大きく食い違っている。

特に、秦証人の論稿中の細菌戦に関する記述の根拠を尋

――この書物は、オーラルの方法を非常に重視しているということが一つの特徴になっているというふうに聞きましたけれども、いかがですか。

そう言われると不本意なんでありますけれども、私はあくまでもオーラルは従だと思っています。

――お話の中に、何々の何々はうのみにできないというお話がしきりに出てくるんですが、うのみにできるような、あるいは、うのみにすべき学術研究書なるものは、存在しないんじゃないですか。いかなる作品に対しても、常に疑いの目を向けて批判を加えていくと、それが学問の方法でしょう。

一概にそうも言えないんじゃないでしょうか。読んだ瞬間に、これはパーフェクトな立証だというようなことは、数学の論文なんかではよく私は聞きますけれども。

――証人のお話を伺っていますと、何か世の中にその記載内容をうのみにできる学術研究書があるみたいに聞こえるんですけれども、そういうことはありませんね。

ですから、今申しましたように、そういうものもあるだろうと思います。

控訴（附帯被控訴）代理人（渡邉）

――『消えた細菌戦部隊』の件なんですが、『消えた細菌戦部隊』の中で、流行性出血熱及び凍傷についての人体実験について、これを例証していますね。

ねたところ、「非常に数が多いので、漏れたときに……」などと答えをはぐらかした。そのため裁判長に「主要な史料と、それの補足史料という形で考えて、重要な史料というのを幾つか挙げられませんかという質問です」と回答を促された。それでも「特に一つ、二つというふうには、私は申し上げないほうがいいと思います。」などと一審とは全く異なる証言を繰り返していることがわかる。

そして、「昭和58年当時（検定当時）公開された文献で、七三一部隊が細菌戦部隊であったこと、それから捕虜を人体実験したこと、これを否定した文献があったでしょうか、なかったでしょうか、あなたの御記憶の範囲内で結構です。」との問いに対して「記憶ありません。」と証言したのである。実質的に自白したに等しい回答である。

エ　控訴審判決

ところが、東京高裁判決は、「飛躍的にその事実の解明が深化したのは、本件検定の2年前である昭和56年5月発行された常石敬一著『消えた細菌戦部隊』、『赤旗』に連載のうえ同年11月（第一巻）、昭和57年7月（第二巻）、昭和58年8月順次単行本として発行された森村誠一著『悪魔の飽食』三部作によってである」として、2年前から研究が深化しただけでは不十分であると判断し、検定の違法性を否定した。

控訴審判決は、検定の違法性を判断する基準を検定時としていたが、実質的には2年前より以前の時点を基準としたことになる。

しかし、さすがに高裁判決も、七三一部隊の所業を否定する根拠として秦証言を挙げることは出来なかった。このことが上告審で逆転した理由の一つとして指摘されている。

（4）上告審での審理と判決

その後、家永側が上告し、その結果、最高裁判所は弁論を開催したうえ1997年8月29日に七三一部隊に関する検定は違法と判断した。その判決と同時に、32年に及ぶ家永訴訟は終結したのである。

そこで、以下に兒嶋俊郎氏の秦証言批判、上告審での弁論要旨、さらには最高裁判決の七三一部隊に関する部分を掲載する。

2　第二審・秦証言（一九九一年一〇月）批判（抄）兒嶋俊郎

（松村高夫編『〈論争〉731部隊』（晩聲社　一九九四年）247頁－256頁を転載。文中の「本書」は同書を指す。）

国側の証人秦郁彦の証言は、前述した論文を『正論』（九〇年三・四月号）に発表していたので、どのような証言を行なうか関心がもたれるところであった。証言内容は本文をみていただくことにして、ここでは証言の問題点を指摘しておこう。

第一点は、『正論』論文の典拠に関してである。

主尋問では、『正論』論文や一審での証言とのつじつま合わせにもっぱら力が注がれ、「ハバロフスク裁判記録」等を利用したことの弁明がなされている（本書一六九ページ以下）。

しかし、家永側による反対尋問が行なわれると、たちまち返答にいきづまってしまう。今回の証言では七三一部隊が人体実験をしたことも、ノモンハン事件や寧波や常徳での細菌使用も認めている。そして、『正論』で部隊の目的が細菌兵器の実用化とそのための人体実験であると書いているが、その根拠にした史料は何かと問われると、「非常に数が多いので、漏れたときに……」、「特に一つ、二つというふうには、私は申し上げないほうがいいと思います。」「総合判断でありますから、」「多々ございます」というように延々と逃げ回っている。そのことは本書の速記録がよく示しているが（本書二〇三ページ以下（注）この書籍では17頁上段以下）、読者は証人が何故典拠を言わないのだろうか、と不思議に思うかもしれない。それは、もし典拠をあげれば、それらは以前、一審で秦証人自身が信憑性がないとしていた史料ではないかということになり、一審の証言とのあいだに齟齬が生じることをおそれたからである。そのことは、一審の加藤判決が秦証言に依存してださ

れただけに、加藤判決自体を否定することになりかねないのである。しかしさらに追求され、裁判長も証人に答えるように介入すると、ついに典拠は「ハバロフスク裁判記録」と「トンプソン・レポート」、そしてさらには「フェル・レポート」であることも認めざるをえなくなったのである。

第二点は、アメリカが作成した史料に関してである。

戦後アメリカは四次にわたる調査団を日本に派遣したが、人体実験が記録されるのは、第三次（フェル）と第四次（ヒル）のレポートからである。前述したように一九四七年六月二〇日付けの報告書がフェル・レポートの総論であることは松村が明らかにしていたので、一審でフェル・レポートが発見されるまでは部隊で人体実験があったかどうかはいえないとした秦の主張は崩れさっていた。そこで今回秦は、一九八七年には「特にフェル・レポートにつきましては、原審で申しましたように、これがあるということが判明していて、なおかつ見つからないという段階でありましたので……」（本書一八八ページ）と弁明している。

また、ヒル・レポート（四七年一二月一二日）には「日本の科学者が数百万ドルと長い歳月をかけて得たデータ」を「我々自身の研究所では得ることができなかった。なぜなら、人間に対する実験には疑念があるからである。これらのデータは今日まで総額二五万円で獲得されたのであり、研究にかかった実際の費用に比べればほんの端金である。」と書かれているが、これはパウエル論文だけでなく、

森村の八三年八月の『新版　続・悪魔の飽食』でも引用紹介されている。つまり、検定時には十分参照することが可能であったのである。

したがってこれらの事実を否定しようとする秦証言には、随所で矛盾が現れる。『正論』にフェルとヒルのレポートが公開されたのはそれぞれ一九八四年と八六年と書いた秦証人にたいし、その根拠はと問われると、答えなかったり、延々と逃げたりしているさまは速記録によく示されている。そしてついに、ヒル・レポートは『消えた細菌戦部隊・増補版』であるなどといっているが（本書一九六ページ）、この本は一九八九年の出版であるから、全く合わない。

フェルとヒルのレポートの入手先について問われると、「入手先については申し述べたくありません」と答えているが、現在これらのレポートは情報公開法により誰でも入手できる状態であるのに、このように答えるのはいかにも不自然である。そもそもフェル・レポートが八四年に公開されていたのなら、八七年に秦証人が法廷で「フェル・レポート」が発見されるまでは人体実験があったとはいえないと主張していたことと矛盾してしまうし、今回先に引用した八七年に「これがあることが判明していてなお見つからない段階」と証言していることとも矛盾してしまう。このように混乱極まりない証言なのである。

第三点は、オーラル・ヒストリーに関してである。

秦は森村のインタビュー、あるいは利用した史料の中に匿名（あるいはペンネーム）の人物がいたことを理由に、その史料的価値を否定する発言をしてきたにもかかわらず、今回の証言では、

秦証人：「七三一部隊の複数の医師出身の幹部、現在医師をやっている人も含みますけれども、沢山の人に私はインタビュー致しました。」

家永側代理人：「具体的に名前を挙げられますか。」

秦証人：「……匿名を希望したものもありますので、それはお答えできません。」

と述べ、従来のオーラル・ヒストリーに対する否定的証言を、自ら否定している。

また、秦は以前発表した学術的専門書である『日中戦争史』のなかでもオーラル・ヒストリーの手法を大きく取り入れており、同書はまさにその点で高く評価されていたのである。無論そのことを否定するような見解を秦は過去において表明したことはない。この点を反対尋問のなかで突かれると、「そう言われると不本意なんてありますけれども、私はあくまでもオーラルは従だと思っています。」と苦しい言い訳をしている。

第四点は、秦証人の松村証言批判に関してである。秦証言は松村の証言と「意見書」提出から約一カ月後であったから、十分「批判」を用意する時間はあった。秦は、特にアメリカの史料が検定時点で十分信頼しうる形で公開されていなかったと主張することに重点をおいた（本書181ペー

ジ以下）。秦があげているのは、ほぼつぎの三点である。

①パウエル論文（一九八一年）では、ヒル・レポートの結論部分しか直接引用されていない。他の部分はパウエル氏による要約であり、したがって石井らの直接の供述内容が紹介されていないという点。

②『悪魔の飽食ノート』にパウエル論文が翻訳紹介されたのは、要約に過ぎないので「学術的に利用できない」とした点。

③『続・悪魔の飽食』に紹介されていたヒル・レポートについては、それが同レポートであると判明したのは検定以後である。したがって検定時点では利用できなかったとする点。

しかし以上いずれに関しても秦氏の指摘は的はずれ、もしくは故意に問題点を回避した詭弁といわざるをえない。

①のパウエル論文に関していえば、七三一部隊が細菌戦研究の拠点であったこと、そして人体実験を行なっていたことを明確に示す、以下の部分がヒル・レポートから引用してあることを故意に無視した証言である。

「情報は特定の細菌戦の感染量が示されるこれらの疾病に対する人間の罹病性に関するものである。かような情報は我々自身の研究所では得ることができなかった。なぜなら、人間に対する実験には疑念があるからである。」

研究論文では通常、執筆者の視角から最も重要な部分が引用される。そしてこの場合、人体実験を行なっていたことを明確に示す部分が引用されているのである。他の部分が要約という形式になっていたにせよ、そのことは論文の価値を低めるものでないことは当然であるし、これは通常の学問的手続きである。それとも秦は自身の著書・論文にあらゆる史料を全文引用しているというのだろうか。

②のパウエル論文の要約についても同様である。紹介されたものに内容的に致命的誤りが存在するのであれば別であるが、そうでないならば――そして秦自身もそのような異議申立ては行なっていないのであるが――、それが発表された時点、すなわち検定以前にパウエル論文の内容が日本で紹介されていたと考えることに何の不都合もないであろう。

③のヒル・レポートの紹介に関しても同じことを繰り返して言わなければならない。一九八三年八月に刊行された『新版続・悪魔の飽食』の一一五ページから一一九にかけて、ヒル・レポートの内容が明示されている。秦はその内容および、それがヒル・レポートであることについてはなんら異議をはさんでいない。ただそれが「ヒル・レポート」とタイトルがうたれていないことのみをあげて、それが「学術的に利用できない」としているのである。

しかし同書の中でも、その報告が「一九四七年一二月一二日付の『細菌戦調査に関する概要報告』」であることが明記され、〈キャンプ・デトリックMdチーフ〉と責任者についても記載がある。「ヒル・レポート」というのは、レポート作成者の名前をとったいわば通称に過ぎないものであり、なぜそれが記載されていなければ史料としての価値がないと考えるのか、全く不可解である。

このように秦の松村証言批判は、事実関係に対する具体的反証を欠いており、とうてい「批判」というに値しないものといわざるをえない。

第五点として、パウエル論文そのものに関する秦の批判をみてみよう。秦はまず掲載誌の『ブレティン・オブ・ディ・アトミック・サイエンティスツ』が「核関係の科学者でも余りなじみがない雑誌でありまして、我が国にもわずかしか入ってきておりません」と述べ、雑誌そのものに信憑性がなく、また日本で読むのが困難だったとの印象を与えようとしている。

しかしこれも事実に反する。同誌はアインシュタイン、オッペンハイマー等によって創刊された国際的知名度を持つ雑誌であり、日本でも、国会図書館、東大総合図書館、同法学部図書館、京大各学部・研究所など、多くの公的機関が購入している。したがって多くの人が利用可能な雑誌である。この雑誌は核戦争の危機を示す時計が表紙に示されることでも知られている。

さらに論文の内容について、秦は「このパウエル氏は学術論文を書き慣れていない人と見えまして、材料を生かし切れておりませんし、不正確な記述が多いのでございます」と述べ、あたかも素人が書いた不正確な論文であるかのごとく証言している。パウエルは戦前中国で活躍した著名なジャーナリストで、戦後朝鮮戦争時にアメリカが細菌兵器を使用したことを書いてマッカーシズムの犠牲になり、裁判にかけられ無罪を勝ち取った人である。このことを日中関係史の専門家が知らないはずはない。不思議である。もっとも秦は、旧日本陸軍が細菌戦の実用化を目的として人体実験を組織的に実施していたこと、そして戦後アメリカ政府がその情報を入手するために七三一部隊と取り引きをしたという、最も重要な点については、パウエル論文に誤りがあるとはいっていない。それゆえ反対尋問で、パウエル論文の内容に疑問を呈するような論文が公表されたことがあるかと尋ねられると、「ありません」と答えざるをえないのである。

第六点、秦証言をお読みいただけば明らかなように、そこには「……はうのみにしてはいけない」「それだけではなく」「総合的に判断して」などの、具体的根拠を欠いた抽象的表現に満ちている。そのねらいは、森村や常石の著作、パウエル論文やさまざまな史料に関して、さまざまな角度からの検証が必要だということをことさら強調し、これらの文献があたかも特別に信頼性を欠いたものであるかのごとき印象を作りだすことにある。

いうまでもなく、研究においては常に批判的検討は必要とされるものであり、こと七三一部隊に限ったことではない。秦は、反対尋問でその点を突かれると、たちまち馬脚をあらわしてしまう。

家永側代理人：「お話の中に、何々の何々はうのみにできないというお話がしきりに出てくるんですが、うのみにできるような、あるいは、うのみにすべき学術研究書なるものは、存在しないんじゃないんですか。（中略）」

秦証人：「一概にそうもいえないんじゃないでしょうか。読んだ瞬間に、これはパーフェクトな立証だというようなことは、数学の論文なんかではよく私は聞きますけれども」（傍点　引用者）

いつの間にか歴史家が数学者になっている!?

以上の他にも、家永著『太平洋戦争』に対する根拠のない中傷、森村、常石の著書に対する瑣末な的外れの批判などとり上げればきりがない。細菌兵器という用語を二カ所も落とす引用のしかたを指摘されれば、それは「雑誌論文である」からとか、「学術論文ではありません」と答えるし、一審法廷では部隊に関する論文執筆には医者の点検を受けなければならないと主張していたのに、今回は自らの論稿は医者の点検を受けたのかと問われ、部隊の医者をインタビューしたという。医者は医者だからそれでよいというのだろう。一審法廷で「特移扱い」について内容を記憶していないと答えたことを問われると、ハバロフスク裁判記録の特移扱いの写真の「写りが悪くて、特移扱いというのは読めないんですね」と答える。もちろん普通の視力をもつ人ならば十分読める写真である。

そして反対尋問の最後で、検定当時「公開された文献で、七三一部隊が細菌戦部隊であったこと、それから捕虜を人体実験にしたこと、これを否定した文献があったでしょうか、なかったでしょうか」という問いに、「記憶ありません。」と答えている。もちろんそのような文献はなかったので、挙げることができなかったのである。ここで秦証人はとどめを刺され、その一審判決を支えた論理は完全に崩壊している。後にも先にも、八七年法廷の秦証言以外には人体実験を否定したり確証がないといったりした文献はないし、秦自身も『正論』では人体実験や細菌戦を認めたのである。

このように秦証言は、今回もまた全く具体的証拠を示すことができなかったばかりでなく、秦自身が執筆した『正論』論文と、今回の証言によって、森村・常石批判が全く根拠を持たないものであることを自ら暴露した。第一審と第二審を通じて、今や検定意見が全く根拠を持たないものであったことが明白な以上、裁判所はしかるべき判断を示すことによって、国が犯した検定の誤りを正すべきであった。それはまた裁判所にとって、また日本国民全体にとって、大きな名誉をもたらすものであった。なぜならば、そうすることで裁判所は、単に国内において正義を実現したというにとどまらず、日本国民が自らの歴史に対して責任を持ち続けるということを、世界に対して示すことにもなるはずだったからである。しかし、残念ながら高裁の判決では、七三一部隊については、ほとんど理由らしい理由も示されずに、家永側の主張は斥けられたのである。

３　上告弁論要旨（抄）

「七三一部隊」に関する原判決の誤り

１　検定経過と検定の問題点

（一）原稿記述

上告人は、一九八三（昭和五八）年度の改訂検定申請において、「日本軍は広大な戦線に大量の人員・兵器を消耗しながらも、一九四五（昭和二〇）年八月日本が降伏するまで、ついに国民党・共産党にひきいられた中国民衆のねばりづよい抵抗を屈服させることができなかった」との本文（一九八〇年度検定で検定済）の脚注に「ハルビン郊外に七三一部隊と称する細菌戦部隊を設け、数千人の中国人を主とする外国人を捕らえて生体実験を加えて殺すような残虐な作業をソ連の開戦にいたるまで数年にわたってつづけた。」と旧日本軍の七三一部隊による残虐行為を具体的に書き加えた。

（二）検定意見

検定当局は、この脚注に対し、「七三一部隊のことは現時点ではまだ信用にたえ得る学問的研究論文ないし著書などが発表されていないので、これを教科書に取り上げることは時期尚早である。事実関係が必ずしも確立していないので、もう少し固まったものが出るまで待つべきだ」との理由で、検定基準のうち必要条件第一３（選択、扱い）「(2)学習指導を進める上に必要なさし絵、写真、注、地図、図、表などが選ばれており、これらに不適切なものはないこと」にてらし、適切でないとして修正意見をつけた。

（三）検定経過

上告人は、この修正意見に対し一九八四（昭和五九）年一月一七日付で、各種文献・資料をあげ意見申立を行ったが、検定当局は、一九八四（昭和五九）年二月一日、学界の現状は資料収集の段階であって、専門学術的発表がされていないと判断されるし、上告人もまた「学術書に記載されていない」状況を明確に認めているのであるから、教科書に取り上げることは時期尚早であるとの理由で、右意見申立を認めない決定をした。

そのため上告人は、やむなく、七三一部隊に関する記述を全文削除せざるを得なかった。

（四）

しかし、本件原稿記述は検定当時学問的にも多様な文献・史料によって裏付けられており、また旧日本軍の加害行為を教えることは教育上も意義を有するものであって、右検定意見には全く根拠がないものである。

2　本件箇所に対する検定当時の学説状況

本件検定が行われたのは、一九八三（昭和五八）年であるが、この時点までには本件原稿記述の内容は学問的にも充分明らかになっており、国民にとって公知の事実と言える状況であったのである。

すなわち、七三一部隊に関しては、一九五〇（昭和二五）年にハバロフスク軍事裁判公判書類（甲第二七六号証）が公刊されている。同記録は、ソ連が一九四九（昭和二四）年一二月に一二名の七三一部隊関係者を裁いた公判書類で、七〇〇頁を超える日本語訳で『細菌戦兵器ノ準備及ビ使用ノ廉デ起訴サレタ元日本軍人ノ事件ニ関スル公判書類』（以下、『ハバロフスク公判書類』と略す）と題されて出版され、七三一部隊の人体実験を含む細菌・科学研究の実態を明かるみに出した。『ハバロフスク公判書類』は七三一部隊の実態を解明する基礎史料となり、その後山田清三郎著『細菌戦軍事裁判』や吉永春子著『石井細菌戦部隊の戦後三〇年』（甲第二七二号証）などが発表されたが、一九八一年以降に発行された常石敬一著『消えた細菌戦部隊』（甲第二七三号証）、森村誠一著『悪魔の飽食』三部作（甲第二五六ないし二五八号証）などによって、七三一部隊の実態は更に具体的に解明されたとおり、検定当時には右文献を含め三〇数点もの多様な文献が存在していた（甲第二六五号証、江口意見書）。こうした学問的状況について松村高夫証人は、一九八三（昭和五八）年の時点では、七三一部隊について相互に照合し合うソ連・アメリカ・日本の調査史料に基づいて執筆された森村・パウエル等の業績により、七三一部隊の内容と所業が明らかになったことを踏まえ、上告人が教科書に付け加えようとした、「ハルビン郊外に七三一部隊と称する細菌戦部隊を設け、数千人の中国人を主とする外国人を捕らえて生体実験を加えて殺すような残虐な作業をソ連の開戦にいたるまで数年にわたってつづけたという程度の記述は、学界の内外において、公知の事実だったのである。」（甲第六八七号証、松村意見書）と結論づけている。

3　原判決の判示と判断の誤り

（一）原判決の判示

教科書には、左記に認定した教科書の意義に照らし、歴史上の事実については、反対の見解・資料等による検討を経てある程度評価の定まった事実を記述することが要求される（たとえば、検定基準中には、必要条件第1［教科用図書の内容の記述］1（正確性）（3）「未確定な時事的事象について断定的に記述していたりするところはないこと。」との規定もある）。

前記学界の状況において認定のとおり、本件検定処分当時における七三一部隊に関する研究は、早くからその存在に言及した出版物等はあったものの、飛躍的にその事実の解明が深化したのは、本件検定の二年前である。昭和五六年五月に発行された常石敬一著『消えた細菌戦部隊』および森村誠一による同年七月から新聞『赤旗』に連載のうえ同年一一月（第一巻）、昭和五七年七月（第二巻）、昭和五八年八月（第三巻）と順次単行本として発行された『悪魔の飽食』三部作によってであり、しかも右『悪魔の飽食』はそれが基とした資料を学術書のような書式では明らかにしておらず、他の研究者がその記述内容の真実性を検証するには困難があったと言わざるを得ない。このような当時の学界状況に基づいて判断すると、本件検定処分当時においては、七三一部隊に関する研究は、未だ資料が発掘・収集され、事実関係が次第に解明されつつある段階にあって、発表された事実関係も充分な根拠がなされていたとは言えないと言うべきもので、教科書に記載するには信頼するに足りる資料が不充分であったと言わざるを得ない。

したがって、内容の選択において時期尚早であるとして右修正意見を付した判断過程に、看過し難い過誤があったと認めることはできない。

（二）原判決の判断の誤り

（１）原判決の学説状況についての判断の誤り

ア　既に述べたとおり、本件検定が行われた一九八三（昭和五八）年当時、本件原稿記述の内容は各種の資料・文献によって、学問的にも教育的にも充分明らかになっていたと言える状況であったのである。

この点で国側申請にかかる秦郁彦証人自身「検定当時、公開された文献で、七三一部隊が細菌戦部隊であったこと、それから捕虜を人体実験したこと、これを否定した文献があったでしょうか、なかったでしょうか。」との質問に対し「記憶にありません」として、検定当時本件原稿記述の内容を否定した文献や見解がなかったことを認めているのである。こうした事実からすれば、検定当時「事実関係が次第に解明されつつある段階」であったとは到底言うことができない。

ところで、原判決は「飛躍的にその事実の解明が深化したのは二年前」であるとしているが、二年前であろうと検定当時に「事実の解明」がなされていれば教科書に記述しても何らの問題はない。

現に本件教科書の一九九四年三月三一日付検定済家永外五名著『新日本史Ｂ』では、「また、日本軍はハルビン郊外に七三一部隊という細菌戦部隊を設け、中国人捕虜など多数の外国人に生体実験を加えて殺害した」と本文中に記述されており、また、多くの現行高等学校の日本史教科書等においても七三一部隊について記述されているのである

（上告理由補充書（四） 一二六頁）。

この点で、原判決は上告人の提出した学問的根拠となる文献・史料を全く無視しており、採証法則違反があると言わざるを得ない。

イ 原判決は、また、「七三一部隊に関する研究」が「飛躍的にその事実の解明が深化したのは、本件検定の二年前」であることから、本件検定処分当時においては「七三一部隊に関する研究は未だ資料が発掘・収集され、事実関係が次第に解明されつつある段階」であるとする。しかし原判決も二年前であろうがその事実の解明が深化したことを認めているのであり、そうだとすると検定処分当時「事実関係が次第に解明されつつある段階」であったとすることと明らかに矛盾している。

（2）原判決の教科書記述に関する認識の誤り

原判決は「歴史上の事実については、反対の見解・資料等による検討を経てある程度評価の定まった事実を記述することが要求される」ことを判断の基準の一つとしている。

そもそも、全ての歴史的事実について反対の見解・資料による検証が必要であるとは限らない。反対の見解の存否に関わらず、学問的根拠があれば歴史上の事実として広く受け入れられていることはよくあることである。たとえば、原審で検定処分の違法が認められた草奔隊の記述もそのような例と言えるのである。

また、本件検定の際、フィリピンやシンガポールの虐殺事件に関する原稿に対して、修正意見が付されたが、これに対し上告人は、シンガポールでの処刑の事情については共同通信社政治部次長であった津吉英男の証言が『秘録大東亜戦史マレイ編』にあるとし、またフィリピンについては中野正樹『日本軍「マニラの略奪」とその周辺』、友清高志『狂気ルソン住民虐殺の真相』等がある旨の反論を行ったところ、検定審議会で検討し上告人の意見が認められ、右原稿の記述のままで合格となったのである（甲第五号証）。

これらの事件に関する文献・資料と比べ、七三一部隊の方が遥かに文献や資料が豊富であり、史実の解明度も進んでいることは明白である。

さらに原判決は「歴史上の事実については反対の見解資料等による検討」が必要であるとするが、本件で問題になっている七三一部隊については、秦郁彦証人も認めているように、これを否定する見解や資料は現在に至るも存在しない。否定説（反対の見解）に対して検討の方法がないのである。

しかも当時の文献でも十分な資料の下に学問的判断を行っている。たとえば、生体実験を例にとると、次のような資料が存在する。

① ハバロフスク裁判における旧七三一部隊員の証言

②　旧日本軍の中・下級隊員からの聞き取り資料（『悪魔の飽食』等）

③　アメリカ軍による旧七三一部隊員に対する調査のうち、生体実験であることを認めたいわゆるヒル・レポート（『続・悪魔の飽食』）

④　旧七三一部隊員による学会誌の論文

この点、常石『消えた細菌戦部隊』では『日本病理学会会誌』に掲載された北野らの「流行性出血熱の病原体の決定」との論文の中での実験動物は、猿では二大特徴を示すことがないことを根拠として人間であると断定している。

また森村誠一も上級幹部が発表した学会誌の論文にある「満州ザル」とは人間と猿との体温の違いから人間であることを論証している。

このように一部の上級幹部が否定しているにもかかわらず、上告人指摘の各文献は、各種の証拠を照合して生体実験の存在を明らかにしているのである。

原判決は森村や常石らのこうした資料批判・各資料の照合について全く無知であるという他はない。

要するに原判決の右判断は、裁判における事実認定の初歩すら踏まえていないものである。

4　本件原稿記述の意義

上告人が本件原稿記述を著したのは、旧日本軍の過ちや戦争の実態を次の世代である生徒に伝え同じ過ちを繰り返さないためとの教育的配慮によっている。このことの重要性について江口圭一証人は「日本が中国を侵略し数々の残虐行為・戦争犯罪を演じたことは否定することのできない歴史的事実であり、とくに中国ではこの事実をさまざまの形で記録あるいは保存し、後代に継承しようという姿勢を堅持している。もし日中間の友好を維持し平和を確保しようと期するのであれば、日本の若い世代に日本がかつて犯した過誤を直視させ、二度とこのような過ちを繰り返さないような歴史認識を形成させることが必要である。被害者の側がその歴史の継承に努めているのに、加害者の側がそれに無知であってどうして友好関係が作られるであろうか。そのような意味で、日本の侵略・加害の実態については、できるだけ具体的に教科書に記述することが適切である。」と述べ、（甲第二六五号証、江口意見書）、松村証人は「七三一部隊の非人間的行為は、例えばアウシュビッツ収容所におけるナチスのそれと同様、わが国内においても、国際的にもまた一般常識のレベルから学問研究の次元にわたって、既に周知の事実である。それは日本現代史における一大汚点であって、特に被害国民をはじめとする日本の将来の進路に不安を抱いている諸国民は、日本国内がこの恥ずべき歴史的体験をどのように認識し、反省し、克服してゆくか（あるいは、この歴史を再び繰り返すのか）を、厳しく注視している」（甲第六八七号証、松村意見書八二頁以下）と述べているところである。

5　結論

原判決には重大な誤りがあり取り消さるべきである。

（一）以上のとおり本件検定は当時確立していた学問的見解に対する違法な介入であり、また、原判決の判断は自己矛盾に満ち、当時の文献・資料および学説状況について初歩的な誤りを犯しているのであって、取り消さるべきである。

（二）原稿記述を修正しなければならない格別の根拠はない。

既に述べたように、本件検定当時は原稿記述には学問的・教育的根拠があり、修正意見を付して本件原稿記述の全面削除を命じるだけの格別の根拠は見出しがたい。それにもかかわらず、修正意見を付して本件原稿の全面削除を命じたことは裁量権の濫用として違法である。

（三）検定意見には看過しがたい過誤が存在する。

本件検定意見は「内容の選択」によって検定を行ったものである。「内容の選択とその扱い」は、「(2　学習指導を進める上に必要な挿し絵・写真・注・図・表などが選ばれており、これらに不適切なものはないこと」と定められており、本文等を理解する上で、理解を助ける目的に合致しているか否かである。右基準に従って修正意見を付することができるのは、挿し絵・写真・注等が本文の記述や趣旨をより助けるという趣旨に明確に反したり、本文を理解するのにかえって障害となるのが明白であって、そのために生徒の学習指導に具体的明白な支障が生じる場合に限ると解すべきである。

本件原稿記述は日中戦争の記述に関連してその脚注としてその実態を具体的に記述した箇所であり、本文の理解を助け深める内容となっており、右検定基準の目的に添ったものである。

また、原判決は「評価の定まった事実を記述することが要求される」とするが、仮に右事実を前提としても、既に何度も指摘したように、本件検定当時、本件原稿記述の七三一部隊に関する史実は生体実験の内容を含めて極めて明らかとなっており、これを否定する文献等は全く存在していなかった。にもかかわらず、修正意見を付して本件原稿記述を全面削除させたのである。原判決は右学問的状況を誤ったものであり、本件検定には「看過しがたい過誤がある」ことは明らかであるから違法を免れない。

4　上告審判決（七三一部隊関係）

「七三一部隊」の記述に対する修正意見について

（一）原審の確定した事実関係の概要は、次のとおりである。

(1)　本件教科書二七七頁の脚注に「また、ハルビン郊外に七三一部隊と称する細菌戦部隊を設け、数千人の中国人を主とする外国人を捕らえて生体実験を加えて殺すような残虐な作業をソ連の開戦にいたるまで数年にわたってつづけた。」と書き加えようとする改訂検定の申請に対して、文部大臣は、七三一部隊のことは現時点ではまだ信用に堪え得る学問的研究、論文ないし著書が発表されていないので、これを教科書に取り上げることは時期尚早であり、選択・扱いの上で不適切であるとの理由により、右原稿記述を全部削除する必要がある旨の修正意見を付した。

(2)　そのため、上告人は、右原稿記述を全部削除した。

(3)　本件検定当時までに公刊されていた七三一部隊に関する文献、資料は、従前公刊されたものの復刻版二点及び改訂版を含め三六点に及んでおり、新聞、テレビ等でも数多く報道されていたが、中でも昭和五六年から昭和五八年にかけて作家森村誠一が発表した『悪魔の飽食』全三巻は、①旧七三一部隊員の供述、②旧七三一部隊幹部に対する尋問調書を含むアメリカ軍の資料、③ハバロフスク軍事裁判記録、④旧七三一部隊幹部による医学学術論文、⑤中国における取材などにより、七三一部隊の実態を詳細に描いたもので、大きな反響を呼び、世人の注目を集めた。また、七三一部隊の存在について、本件検定当時発表されていた学術書としては、上告人著『太平洋戦争』（昭和四三年）、長崎大学助教授常石敬一著『消えた細菌戦部隊―関東軍七三一部隊―』（昭和五六年）、右常石敬一、ジャーナリスト朝野富三共著『細菌戦部隊と自決した二人の医学者』（昭和五七年）があり、外国の文献としては、ジョン・パウエル『歴史の隠された一章』があった。

(二)　原審は、右事実関係の下において、本件検定当時においては、七三一部隊に関する研究は、いまだ資料が発掘、収集され、事実関係が次第に解明されつつある段階にあって、発表された事実関係も十分な検証がされていたとはいえず、教科書に記載するには信頼するに足りる資料が不十分であったといわざるを得ないから、文部大臣が時期尚早であるとして修正意見を付した過程に看過し難い過誤があるとはいえない、と判断した。

(三)　しかしながら、原審の右判断は是認することができない。その理由は、次のとおりである。

原審認定の前記事実によると、七三一部隊に関しては、本件検定当時既に多数の文献、資料が公刊され、中には昭和四三年に刊行された上告人の著作もあり、必ずしもすべてが本件検定の直前に公刊されたわけではないことが明らかである。そして、原審が、本件検定当時、七三一部隊の存在等を否定する見解があったことを認定していないことに照らせば、本件検定当時、これを否定する学説は存在しなかったか、少なくとも一般には知られていなかったものとみられる。そうすると、本件検定当時において、七三一部隊の実態を明らかにした公刊物の中には、作家やジャーナリストといった専門の歴史研究家以外のものが多く含まれており、また、七三一部隊の全容が必ずしも解明されていたとはいえない面があるにしても、関東軍の中に細菌戦を行うことを目的とした「七三一部隊」と称する軍隊が存在し、生体実験をして多数の中国人等を殺害したとの大筋は、既に本件検定当時の学界において否定するものはないほどに定説化していたものというべきであり、これに本件検定時までには終戦から既に三八年も経過していることをも併せ考えれば、文部大臣が、七三一部隊に関する事柄を教科書に記述することは時期尚早として、原稿記述を全部削除する必要がある旨の修正意見を付したことには、その判断の過程に、検定当時の学説状況の認識及び旧検定基準に違反するとの評価に看過し難い過誤があり、裁量権の範囲を逸脱した違法があるというべきである。これと異なる原審の判断には、教科書検定に関する法令の解釈適用を誤った違法があり、右違法は原判決の結論に影響を及ぼすことが明らかである。論旨は、右をいうものとして理由がある。

第2章　李秀英名誉毀損事件

1　南京事件について

南京事件は、東京裁判でも取り上げられ、南京事件の存在が明らかとされていたが、1972年、朝日新聞社の記者であった本多勝一の著書『中国の旅』によって多くの日本国民の間に知られるところとなった。その反動として、南京事件などは存在しないという否定論も繰り返されるようになった。

しかし、現在では日本側の史料、文献、欧米人の手による諸史料（例えば、ジョン・マギー牧師が当時撮影したフィルムや南京に居住していたラーベの日記、ゲオルク・ローゼンの外交文書等）、中国側の史料など各国各種の史料に基づいて史実の認定がなされている。歴史学界では南京事件の存在は定着しており、一般辞典である『広辞苑』や歴史学事典などでも事件の概要が掲載されている。

2　李秀英名誉毀損事件の概要とその審理の内容

（1）李秀英名誉毀損事件の概要

李秀英はいわゆる南京虐殺事件が引き起こされている当時、南京市の安全区内の学校の地下室に父親と共に避難していた。

ところが、その避難場所が日本軍によって発見された。三人の日本兵がその避難場所に侵入し李秀英も拉致しようとした。李秀英は三人の日本兵に抵抗したことから、日本兵に銃剣でメッタ刺しにされた。病院に運ばれ九死に一生を得て生命はとりとめたが、当時身ごもっていた子供は流産した。

李秀英の被害については、マギー牧師によって入院中の状況が撮影されている。さらにウィルソンの手紙やドイツの外交官であったローゼンのドイツ本国への報告書にも記録されている。

ところが、松村俊夫は、『「南京虐殺」への大疑問』（展転社　1998年）（以下、松村本という。）のなかで、李秀英に関する資料間の表面的、形式的な「食い違い」を「根拠」として、成り立ち得ない推測を繰り返し、李秀英をいわば〝ニセの被害者〟であると書いたのである。

これに対し、李秀英は南京事件当時に加えて、再度の被害を蒙ったとして、松村俊夫と出版社に名誉毀損訴訟を提起した事案である。

（2）本事案の争点

松村側は真実性と相当性を主張した。

本件は名誉毀損の成否であるから、以下の点が争点である。

①　事実の摘示はあるか

②　抗弁としての真実性の相当性の証明（すなわち、ニセ

被害者とする根拠はあるか）
③　松村俊夫は種々の資料の些細な違いを根拠にしているが、そのようなことは〝別人〟であることの根拠になるか
④　松村は自著に誤りはないとしているが、種々の誤りがあることの指摘

（３）反対尋問の目的

・『「南京虐殺」への大疑問』で提示されている〝疑問〟なるものの根拠がないこと
・事実の摘示が存在すること
・李秀英はスリかわったことなどありえず、南京事件当時に被害を受けた同一人物であること
に反対尋問の目的を置いている。

（４）審理の経過と反対尋問の内容

審理では、本多勝一と歴史学者笠原十九司による意見書が提出された。そこで笠原十九司の意見書及び尋問事項を掲載する。

3　松村俊夫本人調書（平成一三年五月一一日）

原告代理人（渡邊）

——あなたのご経歴ですが、『月曜評論』とかを見ますと、「南京問題研究家」というように書いてございますね。

はい。

——あなたとしても、この南京問題の研究家ということでいろんな書物をお書きになっているというふうにお聞きしてよろしいでしょうか。

いいえ。これは肩書が何かないかということで、何でも結構です、考えてくださいと、そう言ったら月曜評論のほうでそういうふうに書いたわけです。

——でも、あなたは公然といろいろなところへ「南京問題研究家」というふうに書いているわけですから……。

いや、それは私が書いたのはありません。それが、やっぱりあれなら……。

甲第二六号証を示す
——「『南京虐殺への大疑問』で被告になった」と、「南京問題研究家　松村俊夫」と書いてございますね。これを見ますと、南京問題研究家としての立場でこの月曜評論の論考をお書きになったというふうにしか一般人は読み取れないんですが、そう読み取って結構でしょうか。

そう考えていただけるならば結構です。

甲第二七号証を示す
——「中国側史料が李秀英偽証の証拠になった」と、これも「南京問題研究家　松村俊夫」と同じように書いてありますが、こういう南京問題研究家としての立場であなたがこの論考をお書きになったというふうに一般人は理解するのですが、そのように理解してよろしいでしょうか。

そう考えていただけるならば結構ですね。

——考えていただけるならばと……。

私は自分自身から南京事件研究家ということを言ったことはないし、また原稿にも書いていないんですよ。

——これに対して、あなたはこれは違うからやめてくださいと、だから消してくださいと言ったことはあるのですか。

ございません。

甲第一号証の奥付を示す
——主な論文は「誰も気がつかなかった日本古代史——倭国と大和」、それからもう1冊は、従軍慰安婦云々とありますね。これはあなたがお書きになった論考でしょうか。

私は家に原稿を持っております。それだけです。

——普通なら主な論文とあると、どこかの掲載誌、例えば研究誌とかいうものに掲載された論考であるというふうにとれるのですが、そうではないのですか。

違います。

——それで、何もここにどこどこの論文というふうに書いていないのですね。というのは、普通掲載誌が必ず書いてあるのですよ。

そうですね。

——それから、あなたは日本「南京」学会の理事でございますね。

はい。

甲第二五号証の2枚目を示す
——この下から10行目の「松村俊夫」にも「南京事件研究家」というふうに書いてございますね。

はい。

——これは案ですけれども、日本「南京」学会役員というふうにありますけれども、ここの中でも「南京事件研究家」としてあなたの名前が掲載されていますね。

はい。

——案ですけれども、そのままあなたは理事におなりになっていますね。

はい。

——あなたの著作については1357冊ということで、乙三六号証で書かれていますが、あなたは問題になっている甲一号証の本を全部で何冊刷りましたか。

私の聞いておりますのは初版3000部、そしてそのうちの市販に出そうとしたのが2900部。

——この本について、どこかに広告したことはありますか。

これは展転社に聞いていただいた方がいいと思います。

——あなたはご存じはないですか。

出ている広告は知っております。

——覚えている範囲で結構ですが、どんなものに出ましたでしょうか。

覚えていないって、うそは言えないでしょう。

——だから、多分こういうものだとか。

だから、これはその発行された直後、『正論』と、それから『諸君』に展転社発行の五、六冊の書籍と一緒に私の書籍の名前が、あっ、あるなと思った記憶があります。

甲第二六号証の10ページを示す

——この3段目の最後から2行目から4段目にかけて「自分の研究手法とその結果に自信を深めて、その一部を平成十一年三月の『月曜評論』と『サピオ』に発表した」とございますね。

はい。

——これは間違いないですね。

間違いないです。

——この『サピオ』の発行部数は、私が聞いたところによると約12万部だというふうに聞いているのですが、そのぐらいの発行部数ではございませんか。

それは知りません。

甲第二八号証を示す

——この藤岡氏の論考の下段に、あなたの本の『南京虐殺への大疑問』について、その内容が説明されて、紹介されているということはお分かりになりますね。

これは読みました。

甲第七号証を示す

——これは言ってみれば歴史学研究者になる初歩的な本なんですが、これをお読みになったことはありますか。

ありません。

——この目次に歴史学を研究する補助史料とか史料学、史料批判等、それから第6では「方法的作業の一例」というところまでありますね。この本ではいろいろ方法論を論じた上で、この90ページで方法的作業の一例として「天文年間鹽尻峠の合戦」、要するに武田信玄と小笠原の戦いについて書いてあります。「題目」が真ん中にありますが、「天文十七年七月十九日武田信玄が小笠原長時を信州鹽尻峠に撃破した戦を題目とする」とございますね。

はい。

——その後に「史料」として、⑴から⑻までの検討が掲げられていることはお分かりになりますね。

はい。

——この中では、この⑴から⑻までの史料を検討した上で、最終的に128ページには、この鹽尻峠の決戦が天文17年7月19日早朝であったことが決定される。そして、132ページには信玄の勝利が決定的であったことであると認定しているんです。⑴から⑻までの史料が天文17年説とか天文18年説とか天文14年説、いろんな説があるんです。史料方法論として、一般的に、いろんな年代が違っても、史料批判をして、そして史実の決定をする。この場合には年代まで違う。具体的には⑹の古文書は天文17年だけれども、それ以外は天文14年も18年もあると。それを史料批判をして、さっき言ったような事実認定をしているんです。史料批判をして史実の認定をするというのはそういう方法ですするものだと、年号が違っても史実認定ができるものだというふうにはお考えになりませんか。

　そういう手法はあると思います。

甲第八号証の241ページを示す

――この6行目に「結局はモザイク絵作成のように、断片的な資料を豊富に発掘収集して、それらに厳密な資料批判を加えてふるいにかけ、信頼できる資料を地道に埋め合わせて、しだいに南京大虐殺の実像の復元に迫る」と書いてあるのですが、これはお認めになりますね。

　そうですね。

甲第一六号証を示す

――具体的な資料論についても、例えば甲一五号証の南京事件資料集、これはアメリカ編、それから甲一六号証の中国編の中にも資料批判についてふれられているのですが、甲一六号証は、石島紀之という、現在フェリス女子学院大学の教授の方が書かれたものですが、この「あとがき」の373ページの最後から2行目には「事件の全貌を知るための貴重な記録である。もちろん南京事件の事実を確定するためには、これらの資料に対する厳密な史料批判が必要である」と書かれていますね。同じ資料でもそのまま使ってはいけない、ちゃんと他の資料と照合して資料批判をしなきゃいけないという趣旨だと思うのですが。

　当然だと思います。

平成12年10月3日付被告準備書面の3ページ及び4ページを示す

――この3ページの後ろから6行目に「一について」と書いてありまして、その後が具体的な内容です。「一般に複数の人物が自ら體驗した事實を表現した場合でも見聞した視角・感受性・表現力によって異る部分が出ること、また、第三者が體驗者から被害状況や結果を見聞したものを表現した場合には、見聞の際の視角や感受性の違ひによって違ひが生ずるばかりではなく誤つて理解することもあり得るし、表現する際の各人の選擇や何を強調するかなど異った表現になるとの主張はそのとほりであらう。また、複数の獨立した資料が一致する事實や物證によって裏付けられた證言などの證據價値は高いといふのも一般論としては認められる。さらに、何が史實かを判断する場合において、各資料に違ひがあったとしても右のやうな事情を考慮して各資料を比較照合し、確實な場合とさうでない部分を區分けした上で、史實を認定すべきであるといふ原告の主張も一般論としてはそのとほりである」と、これもお認めになりますね。

　一般論としてはそうです。

甲第二三号証を示す

――この36ページの「証言の一部に虚偽が見られる証人の信用性」というところに「証言の一部に虚偽が見られる証人の信用性についてですが、先ほど来申し上げているところからも明らかなように、我が国の訴訟実務では、1カ所虚偽があったら全部駄目というようなことにはならないわけでして、証言というものを検討し、どこまで信用できるか、どの部分は信用できないかを考えていくのが常であります。ですから反対尋問で１カ所突き崩したからといって、大成功だった、勝った勝ったと思われるのは非常に危険なことでして、反対尋問が成功したときにどこを崩したか、どこにどのような影響を与えたのか、全部をひっくり返したのか、ある部分だけにしか当たっていないのかということを慎重に検討されないと、短絡的に考えてしくじったということになってしまいます」と、こういう考え方もお認めになりますね。

はい。

――各資料があった場合でも、具体的に資料間に食い違いがあった場合でも、それを照合して確実な場合と、そうでない場合とを区分けして史実を認定していくのだということについてはお認めになりますね。

一般論としての資料ですよね。あくまでもその資料……。

――乙三四号証の陳述書の資料編の２ページの上段に「しかし、拙著をあらゆる問題について煩わしいまでに引用文献を明示し、それらを一字一句間違えないように注意して書き進んだ」とありますが、そういうことを書いた記憶はございますか。

はい。

――この内容は、ここにあるように、引用も、また内容も具体的には自分の方が正確であると伺ってよろしいですね。

少なくとも、引用文は一字一句間違えていませんね。

――甲一号証の内容は間違えているかどうかですが、どうですか。

間違えというよりも、これを書いた時点においては僕は間違っていないと思っていましたね。

甲第一号証の197ページを示す

――この後ろから２行目に「すでに何度も書いたように、医者のＭ・Ｓ・ベイツは国際委員会の中心人物の一人だったが」と書いてありますが、Ｍ・Ｓ・ベイツは医者でしたか。

いいえ。

――そうすると、これは誤りですね。

医者ではありません。歴史学者ですね。歴史学教授ですね。

――金陵大学の歴史学者ですね。

そうです。

甲第一号証の35ページ及び甲第一九号証の239ページを示す

――甲一号証35ページの４行目に「また、別に笠原十九司が譚から直接話を聞いた時にも」云々とあって、その次の２行目に「下関には」云々と、何という記号か、記号がありますね。それで最後に「(同書239頁)」とありますね。この「同書」というのは、これは『南京大虐殺の現場へ』のことですね。

そうですね。

――甲第一九号証239ページの1行目には、「下関には各方面から」云々とございますね。甲一号証の35ページの6行目からの3行間のことは、このことではありませんか。

これですね。

――これについて、あなたは「笠原十九司が譚から直接話を聞いた」と書いてありますね。

ここには書いてありますね。

――ところが、この甲一九号証であなたが引用した部分は陳頤鼎さんの証言ではありませんか。要するに、あなたは引用は正確だと、緻密な引用をしていると言っているのだけれども、間違えているのではありませんか。

そういう場所もあったんですね。

――あなたは一貫して緻密な引用と言っていますね。

それは私の最初から最後までの姿勢ですから。

――私は、あなたが一貫して正しく緻密に引用していると言えば、だれでもあなたが緻密な引用をしていると、客観的な事実を指すとしか思えないのですが、あなたは単にそういうふうにしたいという態度だと、態度を言っただけだという趣旨なのですか。

おっしゃる意味が分かりませんね。そういう態度ですかという、おっしゃる意味が分からないですよ。

――では、どういう意味ですか。あなたが言っているように、今違っていましたよね。

だから、普通だったら譚が何とか言ったということを……ここははっきり私は記憶ないんですが、書いたときのことを。だけれども、これは譚というのがしゃべったことには間違いないんですね。

――その引用部分は、私が言っているように、笠原氏が陳頤鼎のヒアリングをした部分ではないですか。

よく覚えていませんね。

――あなたはこれを比較して分かりませんか。あなたの書いたものと、その部分に対応して陳頤鼎の南京大虐殺の現場へという部分とをあなたの目の前で比較して、これは違うのではありませんかと言っているのですが、分からないとおっしゃるのですか。

その点は違うようですね。

――その点とは何のことですか。

実際には陳という人がしゃべったと書くべきだったんだと思いますね。私もよく調べてみます。

――間違いですね。あなたは譚と陳頤鼎とを混同して書いているというふうに伺ってよろしいですね。

だから、私はよく調べてみます。今の段階では間違えているようですねと……。

――今の段階では結構ですけれども、私の方では間違えているというふうに理解してよろしいですね。

今の段階ではね。

甲第一八号証の48ページを示す

――この一番最後の行に「たとえば、『十二月十九日の朝、被害者李秀英は』」云々とありますね。これに関連して、あなたは陳述書の中でも「南京軍事法廷での李秀英証言とされている資料」と書いてあるのですね。

はい。

――そうすると、この部分は、あなたは南京軍事法廷で李秀英が出て証言したものだというふうに理解していますね。

そうです。

甲第一八号証の70ページを示す

――この李秀英の証言について、この4行目には「戦犯谷寿夫の事案附帯文書」としか書いてありませんね。

そうですね。

――谷寿夫の事案附帯文書というのは裁判の記録だと思うのですが、裁判の記録の中には論告もあり報告書もあり、いろんなものがあり得るのですが、そのことは被告代理人からお聞きになったことはありませんか。

そういうことまでは聞いていないね。

――この甲一八号証の文書の中で法廷での証言であるということが書いてある箇所がございますか。今言ったように、裁判の資料の中でもいろんな種類がある。その中であなたがおっしゃるような法廷での証言であるというふうに特定できる文言なり何なりはございますか。

あります。

――どこにあるのですか。

ここに、その直前にあるんじゃないですか。「戦犯谷寿夫の裁判に際し出廷し証言をおこなった。たとえば」とあれば、私どもの常識としては、当然のことながら、軍事法廷に出廷して証言をしたと解釈しますね。

――そのときに証言したとしても、この文章の「被害者李秀英は」というふうに証言しますか。常識からいえば、証言するときには「被害者李秀英は」なんてあり得ないわけです。

そうすると、「たとえば」というのは、その前を受けているのではないのですか。

――では、あなたは「被害者李秀英は」という文章を見たときに、証言の記録であるというふうに理解できましたか。

私はそのときはそう理解していましたね。

――あなたは証言の記録、資料を読んだことはないですか。

これまでありませんね。ただ、こういう本に出廷して証言をしたとあれば、それで「たとえば」とあれば、それから後のことはその証言だというふうに解釈しました。

――証言したと。どういう証言かは分かりませんけれども、例えば陳述書もあるし、いろいろありますけれども、甲一八号証の49ページの8行目に「このほか濬文発」云々と、その他の人も「いずれも証言することができます」というふうに言っているのですよね。そうすると、これは李秀英の証言というよりも、だれかが李秀英についてはいろんな補助的な証拠がありますよという、指摘をしている文章だというふうにはあなたは理解できませんでしたか。

この何とか何とかという人たちも証言することができますと、この文章は軍事法廷が必要ならば呼んでくださいという意味だと私は解釈しましたね。

——例えば論告というのは、いろんな資料、だれだれさんが来て、これにまつわる資料はいっぱいこういうふうにありますと、というのはしばしば論告ではあるのですが、そういうことは全くご存じないですか。

知りません。

——あなたは、徐志耕の資料について若干述べていますね。

はい。

甲第三三号証の431ページを示す

——例えば、これに裁判官、その他、裁判官、書記官、その後問・答・問・答というふうになっていますね。これが普通の調書なんです。こういうことはお分かりにならずに書いたということでよろしいのですか。

私は、あくまでも『証言・南京大虐殺』をもとにして書きました。

——いろんな資料を批判しなきゃいけないと、あなたは外国の資料を点検したとおっしゃるのでしょう。ですから、こういう徐志耕の資料を点検すれば、問・答・問・答というのが通常の証言調書であるということが分かるわけですよ。にもかかわらず、あなたはそういうことを調べずに証言だと断定して書いたというふうにお聞きしてよろしいですか。

……。

甲第一号証の365ページ及び367ページを示す

——365ページの後ろから5行目に「本多勝一の夏淑琴」と書いてありますね。

はい。

——ここに「夏淑琴という名前は『南京大虐殺の現場へ』の中にも出てくる。本多勝一が彼女から聞き取りを行い、彼としては法廷での反対尋問にも堪え得ると判断した幸存者五人のうちの一人の話だから、後述するオーラル・ヒストリーである」と書いてありますね。

はい。

——367ページの前から2行目に「いったい何がどこまで本当なのかさっぱり分からない。裁判での反対尋問に堪え得るというのは幻想であろう。李秀英の話の不備と変わることはない」と、これは本多勝一のオーラル・ヒストリーということに関してあなたが批判している文章ですね。

はい。

甲第一九号証の170ページを示す

——このページに「五人の体験史　本多勝一」とありますね。この「五人の体験史」というのを入れて本文だけで5行目に「これは決して口承史（いわゆるオーラルヒストリー）ではありません」、それから同じページの後ろから5行目に「したがって以下の五人は直接の当事者による証言であり、裁判での証人に相当します。口承史を排して「体験史」としたのは、そのような意味からです」と書いてあります。その後、この中の夏淑琴が出てきますね。

はい。

——これは本多勝一もオーラル・ヒストリーではないと言ったにもかかわらず、あなたはオーラル・ヒストリーであると書いていますね。

オーラル・ヒストリーと書いています。その件について本多勝一氏と手紙のやりとりをしたことがあるので、時間があればお話しします。

——先程、あなたは藤原氏からしか手紙がなかったとおっしゃったけれども、本多勝一氏からも手紙があったのですね。

本多勝一氏から来た手紙は、約半年たってから来ました。

——半年でも何でも来たのですね。

はい。

甲第二一号証の176ページを示す

——この後ろから6行目に、本多勝一氏は「このさい断固として『オーラル・ヒストリー』と区別する言葉を考えようではありませんか」と言って、一番最後の行から2行目に「したがって、『口承史』と『体験史』は、たんに解釈や範囲の大小の違いではなく、まったく別次元のものと規定するほうがいいと思います」と書いてありますね。これを受けて、同じくこの『オーラルヒストリーと体験史』のあとがきに、吉沢南という歴史学者が書いているのですが、この右のページの後ろから3行目に「対談でも明らかなように、氏が『オーラル・ヒストリー』という用語と範疇に、むしろ批判的であったことである。本多氏は歴史研究者の考えるように、オーラル・ヒストリーが伝承史を含むものであるなら、『オーラル・ヒストリー』という用語を拒絶し、氏自身の聞き取りの仕事」、これは具体的に言っていますが、「(例えば南京事件の聞き取り）は体験者からの実体験の証言であり、体験史であり、裁判の証拠集めに近い作業だと強く主張されたのである」というふうにまとめています。分かりますね。

……。

——そうすると、これは誤りだということが分かりますね。

……。

甲第一号証の366ページを示す

——この後ろから4行目に「この図を見たときに驚いたのは、幼いころの家の見取図を書ける彼女の記憶力だったし」云々と、あなたが驚いた図は、この夏淑琴が書いたというふうにあなたはお思いですね。

そうですね。

甲第二一号証の178ページを示す

——ここに12月19日の図がありますね。これは先程『南京大虐殺の現場へ』というところであなたが驚いたという図面ではありませんか。

あの図面は正確にというよりプリントされているので、この図面とは違うように思い……。

——それの原図ではありませんか。

それは分かりません。確かめていませんから。確かめていませんから分かりません。

——要するに、これは明らかに原図なんですよ。本多勝一が本人から聞いて図面を再現して、そして自分で書いたものなんです。それをあなたは間違えたのですね。これは「調べる・聞く・書く」にも同じように出ています。

……。

甲第一号証の378ページを示す

——これは『裁かれた南京大虐殺』という本の中で、後ろから5行目「その中で、最初の関係著作である昭和四十一年（一九七二）の『中国の旅』以降の資料について、国の代理人である秋山弁護士との問答のうちで、それらは訪問の趣旨を受けた中国政府の役人、委員会、新聞記者から聞いたことが大部分である、と答えている」と書いてありますね。これは誤りですね。

誤りです。その件について、本多氏に手紙を書いたんです。

——それで、本多氏から直されたのではありませんか。

いいえ、そうじゃないんです。本多氏がこの本が発行されたときに、私は電車の中でこの本は自分の本かなと思って読んでいたんです。読んでいたら、その部分を発見したんです。これはいかんと。これはいかんと思って、それですぐ本多氏に手紙を書いて、実はこういうふうに書いてありますと、申し訳ございませんと。ところが、今さらこれを直すことはできないので、その点、もし次の版でも出れば、機会があれば直しますけれども、今の段階ではどうしようもありませんのでお許しくださいと。こう言って本多氏にすぐ、11月の末ですよ、11月20日に見たんだから、21日か22日か、その頃にもう手紙は書いたんですね。そうしたら、本多氏から何の返事も来ませんでした。たしか6月になって本多氏からここが違っているじゃないかと、そういう資料の読み方で大丈夫かと、そういうお返事が来たので、私は、いや、実はもうこれは最初にお手紙を書いて謝った点なんですと。そうしたら、それ以降お返事がなかった、そういうことです。

甲第一号証の256ページを示す

——この真ん中辺に「ところが、南京軍事法廷での谷寿夫判決書には、すべて略奪されたという外国人住宅にラーベ邸も入っている。ささやかなことではあるが、判決のデッチ上げの証拠となる」と。これは秦氏の『南京事件』の中の文章なのですが、ラーベ邸からローレンスの車が盗まれて、それで書き置きがあった。ありがたくちょうだいする、日本軍、ケイ佐藤という書き物が置いてあったということはご存じですか。

　知っています。

甲第一号証の148ページを示す
――この1行目に「そこで、このような切羽つまった状況では、あくまで略奪は日本軍によるとしなくてはならなかったのであろう。『財産の損失はそう大きくはありません』で済ませてはキリスト教本部から補償を受けられないために、あらゆる損害を日本軍によるものとして大きく報告しなければならなかったと考えてよい」と書いてありますね。

　はい。

――米津の申立書が甲第一五号証の219ページにありますが、このことを指しているのですね。

　それは私の感想ですね。

――これはアメリカ政府に対して要求する申立書ではないですか。

　違います。キリスト教本部です。

――どこに書いてありますか。

　……。

甲第一五号証の163ページを示す
――これは南京アメリカ大使館宛、1938年1月25日、アリソンに対して「昨日の会話に関連して、日本軍によるアメリカ側損害の賠償請求の準備として、関係者への回状で以下の事項を言及すべきだという提案を思い出しました。(一)使用貨幣の名称および計算の必要上、通用交換率」云々と書いてありますが、明らかにこれを見ると、ベイツがアメリカ大使館にあててアメリカ側の損害賠償を求めたというふうに読めるのですが、違いますか。

　1つ1つをそうやってやっていくんじゃなくて、全般的な話でなきゃだめだと思うんですね……。

――だから、私が言っているのは、まさに比較しているじゃないですか。219ページにあった資料と先程言った資料を比較照合すると、明らかに日本軍に対して請求しているというふうにしか思えないのですが。

　私が、ベイツのね……。

――もう結構です。いいです。あなたは、甲第一三号証の243ページのローゼンの記録の中でも、アメリカ人の使用人について日本軍に対して損害賠償をしたという記録があるのですが、そのことはご存じですか。

　ローゼンの記録をそこまで細かく読んでいません。その記録は、たしか3月に発行されたものではないですか。

――私は読んでいます。あなたは記録を精査してと言っていましたけれども、私は全部読んでいますよ。

　……。

甲第一号証の144ページを示す
――この後ろから7行目に「この盗品リストを見るとき、明日にも前進命令が下るかもしれない日本兵が持ち出したものか、それとも、スティールが表現した『逸品』ばかりの宝の山に入った難民達が略奪して露店に並べた（後述）ものか、正常な判断力を持つ者なら、ためらわず後者を指し示すだろう」と書いてありますね。

ありますね。

甲第一五号証の219ページを示す

――この下段に「兵士たちが居住者を強制的に二階に閉じ込めて監視した一例を除けば、他のすべての窃盗は詳細に観察された」と、これは読んでいますか。

これは読んでいますね。

――これでも日本兵がやったのではないとおっしゃるのですね。

そう思います。

――日本兵がやったという具体的な証拠がありますか。観察したというのは、だれが観察したのでしょうか。

――それは居住者に決まっていますよ。

こういう話をしてもいいのかどうか分かりませんけれども、こういうように書いてある、要するに中国人のしゃべったことはすべて事実なのか、あるいはそうでなかったのかということは……。

――だから、あなたはそういうふうに言ってもいいけれども、もし違うなら違う証拠を出してくれれば、私も納得します。違う証拠はあるのですかという質問だけです。それだけを端的にお答えください。

それは本件書籍に書いてありますね。こういうような観点からそう思うのだと。

――日本軍がやったという、その具体的な資料はありますかと聞いているのです。あなたの推測ではありませんよ。例えば、ここで指摘しませんでしたけれども、ピアノを盗んだりドアを盗んだり時計を盗んだり、いろいろしていますよね。いろんなところにそういうことが書いてあることを、あなたは知りませんか。

書いてあることは知っています。

――ですから、それ以外に具体的な資料がありますか。

それは、あくまでも私の推察ですね。

甲第一号証の168ページを示す

――あなたの場合に、アリソン事件について、この後ろから7行目に「南京での謝罪はなかったが、東京での外交的話し合いで一件は納まった」と書いてありますね。「南京での謝罪はなかった」、なかったのですか。

村上参謀次長ですか、その言葉によればなかったと解釈しましたね。

――甲第一五号証の235ページの下段の2行目に「今日の午前11時にホンゴウ少佐が大使館に来て、日本軍司令官にかわって事件に対する遺憾の意を表明し」云々、それから同じく449ページに「日本軍司令部は直ちに参謀一名を派して陳謝したからである」、それからもう1回、今度はグルーと堀之内の会談の中で、日本の回答として、237ページに「日本の一参謀将校がすでに司令官の名において事件に対する遺憾と謝罪の表明を行っている」というふうに指摘されているのですが、これはご存じありますか。

私は、そこに書いてあるもののほかは……偕行社の本ですね、それしか読んでいませんからね。

——甲二九号証の飯沼守日記には、1月31日付でアマノ中尉が軍法会議に送られたというふうに書いてあるのですが、これもご存じですか。

それは知っています。

——要するに、あなたが見ても幾つかの問題がございますよね。

ありますね。

——そうすると、この本だけでも幾つかの問題がある。あなたは、1つがだめなら全部だめという立場を決してとりませんね。

私のそういうふうに書いたのを、すべてそういうふうに決めつけておられるやつに対して、私からの反論ができないので、もういいですよ、それでは……。

——必要があれば書けばいいんですから、それは反対尋問のあれですから。

そういうもんなんですか……。

——あなたは、甲六号証の9・22判決に対して、乙三四号証の陳述書の10ページの下段で「これは、裁判所も、李秀英を含む原告主張の具体的裏付けの不在を認めていることになります。ですから、原告代理人が、この判決によって原告と被害者との同一性が確認されていると主張しているのは、あくまでも強弁であります」と書いてあるのをご存じですか。

はい、私が書きましたから。

——この「具体的裏付けの不在」というのは、原告がそういう被害者であるかどうかについて資料がないという趣旨ですね。

そうですね。

——そういう断定をしてないという趣旨ですね。資料がないということで、李秀英が被害者ではないという趣旨ですね。

ここに書いたのは、あくまでも裁判のことですから。裁判のことですから、判決を読んでも……。

——ただ、乙第三四号証の10ページの下段には「この判決によって原告と被害者の同一性が確認されていると主張しているのは、あくまでも強弁であります」と書いてありますね。

はい。

——甲六号証の100ページに「しかし、仮に事実関係が正確でなかったとしても、概ね原告らの主張に係るような非人道的残虐行為がされたことは間違いないところと判断するものである」と書いてあるにもかかわらず、あなたは原告と被害者との同一性が確認されていないと解釈するわけですね。

この時点で私が読んだのは、あくまでも判決要旨ですね。

——あなたは厳格に緻密に資料批判をするとおっしゃいましたけれども、乙三四号証を出すときには、既にもう甲六号証の判決全文があるんです。にもかかわらず、中途半端な資料で判断するのだというふうにお聞きしていいのですか。

一般の人が判決文全文が手に入るでしょうか。

——あなたがここに来て、自分で陳述書を書いているのですから、自分の責任において。

だから、この判決はおたくから出てきたあれによって知ったんですよね。

——だから、なぜ知った上で乙三四号証を書かないのですか。

判決要旨は前から知っていましたけれども。

——既に乙三四号証の前に判決があるでしょう。なぜ書かないのですか。

そうすると、判決文というのは、我々はみんなカイジョウであるものですか。

——だって、この訴訟の中で、乙三四号証を作る前に甲六号証で出ているのですから、そんなことを議論する気はありません。

……。

甲第二七号証の22ページを示す

——下段の後ろから6行目に「それは一九三一年頃にあたるから、前掲した記録の告訴者は原告李秀英の母ではない。そして被害者も原告ではないことが立証された」と書いてあるのです。これが「中国側史料が李秀英偽証の証拠となった」という表題のもとに書かれている。あなたは乙三四号証の18ページでは「別人らしい新しい資料の発掘」というふうに書いてあります。「別人らしい」というのと「被害者も原告でないことが立証された」ということは同じ意味ですか、違う意味ですか、端的にお答えください。

同じような意味ですね。

——一方は推定、一方は断定ではありませんか。

この見出しは断定的な見出しですけれども、この「立証」というのは法律的な意味ではないですよね。

——「立証された」と言っているのは、証明されたということでしょう。

ええ、そうですね。

——断定ですよね。

ええ。

——そうすると、あなたは推定と断定は一緒でいいと。あなたはいろんなところで食い違いをいろいろ言っているけれども、あなたの文章は推定と断定は一緒でもいいというふうにお答えなのですか。それならそれで結構です。

これは読んで、もう字の如くです。

——字の如くではなくて、結論を言ってください。

ですから、読んで解釈できるとおりです。

――だから、同じ意味ですか、違う意味ですか、答えを言ってくださいよ。

そういう法律用語を言われても、私たち素人にはピンと来ないんですね。

――素人ではなくて、同じ意味か違う意味かと言っているだけの話ですよ。「立証された」という言葉と「らしい」という言葉は意味が同じなのか違うのかということだけですよ。

立証されたから、別人らしいということですね。

――甲第二七号証の23ページの2段目で、あなたはこの事件は同一であるとおっしゃっていますね。

はい。

――同じく2段目で、「そこでこれは、前掲文書を要約する過程で誤って記載されたのであろう」と書いていますね。

はい。

――そうすると、これは整理されたのかどうかは知らないけれども、乙二六号証が乙二七号証に変わったのだと、書きかえられたのだというふうに伺ってよろしいですね。

そうですね。

――本件の前提として、ウィルソンの日記とかマギーのフィルムの中で、李秀英の関係では、胎児と李秀英本人の2人が傷つけられた被害者ではありませんか。

胎児は死んでいますね。傷つけられたのは李です。

――あなたの文章を読むとよく母親が出てくるので分からないのですが、善解すると、乙二六号証・二七号証の「李秀英の娘」というのを「李秀英」にして、届け出た「李秀英」というのは「李秀英の母」とする、あなたはそういう解釈でこの点について論じているのではありませんか。

少なくとも、李秀英の証言とこの証書等を見ると、私は分からない……。

――あなたの文章を見ても分からないから、それしか考えられないから言っているのですよ。

分からないです。

乙第二七号証を示す

――346ページの「強姦および輪姦を拒否して殺された者」の表の一番最後、これは347ページになりますが、「李秀英の娘」と書いてありますね。

はい。

――同じくこの338ページの「被害者および被害者親族姓名・住所一覧表」の中で、これは340ページの11番目になりますが、「李秀英」、「本人強姦を拒んで刺され重傷」と。

はい。

――この2つは、347ページで死んだ者は胎児、ここで重傷を受けた者が李秀英というふうに読めるのではないですか。

私はそうは読みません。

――しかし、先程言いましたけれども、マギーのフィルム、ウィルソンの資料、胎児と被害者本人、そのことから見たら、その資料に今言った解釈は符合するのではありませんか。

資料№.「京027」というのは共通ですから。

——ですから、乙二六では共通の２人の部分を書いてしまったので、乙二七で２つに分けたのだというふうに解釈できませんか。

私はできません。なぜならば、母親は1931年に亡くなっているはずです。

——今の解釈で母親は関係ないでしょう。何で母親が出てくるのですか。

分かりました。読み方は分かりましたけれども、私はそうは読みません。

——では、今の読み方の中で母親が関係するとどうなるのですか。

だから、分からないから、これはおかしいと……。

——分からないんでしょう。

だから、おかしいということになるんです。

——では、あなたは分からないからおかしいというのですか。今の解釈でやると、全部マギーのフィルムとウィルソンの日記と整合性を持つのです。あなたは学者が分からないと言っていますけれども、笠原先生なり何なり、みんなこうやって解釈しています。すぐに解釈しています。こんなことは知っていますよ。分からないなら分からないで結構です。

……。

——あなたは甲二七号証の『月曜評論』の23ページで、「この誤った二次史料に基いて、自分が被害者であると主張しているのではないかと考えざるを得ない」と言っているのですが、いつから李秀英が２次資料に基づいて主張しているのか、これについては分かりますか。

それは分かりませんね。

——この２次資料に基づいて原告が主張しているのだと。主張していることを裏づける直接的な資料はございますか。

ありますね。

——何があるのですか。

それに基づいているかどうかは分かりませんよ。ただ、原告がそういうふうに主張している資料はありますね。

——主張している資料はあるのですが、具体的にそういうものに主張をし出したと、その原因を示すような資料はございますか。

だから、そういう資料はございます。

——それは何ですか。

1500名ですか、私も書証で出しましたね。

——あなたの書証を見ても、そんなものはありませんよ。

書証で出しましたね。

甲第二六号証及び甲第二七号証を示す

――甲二六号証の『月曜評論』の11ページの下段に「彼等が、李秀英は前掲のような一九三七年末の外国人資料に残っている日本軍によるという被害女性と同一人であると信じているのは、日本軍は悪逆非道であったとの歴史認識からなのか」云々と、それから先程の甲二七号証の22ページの下段で「被害者も原告ではないことが立証された」ということから見て、あなたはこの本について原告の李秀英は1937年の被害者とは違う人物であるということを前提にして書いたのではありませんか。

　違いますね。疑いを持っただけですよ。

――推測でも結構ですけれども。

　推測というか、そういう疑いを持ったということですね。

――疑いを持って推測したのではありませんか。

　……。

――あなたは乙三四号証の付録の1ページに「李秀英さんの証言との間の食い違いや、その証言のたびごとに内容がくるくる変わるのは、実体験でない証拠であろうと指摘した拙著」と。そうすると、原告は自分の体験として話していますね。これはお認めになりますね。

　恐らくそうでしょうね。

――だって、あなたは批判しているのだから、恐らくではなくてそうでしょう。

　ええ。

――原告が自分の体験として話しているにもかかわらず、実体験でない場合には、同一人物で実体験ではないということはあるのですか。自分は実体験はこうだと言っているにもかかわらず、あなたはそれは実体験ではないと拙著で言っているのだから、同一人物でそういうことはあり得るのですか。

　なぜならば、くるくる変わるから同一人物ではないだろうと私は推測したんです。

――ですから、同一人物でないというふうに推定して書いているのですね。

　ではないかというふうに推察したんです。

――だから、先程の甲二八号証の産経新聞で、藤岡さんが「別人ではないかと松村氏が同書の中で推測した」と書いているのは正しいのですね。

　同一人物とは違うんじゃないかと疑いを持ったということと推測したということと同義語なのかどうか、私は国語学者じゃないから分かりません。私は推測したんですよ。

――推測したんでしょう。

　はい。

――では、これは誤りでないということにしておきます。

　……訂正です。私は疑いを持ったんです。

――また訂正ですか。疑いを持って……。

　また訂正。私は、こういう場へ出るのは初めてなんですよ。

――推測したのではないですか。あなたの具体的な主張の中でも「推測以上に」という言葉が出ているんですよ。だから、推測したというふうに準備書面でも読めるんです。
推測したのではありませんか。

では、そう読んでください。

――いいんですね。

そういうふうに読まれるんですからね。

――当たり前ですよ。

これは自分のそういう疑いを持ったということは、これはもう全部に一貫していますよ。とにかく、疑いを持ったんです。

――疑いを持ったのはいいんですよ。疑いを持った上で推測して書いたかどうかの問題なんです。

いや、疑いを持ったから書いたんです。

――そうですね、疑いを持って書いたということでよろしいですね。

……。

甲第一号証の363ページを示す

――あなたは、甲一号証の359ページの「もう一人の李秀英」という見出しのもとに、363ページに「一つの推理であるが、谷寿夫裁判の時の李秀英の話が語り部に受けつがれ」とありますね。

はい。

――この「語り部に受けつがれ」たということは、AからBに、ある人から違う人に移ったのだということ以外には意味はありませんね。

受けつがれということですからね、はい。

――「実体験でない証拠であろう」というのは、違う人物と推測しているということでよろしいでしょう。

……。

――同じ363ページの「夏淑琴の映像」の見出しの4行前から「一つの推理であるが、それを聞いた毎日新聞記者がマギーのフィルムに結びつけ、南京大屠殺紀念館がそれに乗ったのではないかと思う。南京軍事法廷、記者のインタビュー、映画撮影、日本の裁判所と、証言のたびごとに内容がクルクル変わるのは、実体験でない証拠であろう」と。そうすると、今言ったように、「語り部に受けつがれ」というのは、明らかにAからBに受け継がれたということですね。違う人物だということですね。それとの続きで、「実体験でない」というのも違う人物だということしか理解できないじゃないですか。

推測ですね。

――甲一号証の359ページに「南京法廷とマギーのフィルムの李秀英とが、同一人物であるとの保証がないというのはいい過ぎだろうか」と書いてありますけれども、今言ったように、これは同一人物であるかどうか疑いを持って、違うと推測しているのではありませんか。

疑いを持っているということですね。

――先程、「谷寿夫裁判の時の李秀英の話が語り部に受けつがれ」たとありましたね。さっき甲一号証で示しましたが、それはいつ語り部に受け継がれたのですか。

それは分かりませんね。

――だれから受け継がれたのでしょうか。

それも分かりませんね。

――今、その語り部は、前の人はどこにどうしているのですか。

そういうことを聞かれても分かりませんね。

――「語り部に受けつがれ」というふうに言っているのですが、それをAからBに受け継いだということを裏づけるような具体的な資料は、あなたの方で発見するなりお持ちなのですか。

あくまでも推測の資料はあります。

――具体的にそれを直接裏づけるものはありますか。ただ、あなたの方は推測でくるくる変わるのはいいんです。

推測する資料はございますから。

――要するに、推測する資料がくるくる変わるだけでしょう。

もう既に書証として提出されています。

――そういうことだけでしょう。

はい。

――それでなくて、AさんがBの原告にいつ頃どういう関係でこういう話があったというようなことを示す資料はございますか。

そういう具体的なものはありません。あくまでも、推測資料しかございません。

甲第一号証の363ページを示す

――この「夏淑琴の映像」の見出しの４行前から「一つの推理であるが、谷寿夫裁判の時の李秀英の話が語り部に受けつがれ、それを聞いた毎日新聞記者がマギーのフィルムに結びつけ、南京大屠殺紀念館がそれに乗ったのではないかと思う」と。「南京大屠殺紀念館がそれに乗ったのではないかと思う」ということはどういう意味ですか。

資料館というのは、李秀英の経験談というものを知っているわけですね。だから、結局毎日新聞に李秀英を紹介したわけですね。

――この「乗った」というのは、通常『広辞苑』の中で一番これに近いのは加担する、相手の働きかけに応じるという意味なんです。

だから、取材に応じたわけですね。

――取材に応じたのは李秀英であって、これは「フィルムに結びつけ、南京大屠殺紀念館がそれに乗ったのではないかと思う」と。

ですから、南京虐殺紀念館に毎日新聞の記者が問い合わせたわけですね。そして、その毎日新聞の記者の問い合わせに、その問い合わせの取材に応じたわけですよ。

――応じるのは原告でしょう。

いや、そうじゃない。

――だから、紹介するのは分かるんですよね。肝入りで関与すると。「それに乗った」というのはより加担する、より積極的な行為なんです。

要するに、南京虐殺紀念館は、毎日新聞記者からの取材というか、これはどういうことなんだ、こういうふうに思いますよと、どんなものですかというふうに南京に聞くわけですよね。

――それでどうしたの。

それに応じたわけですよ。

――それは原体験ではないのに、原体験であると応じたわけ？

それは南京虐殺紀念館というのは、李秀英がそういう体験であるということをもう信じていますからね。

――そうすると、南京紀念館がいつ信じたのですか。

それは知りません。

――信じたから乗ったのですか。

ええ。信じているから、それじゃご紹介しましょうと、その話に乗ったわけですよ。

――「乗った」というのは、新たに行為を行う、加担するという意味ではありませんか。

その話に乗ったわけです。

――では、あなたは通常の意味では使っていないとお聞きしていいですか。

はい。

甲第一号証の377ページを示す

――この後ろから3行目に「それは、彼女たちの責任ではない。ただそのように仕立てられただけなのであろう」と。先程は「祭り上げられた」ということをおっしゃいましたね。

そうですね。

――この「彼女たち」というのは李秀英と夏さんを指していますね。

夏淑琴と2人です。

――傷の個数については、平成12年10月3日付被告準備書面の9ページの4行目から、ライフの記事の29回と本多勝一の『中国の旅』の37カ所を結びつけた疑いがあるという趣旨のことを言っていますが、これはご存じですか。

ええ、知っています。

――ところが、甲二七号証の23ページの3段目では、「ティンパーリーの書の三七とライフの二九という数字を誰かから聞かされて、それを憶えていたに過ぎないと言えるだろう」と言っている。あなたはこの傷の箇所が大切だとおっしゃいながら、なぜ37回について、『中国の旅』からティンパーリーに変わったのでしょうか。

変わったんじゃなくて、資料の方が取り上げたわけですね。

――だって、あなたは「誰かから聞かされて、それを憶えていたに過ぎないと言えるだろう」と言っているわけです。あなたも認めたように、平成12年10月３日の準備書面では37カ所は『中国の旅』に結びつけたのだ、そういう疑いが生じているのだと言っていて、今度はあなたの甲二七号証では37回についてはティンパーリーの37だと言っているわけですが、なぜ変わったのですか。

　ティンパーリーの37……。

甲第二七号証の23ページを示す

――この３段目の後ろから５行目に「しかしながら、二九のみならず三七という特異な数字のいわば出典も今や明らかになった。李秀英は医師の話を覚えていたのではなかった。ティンパーリーの書の三七とライフの二九を誰かから聞かされて、それを覚えていたに過ぎないと言えるだろう」と書いてあるのです。

　分かりました。その「三七」というのはティンパーリーの書いた『外国人が見た日本軍の暴行』のことですよね。

――そんなことは分かっていますよ。変わった原因について聞いているんです。平成12年10月３日の準備書面では『中国の旅』の37カ所が疑いがあると言っていながら、あなたの甲二七号証では、今度はティンパーリーだと言っているんです。なぜ変わったのかという簡単な質問です。

　本多勝一の37のもとにティンパーリーの37があるんじゃないのですか。

――ないですか、ですか。

　私はそういうことだと思いましたね。

――「誰かから聞かされて、それを覚えていたに過ぎないと言えるだろう」、ではこれは原告はだれから聞かされたのか、あなたはご存じですか。

　それは知りません。

――それを裏づける資料はありますか。

　ありません。印がないんですから、ありませんね。

――今言ったように、『中国の旅』の37カ所が、ティンパーリーがもとになって37カ所になったということを示す具体的な資料がありますか、ありませんか。

　推測です。

――あなたは、サンフランシスコ条約の11条で、連合国側の軍事法廷が被告に言い渡した刑の執行を日本政府に受けさせるという趣旨であると。判決の内容や結論について日本政府は異議を差し挟むことを禁止した条文ではないというふうに言っていますね。

　はい。

――この11条はこの連合国の裁判を受諾し、かつ執行について述べていますね。あなたは見たことはありますか。

　あります。私は全文を読みました。

――そうすると、「受諾し」という言葉は判決の内容を受け入れるということではありませんか。

　それもある学者の説、私はそれに同意して書いたんです。

――では、国際法学者でその説を言っている方はどなたですか。

年寄りというのはすぐ度忘れするんです。今ここまで出ているんだけれども……佐藤和男先生。

——ほかの一般的な人で、そういうことを言っている方はいますか。

私は佐藤和男先生の本を参照したんです。

——佐藤和男の何という文献ですか。

題名は覚えていません。

——あなたは、乙三四号証の付録の22ページの上段の9行目からの、ヴォートリンの日記の12月16日にところに「わざわざこのトラックをヴォートリンの目につくようにし向けた、何者かのやらせによるものだと言いたい」というふうに書かれていますね。

はい。

——このときにヴォートリンに、こういうふうにだれがやらせを行ったのですか。

私の推測では便衣兵でしょうね。便衣兵というか、間者というか、いわゆる間諜というか、国民政府軍側のものだと思いますね。

——そのときにトラックはどういうふうに調達したのですか。

分かりません。トラックを調達して、それが走っていたということは記録にありますからね。

——トラックで走っていたというのは……。

難民を乗せてトラックが走っていたというあれがありますから。

——中国人が、便衣兵がトラックを調達してやったということを裏づける具体的な資料はございますか。

推測です。

——当時の資料の中で、あなたはこういう土地だから分からないとおっしゃっていましたけれども、1つの首都を攻略するときに、その軍隊がその都市の地図を持たずに攻撃するなんていうことはあり得ますか。

あり得ないですね。ただし、夜は分かりませんね。

——夜だって分かりますよ。こんな地図を持てば。

……。

——私が確認したヴォートリンの記録を見ると、これは12月16日のことですよね。

15日か16日か、どちらかですかね。

甲第一〇号証の132ページを示す

——秦郁彦『南京事件』、甲一〇号証の132ページに、「十三日～十五日の掃蕩戦では」云々とあって、3行目は「十六日に難民区を中心とする徹底的な摘出作戦に踏み切った」と書いてあるのです。要するに、17日が入城式ですね。これはご存じですね。

知っていますね。

——秦氏が言うように、その前に日本軍が徹底的な掃蕩戦をやったのではありませんか。

難民区掃蕩戦をやっていますね。

——難民区、その他についても宮様は入りましたね。松井石根と一緒に宮様も入城するということで、宮様に何かの問題があると困るということで徹底的な掃蕩戦をやったということはあなたはご存じでしょう。

はい。

——こんなことは常識ですよね。

はい。

——そういう中で中国兵がトラックを調達してやらせをやるというようなことは、普通だったら考えられないのですが、それをやったという具体的な資料はありますか。

便衣兵の活躍というのは、あくまでも推測ですね。それについては、幾らでも言うことはあるんですけれども、これこれこういう理由で推測したということはあるんです。

——ヴォートリンは略奪についても、中国の難民が一部盗んでいるということを書いてみたり、要するに日本人と中国兵をきちっと区分けして日記の中に書かれているということは、あなたはご存じないですか。

会って話をしたときにはね。

——話だけではありません。こういうものについて具体的に資料に出回っていると、これは難民が盗んできたものだと。なおかつ具体的に書いてあるのは、日本軍が略奪しなければ、中国の難民もこんなことはしなかったというところまで書いているんです。そういうことは知りませんか。

これにも書いてありますね。

——だから、ヴォートリンは区別してこの日記を書いているということは、あなたはお分かりになりませんか。

思いません。区別できているとは思いません。

被告ら代理人（高池）

乙第二七号証を示す

——この347ページの下の方に「李秀英の娘」というのがありますね。

はい。

——この「李秀英の娘」というのは、上の方を見ると、これは被害者の姓名ですね。

そうですね。

——それから、346ページの「被害事実」の「李秀英の娘」を見ますと、「強姦を拒み10余か所刺さる」ということですね。

はい。

——これからして、「李秀英の娘」というのは胎児だということが言えますか。

思いません。

——それで先程の推測をしたわけですか。

そうですね。胎児に強姦はあり得ないということからですね。

——先程の反対尋問で、松村さんは『サピオ』に何か書かれたのですか。

書きました。

――『サピオ』にはこの李秀英さんのことは書かれているのですか。

書いてありません。

――「南京大屠殺紀念館がそれに乗った」と。その「乗った」というのは、原告代理人が通常の意味とは違うように解釈するのですかという趣旨の質問をしたら、そうですと言ったように聞こえたのだけれども、通常とは違う意味で「乗った」という言葉を使ったのですか。

いいえ、違いますね。

――普通の意味で使ったのですか。

普通の意味で、要するに紹介とか、それから取材の申し込みに乗るとか、そういう意味ですね。

原告代理人（渡邊）

――あなた方の準備書面で全然分からないのは、「李秀英の母」というのは乙二六号証と乙二七号証のどこに書かれているのですか。「李秀英の母」というのはどこにも書いていないんですよ。何で「李秀英の母」が来ているのかさっぱり分からない。母は13歳のときに死んだからという理由はあるのだけれども、なぜなのかはさっぱり分からないです。

「李秀英の母」が届け出たという資料ですね。

乙第二六号証を示す

――「李秀英の母」が届け出たというのは、告訴人氏名の「李秀英」を「李秀英の母」にすることになるでしょう。今、あなたは、告訴人が「李秀英の母」だということで関係してくるとおっしゃいましたね。

はい。

――そうすると、乙二六号証の102ページの「李秀英の娘」という文章は、告訴人というのは告訴氏名という形で「李秀英」と、これしかないのです。

告訴人は「李秀英」ですね。

――だから、「李秀英の母」が告訴人というのはどこに出てくるのですか。

それで、ここに被害者との関係、母と娘……。

――だから、上は「李秀英の娘」が死んで、告訴したのが「李秀英の母」なのだから、李秀英本人なのですよ。おかしくないじゃないですか。何がおかしいのですか。

これは母と娘でしょう。だから、これは被害者との関係が母と娘ですね。そうすると、被害者は娘ですね。

――書いてありますよ。これは、多分被害者の間違いだと我々は思っていますけれども、少なくともここの「李秀英」と「李秀英の娘」との間で、母と娘だったら、下から5の欄の「李秀英」が「李秀英の母」というふうに読むのだということしかないのですよ。

告訴したのは「李秀英」ですね。それしかないんじゃないのですか。

――あなたは告訴したのは「李秀英の母」と、今言ったじゃないですか。今、言ったばかりじゃないですか。皆さん分かっていますよ。

あんまりそうやって言われますと、素人は混乱しちゃうんですよ。

――素人ではなくて、あなたが決定的な証拠だと言っているから聞いているんです。

ええ、これは決定的な証拠だと思います。強姦を拒否して刺されたのは被害者ですね。被害者は「李秀英の娘」ですね。

――書いてありますよね。

ええ。

――だけれども、さっき言ったように、これを乙二七号証では2つに分けているわけですよ。

乙二七号証で変化しているわけですね。

――だから、さっき言ったように、これは「李秀英」と「李秀英の娘」の2つのことが一緒に書かれているので、乙二七号証で整理したというふうにすれば、すべて合理的に説明できると私は言っているのです。それをあなたは母だと言うから、一体「李秀英の母」というのはどこに当たるのでしょうかと聞いているのです。

ですから、こう説明すれば合理的になりますよということは、そう説明するから合理的に考えられるだけでしょう。

――資料というのは合理的に説明するのが資料批判でしょう。合理的に説明しない資料批判なんてないでしょう。何言っているのですか。ですから、あなたが言ってる「母」が出てくるというのは、乙二六号証の「李秀英」を「李秀英の母」というふうに読むのですか。

そうです。読むんです。

――そうすると、強姦されたのだから、乙二六号証の上の「李秀英の娘」というのは「李秀英」になるのですね。

いや、それは「李秀英」かどうか分からんですね。分からないから、そういう資料だというわけですよ。母と娘とが同姓同名ならばそういうことになりますね。

――何で同姓同名なのですか。

だから、「李秀英の母」がと言われていますからね。被害者は「李秀英の娘」なんですよ。

――では、「李秀英」というのを「李秀英の母」と読むのだということですね。

……。

――「李秀英の母」と読むということを示す具体的な資料はありますか。これも、また単なる推測ですか。

それが資料でしょう。

裁判官（日比野）

――あなたの方から証拠として『女たちの太平洋戦争』という本が出されていますけれども、これは本書を執筆されるときに、あなたが参考資料として読んだ本なのですか。

その『女たちの太平洋戦争』というのは南京事件のことだけではなくて、たくさんあるものですから、サーッとは読んだんですね。要するに、徹底的に分析して読んだというよりも、ザーッと読んだというふうにお考えください。

――この本書を執筆されるときに、『女たちの太平洋戦争』というものもざっと目を通したということですか。

はい、おっしゃるとおりです。

――『目撃者の南京事件』という本を証拠として出されているのですが、この本書を執筆されるときに、『目撃者の南京事件』については参考にされたのですか。

それも同じように考えていただきたいと思います。1つつけ加えさせていただけるならば、だから参考文献の中には入っていないんです。

裁判長（岡久）

――退職後、この本を書かれたということですけれども、退職されるまではどういう仕事をされていたのですか。

私は、定年になりまして、その後、要するに無職で何もやっていないです。

――定年になるまではどういう仕事をされていたのですか。

定年になる前は、私が主としてやっていたのは、岡谷鋼機株式会社という会社に勤めまして、昭和26年頃から貿易になりまして、それで名古屋にいる頃には雑貨、大阪にいる頃にもやっぱり雑貨、そして昭和39年に東京へ移りまして、それ以後はずっと対米向けの鉄鋼輸出をやりました。

――そうすると、そういう取引の直接の担当をしていたわけですか。

ええ、そうです。責任者だったです。

――会社の中で、いろんな文書を書くということは仕事にはされていなかったと。

これは取引先との手紙しかなかったです。ただ、入社、要するに若い頃には、物を書くことが好きだったものですから、だから入社して、社内誌がございますね、社内誌に時々寄稿して、昭和30年頃までには私の書いた文章が残っています。その程度です。

以上

4　意見書「学問的常軌を逸した否定論者」笠原十九司

一　松村俊夫著『「南京虐殺」への大疑問』の非学問的特質

松村俊夫著『「南京虐殺」への大疑問』（展転社、一九九八年、以下、松村本という）は、日中戦争の緒戦期に発生した南京大虐殺事件（南京事件と略称する）を主題にした歴史書でありながら、歴史学的な方法や、学問研究のルールや常識を逸し、言論・出版の自由を守るために必要とされる著者のモラルを欠いている書物である。

李秀英名誉毀損裁判の「第七回口頭弁論（平成一三年五月一一日実施）調書」（以下、「本人供述」、引用は「調書」と略す）によれば、松村俊夫（敬称は略する）は歴史学研究の方法について専門に学習し、訓練を受けたこともなく、松村本を出版するまでは、論文、著書を公刊して批評を受けるという学問的経歴も有していないとのことであり、学問研究の方法やルールおよびモラルを習得する機会をもたなかったようである。

歴史学研究にはほとんど素人で、しかも学問的常識をわきまえない松村本をそのまま出版し、南京事件の被害者である李秀英の名誉と人権を侵害した展転社の社会的道義的責任も大きいといわねばならない。

本論考では、松村本の非学問的な特質について、まず、同書の問題点を総括的、結論的に述べ、それらの事由を証明する具体的事例については、次項で述べることにする。

(1)　妄想に近い思い込みと誹謗

第一は、日本の歴史学において定説になっている南京事件の歴史事実をほぼ全面否定して、「南京大虐殺はなかった」という妄想に近い思い込みに立脚して、そのことを「証明」するためには、南京虐殺の被害証言者を「ニセ証人」と決めつけ、私のような事実解明に努めてきた研究者を「捏造家」と非難、誹謗してやまない書物である。

松村本の特徴は、大変な自信家である松村が、批判のために必要な学問的手続きやルールを無視して、被害証言者や対立する研究者にたいしてきわめて誹謗的、攻撃的であることである。松村俊夫「陳述書」乙第三十四号証（以下「陳述書」と略す）で、南京事件調査研究会編『南京大虐殺否定論13のウソ』（柏書房）において、私が松村本を取り上げて批判しなかったことを「笠原十九司氏に対しては……本件書籍をウソであるといえないから無視したのだろうと思っております。南京事件が決着済みであるとの主張がいかに強弁であるかは余りにも明らかです」（同　一九頁）と述べているのは、その一例である。自信家でかつ思い込みの強い松村には、松村本の学問的なルール無視があまりにもひどいのと、すでに論破された否定論の繰りかえしであることから、私が無視したということには思いがおよばないらしいのである。

南京事件が歴史事実であることは、日本の歴史学界では常識であり、歴史学辞典類のほとんどに、「南京大虐殺」「南京虐殺」「南京事件」等の項目で記述されており、現行の中学校と高校の歴史教科書のほとんどに記述されている。また、南京事件に関する専門的な資料集も、洞富雄編『南京大残虐事件資料集』一、二巻（青木書店）、南京事件調査研究会編・訳『南京事件資料集』一、二巻（青木書店）、井口和起・木坂順一郎・下里正樹編『南京事件京都師団関係資料集』（青木書店）、小野賢二他編『南京大虐殺を記録した皇軍兵士たち』（大月書店）、南京戦史編集委員会編『南京戦史資料集』一、二巻（偕行社）、石田勇治編・訳『資料・ドイツ外交官の見た南京事件』（大月書店）など多数にのぼる。日本の司法界においても、家永教科書検定第三次訴訟控訴審において、私も原告側証人として東京高等裁判所の法廷に立って証言した「南京大虐殺」「南京戦における婦女暴行」の記述をめぐり、検定不合格を違法と判定した東京高裁判決が出されている（一九九三年一〇月二〇日、川上判決）。さらに松村に対する名誉毀損裁判原告である李秀英が、南京事件における被害の損害賠償（慰謝料）を求めて起こした訴訟（平成七年（ワ）第一五六三六賠償請求事件）に対して出された東京地方裁判所の判決（一九九九年九月二二日、伊藤判決）においても、「南京虐殺」が歴史事実であること、および原告李秀英が被害者であることを認定している。日本の政界においても、一九九四年五月、永野茂門法相（当時）が南京大虐殺は「でっち上げ」と否定する発言をして大臣を更迭されたように、閣僚が南京事件の否定を公言することはできなくなっている。また、先の伊藤判決を受けて野中広務官房長官（当時）は「南京大虐殺は否定できない」と記者会見で言明している（『京都新聞』一九九九年九月二三日）。

笠原十九司「南京大虐殺と歴史研究」（同『アジアの中の日本軍』大月書店、一九九四年、所収）において私は、一九七〇年代から九〇年代にかけて展開されたいわゆる「南京大虐殺論争」の経過を整理し、南京事件の歴史事実を否定しようとした南京大虐殺「まぼろし説」「虚構説」が学問的には完全に敗北、破綻した経緯と理由を明らかにした。

ところが松村は、「常に原告代理人は、南京事件は歴史学界に於いては決着済みの事実であると繰り返しております……ここでいう『歴史学界』とは、家永三郎氏の主張や、同氏に同調する学者が所属する「南京事件調査研究会」のことを指すのでしょうが……所謂『大虐殺派』の属する学者の集まりですから、それを『歴史学界』と自称することはおこがましいのではないのでしょうか」（「陳述書」一二頁）と述べている。

そこで、南京事件の歴史事実は歴史学界では常識になっていることの例証として、二つの歴史学辞典の記述を、南京事件の概説もかねて、以下に紹介しておきたい。

①平凡社『日本史大事典第5巻』「南京大虐殺」（執筆者・江口圭一）より

日中戦争で南京占領に際し日本軍によって中国軍民に加えられた大規模な残虐行為。一九三七年（昭和一二）八月、日中戦争は華北から華中に拡大、日本軍は上海で中国軍の激しい抗戦に直面し、大きな損害を被った。十一月上旬ようやく中国軍を退却させると、中支那方面軍（軍司令官松井石根大将）は、指揮下の上海派遣軍（軍司令官朝香宮鳩彦王中将）と第一〇軍（軍司令官柳川平助中将）を、与えられていた任務を逸脱して国民政府の首都南京に向かって急進撃させた。上海戦で疲労し、凱旋の期待を裏切られた日本軍兵士は自暴自棄となり、補給がともなわず現地徴発に頼ったこと、中国侮蔑感情や戦友の仇を討つという郷党意識にとらわれていたことなども加わって、南京への進撃途上ですでに略奪・強姦・虐殺・放火などの非行が常態化する状況となった。十二月十三日、南京占領に際しては、十七日の入城式に備え、徹底的な掃討を行い、投降兵・捕虜を長江沿岸などで大量に処刑し、多数の一般市民をその巻添えにし、略奪・強姦・放火を重ねた。さらに十二月二十二日、佐々木到一少将が城内粛清委員長に就任、中国兵の狩出しと処刑を続け、三八年二月初めに及んだ。犠牲者数については中国側の公式見解は三〇万人とするが、戦闘行為による戦死者を除き、上海から南京への進撃途上から三八年二月初めまでの期間をとれば、十数万人から二〇万人前後に達するとみられる。この事件は「シカゴ・デイリー・ニューズ」（一九三七年十二月十五日付）、「ニューヨーク・タイムズ」（一九三七年十二月十八日付）などによって報道され、国際的非難を浴びたが、日本では厳重な報道管制を受け、日本国民は敗戦後の東京裁判によってようやくその事実を知らされた。同判決の結果、松井大将が大虐殺の責任者として死刑に処され、南京での裁判で第六師団長であった谷寿夫中将らが処刑された。

②弘文堂『歴史学事典第7巻』「南京事件」（執筆者・笠原十九司）より

　日中戦争初期、当時の中国の首都南京を日本軍が攻略・占領した際に中国軍民にたいしておこなった虐殺、強姦、掠奪、放火、拉致、連行などの戦時国際法と国際人道法に反した大規模な残虐行為の総体。南京大虐殺事件、略称として南京事件という。単に南京大虐殺ともいう。

　一九三七（昭和一二）年一二月一日の大本営の下令によって正式に開始された南京攻略戦は、もともと参謀本部の作戦計画にはなかった。激戦三カ月におよび、甚大な損害を出した上海派遣軍を独断専行で南京に進撃させたのは、中支那方面軍司令官の松井石根大将と、参謀本部から出向して同軍の参謀副長となった拡大派の武藤章大佐らであった。上海派遣軍は、疲弊して軍紀も弛緩していたうえに、休養も与えられず、補給体制も不十分なままに、難行軍を強いられたため、中国軍民に対するむきだしの敵愾（てきがい）心と破壊欲を増長させ、虐殺、強姦、掠奪、放火などの残虐行為を重ねながら南京に進撃していった。

　一二月四日前後に中支那方面軍は、中国軍の南京防衛陣地（南京特別市行政区に重なる）に突入、南京の県城・農村地域から日本軍の残虐行為は開始された。南京城区には四〇～五〇万人（南京攻略戦以前の人口は一〇〇万人以上）、近郊の六つの県には一〇〇万人前後（同じく一五〇万人以上）の市民が残留していたが、日本軍はこれらの膨大な中国民衆を巻き込んで、南京防衛軍に対する徹底した包囲殲滅（皆殺し）作戦を実施した。同作戦は、戦時国際法に反して、自ら武装解除した投降兵・敗残兵あるいは武装解除された捕虜までもすべて殺害することになった。一般民衆も敵対行動、不審行動をする「敵国民」と判断された場合は殺害された。日本軍は、一二月一三日南京城を占領した後、一七日の南京入城式に備え、徹底した残敵掃蕩戦を展開、長江沿岸などで捕虜および投降兵の大量処刑を行なった。武器を捨て、軍服を脱ぎ捨てても、中国兵であった者、中国兵と思われた者はすべて殺害したので、多くの市民、難民が巻き添えにされて犠牲になった。さらに日本軍には戦勝の「慰労」として一〇日間前後の「休養」が与えられ、総勢七万人以上の日本軍が南京城内に進駐、勝利者、征服者の「特権」として、強姦、掠奪、暴行、殺戮、放火などの不法行為を行ない、南京事件は頂点に達した。その後、第一六師団が駐屯して軍事占領を続け、三八年三月二八日に中華民国維新政府が成立するまで、日本軍の残虐行為は続いた。

極東国際軍事裁判（東京裁判）では、南京事件による中国軍民の死者を二〇万以上とし、不作為の責任を問われた松井石根が死刑となった。中国国民政府国防部戦犯軍事法廷（南京軍事裁判）では、犠牲者三〇万以上とし、四人の将官が死刑となった。一九七〇年代から八〇年代末にわたり、歴史事実か「虚構」「まぼろし」かをめぐっていわゆる「南京大虐殺論争」が展開され、家永教科書裁判の争点にもなったが、いずれも否定論が敗れた。犠牲者数の確定は困難であるが、現段階の日本側の研究では、十数万から二〇万人の中国軍民が犠牲になったと推定する説が有力である。

以上が歴史学事典の記述の例であるが、ついでにいえば、李秀英は、右の記述にある「一〇日間前後の『休養』」のときに、女性暴行を目当てに難民区や城内を「掃蕩」「徴発」してまわった日本軍部隊の犠牲になったのである。

ところが、松村本は、すでに学問的には成立しえない南京大虐殺否定論の立場に立って、しかも私たちのように、南京事件の歴史事実を明らかにしてきた者を「南京大虐殺派」と名指しであげ、「『南京大虐殺』として日本を告発している人々」（松村本、五六頁、以下同書からの引用は頁数のみとする）「敗戦後、民族としての誇りを失った日本人が今になって、その頃の（日中戦争当時――引用者）宣伝戦の前にもろくも敗北しようとしているのが『南京大虐殺』という主張であろう」（二七七頁）、「過去の日本軍部は悪の権化だったとしてしまうことを目的とする洞富雄、本多勝一らの日本人」、「（中国が）日本を精神的に屈伏させる絶好の材料としてこれ（南京大虐殺）を取り上げ」たことに協力した日本人、「『大虐殺派』とともに真の日中友好に害毒を流し続けている」（三九九頁）等々と非難してやまないのである。

こうした記述表現からも分かるとおり、松村本は、南京事件の事実を解明してきた研究者、ならびに残虐行為の事実を証言した被害生存者に対して、反日宣伝の陰謀家たちというレッテルを貼って、誹謗に近い非難を一方的に加え、読者が南京事件の歴史事実に懐疑的になることを企図した極めてイデオロギー色の強い書物である。

(2)　事実認定の手順と方法を無視

第二には、南京事件に関する膨大な資料や文献を歴史学的に検討して、それらを総合して南京事件の歴史像を明らかにしていくという事実認定の基本手順と方法を無視し、南京事件の「否定のための否定」を目途とした、非学問的な書物といえることである。

歴史学的方法からすれば、南京事件に関する資料のなかには、玉石混淆に様々な内容のものがあり、中には不正確なもの、あるいは誤ったものもあり、同一人物の証言でありながら記録者や掲載文献によっては証言内容の細部に齟齬や矛盾があるものもある。歴史学ではそれらの雑多な資料に厳密な資料批判を加えて、信憑性の高い資料を選別して用いるとともに、不正確にみえる資料であってもそれらを相互に照合し、不正確な部分あるいは明らかに誤っている内容を除去し、全体の関連性を検討しながら歴史事実を裏付けている部分を抽出するなどして、種々雑多な資料を総合的に用いることによって歴史像を構成していくのである（笠原十九司他『歴史の事実をどう認定しどう教えるか――検証　七三一部隊・南京虐殺事件・「従軍慰安婦」』教育史料出版会、参照）。

しかしながら、松村は、「南京大虐殺はなかった」という歴史学的には誤った先入観に立脚して、「南京大虐殺派」が引用しているいくつかの証言や資料を取り上げ、その信憑性が否定されれば、南京事件全体の歴史事実も否定されると思い込んでいる。松村は、「(南京事件の――引用者、以下同じ)何千何万件という強姦事件のうち、『証拠がある』とされるものでさえ、もしその証拠に疑問があれば、いうまでもなくこの全体像が崩れることになる」（一五七頁）と主張して、その否定のためのターゲットを南京事件被害証言者の李秀英および夏淑琴に絞り、「凄まじい強姦の幸存者（生存者）の代表とされている二人の『鉄証』に、これだけの疑問があることを知れば、彼女たちが起こしている裁判も、日本の支援者たちの主張も、まことに空しいものに思えてくる。被害者証言の全体が崩れるからである」（三七七頁）とまで述べている。そうした意図をもった松村本では、李秀英と夏淑琴の二人が「ニセ証言者」であることを印象づけることに「多くの紙数を費し」たのである。

しかし、「本人供述」で明らかにされたように、松村は李秀英が本来の被害者ではないとしていることについて、「具体的なものはありません」と認めているように資料的な裏付けや根拠があるのではなく、「あくまでも、推測資料しかございません」というのであるから（「調書」四四〜四七頁）、松村本が歴史学研究の最低のルールもわきまえていないことが分かる。

松村は、「そのように仕立てられた」「ニセ証言者」の二人の「その主張によって、日本の名誉が傷つけられ、日中双方の国民が誤った判断に陥ることがあってはならない」（三七七頁）とまで言い切るが、「ニセ証言者」呼ばわりされた李秀英と夏淑琴の名誉と人権をどれほど侵害しているかについては、思い到ろうともしない。ラルフ・ジョルダーノは著書『第二の罪——ドイツ人であることの重荷』（永井清彦他訳、白水社）の中で、戦後のドイツ人がナチス犯罪を心理的に抑圧し、否定したことを「第二の罪」と呼んだが、松村本は、南京事件の被害者にたいして「第二の加害」を加えているのに等しいのである。

夏淑琴は二〇〇〇年一一月、南京市中級人民法院に対して、松村俊夫とともに、同じく彼女を「ニセ証言者」のごとく書いた東中野修道『「南京虐殺」の徹底検証』（展転社）の著者と出版社を相手にして、名誉回復と損害賠償を求める民事訴訟を起こした（『朝日新聞』二〇〇〇年一一月二九日）。一家九人のうち、七人が日本兵に殺害され、本人も負傷した彼女は、東中野や松村らに「ニセ証言者」呼ばわりされたことを知り、侮辱された怒りで頭痛と不眠に悩まされているという。

(3) 被害者を加害者に仕立て、難民救済者を侮辱

第三には、歴史事実であった南京事件を否定しようとするもともと無理な意図から、結論として、中国軍や中国人難民が南京事件の不法残虐行為の実際の主犯であったと断定して被害者に加害者という濡れ衣をきせ、さらに南京攻略戦下の南京に家族とも別れて残留し、難民救済のために生命の危険も顧みず、全身全霊をなげうって奔走したアメリカ人宣教師、教授たちが、ミッション施設の荒廃の管理責任を転嫁するために、日本軍の仕業とする虚偽の報告を行なったと決めつけて、難民救済者を嘘つき扱いするなどして（三九七〜九八頁）、被害者や救済者たちの名誉を傷つけ、侮辱して憚らない書物といえることである。松村本は、戦前、中国人にたいする蔑称として日本人が使った「支那人」という言葉をことさらに用い、中国人の被害証言は根っから信用できないかのように侮蔑的に扱っているだけでなく、南京における殺人、略奪、強姦、放火は中国人が行なったのだとまで極論することによって、南京事件の被害者である多数の中国人を侮辱し、その名誉を毀損しているのである。それも「本人供述」で明らかにされたように、中国人が犯人である、あるいは中国人の便衣兵がやったという資料にもとづく断定ではなく、松村の「あくまでも私の推察」「推測」による、というのであるから（「調書」三

六頁、五二頁)、学問的常軌を逸しているといわざるをえない。

さらには、金陵女子文理学院教授のミニー・ヴォートリンのように、南京事件の渦中にあって難民救済の闘いのために被った恐怖と緊張がトラウマとなって、最後は自殺までしてしまった宣教師も含めて(笠原十九司・解説『南京事件の日々——ミニー・ヴォートリンの日記』大月書店、参照)、日本軍の暴行から難民と市民を守り、飢餓や病気から救うために奮闘し、南京事件の被害をあの段階に止めたアメリカ人宣教師たちを冒瀆し、その名誉を毀損してやまないのである。

松村は、ミニー・ヴォートリンの日記が李秀英事件を否定し、さらに南京大虐殺を否定できる資料であると「本人供述」で述べ(「調書」一一頁)、「陳述書」の「資料B3Ⅱ『南京の真実』の一側面を伝えている『ヴォートリン日記』を読む」で詳述している。

「最も女性保護に熱心だったヴォートリンも、十二月十九日のヒルクレスト学校での女性傷害事件は記録していない。李秀英が息を殺してヒルクレスト学校の地下室に隠れていたとの主張は、ヴォートリン日記によっても、否定されている」(「陳述書」二〇頁、「調書」一一頁)というのであるが、「重要な事件だから当然日記に記録したはずなのに、記録にないのは、なかった証拠である」という「推測」だけの否定方法は、歴史学研究のイロハを知らない松村を自ら語っているようなものである。「ヴォートリン日記によっても、否定されている」と断定できるのは、彼女の日記にその時李秀英は別の場所にいて、そこには隠れていなかったという記述があるような場合だけであろう。「日記に書いてないから、なかった」という否定方法はあまりにも素人的である。ヒルクレスト学校は難民区のはずれにあり、ヴォートリンが一万人以上の婦女子難民の保護に奮闘していた金陵女子文理学院からは相当離れている。ヴォートリンも日記(一九三七年一二月二一日付)に「わたしたちは外界との接触を完全に絶たれている。何が起こっているのかまったくわからないし、こちらから外界にメッセージを送ることもできない」と書いているとおりである。歴史学的思考力をもつ人ならば、南京事件の現場状況からして、ヴォートリンが感知できないところで多数の強姦事件が発生していたと考えるのが普通である。ちなみに宣教師たちの記録によればその頃は南京城内で一日に千人ぐらいの女性が強姦されたとある(拙著『南京難民区の百日』岩波書店　二三八頁)。

ヴォートリンの日記の内容はほとんど伝聞記録にすぎない、三〇万人が虐殺されているような阿鼻叫喚の惨状の描写がないので南京事件全体が否定されているといった、南京大虐殺否定論者が繰り返し用いているのと同じ松村の論法については、すでに前掲『南京大虐殺否定論13のウソ』でその類型を批判しているので、ここでは省略する。

金陵大学（現在の南京大学）教授のマイナー・S・ベイツ博士について、後述するような誤読と誤認にもとづいて、「自分を守り、日本を罰するだけの目的でこのような（虚偽の）ことを書いて、キリスト教徒として神に対して恥じるところはなかったのだろうか」（二九一頁）とまで非難しているのは、ベイツの名誉を毀損して恥じるところがない、常軌を逸した物言いとしかいいようがない。

松村本が主張する「支那人主犯説」の誤りについては、笠原十九司「妄想が産み出した『反日攪乱工作隊』説」（南京事件調査研究会編『南京大虐殺否定論13のウソ』柏書房、所収）で、その欺瞞的な「例証」のトリックを批判した。また、日本軍の攻撃および占領下の南京に留まり、生命の危険を賭して献身的に難民の救済に奔走したアメリカ人宣教師、教師たちの活動の実際は、前掲『南京難民区の百日』に詳述してある。

第四には、松村本の文章のほとんどを「南京大虐殺派」の研究者が編集、翻訳、執筆した資料集。文献からの引用で埋めながら、それらの編著者に対して、「南京大虐殺派」の名誉はいくら毀損してもかまわないという発想からか、多くは誤読、誤認に基づきながら、反証の資料や文献を提示もせずに、誹謗に近い非難を浴びせている、著者としてのモラルを欠いた書物であることである。

例えば、松村本の第一部と第二部は、ほとんどが、南京事件調査研究会編・訳『南京事件資料集　第1巻アメリカ関係資料編』『同　第2巻中国関係資料編』（青木書店）からの引用文で埋められている。とりわけ、私がアメリカに何度も出掛けて膨大な資料を調査、収集そして編集した『南京事件資料集　第1巻アメリカ関係資料編』（以下『アメリカ関係資料編』と略す）からの引用が大半を占めている。そして大量な引用文と引用文との間に挿入された僅かな松村自身の文章の中で、「笠原はキャプションの捏造には知らぬ顔している」（一六一頁）、「笠原は……架空物語を書いたのである……笠原の嘘もわかるのである」（三一三頁）、「これは（笠原の）ニセ写真以上の創作だった」（三一四頁）、「彼（笠原）のペンが次から次へと『軍民』を生み出し、それらを殺すことによって……『軍民』の死体を作り出していることを読者は理解できると思う」（三一五頁）、「彼（笠原）は……忘れたのか、隠したのか、自分の父の世代を『世界に稀な殺人集団』と位置づけた」（三八三頁）といった、私を「捏造家」呼ばわりする記述が随所になされているのである。

私への誹謗的な非難は、松村の読解力不測からくる誤読、誤認に起因するものであるが、ここで一つひとつの誤りについて解説していると、紙数を要し、煩雑になるので、具体例として、「アリソン殴打事件の笠原解説」というタイトルを付けた節で「（笠原）自ら編集した資料の歴史事実までも大袈裟に脚色していることは恐ろしい。しかし、これは脚色などという生やさしいものではなく、より正確にいえば捏造ということであろう。このようなことが南京問題では堂々とまかり通っているのである」（一七〇頁）という記述箇所を取り上げて、次項でその誤りぶりを指摘したい。

南京事件の被害者の証言を日本で初めて本格的に取材して紹介した本多勝一『中国の旅』（朝日文庫）からも多くを引用しているが、「かかるでたらめな証言が記されている書物が、記録として後世に残ることを著者（本多勝一）は何とも思っていないようである」（三六頁）と非難して憚らない。この決めつけが、松村の初歩的な誤読、誤認によってなされていることは、本多勝一が李秀英名誉毀損裁判に関して東京地裁に提出した「意見書　松村本の支離滅裂さについて」で明快に指摘しているとおりである。

松村本が全体的に、南京事件の被害証言者、難民救済の宣教師たち、さらには「南京大虐殺派」の研究者にたいする名誉毀損の書になっているのは、松村の誤った、非学問的な方法論にもとづいているからである。

それは、既述してきたように、松村は「南京大虐殺はなかった」という誤った先入観に立脚して、その「証明」のために、南京事件の歴史事実を証明している膨大な証言や資料、およびそれらをもとに南京事件の歴史像を叙述した文献を比較し、個々の証言内容の齟齬や、瑣末な誤りや矛盾を検索し、それらの個々の証言や資料、文献の誤りが証明されれば、証言や資料全体の信憑性が否定でき、それらの証言資料にもとづいて構成された南京大虐殺の歴史像が否定され、その結果、「南京大虐殺はなかった」ことが証明できるかのような妄想に拘泥しているからである。松村の発想は、広島、長崎の被爆体験者の多くの証言を詳細に調査、検討して、その証言内容に食い違いや齟齬や誤りが発見されれば、被爆体験者の証言全体の信憑性が崩れ、そうした被爆証言をもとに構成された原爆投下の事実も否定される、というのと同じである。

このように、歴史事実を認定するための方法論としては誤った方法論に立脚した松村本は、さらに批判対象の証言、資料に対して、多くは誤読、誤認にもとづいて、その「誤り」「齟齬」「矛盾」を反証の資料もなくただ松村の気ままな「推測」によって批判、非難を加え、最後には「ニセ証言者」「支那人の仕業」「虚偽の報告者」「捏造研究者」というレッテルを貼りつけて誹謗し、これで「南京大虐殺派」ならびに「南京大虐殺の証言」を否定できたと錯覚しているわけである。松村の論法の心理的、思想的な背景には、「南京大虐殺はなかった」という妄想に近い思い込みと、「南京大虐殺派」および「南京大虐殺の証言者」「南京大虐殺の被害者」に対しては、何を言ってもかまわない、どんなに非難、誹謗してもかまわないという、相手の人権を侵害することにたいする感覚の麻痺がある。そのために、李秀英のような南京事件の被害証言者、さらには私のような「南京大虐殺派」の研究者に対して名誉を毀損しておきながら、その自覚もなく、何の痛痒も感じない意識構造になっているらしいのである。

二　松村本の非学問的内容の事例

松村本の学問的常軌を逸した否定方法について、ここでは、主要事例をいくつか取り上げて、その誤りぶりを指摘してみたい。私自身は松村のように「一つの事例の誤りが証明できれば、松村本全体の誤りが証明される」と言うつもりはないが、これらの事例が、松村の南京事件認識の誤り、学問的資質の問題、そして方法論の誤りという松村本の学問性の根本的欠陥に由来するものであれば、同書全体の内容の非学問性の類推は可能であると思われるからである。

(1)　ベイツを『虚偽報告者』に貶めた論法

マイナー・S・ベイツは、拙著『南京難民区の百日』に詳述したように、金陵大学の歴史学教授で歴史学博士、南京事件当時四〇歳であった。日本軍の攻撃下、さらに占領下の南京城内に残留した難民や市民の生命を救済するために、アメリカ人宣教師、教師およびドイツ人商社マンたちで組織した南京安全区国際委員会（ドイツのシーメンス社南京支社長のジョン・ラーベが委員長）の中心メンバーで、財政実務や南京日本大使館への抗議交渉を担当した。南京国際赤十字委員会委員、金陵大学緊急委員会委員長として、金陵大学施設に設置したいくつかの難民キャンプの責任者もつとめた。日本社会を分析した論文も多い知日派で、一九三七年夏には日本に滞在していたが、日中戦争の影響が南京にも波及する可能性が出てきたため、妻と二人の息子を日本に残して、単身で南京に戻ったのである。長男は神戸のミッションスクールで学ばせていた。南京事件後の一九三八年八月にも日本を訪問して、家族で野尻湖の夏を過ごしており、日本のキリスト教関係者にも広い交友があった。

『アメリカ関係資料編』に掲載されたベイツの報告書を読めば分かるとおり、南京安全区国際委員会の他のメンバーが日本軍の不法行為、残虐行為を目の当たりにして、反発と怒りを強めていくなかで、ベイツの言動はむしろ冷静であり、「汝の敵を愛せよ」というキリスト者の態度を実践している様がうかがわれ、敬服するほどである。そのベイツの名誉を松村本は、以下のように貶（おとし）めていくのである。

松村本は、「南京虐殺説の最初の発信者は、オアフ号に乗船した米英のマスコミに状況説明をしたベイツだったのである」（七〇頁）、「ベイツが、南京を離れんとしている新聞記者に、目にあまるとして日本軍の暴行を伝えた」（八〇頁）などとして、ベイツが南京虐殺を世界に流した張本人と断定し、しかもあたかもベイツが一九三七年一二月一五日にアメリカ砲艦オアフ号を訪問して、外国人記者団を前に「日本軍のありとあらゆる暴状」をタレ込み、民衆の虐殺、強姦、略奪に関する「外国人目撃者のメモ」を渡し、それが唯一の情報源となって、世界に南京虐殺の報道が発信されることになったと読めるように書いている。そしてベイツの伝えた「日本軍の暴虐」は日本軍に偏見をもったベイツの伝聞にすぎないものであったが、アメリカ人記者のダーディンとスティールがオアフ号上から長江岸での軍隊行動としての銃殺場面を目撃したことも虐殺の確証と思われる原因になったと読みとれる記述をしている（四〇、四六、六九、七〇、八〇頁）。

このようにベイツがオアフ号上で各国ジャーナリストを前にあたかも「記者会見」でもしたかのような右の記述は、南京事件を報道した外国人記者の記事の冒頭に「南京発（オアフ号より無線）」「南京（米艦オアフ号より）一二月一五日」と記されている意味が理解できない、お粗末な誤認である。松村が引用しているダーディンの他の記事の冒頭に「一二月一七日、上海アメリカ船オアフ号発」とあるのを見れば、「オアフ号より」は、記者たちがオアフ号に乗船して記事を書き、同号の無線を使ってニュースを送信した、という意味であることぐらいは簡単に分かる。

松村は南京事件を否定するために『アメリカ関係資料編』や『南京の真実』（ラーベ日記）を丹念に読んだらしく、それらから多くを引用しているが、記述してある内容を正確に理解することができないらしい。一九三七年一二月一五日の南京は南京城を占領した中支那方面軍が、一二月一七日の南京入城式に備えて、大規模な残敵掃蕩作戦を遂行中であり、そのためにベイツらは難民区に殺到してきた難民の収容と、一方では、難民区内で早くも始まった日本軍の強姦、略奪を阻止するために忙殺されており、何よりも、日本軍は掃蕩戦を遂行中であることを理由に、英・米・独の南京大使館員の南京上陸も認めなかったのである。南京にいた外国人記者たちは、日本当局から下関（シャーカン）港の桟橋に集まるように指示され、日本海軍機に撃沈されたパナイ号事件の死傷者を上海に運ぶために、南京を通りかかったオアフ号に（冬の渇水期のため接岸できないので艀に乗って）乗船したのである。

ちなみにベイツがオアフ号に乗船することができなかったことは、ベイツの手紙（一九三八年一月一〇日付）に「われわれはいまだまったくの孤立状態であり、郊外にも揚子江岸にも行くことができず、日本大使館を通じてアメリカ海軍が送信する無線で限られた範囲のものの電文に接する機会があるというくらいのものです」（洞富雄編『南京大残虐事件資料集』第2巻、青木書店　五〇頁）とあることからもすぐに理解できる。仮に前記松村本の記述がオアフ号上で「記者会見」をしたとの意味ではないとしたら、松村はことさら読者をミスリードしているとしか思えない。

松村本はさらに、ダーディンが『ニューヨーク・タイムズ』に「上海行きの船に乗船する間際に（傍点は引用者）、記者はバンドで二〇〇人の男性が処刑されるのを目撃した」（三九頁）とある文章をどう誤読したのか、ダーディンらがオアフ号の船上から目撃したものと理解し、「オアフ号から観察されていることを隠そうともしない」（四七頁）と嘲笑しているのである。松村は誤読にもとづき、世界に南京大虐殺をスクープしたといわれるダーディンの記事はほとんど伝聞であり、唯一の虐殺目撃場面も、オアフ号上から眺めた岸辺の日本軍の戦闘行為としての処刑場面にすぎなかったのだ、と断定する。

松村本が引用しているダーディンの記事は、普通の読解力のある人なら、彼が長江に浮かぶオアフ号の船上から眺めたとは理解しない。実際は、「乗船する間際に」、すなわちダーディンがオアフ号に乗船しようと栈橋に向かう途中の岸辺で処刑場面を目撃したのである。さらに、ダーディンの記事に「ピストルを手にした大勢の日本兵は、ぐでぐでになった死体の上を無頓着に踏みつけて、ひくひく動くものがあれば弾を打ち込んだ」と書いてあるのを「一般の日本兵が持つことのないピストルとは、いかにもアメリカ人らしいではないか」（三九頁）といかにも当てにならない目撃談であるかのように嘲笑する松村こそ、中国人を集団処刑した日本軍は集団虐殺の場合と同様に軽機関銃部隊の可能性が高く、同部隊兵はピストルを携帯していたことを知らないらしい。

以上のように、松村本は、誤読、誤認にもとづいて勝手にベイツを南京虐殺を世界に流布させた張本人と断定し、それが、唯一の情報源となって、伝聞にすぎない南京虐殺の報道が世界に発信されたと、ベイツを非難、誹謗するのであるから、学問的常軌を逸しているとしか言いようがない。

松村本はこうした論法で「南京大虐殺派」や被害証言者を非難、誹謗しているのであるが、ベイツの名誉を貶める同様なやり方をもう一例、紙数の都合から論証は省略して、事例だけを紹介しておきたい。

松村本は、ベイツにたいして、中国人が主犯である残虐行為を、自分が直接目撃してもいないのに、中国人からの告発をそのまま日本軍の犯罪として、虚偽報告を行なって、日本の名誉を貶めたと非難する。南京安全区国際委員たちによる日本軍の残虐行為の記録は、ほとんどが中国人からの伝聞資料であり、多くは日本軍のせいに見せようとした中国人の謀略であるという否定論のトリックと誤りについては、前掲『南京大虐殺否定論13のウソ』所収の渡辺春己「証言を御都合主義的に利用しても正当な事実認定はできない」および笠原十九司「妄想が産みだした『反日攪乱工作隊』説」で詳細な批判を行なっているので、それを参照していただくことにしてここでは省略する。

松村本は、そのような誤った論法を使って、ベイツを虚偽報告者と決めつけ、「（ベイツは）金陵大学の資産を守る立場の宣教師であり教授であった」（二九一頁）が、金陵大学施設を難民収容所に提供したために生じた損害が、「自分達が招き入れた災いであるとして（アメリカ教会伝道団からの）補償を受けられなくなる恐れも出てくる。そこで、このような切羽つまった状況では、あくまで略奪は日本軍によるとしなくてはならなかったのであろう……キリスト教本部から補償を受けられないために、あらゆる損害を日本軍によるものとして大きく報告しなければならなかったと考えてよい」（一四七～四八頁）と断定し、ベイツを以下のように糾弾する。

「ベイツは一八九七年生まれのアメリカ人で、金陵大学の資産を守る立場の宣教師であり教授であったが、自分を守り、日本を罰するだけの目的でこのような（虚偽の）ことを書いて、キリスト教徒として神に対して恥じるところはなかったのだろうか」（二九一頁）。敬虔なキリスト者であったベイツの名誉をこれほどまで冒瀆する言葉はないのではあるまいか。

松村はベイツらが誤った国際難民区計画を実施、金陵大学施設に難民を収容したため、難民の略奪が横行し、同大学施設が大きな損害を出したので、ベイツは自分らの計画の過失を日本軍のせいに転嫁し、かつ被害を大きく報道して、アメリカのキリスト教伝道団組織から補償を獲得しようとしたのだ、とベイツを非難、「ベイツという人物は、（日本軍に対する）余程の偏見の持ち主だったことになる」（一四四頁）と決めつけたのである。さらにそれを南京安全区国際委員全体に拡大して「キリスト教関係者にとっては、難民が入ることによって、荒れた建物や設備、施設などの修理費を本部からもらうためにも、すべては日本軍によって破壊されたとする必要があった」（三九八頁）と一般化するわけである。

右の松村本の論法は、『アメリカ関係資料編』の二つの資料の誤認と悪用から展開されている。一つは「シールズが暴露した安全区設定の実情」（一三二頁）で引用した木材貿易会社のイギリス人商人P・R・シールズの証言の悪用である。シールズは南京安全区国際委員会の設立当時の委員に名を連ねたが、実質的な活動はほとんどせず、一九三七年一二月二三日から翌年三月まで南京にいなかったのである。当時東京の駐日アメリカ大使館付武官であったカボット・コヴィルが、一九三八年四月下旬に南京を訪問した旅行記が前掲資料集に収録されている。カボット・コヴィルの旅行記に、シールズが語った国際難民区の設立にともなう問題や、（実際は難民救済活動をしなかった）シールズの批判的言動が紹介されている（『アメリカ関係資料編』一一九頁）。シールズは、設立時のトラブルもあってか最初から国際難民区の設立には批判的であり、実際の委員会活動もしなかった人である。松村はコヴィルが紹介したシールズの批判に飛びついて、南京の国際難民区の計画は誤っていたと断定するのに悪用したのである。拙著『南京難民区の百日』をお読みいただけば分かるように、南京市民、難民約二五万人の生命を救済、保護するのに貢献した国際難民区の設立を誤りであったなどと、どうして断定できるのであろうか。

もう一つは、「ベイツの『盗品リスト』は語る」という節タイトルをつけて引用した「日本兵の略奪による損失に関するM・S・ベイツの中立て」という『アメリカ関係資料編』の資料の意味の誤認である。松村本は、日本兵に略奪されたベイツ邸の家財道具のリストを全部引用し（一四三～四四頁）、それらの盗品リストは「正常な判断力を持つ者なら」「難民たちが略奪して露天に並べたもの」（一四四頁）と中国人難民の犯行と決めつけ、リストの最後に「アメリカ通貨による請求」としてドル総額が記載されているのに注目、「アメリカ通貨による請求とある意味は何だろうか」（一四六頁）と問いかけたうえで、前述したアメリカのキリスト教伝道団に対する損害補償の請求であり、略奪を日本軍の犯行のせいにすれば、ベイツらの難民区計画の誤りを糊塗できたからである、と断定するのである（一四四～四九頁）。

「日本兵の略奪による損失に関するM・S・ベイツの中立て」は、拙著『日中全面戦争と海軍――パナイ号事件の真相』（青木書店）で詳述したように、日本の海軍機がアメリカ砲艦パナイ号を撃沈した事件の発生に動転した日本の政府と軍中央当局が、「誤爆」であるとひたすら謝罪したうえで、アメリカ政府に損害賠償を約束し、南京におけるアメリカ人施設・財産の損害に対しては誠意をもって賠償するから、被害リストとその総額を「アメリカ通貨」つまりドルで請求するよう、南京の日本大使館を通して中立てするように、通知があり、それに応じて日本当局に提出したものである。それを松村本は、ベイツがアメリカの伝道団本部に損害補償を請求したものと誤認したのである。それこそ噴飯もので、学問的にはあまりにもお粗末な誤りである。松村が、それこそ重箱の隅を楊枝でほじくるように読んだらしい『アメリカ関係資料編』には、ベイツの南京アメリカ大使館宛書簡（一九三八年一月二五日付）が収録されており、そこには、「日本軍によるアメリカ側損害の賠償請求の準備として」暫定報告書を作成すること、その請求額をドルにして、換算率をどうするかなどについて書かれている（『アメリカ関係資料編』一六三頁）。同書簡を読めば、先の「ベイツの中立て」は日本当局に提出されたものであることは瞭然である。さらにドイツ大使館南京分館のローゼン書記官の報告には、「米国人の場合、日本側は……使用人損害賠償を満額支払った」と、日本当局がそうした損害賠償請求に対して支払っていたことが記されている（石田勇治編・訳『資料　ドイツ外交官の見た南京事件』大月書店　二四三頁）。要するに、松村は同書簡の読解能力に欠けていたのである。「本人供述」でも原告李秀英の代理人の渡辺春己弁護士から「ベイツの中立て」がキリスト教本部にたいするものだと「どこに書いてありますか」と聞かれてもその根拠も答えられないのである（「調書」

三四～三五頁。）

⑵　私を「捏造家」と貶める論法

松村本では「南京大虐殺派」の私に対する執拗な非難、誹謗が繰り返し展開されるが、それが、誤認、誤読によるものであることを、「アリソン殴打事件の笠原解説」という節タイトルが付けられた、アリソン事件を事例に指摘してみたい。

松村本に「アリソン殴打事件の笠原解説」のタイトルをつけて拙著『南京難民区の百日』からアリソン事件の解説を引用してあるように（一七〇頁）、一九三八年一月二四日、日本兵が金陵大学施設から女性を連れ出し、宿泊用に占拠していたアメリカ人の邸宅に連行し、強姦した事件が発生した。事件が二つとも、アメリカ人施設を侵犯して実行されたため、南京アメリカ大使館のアリソン書記官は被害調査を行なうことを考え、金陵大学のリッグスともに被害女性に案内させ、それに日本の領事館警察と複数の憲兵も同行して現場に赴いた。アリソンとリッグスが強姦があった邸宅に入ろうとしたところ、中から日本人将校があらわれて、二人のアメリカ人にビンタをくらわしたのである。日本軍将校がアメリカ政府の外交代表である外交官に平手打ちをくらわせて侮辱した事件にたいして、アメリカ政府はグルー駐日大使を通して強硬に抗議し、日本政府はすぐに謝罪して、賠償を約束し、外交的には一応決着をみたのである。

松村本は、この「笠原解説」は、「自ら編纂した資料の歴史事実までも大袈裟に脚色していることは恐ろしい。しかし、これは脚色などという生やさしいものではなく、より正確にいえば捏造ということであろう。このようなことが南京問題では堂々をまかり通っているのである」（一七〇頁）と激しく私を非難、誹謗する。つまり、私のアリソン事件の記述が歴史事実の捏造であるというのである。松村は誤読と誤認によりアリソンを殴打したのは中国軍の便衣隊メンバーの仕業であったと妄想したうえで、「笠原は（そのことを記した）ベイツの手紙には頬被りしたまま、事件を日本軍暴行の証拠として、それも捏造に近い脚色を加え……結論づけたのである」（一七一頁）と私を「捏造家」呼ばわりする。松村の常套手段である誤読、誤認の方法について論ずる前に、彼が歴史事実を認識しようとしない（できない）人であることを指摘しておきたい。

松村本に『アメリカ関係資料編』から引用されている「駐日アメリカ大使グルー氏と外務次官堀之内氏との会談」（一六八頁）に、アリソン事件の当事者のアリソンからグルーに宛てた電報が掲載されている。先の「アリソン殴打事件の笠原解説」はこのアリソン自身の報告にもとづいたものであるのに、松村は私の「捏造」と決めつける。同電報には、アリソンが「今日（一九三八年一月二七日）の午前一一時に本郷少佐が大使館に来て、日本軍司令官に代わって、事件に対する遺憾の意を表明し、陳謝を述べた。彼は、責任のある部隊に対して綿密な調査が行われており、この間、諸部隊が今日南京を出発する予定になっていたのを、調査が完了するまで数日間ここに留めておくことにしたと述べた」（『アメリカ関係資料編』二三五頁）とはっきりと書いてあるのに、松村本は「南京での謝罪はなかったが、東京での外交的話し合いで一件は納まった」（一六八頁）と平然と書いている。松村には普通の人なら有するであろう読解力が欠けているらしい。

松村本はアリソン事件に関連して、上海派遣軍参謀長の「飯沼守日記」を『南京戦史資料集』から引用しているが、同引用文の中に中国女性を連行して強姦し、さらにアリソンを殴打した部隊が天野中隊長の名前とともに挙げてあり、憲兵隊による調査の結果、天野中尉以下一二名が軍法会議に送致された、と明確に書いてある（一七三〜七四頁）。それでも、松村は、私がアリソン事件を「捏造」したと非難するのであるから、彼は資料を読んでも歴史事実を認識しようとはしない（できない）のである。「飯沼守日記」には松村本が引用した部分に続いて、パナイ号事件とアリソン事件の発生に事態を重くみた日本の大本営は、一九三八年二月一日、参謀本部第二部長の本間雅晴少将を南京に派遣して、松井石根中支那方面軍司令官に南京事件の防止を訓令するとともに、アメリカ大使館員をはじめ南京駐在の外交官たちとの関係修復をはからせようとしたことまで書いてある（『南京戦史資料集』偕行社　二四四〜四五頁）。

右のように、日本軍当局がアリソン事件を調査し、責任者を処罰したまごうことなき歴史事実を松村本はどのようにして、私の「捏造」としてそれこそ「捏造」していくのか。それは、ベイツが『戦争とは何か――中国における日本軍の暴虐』の編著者ティンパレーに送った一通の手紙の誤読と誤認から始まる。当時上海にいたティンパレーがベイツらが送付した南京事件の資料をもとに前掲『戦争とは何か』（洞富雄編『南京大残虐事件資料集』第2巻、青木書店、所収）を編集するにあたり、正確を期すために、その過程でやりとりした往復書簡が『アメリカ関係資料編』に収録してある。松村本はその中の次の一節〈　〉の部分を意図的にか削除して引用する（一六七頁）。

「〈一月一日の手紙はそう強烈なものではないので、スペース上削除するとすれば、そこになろうか〉もし、その資料を使う場合は、小粉橋三八号の贋憲兵の話に注意して下さい。彼らは、たびたび私たちを困らせました。アリソンやリッグスに平手打ちを食わせたのも贋憲兵の仕業です。殴打事件は彼らの巣窟で起きたのですが（後略）」

松村は、右文の「一月一日の手紙」は、あまりインパクトがないから紙数の都合で削除しようか、という部分を引用文では削除したうえに、ベイツがティンパレーに「記事差し止め」「記事ストップ」を指示したのだと誤読する（一六八頁）。さらに、アリソンを殴ったのが贋憲兵だったということを「公式には何もいうことなく、ティンパレーに伝えてその記事を差し止めたのだ。しかも、殴ったのは歩哨だったにもかかわらず贋憲兵の仕業にしてしまったのである。ベイツにとっては記事ストップという目的さえ達すればよかったのだろうが、日本にとっては大変なことを隠し続けていたのである」(同前)と、ベイツはアリソンを殴ったのが贋憲兵だったという「真相」が知られないようにするため、ティンパレーに削除を指示したのだと誤認がエスカレートする（一六八頁）。その誤認を強調するために「ベイツが隠し続けたアリソン殴打事件の真相」の節タイトルまでつけられている。ここで、確認しておきたいのは、ベイツは贋憲兵の話が問題になるから記事掲載を差し止めよ、などとは言っていないことである。

次に、贋憲兵についての誤読、誤認である。松村が読んだと言及しているベイツの文書には、「憲兵（特務機関から支給された憲兵の腕章をしている兵隊）が「特権」を利用して略奪や女性連行や強姦などをして、松村本の引用にあるように「彼らは、たびたび私たちを困らせました」という事例が何度も記されている（『アメリカ関係資料編』一五一、一五五、一五六、一五八頁など）。それらの悪行をやっている「憲兵」に、「何人かは、白い腕章に赤字で『憲兵』とある正規の憲兵」と「白っぽい腕章に黒字でそう書かれた補助憲兵がもっと多数おり、実際は彼らこそが問題の集団である」とベイツらは識別していた（同前　一六九頁）。ベイツらは、「正規の憲兵」ではないのに、憲兵の腕章をつけて、その特権を利用して悪行を働いていた「本来の憲兵にあるまじき、にせもの同然の」多数の補助憲兵を皮肉をこめて贋憲兵と呼んだのである。そして、これら贋憲兵の部隊が宿営して悪行を繰りかえしている家にアリソンらが調査に行って、殴られたと書いたのである。このベイツ文書の記述を松村は読んでも理解できないらしい。そして、これらの贋憲兵を、それを証拠づける資料を何も提示せずに、中国軍の「便衣隊メンバー」「ゲリラ」の仕業、あるいは策動によるものと誤認して決めつけたのである（一七一、一七五頁）。

以上のような、一つの資料の誤読、誤認をエスカレートさせた松村本は、「私はベイツの手紙により、彼がアリソンを殴ったのは贋憲兵だったと書いて記事差し止めを企てたことを知り、またその前後の状況から、恐らく便衣隊メンバーがアリソンらを手玉にとったことがわかった。しかし笠原は、このベイツの手紙には頬被りしたまま、事件を日本軍暴行の証拠として、それも捏造に近い脚色を加え、『米マスコミと国民に高まりつつあった日本軍に対しての反感が更に煽られることになった』と結論づけたのである」（一七一頁）と、私を「捏造家」と貶めているわけである。

松村はこの誤読、誤認の結果による決めつけによほど自信があるらしく、「後にベイツがティンパレーに書いた手紙によって、この（アリソン）事件はアリソンとリッグスのとんでもない誤解によることが明かされる……かかるドンデン返しは、彼らの主張する日本軍の暴行が、定説とは全く異なる背景を持っていたことを明白に示しているから、本書（松村本）がもっとも明らかにしたい問題の一つである」とまで書いている（一二五頁）。

　ところが、こうまで言い切った松村は、「本人供述」では、原告李秀英の代理人の渡辺弁護士から、日本軍当局が現地南京でアリソンに謝罪している資料を提示されて、自分の断定に問題が「ありますね」と認めざるをえなかったのである（「調書」三七頁）。

(3) 李秀英証言を「偽証」と貶める論法

　松村は、南京事件が歴史事実であることを裏づける資料や証言をどれほど多く提示して、彼自身が読んでも、南京大虐殺の歴史事実を認めようとしない（できない）人であることは、先の事例で分析したとおりである。その典型が、『南京事件の日々――ミニー・ヴォートリンの日記』（大月書店）は南京事件を否定する証拠文献であると、「まぼろし派・中間派・大虐殺派三派合同大アンケート」（『諸君！』二〇〇一年二月号）でも「南京事件研究家」の肩書で強調していることである。ヴォートリンの日記は、女性の性暴力被害を中心に記録し、「日本の女性がこのようなぞっとする話を知ったなら、どんなに恥ずかしい思いをすることだろう」（一九三七年一二月一九日付）、「いつかそのうち、日本の女性たちにこうした何とも悲しい話を知ってもらいたいものだ」（一九三八年二月二日付）と、戦闘とは無関係な南京の女性がつぎつぎと日本軍の性暴力の犠牲になっているさまを同じ女性として悲痛の思いで書いている。しかし、松村はそのような女性の被害・悲劇には全く無関心で「ヴォートリンが安全区外まで出ても日本軍の残虐行為や死体を見ていないことがわかるだけでも有用である」（前掲『諸君！』）と（しかもヴォートリンが死体を見た記述があるのに誤認して）平然と書けるのである。彼の人権感覚が麻痺していることを指摘せざるをえない。

　李秀英の被害証言については、彼女に関する直接、間接の種々な証言記録を批判的に照合しても、彼女が若くして結婚して妊娠していたこと、国際難民区の中にあるアメリカ人施設の小学校の地下に避難していたこと、強姦目的で侵入してきた日本兵に襲われて抵抗したために、顔や体に多くの銃剣による重傷を負い、彼女は金陵大学附属の鼓楼病院に運ばれて命をとりとめたが胎児は死亡したこと、という被害体験についてはほとんどの証言記録に共通している。普通の判断力を有する人ならば、これらの証言資料を読めば、李秀英が被害者であることを認識できる。しかし、「南京大虐殺はなかった」と思い込んでいる松村は彼女を被害者と認めたくないのであり、そのために、重箱の隅を楊枝でほじくるように、証言記録の瑣末な相違の摘出に血眼になり、李秀英証言の信憑性が否定できるかのように錯覚しているのである。

この「南京大虐殺はなかった」という強い思い込みにもとづいて、ただ否定するためだけに資料を読む松村が、公正な判断力を失い、歴史事実を読み取ることができないことを示す好例が、「本人供述」で追及された、「国民政府が発表した南京大虐殺被害者および親族の姓名・住所一覧表公文」（一九四六年一月二二日）（乙第二十七号証、南京事件調査研究会編『南京事件資料集　第2巻中国関係資料編』青木書店、所収。原文は中国第二歴史档案館・南京市档案館・「南京大屠殺」史料編輯委員編輯『侵華日軍南京大屠殺档案』江蘇古籍出版社、所収）の誤認、誤用である。松村は同資料が「李秀英の偽証を白日のもとに晒すこととなり、南京大虐殺の重要証拠の崩壊をもたらした」として、論文「中国側史料が李秀英偽証の証拠になった」（『月曜評論』二〇〇一年一月号）を発表、さらに李秀英名誉毀損裁判の「準備書面六」（平成十二年十二月二十一日）でも、同資料にある李秀英と本裁判原告の李秀英が別人物であることが明らかになった、と主張したのである。

同資料は、国民政府主席蒋介石から南京市長馬超俊に宛てた一九四六年一月二二日付の公文書である。内容は、一九四五年一二月に蒋介石が南京市内を巡視した際に、日本軍より受けた暴行迫害等の事実を詳しく陳述するよう公告したところ、南京大虐殺事件の被害者およびその親族の五三人から陳述があった。そこで敵罪業調査委員会と抗戦損失調査委員会で集計処理して一覧表を作成したから、救済機関は優先的に救済、慰撫せよ、というものである。

資料は最初に「被害者および被害者親族姓名住所一覧表」があり、陳述した五三人の姓名と住所、文書番号、備考（被害者と内容）の欄がある。ここに李秀英の名前があり、住所＝南京中山東路利済巷松蔭里一六号、文書番号＝八京27、備考＝本人強姦を拒んで刺され重傷、と記されている。

次に、その五三人の陳述にもとづいて作成した「南京大虐殺事件被害者の詳細（南京大虐殺事件被害人民の詳細表）」があり、それが「一、被殺害者」「二、強姦および強姦を拒否して殺された者（強姦された者あるいは強姦を拒否して殺害された者）」「三、連行された者（拉致連行された者）」に分けられ、申し立て者の陳述にもとづいたより詳細な被害者名と被害の実態が記録されている。李秀英の陳述にもとづいて作成された「詳細表」は「二、強姦および強姦を拒否して殺された者」の中にあり、項目にそって次のように記録されている。被害者姓名＝李秀英の娘（李秀英の子）、性別＝女、被害日時＝二六年（一九三七年）一二月一九日、被害地点＝難民区上海路美（米）国小学校、被害事実＝強姦を拒み十余か所刺される（強姦を拒み十余回刺される）、陳述者姓名＝李秀英、被害者との関係＝母子、住所＝南京中山東路松蔭里二六号（一六号が正しい）、文書番号＝八京27。

以上の資料を冷静に読めば次のようになる。

南京中山東路利済巷松蔭里一六号に住んでいる李秀英、本人は強姦を拒んで重傷を負ったが、彼女の陳述（文書番号＝八京27）によれば、一九三七年一二月一九日に、難民区内の上海路にある米国人の経営する小学校で、強姦を拒んだため日本兵に十余回刺され、彼女の子ども（女の胎児）が殺害された。

右の陳述内容は、前述裁判の原告李秀英の証言と基本的に符合する。ここでは傷の数は問題にならない。重要なのは、李秀英の子（胎児）が自分が強姦を拒んだために刺殺されたという被害陳述である。

ところが、李秀英証言の否定、南京大虐殺否定に血眼になっている松村は、陳述者＝李秀英と被害者＝李秀英之女（中国語）、被害者との関係＝母子、の意味が理解できないまま、「告訴したのは李秀英の母なのに、李秀英の証言では彼女が一三歳の時亡くなっているはずだ」「被害者は李秀英の娘であって、李秀英ではない」と勘繰って、「李秀英偽証」という結論を出し、「李秀英ニセ証人」の決定的資料が発見された、と勇み立ったのである。

「本人供述」で原告李秀英の代理人の渡辺弁護士からこの資料の誤読、誤認を追及されて、松村は思考的パニックに陥ったとみえ、応答が混乱している（「調書」三九～四四頁）。

それでもまだ自分の誤認については理解できないらしく、その後「陳述書二　乙第三十八号証」を提出し、①旧中国社会では女性には名前が無かったから、陸浩然（夫）と李秀英の女という意味で、胎児が女であれば「陸李の女」と届けられたはず、②胎児のことを娘（女）というか、③被害事実が強姦を拒否して十余か所も刺されるとあるから、「李秀英の娘が強姦を拒否して十余か所も刺される」となるのが当然、と反論している。

①については、農村では名前をもたない女性が多かったが、本件の場合、秀英という名前をもっているのであるから、問題にならない。②被害者姓名の中国語は「李秀英之女」となっており、前掲資料集の翻訳の「李秀英の娘」は適切ではない。中国語の「子」はふつう男子の意味で使うので、女の子の場合は口頭では「女児」といい、書く場合は「女」とだけ記すのが一般的である。したがって「李秀英之女」は「李秀英の女の子」という意味で、李秀英が自分の胎児が殺されたと被害陳述したのを、記録者が「李秀英之女」と筆記したのである。③は①とも関連させて、被害者が強姦されそうな年齢に達していれば、それこそ名前をもっているはずであるから、その場合は夫の姓を付けた陸〇〇という娘の姓名を記すはずである。実際にはありえないが、もし仮に名前をつけなかったとすれば、この場合こそ「陸李の娘」と書くはずである。「李秀英の女の子」と記したのは、殺害されたのが胎児で名前をつけようがなかったからである。もしも松村のように「李秀英の娘が強姦を拒否して十余か所も刺され」殺害されたのであれば、同資料中の他の被害事実の記述と同じように、「刺殺」「殺

害」と記すだけでよいのである。「十余か所も刺される」とあって「刺殺」「殺害」と書いてないのは、李秀英が強姦を拒み刺されて、胎児が殺害されたからである。陳述者が強姦を拒否して重傷を負った母の李秀英、殺害された被害者が李秀英の子（胎児）、したがって陳述者と被害者との関係は「母子」となる。

学生にたいして資料講読の解説をしているような記述になったが、とにかく、松村は資料を正確に理解する訓練と能力に欠けているといわざるをえない。それにもかかわらず、資料の誤読、誤認を氏の「大発見」として「かかる史料の存在を知らなかったであろう原告代理人を含め、この学者グループ（李秀英裁判を支援する私たちのこと―引用者）には、事態収拾の策があるのだろうか」（前掲『月曜評論』二三頁）とまで過信するわけである。

東中野修道「南京『虐殺』の証言――その史料としての検証はさけられない」（『月曜評論』二〇〇一年一一月号）は、私の解釈を批判し、松村の説を支持して、名誉毀損裁判の原告の李秀英と前掲資料の李秀英とは別人、つまり「ニセ証言者」であることを述べようとしている。東中野の解釈の誤りは、松村説と重なるので繰りかえさない。ここでは、前掲資料の李秀英と原告の李秀英が同一人物であることを証明する別の資料の所在だけを紹介しておきたい。

国民政府国防部が実施した南京軍事法廷のために、検察官が李秀英から聞き取った調書「査訊被害人李秀英筆録」（被害者李秀英の査問記録）（一九四六年一〇月一九日付）がある（中央档案館・中国第二歴史档案館・吉林省社会科学院合編『日本帝国主義侵華档案資料選編　12南京大屠殺』中華書局、一九九五年に収録、六三二頁）。李秀英もこのことは記憶していて、「日本軍が戦争に負けてからすぐのころ、確か一九四五年か四六年ごろ、国民党政府の役人が私のところにきて、戦犯の谷寿夫の裁判を南京でするから、裁判所で話をしてもらいたいと言われたのです。それで私は夫とともに、南京の小営というところにある軍事法廷に行ったのです。そこでは法廷に立って証言するのではなく、裁判の部屋に呼ばれて私の被害状況について話を聞かれました」と「陳述書」（甲第四三号証　二〇〇一年八月一七日付）に述べている。調書に記されている被害状況は、これまでの李秀英の被害証言とほぼ同じである。さらに同調書には彼女が鼓楼病院で、マッカラム牧師（マギー牧師の誤り）にフィルム撮影をされたことも記されている。この資料によっても、マギー牧師のフィルムに登場する被害者と原告の李秀英が別の人物であるとする松村ならびに東中野の主張の誤りが完全に証明される。

本項では、松村が「南京大虐殺はなかった」という妄想に近い思い込みに立脚して、資料・文献・証言の誤読、誤認を行ない、反証に必要な資料もないまま、恣意的な「推測」だけで相手に非難を加え、最後には誹謗に近いレッテルを貼りつけていく方法について、例証をあげてその誤りを指摘してきた。以上の事例からだけでも、松村本の歴史学的方法論の誤り、彼の学問的資質に関する根本的な欠陥などがお分かりいただけたと思う。松村本の証言否定の方法が歴史学とは全く無縁で非学問的であることは、「本人供述」において、その方法の誤りが原告代理人から追及され、松村本人が、資料的裏付けを全く欠いたものであり、ただ彼の「推測」によるものにすぎないと認めざるをえなかったことは確認しておく必要があろう。

三　展転社の責任

　本論考で明らかにしてきたとおり、歴史学の方法を無視し、批判に必要な学問的ルールをわきまえない松村と、南京事件の歴史事実の認定について、歴史学的・学問的に論議をすることは、まず不可能のように思われる。最大の障害は、これまで指摘してきたように、南京事件の事実を証明する客観的な資料を提示しても、（普通の歴史的判断力を有した人は歴史事実であることを認定するのであるが）松村は「南京大虐殺はなかった」という妄想的な思い込みにとらわれていて、それらの資料が証明する南京事件の歴史事実を認識することを意識的に排除するからである。

　松村本が、「南京大虐殺はなかった」という誤った思い込みに立脚して、さらに誤読、誤認をエスカレートさせ、最後は「ニセ証言者」「捏造家」というレッテルまで張って、被害者や研究者の名誉を毀損していることにおいて、学問的常軌を逸した本であることは、本論考で論証してきたとおりである。このような、学問的な誤りに満ちた内容をチェックもせず、あるいはそれを承知のうえで出版したのは、展転社の側に、南京大虐殺を否定し「南京大虐殺派」を非難、誹謗するものであれば、それが被害者や中国人の心と名誉を傷つけ「南京大虐殺派」研究者の名誉を毀損するようなものであってもかまわないという発想があったからではなかろうか。その意味で展転社の出版責任も重いというほかはない。

　展転社はこれまで、冨士信夫『「南京大虐殺」はこうして作られた』（一九九五年）、大井満『仕組まれた「南京大虐殺」』（一九九五年）、東中野修道『「南京虐殺」の徹底検証』（一九九八年）そして松村本（一九九八年）など、矢継ぎ早に南京事件を否定する本を出版してきた。それは拙稿「言論・報道界のなかの『南京大虐殺否定の構造』」（拙著『南京事件と三光作戦』大月書店、所収）に書いたように、すでに破綻した南京大虐殺「まぼろし説」「虚構説」の本を繰りかえし出版し続けることによって、一般国民には「南京大虐殺論争」がまだ決着がついていないかのような印象を与え、南京事件の真相は不明であると思わせる社会的効果を狙ったものといえる。さらに論争そのものが、「剥き出しの非難合戦」「仁義なき泥仕合」「不毛なイデオロギー論争」「露骨な政治論争」であるというイメージをもたせることで、一般国民、マスメディアとくに知識人に嫌悪感を抱かせ、南京事件の歴史事実をきちんと認識しようという意欲を削ぐことを意図しているように思われる。

そう考えると展転社は、松村本が学問的常軌を逸して独断的に論敵を非難、誹謗する特質を有したものであることを、むしろ利用しようとしたともいえる。「本人供述」で暴露されたように、松村本の奥付に記された「主な論文」の「誰も気がつかなかった日本古代史――倭国と大和」「従軍慰安婦――艇身隊への無知がもたらした虚構の強制連行」は公刊されたものでなく、「私は家に原稿を持っております。それだけです」というものであった（「調書」二一頁）。未発表原稿をこのように業績として表記すれば、大学教員であれば「業績詐称」と言われるだろう。同奥付の「著書」のところに『「南京虐殺」への大疑問』と松村本そのものが掲げられているのも奇妙である。要するに展転社は、それまで公刊業績がなく、学問的には素人なのを承知で、松村にいかにも学問的業績があるかのように奥付を取り繕ったのである。それは、既述のように、学問的ルールをわきまえない松村の無謀さ、暴走性をむしろ利用して「南京大虐殺派」攻撃、それとセットになっての「ニセ被害証言者」攻撃をさせようとしたからともいえる。

ドイツではナチス犯罪の歴史事実がなかったかのように否定する言論・出版は法律によって厳格に規制されているが、日本においては、そのような問題は野放し状態で放任されている。言論・出版の自由こそ民主主義社会のバロメーターであり、絶対に保障されなければならないものであるが、そのためには、市民の側が、他者の人権を侵害することにならないように、人道主義に立脚した厳格なモラルを遵守することが不可欠となる。松村は、李秀英の提訴が「言論を封殺する」ものであり、「学問と言論の自由を保障している憲法と民主主義に悖る」と主張しているが（「調書」九頁）、それは松村が他者の人権と名誉を毀損する「自由」があるかのごとく履き違えをしているからである。その履き違えによって、日本の侵略戦争の被害者であった李秀英の人権と名誉を侵害することは国際的道義からしても許されるべきではない。

言論・出版の自由を守るために、民主主義社会のモラルを率先して堅持すべき出版社の展転社が、その自由を「悪用」するかたちで松村本を出版し、南京事件被害者・李秀英の人権と名誉を毀損する行為を行なったことの法的、道義的責任は大きいといわざるをえない。

松村本は、李秀英ら南京事件の被害証言者の心と名誉を著しく傷つけ、さらに南京における不法残虐行為の主犯を南京の中国人であると強弁することで、被害者の中国人を二重に侮辱しておきながら、「日中友好にとっても……最も障害となるのは、声高に『南京大虐殺』を叫ぶ人々であることはもはや疑う余地がない」（四〇〇頁）と結んでいる。しかし、氏の思い込みは重大な誤りである。日本政府が「過去に一時期の中国への侵略により中国国民に多大な災難と損害を与えた責任を痛感し、深い反省を表明した」「日中共同宣言」（一九九八年一一月）の理念に照らせば、松村俊夫こそ日中友好の発展を阻害しているのである。

5　尋問の結果と一・二審判決

ア　尋問の結果

反対尋問により、松村は例えば「拙書をあらゆる問題について煩わしいまでに引用文献を明示し、それらを一字一句間違えないように注意して書き進んだ」などと書いていたが、数多くの箇所で引用や記述が不正確であったことを認めた。加えて、

「この「語り部に受けつがれ」たということは、AからBにある人から違う人に移ったのだということ以外にありませんね。

受けつがれたということですからね、はい。」

として事実摘示したことを認めた。さらには、

「それではなくて、AさんがBの原告にいつ頃どういう関係でこういう話があったというようなことを示す資料はございますか。

そういう具体的なものはありません。あくまでの推測資料しかございません。」

と、根拠たる資料のないことも認めるに至っている。

イ　一審判決について

判決は、事実の摘示について、「松村本」の2箇所の記述を取り上げ、

「本件記述③及び④は、一般の読者の普通の注意と読み方とを基準にすれば、前後の文脈からして、原告に関し次の事実（以下「本件摘示事実」という。）を摘示しているものと認められる。

a　原告は、マギーフィルムの女性ではないこと

b　原告は、南京法廷において証言した李秀英ではなく、その証言内容の語り部であること

c　しかるに、原告はマギーフィルムの女性であり、南京大虐殺の被害者であると虚偽の主張をして、日本国に対し別件訴訟を提起し、別件訴訟において実体験に基づかない虚偽の供述をしていること

d　原告が、上記のように虚偽の主張を提起し、別件訴訟において虚偽の供述をしているのは、他者により仕立てられたからであること」

と、事実の摘示を認定した。

そのうえで、松村らが李秀英を別人とした資料と主張していた「ウィルソンの手紙」「マッカラムの手紙」「ラーベの日記」等の資料の内容を具体的に比較・検討し、「…そうすると、資料間に上記のような食い違い・変遷があるということからは、原告がマギーフィルムの女性であり、南京大虐殺の被害者であることについて、なお、検討・解明

されるべき点があるとの指摘をすることはできても、積極的に本件摘示事実を認定することは到底できないし、本件摘示事実を推理し、あるいは推測すべき合理的理由があるとすることもできない」と認定し、「松村本」の内容が李秀英の社会的評価を低下させているとして、名誉毀損の事実を認定したのである。

一審判決に対し、松村（俊夫）らは名誉毀損が認められたことを不服として控訴した。李秀英もまた、一審判決には松村被告らの悪意が十分に反映されていないこと、謝罪広告が認められなかったことを不服として控訴した。

ウ　控訴審判決

控訴審判決ではさらに

・「本件書籍の内容を全体としてみれば、一審被告松村の個人的な考えが強く反映された読み物といった印象を拭いきれないこと」

・「本件書籍中の推理あるいは推測に十分な合理性がないことは、資料を批判的に検討し、かつ、合理的に判断できる読者の多くにおいては容易に理解出来ること」

・「むしろ、一審被告松村は、原審における本人尋問においてマギーフィルムの女性とその後の語り部と主張する者との関係についての具体的な資料は何もなく、この点は一審被告松村の推測でしかないことを自認する供述をしており…」

と認定している。一審判決に加えて控訴審判決もまた「松村本」に合理性がないことを認定したのである。

以上のように、李秀英名誉毀損事件は、松村俊夫が全く根拠なく李秀英を〝ニセ被害者〟としたこと、各種の資料に一部の違いがあったとしても、歴史学上はそれらを史料批判し事実の認定をしなければならないことを詳細に論じたうえ、名誉毀損の成立を認めたのである。

また、「松村本」の内容批判については、笠原十九司著「学問的常軌を逸した否定論者」（『南京事件と日本人』所収柏書房　２００２年）を参照されたい。

なお、南京事件に関連した名誉毀損事件については、「あとがき」で触れることとする。

第3章 吉見義明名誉毀損事件

1　本件の概要

２０１３年5月27日、日本外国人特派員協会が開かれ、橋下徹元大阪府知事の「慰安婦」問題の発言に関する釈明の記者会見が行われた。橋下氏の発言ののち、同席していた桜内文城衆議院議員（当時）が、

「橋下市長を紹介するコメントのなかで、彼は『sex slavery』という言葉を使われました。これは日本政府としては強制性がないということ、その証拠がないということを言っておりますので、そのような言葉を紹介の際に使われるのはややアンフェアではないかと考えております。

それから『history books』ということで吉見さんという方の本を紹介されていましたけれども、これは既に捏造であるということがいろんな証拠によって明らかとされております。」

と発言した。そしてこの発言はインターネットを通じて現在も世界中に伝播している。

この発言は、一般人が聴けば、「吉見さんという方の本」は「これは既に捏造であるということがいろんな証拠によって明らかとされております」との趣旨と理解する。そこで、慰安婦問題の第一人者として認められている吉見中央大学教授（当時）は、自著を「捏造」したとすれば研究者として致命的な行為であることから、桜内発言は名誉毀損行為であるとして、まず書面（内容証明郵便）でその訂正を求めた。

ところが、桜内は、第２の発言の「これ」は「sex slavery」を指し「吉見さんという方の本」ではない旨弁解し、訂正を拒否した。

そこでやむなく提訴に踏み切った。

2　審理の争点

第一の争点は、桜内発言の第２の「これ」が「sex slavery」を指している（桜内の主位的主張）のか、「吉見さんという方の本」を指しているのかであった。

第二の争点は、桜内の「捏造」であるとの発言が真実であるか、相当性を有しているか、という桜内の予備的主張であった。

その審理において、奴隷の定義について国際法学者である阿部浩基神奈川大学教授、さらには桜内側の証人として秦郁彦が法廷に立った。

当事者の吉見教授は、『従軍慰安婦』（注1）のなかで、軍の規則、軍人の日記などの諸史料を収集し、史料批判をしたうえで、

「以上のような環境のもとで、軍慰安婦の女性たちは、日々、日本軍の将兵から性的奉仕を強要されつづけてい

た。日本軍は、このような女性を大量に抱え込みながら、彼女たちを保護するための軍法を何もつくらなかったのである。事実上の性的奴隷制である日本国内の公娼制でも、一八歳未満の女性の使役の禁止、外出・通信・面接・廃業などの自由を認めていたが、この程度の保護規定すらなかった。従軍慰安婦とは、軍のための性的奴隷以外のなにものでもなかったのである。」

と記している。ここには「捏造」など全く存在しない。

（注１）『従軍慰安婦』（岩波書店　１９９５年）１５８頁

桜内は、自己の発言は「舌足らず」、「不正確」であったと認めながら、吉見に対し、

「原告（吉見のこと）の主張が悪質なのは、後述の「事実認定」に照らせば、慰安婦が国際法上の「奴隷」または「性奴隷」の定義・要件に該当しないことを熟知しながら、かつ、原告が独自に主張する「性奴隷制」の４つの要件にさえ該当しないことを知りつつ、法解釈学における論理展開の「規範定立」、「事実認定」、「規範への事実の当てはめ」という各段階を経ることなく、「慰安婦、すなわち日本軍の性奴隷」という「結論」部分だけを自著の副題及び英文版の序文として英訳の上、出版することにより、英語を公用語とする国はもとより、その他多くの国々において、国際法上の「奴隷」または「性奴隷」の定義・要件に該当する歴史的事実が存在しなかったにもかかわらず、「慰安婦、すなわち日本軍の性奴隷」という虚構の事実を捏造し、事実と見せかけて原告の政治的主張を世界中にまき散らしたことです」

と主張し、供述していた。

そこで、反対尋問では、

① 桜内発言の趣旨

② 国際法上の「奴隷」の定義

③ 吉見が慰安婦は「性奴隷制」の定義に当てはまらないことを知っていたのか

④ 当てはめる段階で、吉見は「慰安婦、すなわち日本軍の性奴隷」という虚構の事実を捏造し、事実と見せかけて政治的主張を紛れ込ませたのか

⑤ 桜内のいう真実性なる主張には根拠があるかが目的となった。

桜内に対する尋問の結果では、「原告は本件作品の内容は捏造したと、事実でないと知りつつ虚偽の事実を書いたというふうにお考えなんですか」との質問に対し、「そうは考えておりませんが…」と述べ（被告調書　22～23頁）、明らかに桜内が設定した構図が崩壊し、自白したとしか評し得ない供述となった。

また、桜内が立てた前述の吉見に対する攻撃的な内容は崩壊していることが尋問を読めば明らかである。加えて、その他桜内に都合の悪い資料をつきつけると、「そう書い

てあるだけじゃないですか。」などと、およそ歴史学とは無縁の弁解を繰り返すばかりであった。

　これらの点については、桜内に対する証拠弁論を参照されたい。

3　桜内文城本人調書（平成二七年四月二〇日）

被告代理人
乙第一四号証を示す
——こちらの陳述書ですが、ここにある署名、押印はあなたが書いたものですか。
　はい、そのとおりです。
——この陳述書の内容というのは、あなたがつくったものでしょうか。
　はい、そのとおりです。
——この内容に誤りや変更をすべきところはありますか。
　ありません。
乙第一五号証を示す
——これは、本件の第1回口頭弁論期日であなたが意見陳述の際朗読されたものなんですが、この内容に変更すべきところはありますか。
　ありません。
乙第一六号証を示す
——これは、『正論』という雑誌の平成26年1月号です。ここに秦郁彦さんと桜内さん、あなたとの対談がありますが、その中に、82ページから85ページを示します。そちらに本件の記者会見に出席したいきさつが書かれているんですが、この記者会見に出席したいきさつについて、もう少し詳しく教えていただいていいですか。
　もう2年近く前の話ですけれども、5月27日の有楽町にあります外国人記者クラブで、当時日本維新の会代表であった橋下徹氏と私が記者会見に同席したと、そこでの発言が今回のこの訴訟のテーマというふうになっております。少しそこに至る経緯を御説明したいんですけれども、もともと当時参議院選挙の2か月ほど前でございまして、その際5月18日だったと記憶しておりますけれども、私は当時日本維新の会国会議員団の政調会長代理をしておりましたので、参議院選挙向けの公約の打合せ会というのが大阪でございました。その際に、既に橋下当時代表の慰安婦発言が世間で随分問題になっておったもんですから、どういった形で公約にすべきなのか、あるいはどういった対応をとるべきなのかということで話が持たれました。それが特に問題視されましたのが、橋下氏は慰安婦というふうに発言するわけですけども、それがあらゆるメディア、特に外国メディアにおいて sex slavery ですとか sex slaves、日本語にしますと性奴隷というふうに意訳されてどんどん拡散されていくと、彼がどんどん釈明すればするほど sex slaves という、そういう概念が広まってしまうということに危機感を持ちまして、ということで、余り当時代表が英語もそんなに得意ではないということがございまして、したがいまして誰か横についていきまして、とにかくsex slavesというふうに外国メディアから何か質問が出たりとか、あるいはそういう表現があったときには私がそこで制止をすると、その文言の使い方、言葉の使い方はおかしいと、comfort womenというふうに言ってくれと、そういう目的、立場で同席をしたという経緯がございます。なので、当時の記憶からしますと、冒頭司会者が発言をいたしまして、それが、こちらからも証拠で出しておりますけれども、あろうことか橋下氏を紹介する中で、司会者が当時日本軍が強制的に女性を性奴隷にしたという韓国側の証拠に彼がチャレンジしたというような言い方をされました。加えて、原告の名前を引きながら、慰安婦についてはは戦争について真実を語った吉見義明氏のようなヒストリーブックスがあると、したがって橋下氏は歴史を政治的目的のために書きかえる必要はない、ここまで言い切ったんです。そういうことで、私が今回この訴訟で問題になっておるコメントをしたという経緯でございます。

——1点確認しますと、本件記者会見に出席したのは、当時被告が所属していた日本維新の会の党からの指示があったということですか。

そうです。先ほど申しました5月18日の大阪での公約について議論をする会議の席で、当時の代表及び幹事長等々いたわけですけれども、要請をされて、それで出かけていったということでございます。

——次の質問に行きます。ここに本件記者会見での被告の本件の発言が記載されています。同じ内容は、平成26年4月18日付け第二準備書面6ページにもあるんですが、このうち一部読み上げます。「彼はsex slaveryという言葉を使われました。これは、日本政府としては強制性がないということ、その証拠はないということを言っておりまス。」とおっしゃっているんですが、この「これ」というのはsex slaveryを指しているということでよろしいですか。

はい、そのとおりです。

——では次に、「それからヒストリーブックスということで吉見さんという方の本を引用されておりましたけれども、これは、既に捏造であるということが、いろんな証拠によって明らかとされています。」とあります。ここの「これ」というのも、桜内さんとしては同じsex slaveryを指すということでよろしいでしょうか。

はい、そのとおりです。

——また、この発言の中で「吉見さんという方の本を引用されておりましたけれども、これは、既に捏造である」という発言がありますが、ここの引用というのはどのような意味で使われたんでしょうか。

辞書によりますと、引用というのは自分の主張ですとか、そういったものを詳しく説明したり、あるいは証明したりするために、他人の文章ですとか、あるいは他の説、学説ですとかを引いてくることというふうにあります。なので、私といたしましては、司会者が原告の本のようなものがあるというふうにおっしゃったものですから、本を引用というふうに言ったわけでして、その本そのものを引用したわけではないということは、普通の日本語として御理解いただけると思います。本の一節ですとか、よく言われますのが古典の一節を引用するとか、そういうふうな扱い方しますけれども、原告の側は常に本を捏造だと言われたというふうに主張されておりますけれども、そこはやはり本を引用されておりますがと私は言った以上、それを本そのものが捏造というふうには当たらないというふうに考えておるところです。

――それから、また今の述べたとこと同じところです。「これは、既に捏造である」とあるんですが、この既に捏造であるというのはどういう意味だったんでしょうか。

既にというのは、もう言葉のとおりでありますけれども、原告の陳述書も今回出ておりますけれども、その中で原告も認めておりますが、私自身、この記者会見の当時原告の本を読んだことはありませんでした。なので、そういったものを指して既に捏造と言うわけもありません。その文脈からいいましても、「これは」というのは私は sex slavery、先ほど申しましたように、もともと私がその記者会見に同席した目的、ミッションというのはまさに sex slaves、sex slavery という発言について異議を申し立てる、そういった役割だったということで、これは、sex slavery は既に捏造という文言を使った次第でございます。

――被告は、今おっしゃったこと、すなわち本件発言の中の2番目に出てくる「これ」というのは吉見さんの本のことではなく、sex slavery ということだと最初から主張されていますね。

はい、特に慰安婦をすなわち日本軍の性奴隷であることという虚構の事実を捏造したというふうに何度も陳述書等において記載もしております。

乙第五号証を示す

――これは、平成25年7月26日付けの朝日新聞の記事なんですが、ここにもあなたは今述べたようなことをおっしゃっていますね。すなわち「これ」というのは sex slavery のことを指すということですね。

はい、そうです。

平成26年4月18日付け被告第二準備書面9ページを示す

――そうしますと、今までのことの結論といたしまして、結局あなたの発言の真意というのは、この中の一部を読み上げます。「司会者がコメントの中で彼は sex slavery という言葉を使ったが、これ（sex slavery）は、日本政府としては強制性がない、その証拠はないと言っているので、そのような言葉を紹介の際に使うのはアンフェアでないか。それから慰安婦についてのヒストリーブックスということで吉見さんの本を引用して権威づけて、sex slavery について言及したけれども、これ（sex slavery）は、既に捏造であるということが、いろんな証拠によって明らかとされている。この点も付け加えてコメントしておきます。」と記載があるんですが、これはあなたと打ち合わせをして書いたもので間違いありませんか。

はい、代理人と打ち合わせをして書いていただきました。

——ということは、すなわちそこに書かれた、今私が読み上げた部分というのがあなたの発言の真意ということでよろしいですか。

はい、そのとおりです。

——ところで、本件の記者会見までの間にあなたは原告の著書を読んだことはありましたか。

はい。記者会見の後、記憶は定かではありませんけれども、内容証明郵便が最初届きましたので、訴状の前に、そのあたりで読んだような記憶があります。

——もう一度確認します。記者会見のときには読んでいましたか。

いませんでした。

——そうすると、初めて読んだのは、もう一度お願いします。いつですか。

記者会見の後しばらくたってからとなります。

——先ほどおっしゃった内容証明が来たときということですか。

だと思います。

——次に、原告の著書のほかに慰安婦についての本を読んだことはありますか。

はい。記者会見が先ほど申しましたように sex slaves、あるいは sex slavery というものを否定するミッションを帯びて出ていったものですから、当然のことながらその前に、これは党から支給されたんですけれども、秦郁彦先生の御本、御著書に目を通しました。そして、もちろん sex slavery というものが捏造であると、真実ではないということを主張するために、きょうずっと前半の証人の御発言にもありましたが、奴隷条約等、そういった国際法についても一定の調査をした上で臨みました。

乙第六号証を示す

——じゃ、ちょっと一応確認させていただきますと、今まずおっしゃった秦先生の本というのは、この『慰安婦と戦場の性』という本ということでよろしいですか。

はい。ここに、今回被告から出しております秦先生の陳述書も出しておりますけれども、その中に慰安婦の生活実態であるとか、そういったものも詳しく記載されておりまして、そういったものを頭に入れた上で昨年5月の記者会見に臨んだということでございます。

乙第三号証を示す

——先ほど奴隷条約ともおっしゃっていましたが、その奴隷条約というのはそこにある奴隷条約ということですか。

はい、そうです。1926年の奴隷条約でありまして、この同じ乙第三号証の下に国際刑事裁判所に関するローマ規程というのがございます。先ほど私、少し聞く間がなかったので、ちょっと1点だけここに触れさせていただきたいんですけれども、文民たる住人に対する攻撃であって、広範または組織的なものの一部としてそのような攻撃であると認識して行う次のいずれかの行為、そこに奴隷化ってあるんです。また、次の項に性的な奴隷という文言もございまして、奴隷条約自体は先ほどの阿部証人がおっしゃったように、奴隷条約1条がまさにその要件でありまして、私がこれを引っ張ってきましたのは、性奴隷ということが問題視されておりましたので、性奴隷ということが要件として挙がっていた文言がこのローマ規程7条だったもんですから、これを引用したということでございまして、そういった意味でいえば阿部証人がおっしゃったこと、そのとおりなんですけれども、奴隷化とか、あるいは性奴隷ということを考慮する際には、今申し上げたローマ規程もやはり考慮すべきだろうということでお出しした次第でございます。

——そうしますと、今おっしゃったローマ規程の7条というのも記者会見に臨むに当たって読まれていたということですか。

はい、もちろんそうです。結局は、同じことを書いているんですけど、奴隷化することとは人に対して所有権を伴ういずれかまたは全ての権限を行使することを言いというふうにありますから、結局は私はこのローマ規程と奴隷条約というものは、内容において実質的に差異はないというふうに考えております。そういう解釈をしておるということでございます。そこは、解釈の食い違いが阿部証人との間では若干あったのかなというふうには思いますけれども、一概に否定されるものではないというふうに考えております。

乙第七号証を示す

——これは、いわゆる政府答弁なんですが、これは読まれたことありますか。

ええ。これは当然のことながら、慰安婦に関して閣議決定が平成19年に出されたものでありまして、有名な閣議決定でございます。軍や官憲によるいわゆる強制連行を直接示すような記述も見当たらなかったというふうに政府が閣議決定しておる文書でございまして、当時私国会議員でしたので、当然政府の公式文書としてこれは頭に入れて会見に臨んだということでございます。

——確認しますと、当時というのは記者会見に……。

そうです。その前にという。

乙第一〇号証を示す

――これは、クマラスワミ報告書なんですが、こちらは読んだことはありますか。

はい。これも記者会見の前に情報として調査をして、頭に入れていきました。特に申し上げますと、第7パラグラフというのがございまして、そこでこういうくだりがあります。読み上げます。「日本政府は、「奴隷制」という言葉は１９２６年の奴隷条約第1条（1）に、「所有権に帰属する権限の一部または全部を行使されている人の地位または状態」と定義されており、この言葉を現行国際法の下で「慰安婦」に適用するのは不正確であると日本政府は述べている。」ということでございます。ですので、私といたしましては、先ほどの閣議決定と相まって、日本政府としては性奴隷あるいは奴隷制に慰安婦が該当するということは否定していると認識を持って記者会見に臨みまして、それがいろいろな証拠によってという発言につながっておると自分なりに理解しております。

――では、我が国の政党の中で慰安婦が性奴隷であるという見解を支持しているところはありますでしょうか。

個人の政治的見解もいろいろあるでしょうけれども、党としてそういう活動をされているのは、共産党さんあるいは社民党さんが主だというふうに理解しております。

――その他の政党で党として支持しているところはないということでよろしいですか。

そこのところは、個人的な政治的な主張というのはもろもろ、本当幅広いものがありますので、例えば自民党の中、あるいは民主党の中にもいろんな考え方がやっぱりあるとは思います。ただ、党として公式見解として性奴隷説を高らかに述べているというところは、今申し上げました共産党、社民党に限られているんではないかというのが私の認識です。

原告代理人（渡邊）

――まず、あなたは先ほど言いました本件記者会見の際、これは２０１３年5月27日なんですが、この際に専門的に慰安婦問題について研究したことはございませんね。専門的研究はないですね。

いや、そういうふうに決めつけていただくのは困ります。私も博士号を取得する過程で学問的なトレーニングを受けております。そういう意味で……。

――いや、端的に答えてください。あなたは、会計学で専門的な研究をしたことは十分あり得ると思うんだけれども、この分野で研究をしたことがあるかどうかということだけ聞いているわけです。

今申し上げたとおり、奴隷条約初めもろもろの資料を読み込んだ上で臨んでおります。

――論文や論考等はありますか。

それも幾つか読み込んだ……。

――いや、論文や論考は書いたことはありますか、ありませんか。

そんなの書くわけないじゃないですか。あなた方が訴えてきたから、ここにいるんです。

——素直に答えてください。あなたは被告発言当時、先ほど言いましたように本件原告の慰安婦問題に関する著作を読んだことはないということでしたよね。

はい。

——そうだとすると、本件著作の英語版である甲第三号証の存在は知っていましたか。発言当時です。

そういうふうな性奴隷説を唱えている学者がいるということは聞いたことがあります。

——じゃ、存在は知らないですね。英語版。

いや、それも含めて、そういうふうなことを英語で国連なりで言っている人たちもいるし、そういうことを英語で述べていらっしゃる方々がいるということは理解しておりました。

——英語版について直接見たり、聞いたりしたことはありますか、ありませんか。

英語版について直接見たことはございません。ただし、先ほど言いましたように、もろもろの情報の中でそのような学者を名乗る者がいるというふうには聞いておりました。

——被告発言当時、本件著作を得なかったんですから、本件著作では後ろの参考文献一覧にあるように、これは140点ぐらいありますけれども、本件著作ではその参考文献等を史料批判して具体的に叙述されていますけれども、この史料批判を当時したことはありませんね。

その140点の目録見せてください。

——後ろから見てください。巻末の。

甲第二号証巻末参考文献一覧を示す
今見ましたけれども……。

——いや、ちょっと待ってください。

答えさせてくださいよ。これは、新書であって……。

——見たことがあるかどうかだけ聞いているんです。

いやいや、私に答えさせてください。新書であって、学術書として引用文献があるのであれば、その何ページ、何行目というのを書くのが常識です。しかし、見てのとおりそれがこの今のリストにはありません。

甲第一六〇号証5ページ、被告第二準備書面を示す
——いや、具体的に本件著作物の中では、括弧してそれの具体的な文献の記述がありますけども、そのことは御存じないですか。あなたの被告発言当時、被告は甲第一六〇号証の5ページの16行目以下においてこういうふうに述べています。「私が現場で即座に反論するには、司会者の発言を英語で正確に引用する時間的余裕がなかったため、言葉足らずの点があったかもしれませんが、私が「これ」という指示語を用いて、司会者が不動の大前提と主張する歴史的事実、すなわち、当時、韓国内で「日本軍が強制的に女

性を性奴隷化した」という司会者が指摘した事実、または「性奴隷」という概念または文言を指していたことは、これらの文脈から明らかです。」と言っていますね。このことは、被告の第二準備書面の11ページの12行目を示します。「次に「吉見さんという方の本を引用されておりましたけれども」と言って（「吉見さんという方の本」という部分は不正確ではあるが、これは司会者の発言をその場で反論したのであるからやむを得ないのである）、「慰安婦が性奴隷である」との命題は捏造であると述べたのである。」と主張していますね。よろしいですか。そして、同じく第二準備書面の7ページの下から8行目、「「それからヒストリーブックスということで吉見さんという方の本を引用されておりましたけれども」の部分を括弧書きにして、下記のようにすべきである。」として、これはその後の8ページの5行目から、「つまり、括弧の部分を除いて表記すれば被告の発言の趣旨は一層はっきりするということである。」、そうですね。それから、もう一つ、先ほど被告代理人が指摘しました部分ですけれども、第二準備書面の8ページの下から2行目、「しかし、繰り返しになるが、これは原告の曲解である。原告の発言」、これは被告だと思うんですが、被告の発言は以下のように解釈すべきであるとして、先ほど言った「吉見さんという方の本を引用されていましたけれども」との発言部分について、これは第二書面の9ページの４行目からです。「それから慰安婦についてのヒストリーブックスということで吉見さんの本を引用して権威づけて、sex slavery について言及したけれども、これ（sex slavery）は、既に捏造であるということが、いろんな証拠によって明らかとされている。この点も付け加えてコメントしておきます。」として、その次に「これは被告発言の主観的解釈であるが、少なくとも、被告は、主観的にその趣旨で発言したのであって、被告の真意はそこにあったのである。」というふうに主張されていますね。

はい、書かれています。

——すなわち、ここでは「吉見さんという方の本を引用していましたけれども」との部分を除いて理解するか、またはその部分を先ほど言いましたように「それから慰安婦についてのヒストリーブックスということで吉見さんの本を引用して権威づけて」云々というふうに言いかえなさいと、言いかえて理解すれば正確だと、こういうことですよね。

正確に申します。

——いや、こういうふうに主張されていますよね。「これ」という言葉について sex slavery というふうに発言すべきであったということは書いてありますけれども、そういうふうに曲解して理解していただきたくないと言っておきます。

——曲解じゃなくて、私が今言ったのはあなたの主張をそのまま言っているんです。

違います。あなたは、それに解釈を加えているじゃないですか。

――結構です。それは、もう裁判所が判断しますから。しかし、被告の発言が原告の社会的な評価を低下させるものか否かは、その発言を一般の消費者の普通の注意と基準をもとにして客観的に判断されることは、社会的にも判例等においても常識ではありませんか。

それは、おっしゃるとおりです。

――したがって、被告の発言をそのまま、訂正がない限り、被告発言のとおりに一般消費者が理解するし、理解して当然ではないですか。

ですので、先ほど申しましたが、繰り返しますけれども、原告の本を引用されておりましたので、引用という文言を使っています。本をそのままこれというふうに言うわけないじゃないですか。引用という文言は、その一説なり学説を引用という意味です。

――あなたの発言はこうなっています。「それからヒストリーブックスということで吉見さんという方の本を引用されておりましたけれども、これは、既に捏造であるということが、いろんな証拠によって明らかとされています。」と、これがあなたの発言そのままですね。

はい。

――というので、ですから「これ」という指示語は、その直前にある吉見さんという方の本を指すと一般消費者は理解するのではないですか。

それは、全くそのようには考えません。引用というふうに申し上げているので、何かしらの一説ですとか、あるいは学説を指すものと私は理解しております。

――じゃ、一般の視聴者が被告の訂正もないのに、わざわざ被告の発言について、先ほどあなた自身が認めているように言葉足らず、あるいはその主張で指摘しているように、不正確だというふうにおっしゃっていますよね。

それは……。

――ちょっと、おっしゃっていますよね。

それについて言います。「これ」という……。

――ちょっと、その上で質問しているんですから、質問を遮らないでください。

これは本人尋問ですから、私の言葉も聞いてください。

――いや、私が質問してからにしてくださいよ。

「これ」という……。

裁判長

――ちょっと待ってください。質問するそうですので、ちょっと聞いてください。

原告代理人（渡邊）

――そうすると、一般読者がこの部分を削って理解したり、あるいは先ほど吉見さんという方の本を引用されておりましたけれどもについて、吉見さんの本を引用して権威づけてsex slaveryについて言及したけれどもとして被告内容を変更して、変容して理解するなんてことは、一般消費者にとって不可能ではありませんか。

おっしゃっている意味が理解できません。これというのをsex slaveryと正確に言えばよかったという意味で言葉足らずということを述べたまでです。

甲第一八号証の8ページを示す

――現にインターネットでは、「吉見教授は捏造じゃ」、それから11ページ、12ページでは「岩波書店から出している本を堂々と捏造とな」などと書いていますね。被告は、これはお認めになりますね。これらのインターネットに……。

そこに書いてあるということはもちろん認めます。

――これらのインターネットに書き込みした人は、被告発言を誤って理解しているということになりますか。

インターネット上には、匿名のいろんな人がいます。もしかすると自作自演かもしれませんし、いろんな方のいろんな立場がありますので、そういう意味でいえばそれをもって一般人の評価というふうには私は考えません。

――だから、私が言っているのはインターネットの書き込みをした人と言っているんです。限定して言っているんです。

だから、それが匿名でわからないので、私は今申し上げたとおりのことを言っているわけです。ちゃんと聞いてから答えてください。次に、被告みずから言葉足らずの点があった、あるいは不正確であったと認めて、先ほど言ったようなインターネットで視聴者によって原告が捏造されていると非難されているのに、被告は被告発言は舌足らずであったとか、不正確であったとか、そういう趣旨の訂正や謝罪をする必要はないとお考えですか。

私は、繰り返しますが、「これ」というのをsex slaveryと、そのまま名詞として単語をこそあど言葉ではなくて、指示語ではなくて使うべきだったという意味で言葉足らずと使っているのであって、訂正の必要は認めません。

甲第六号証の2ページを示す

――甲第六号証の2枚目の6行目、ちなみに被告が本件著作に言及したのは、記者会見の冒頭、司会者が本件著作に言及したからであり、本件著作の英語版の副題にsex slaveryという文言が用いられていることに関連して慰安婦をsex slaveryだとすることは捏造だということを述べたにすぎません。本件著作の内容そのものを捏造だと非難したわけではありませんと回答していますね。

はい。

――先ほど言ったように、具体的にこの甲第三号証を見ていないのに、こういうことを言うのは、こういうことは英語版の副題に基づいて言ったんだと言うことは不可能ではありませんか。

不可能ではありません。先ほどから何度も申し上げているとおり、sex slaveryというものが捏造であるというふうに指摘をするのが私のミッションとしてその場に出かけていったわけです。そして、原告がそのような性奴隷説を主張する学者の一人であることも頭には入っておりました。ですので、そのように副題に入っているかどうか、あるいは著作の中に書いてあるかどうか、詳細に見たわけではありませんけれども、十分推定ができる範囲の話でございます。

——あなたは、ちゃんとここではそれを見て書いたと言っているんですが、それは不正確ですね。

ちょっと意味がわかりません。

甲第一六〇号証の2ページを示す

——次に、被告は原告に対して次のように言っているんですが、これは甲第一六〇号証の2ページの下から4行目、「国際法上の「奴隷」または「性奴隷」の定義・要件に該当する歴史的事実が存在しなかったにもかかわらず、「慰安婦、すなわち日本軍の性奴隷」という虚構の事実を捏造し、事実と見せかけて原告の政治的主張を世界中にまき散らしたことです。」、こういうことを言っていますね。

はい。

——それでは、具体的にあなたが言っているのは国際法上の奴隷化の概念、原告が規定した歴史的事実、それが当てはまるのかについてなんですが、被告は国際法上の定義について、甲第一六〇号証の1ページの下から5行目でこういうふうに言っています。「まず、第1に奴隷の定義について具体的にお聞きします。まず、「規範定立」の段階において、国際法上の「奴隷」または「性奴隷」の定義・要件は客観的かつ明確に定められています。すなわち、行為者が「文民たる住民を対象とする広範または組織的な攻撃の一部」であることを認識しつつ、対象者が「所有権に伴ういずれか又はすべての権限を行使」されること、具体的には「購入、売却、貸与、仲介、または、これらと同様の自由を剥奪する行為」の対象となることです。」と、こういうことですね。

と書いています。

甲第六四号証、甲第六七号証を示す

——先ほど阿部先生が言っていますように、甲第六四号証は奴隷条約一条、甲第六七号証は国際刑事裁判所に関するローマ規程ですが、この両者を比較します。甲第六四号証の奴隷条約1条1項は奴隷制度の定義を定めたものであり、ローマ規程7条は人道に関する犯罪の構成要件を定めているのではありませんか。

そのとおりです。

——この両方の条文を見ればすぐわかりませんか。

わかります。

乙第三号証を示す

——じゃ、具体的に奴隷条約の定義についてお聞きします。第1条1項、奴隷とはその者に対して所有権に伴ういずれかまたは全ての権限を行使される個人の地位または状態をいうとあなたも訳していますね。

はい。

——所有権とは、日本民法では206条では……。

代理人による和訳と書いていますよね。

——日本民法ではこういうふうに定めています。所有者は、その所有物の使用、収益及び処分をする権利を有すると規定されていますことは、あなたは御存じですか。

はい。

——そうだとすれば、このあなたが乙第三号証で言っているローマ規程についての1条1項は、人に対して使用、収益、処分の権限のいずれかもしくは全体が行使されると言えれば、奴隷条約1条1項に該当するのではありませんか。

国際法上の所有権という概念と、それから日本民法上の所有権の規定による定義、これが必ずしも一致しているのかどうか、そこによると思います。

甲第六九号証17ページを示す

——じゃ、このことについて具体的に先ほど阿部教授が指摘したJean Allainのベラジオ－ハーバード・ガイドラインについてお聞きします。これは阿部意見書、甲第六九号証の17ページ、16行以下でございます。「奴隷制の場合において、「所有権に伴う権限」の行使とは、人に対する支配であって、その使用、管理、収益、移転または処分により、当人の個人としての自由を重大に剥脱するものと理解すべきである。通例、その行使は、暴力、欺罔及び／又は強要などの手段により支えられて達成される。」との見解を示していますね。

と意見書に書かれています。

——このガイドラインの見解は、先ほど阿部先生が言っておりましたが、世界的にも著名なものとされていますけれども、この見解が誤りであるとか、そういうことを書いた論文や資料はありますか、ありませんか。

私は、国際公法の研究者ではありませんが、少なくとも言えるのは、このガイドラインというものが判例であるとか、あるいは何かしらの立法の規定によって導かれたものではないと、法源としてそれを用いるのが、この裁判において言うのがどうなのかということは申し上げておきます。

甲第一六〇号証を示す

——じゃ次に、歴史的事実に関する問題についてお聞きします。被告は、甲第一六〇号証の3ページにおいて、10行目、「まず、「事実認定」の段階においてはどうでしょうか。慰安婦の①募集形態及び②生活条件という歴史的事実の存否については、原告自身の著書等も含め、原告及び被告とも争いはありません。」と書いてありますね。

はい。

――その上で、同じく甲第一六〇号証の4ページの12行目以下、「ところが原告は、上記と同様の「事実認定」をしていながら、特に「規範への事実の当てはめ」の段階で自らの政治的主張を潜り込ませることにより、論理展開の「結論」として、本来、到底導くことのできない「慰安婦、すなわち日本軍の性奴隷」という虚構の事実を捏造しました」こういうふうに言っていますね。

はい、書いています。

――その理由についてなんですが、これはあなたの理由です。この理由についてなんですが、あなたは……。

裁判長

――どこを示しているんですか。

原告代理人（渡邊）

――甲第一六〇号証の3ページ、下から2行目。「次に、「事実認定」の段階において、これを慰安婦についてみると、①募集形態として、原告が自ら認めている通り、「「官憲による奴隷狩りのような連行」が朝鮮・台湾であったことは、確認されていない。」こと、②慰安婦の生活条件として、原告が自ら編者を務めた資料集等からも明らかな通り、慰安婦は相当な高収入であっただけでなく、戦地であって看護婦や一般兵士と同様の制約下にあったものの、廃業の自由、外出の自由が認められていた他、実際、拒否の自由（接客拒否権）が認められたことが歴史的事実として認定できる」と述べていますね。

はい。

被告第三準備書面8ページを示す

――ところで、これらのあなたが言った、今言いました原告がみずから編者を務めた資料集についてですが、基本的には被告の第三準備書面の8ページ、3行目以降に②、生活条件とあるように、「原告自身が編者である『従軍慰安婦資料集』（乙第九号証）には、昭和19年（1944年）、ビルマでアメリカ戦時情報局心理作戦班が作成した「日本人捕虜尋問報告第49号」の和訳が記載されている。慰安所の生活条件に関する主な記述は、以下のとおりである。」といって具体的な状況を書いていますが、あなたが認識する生活状況というのは、乙第九号証に書いてあるのが生活状況だというふうに伺ってよろしいでしょうか。

はい。私がというよりも、原告の資料集に載ってあることをそのまま引っ張ってきているのみです。だから、私のみではないということです。

――結構でございます。その点については後で聞きます。そういうことにより、あなたが先ほど述べたように、「慰安婦の①募集形態及び②生活条件という歴史的事実の存否については、原告自身の著書等も含め、原告及び被告とも争いはありません。」というふうに主張しているわけですね。

はい。

——しかし、史実を認定するには1つの資料だけでなく、特にさまざまな資料を突き合わせ、史料批判をし、さらに資料間の照合等を行うような作業をして史実の認定をすることは、史学の研究方法として初歩的な方法ではないですか。それは、おわかりかおわかりでないかで結構でございます。

原告提出の今回の証拠の中に今井登志喜教授の本が一部入っておりました。史料批判という方法論については、私もこれは重要な方法だと評価をしております。そして、私は博士号を取得する過程で、経済学の分野ではありますが、もとのデータの重要性、そしてデータのとり方、それによって誤った数字が出てきて、それを操作しても誤った認識しか得られないということも十分に承知しております。例えば物価上昇率について言えば、総務省が統計をとっているいわゆるＣＰＩというものですとか、あとＧＤＰデクレーターというインフレ率、これ違いがあるんです。そこを誤るといけない。私が言いたいのは、史料批判ということについて言えば自分に都合のよい、自分の仮説に合っているものだけを取り上げるのが史料批判ではないということは申し上げておきます。

甲第一一七号証15ページを示す

——具体的に12行以下、あなたのおっしゃるとおり、こういうふうに書いてあります。「できるだけ多くの関連文書・記録と証言を収集し、それぞれの史料的価値を検討の上、全体としてどのような実態であると把握するのが適切か、という検討をするのであって、自己の予想する、あるいは期待する状況に合致する1、2点の文書・記録のみを取り上げて、歴史的事実を断定するようなことは厳に避けてきています。ある歴史像を構成する上で、どれが核心的な文書・記録・証言であり、どれが例外的存在であるかという判断も、厳密な史料批判を行った上で決定されるものであります。」と指摘していますが、あなたも今いろいろ言ったように、そのとおりだというふうにお考えですね。

はい。

——では、具体的に次に本件著作の内容についてお伺いします。本件著作は……。

ちょっと、どれを指しているんですか。

——以下、本件著作というのは甲第二号証のことを指します。

新書ですか。

——新書のことです。甲第二号証では、まず（2）で女性たちはどのように徴集されたのかという項目の後、4として慰安婦たちが強いられた生活、その中で、1、管理統制の実態、2……。

すみません。示してもらえますか。

甲第二号証の目次を示す

――続けます。１、管理統制の実態、２、慰安婦の生活はどうだったのかとそれぞれに分けて、１の管理統制の実態について種々論じ、それから特に２、慰安婦の日常はどのようなものであったかの中で、性交の強要、酒を飲んでの暴行、休日はあったかなどの項目について、具体的に日本軍の命令や規則、軍人の日記、回想録、聞き書きなどを用いて史料批判を行い、史料批判や資料価値を加えて叙述した上で、最後にまとめて、これは甲第二号証の158ページの後ろから４行目、事実上の性的奴隷制である日本国内の公娼制でも18歳未満の女性の使役の禁止、外出、通信、面接、廃業などの自由を認めていたが、その程度の保護規定すらなかった。従軍慰安婦とは、軍のための性的奴隷以外の何物でもなかったというふうに文書上まとめていますね。

文書はそうなっています。

――そうすると、あなたが先ほど言ったように、原告と被告の見解は同じだと言っているんですが、そういう結論は全く違っていますよね。

私は、そこに原告が史料批判という学術的な用語を使いながら、自分に都合のよいことのみをそこに記載しているというふうに考えております。ですので、そのもととなるデータには原告の仮説に合わないものも多数含まれております。先ほど阿部証人のもとで……。

――ちょっとそこで結構です。それじゃ、こうお聞きします。あなたは、原告の著作で例えば特に先ほど述べた女性の生活がどうなっているかということなんですが、そこで日本軍の命令、規則、軍人の日記、回想録、それから聞き書きなど参考文献一覧にもあるような多様な資料を駆使して叙述しているのに、原告は本件作品の内容は捏造したと、事実でないと知りつつ虚偽の事実を書いたというふうにお考えなんですか。

そうは考えておりませんが、先ほど言いましたように史料批判という名を使いながら、自己の仮説に合致する事実のみを取り上げている傾向が強いということは申し上げておきます。

――傾向が強いだけね。あなたは具体的に、じゃ先ほど言った第４の女性たちが強いられた生活の部分について、本件著作の内容に即して原資料に当たり、具体的に史料批判した上で検討したことはありますか、ありませんか。

私に尋ねるのは、そういうことではないはずです。というのは……。

――いや、私はあなたが捏造だと言うから、その捏造の仮定を突いてあなたに私は聞いているんです。

じゃ、一つ申し上げます。先ほど阿部証人に対して私指摘いたしましたが、例えば報酬を得られなかった者が少なくなかったという記述がありますが、その根拠はどこにもこの新書の中に記されておりません。

――だから、結構です。あなたは、史料批判をしたことはないですね。あるかどうかだけ聞いています。

広い意味での元データに当たるということはやっております。

甲第一六三号証２ページを示す

――じゃ次に、乙第九号証についてですが、甲第一六三号証の２枚目を示します。これは、アジア局北東アジア課の見解なんですが、その２枚目の本文の５行目、ここには日本人の代理業者が甘言を弄して朝鮮人女子を慰安婦に募集した様子が詳しく書かれている点が注目されるとした資料として扱っていますね。そういうふうに書いてありますね。

そこの下に書いてあることを申し上げます。慰安婦は、単なる売春婦もしくはプロとして軍隊の駐屯地を渡り歩く人たちにすぎないという文言もその同じページに書いてありますが、そこは彼らは史料批判として出さないんです。それが彼らのやり口だということは申し上げておきます。

――それでは、この点について外務省はそういうふうに言っていますけれども、外務省はこの文書の中で、乙第九号証が廃業の自由、外出の自由または拒否の自由が認められる資料とは扱っていませんね。

先ほどの阿部証人もおっしゃいましたが、その４つの自由というのは吉見原告が勝手にでっち上げた要件でしかありません。なので、そういった自由がどうとかここで言うのは不適切だと考えます。

――あなた自身がこういうふうに言っているんですが、これは甲第一六〇号証のページ３の下から２行目、次に事実……。

ちょっと見せてください。

甲第一六〇号証３ページを示す

――下から２行目、「次に「事実認定」の段階において、これを慰安婦についてみると、①募集形態として、原告が自ら認めている通り、「「官憲による奴隷狩りのような連行」が朝鮮・台湾であったことは、確認されていない。」こと、それから②慰安所の生活条件として原告がみずから編者を務めた資料集等からも明らかなとおり、慰安婦は相当な高収入にあったことだけでなく、戦地にあって看護婦や一般兵士と同様の制約にあったものの、廃業の自由、外出の自由が認められた他、実際、拒否の自由、接客拒否権が認められたことが歴史的事実として認定できます。」とこういうふうにあなたは主張していますよね。

書いています。

――そこで、これらの点についてお聞きします。まず、居住の自由についてなんですが、軍が設置した慰安所に慰安婦たちが起居し、そこで軍人相手に性交を行っていたことはあなたもお認めになりますね。

まず、今居住の自由とおっしゃいましたが、それは阿部証人がおっしゃったごとく、奴隷制の要件ではありません。

――いや、いいです。あなたがそう言っているから、そのことを聞いているだけです。今の答えは、イエスかノーかお答えください。

　一般的に全てそうだったとは言えません。いろんな資料があり、個別具体的な事案において違いがあります。

乙第九号証443ページを示す
――じゃ、あなた方が挙げたミッチナの例、乙第九号証443ページの1行目、生活及び労働者の状況、ミッチナでは慰安婦たちが通常個室のある2階建ての大規模家屋（普通は学校の校舎）に宿泊していた。それぞれの慰安婦は、そこで寝起きして業を営んだとして、起居した場所となりわいを営んだ場所が慰安所であることが明記されていますね。

　資料集にはそう書いています。

甲第117号証を示す
――次に、外出の自由についてお聞きしますが、原告は陳述書の甲第一一七号証の25ページの下から11行目以下で幾つかの軍の規定を示した上、軍は慰安所の慰安婦の外出を認めないか、許可制にしているということを明らかにしていますね。これは……。

　どこを指しているんですか。具体的に……。

――そういう記述があるんですが……。

　どこかちょっと教えてください。

――26ページの6行目です。

　証印って何これ。意味は。

――よろしいですか。

　いや、ここには証印とありまして、これが許可制かどうか、許可って文言は書いていないので、ちょっとわかりません。

――じゃ、あなたの知る限りで結構ですが、軍が作成した規定等で外出について許可制ではなく自由である、要するに届け出制であるとの規定は存在していますか。あなたの記憶の範囲内で結構です。

　私の記憶の範囲で言えば、個別具体的ないろんな事例があったと思います。

――いや、そういう規定があったかどうかを聞いています。

　それは知りません。

乙第九号証443ページを示す
――ミッチナの例なんですが、ミッチナの例の乙第九号証の443ページの11行目、都会では買い物に出かけることが許されたとありますよね。この都会に買い物に出ることを許すというのは、まさに許可制ではありませんか。

　それは解釈によると思います。

――もし許可制でなかったら、買い物に出たというふうに単純に書けばいいんじゃないですか。

　それも個別具体的な事例については、今の短い文章ではわかりません。

――あなた方は、これで外出の自由が認められたと主張しているんですが、あなたはわからないということでよろしいですね。

　そこまで言っていないじゃないですか。個別具体的な事例はわからないと。

――次に、拒否する自由についてですけれども、慰安所は当然軍人の性の相手をさせるために設置した場所ですよね。これはわかりますね。あなたは、利用日割り当て表について御存じですか。

文献の中で文言を見たことはあります。

乙第九号証444ページを示す

――じゃ、具体的にいきます。乙第九号証の444ページの7行以降、ここでは利用日割り当て表とあって、次に数行後に月曜日から土曜日の日割り当ての業務の内容が出ていますよね。よろしいですか。その中で休みというのは水曜日……。

表そのものではないですけれども、そういうふうに書いています。

――これはミッチナの例ですよ。これは、この中で水曜日が休業日、定例健康検査、その日であるということですよね。

と書いています。

甲第四九号証460ページを示す

――それから、この点については甲第四九号証の460ページ、後ろから4行目を示します。時間割りは厳格に守られ、また下士官と兵は週に1度、将校は希望すれば何度でも慰安所に通ってよいとされたと、こういうふうに書かれていますね。

これは何によってですか。何に書かれたんですか。

――だから、甲第四九号証です。

いや、違う違う。日割り表に書いてあったんですか。

――そう、日割り表については厳格に守られたということが書かれている。よろしいですか。

そう書いてあるだけじゃないですか。

乙第九号証445ページを示す

――そして、その具体的な慰安婦の日常については、乙第九号証の445ページの4行目以下示します。将校は、週に夜7回利用することが認められていた。慰安婦たちは、日割り表どおりでも利用度が極めて高いので、全ての客の相手をすることはできず、その結果、多くの兵士の間に険悪な感情を生み出すことになるとの不満を漏らしていた。要するにこのような状態だったということが書かれていますね。

書かれています。

――そうだとすると、先ほど将校は週7回通うことができる、それからその他の日については兵士が通うと、そうすると慰安婦たちは1週間、連日朝から夜まで兵の相手をしていたということが読み取れるんじゃないですか。

よく労働契約でもありますが、曜日変えて休みをとるとか、いろんなやり方があると思います。個別具体的な事情はわかりません。

――じゃ次に、軍の利用規程というのがあるということは御存じですか。御存じかどうかだけ。

文献で見ております。

甲第二号証138ページを示す
――これは、甲第二号証の138ページの6行目、第16条、さきの者は第二軍人クラブの利用を禁ずる。この第二軍人クラブというのは慰安所のことですが、この中の3、著しく酒気を帯びたる者、4、他に迷惑を及ぼすおそれのある者等、これが慰安所の利用を禁じられていますね。これは、この条項を読めばわかりますね。

はい。

甲第四九号証461ページ、乙第九号証445ページを示す
――このことは、例えば甲第四九号証の461ページの後ろから3行目、過飲する者がいる場合には、通常憲兵はその男を慰安所から連れ出した。それから、乙第九号証の445ページの10行目、接客拒否は客が泥酔している場合にしばしば起こることであったというふうに書かれていますね。

はい。

――このように泥酔した場合や暴行を受けた場合など他に迷惑をかける場合以外に、慰安婦が自由意思で軍人との性交を拒否することを認めた利用規程がありますか、ありませんか。あなたの知る限りで結構です。

先ほど見せていただいた利用規程の中には、その他条項のようなものが最後にありました。そういったところの適用があった例もあったとは推察します。

被告第三準備書面8ページを示す
――次に、廃業の自由についてなんですが、廃業の自由について被告は、第三準備書面の8ページの下から9行目、「1943年の後期に、軍は、借金を返済し終わった特定の慰安婦には帰国を認める旨の指示を出した。その結果、一部の慰安婦は朝鮮に帰ることを許された。」、これが廃業の自由だということと御主張されていますよね。

それだけではありません。その他の理由もあったと思います。

――これは、ミッチナの例なんですが……。

そういう例もあったということです。

――こういう例、それ以外にあったんですか。

あったんじゃないですか。

――あったと具体的に指摘できますか。

借金がなかった場合というのも原告の著書の中にあります。そういった場合、また違う例があったと考えます。

――そうすると、この場合です。じゃ、この場合は……。

この場合ってどれですか。

――今言ったあなた方が主張している場合です。借金を返済し終わった後に慰安婦が帰国できたということですよね。

それは、先ほどあった年季奉公の例の一つだと考えます。

甲第五三号証の一を示す
――これは、甲第五三号証の一の娼妓取締規則5条を示し

ます。この娼妓取締規則では、簡単に言うと本人の自由意思の届け出により廃業は認められた、そういう旨の規定ですが、要するに本人の意思で届け出があることによって廃業の自由が認められれば、それは廃業の自由となるということになるんではありませんか。届け出だと……。

労働契約の形態としては、いつ何どきでも解約できるという場合もあるでしょうけれども、当時の年季奉公のような労働契約においてはそうじゃないとも思います。

——あなたは、届け出の場合と許可の場合との区別は御存じですか。

行政法上の許可と、それから届け出の区別は存じ上げております。

——例えば集会の自由で、許可の場合には集会の自由はないということで憲法違反になり、届け出の場合は集会の自由があるということで憲法違反ではないということが憲法上の完全な通説、判例ですけども、そのことは御存じですね。

今おっしゃったのは、非常に大まかにおっしゃっていますので、実際の通説、判例の文言はもっと精密なものだったと記憶しております。

——あなたは、先ほど原告が言いましたけれども、軍の規定でいろいろ許可制しかないということを書いてありましたけれども……。

許可制しかない。

——原告が陳述書で……。

どこに書いてあるんですか。

——先ほど指摘しましたでしょう。

ちょっともう一遍見せてください。許可制しかないというの、ちょっと記憶にないいんですけど。

——いや、それではそれは関係なく結構です。あなたは、軍の規則等で廃業の自由、これについて許可制の規定しかないと、あるいは逆に言えば届け出の規定があるということは、あなたは御存じですか。そういう規定。

当時の軍は、行政機関の一つですので、行政法上いろんな形態があったとは思います。

——形態があったけれども、私が聞いているのは規則で届け出制という規則があったかどうかだけ聞いているんです。

それについては存じ上げません。

——相当な収入についてなんですが、先ほど来あなたは慰安婦については相当な収入があったというふうにおっしゃっていますよね。

そういう例もあったと述べたのみです。

甲第一一七号証31ページを示す

——ところで、原告は甲第一一七号証の31ページ以下で、アメリカの奴隷なんですが、多額の収入のある奴隷の例を指摘していますね。原告の陳述書、これはお読みになったことはないですか。

陳述書は読みました。

――それは覚えていないですか。

陳述書に書いてあります。

――つまりベラジオ－ハーバード・ガイドラインで述べているように、奴隷制度の場合において所有権に伴う権限の行使とは人に対する支配であって、その使用、管理、収益、移転または処分により当人の個人としての自由を重大に剥奪するものに該当すれば、奴隷というふうに言えるんではありませんか。

そのガイドライン自体が、先ほども述べましたけれども、学者のネットワークでつくった、そういったものですので、法源として奴隷制を定義づけたり、あるいは該当するか否かを判断するというのはいかがなものかと考えます。

――それから、業者による搾取についてですが、これは業者による慰安婦からの搾取があったということ、これはあなたは御存じですよね。

搾取があった例もあったとは聞いております。それが日本軍の責任になるのかとは思いません。

乙第九号証445ページを示す
――乙第九号証の445ページの後ろから3行目、多くの楼主は食料その他の物品の代金として慰安婦たちに多額の請求をしたが、彼女たちは生活困難に陥った、こういうふうに記載されていますね。

ええ、記載されています。

――それから、あなたは、戦前の地方公共団体の廃娼決議についてお聞きしますが、戦前地方公共団体で廃娼決議をしたことは御存じですか。

聞いたことはあります。

甲第六二号証204ページを示す
――例えば神奈川県、宮崎県、鹿児島県、これは甲第六二号証の204頁及び206ページに記載されています。この中で、決議の中で記載されているのは、公娼制度は人身売買と自由拘束の2大罪悪の内容とする事実上の奴隷制度との決定をしていますね。

そのように書いています。

――そういう内容で決定していますね。

そういう内容です。

乙第六号証36ページを示す
――このことは、乙第六号証の36ページ、下段の10行目以下、むしろ問題の核心は、債務弁済とそれまでの住み込みを規定した第3条にあったと言えよう。

これ何の規定ですか。

――これは、公娼制度について言っている。

3条というのが何の……。

――3条というのは、住み込みを規定した規定です。

何を指して3条と言っているんですか。

――じゃ、そのまま聞いてください。悪徳業者にかかると、女の稼ぎから割高の衣食住経費を差し引くので、前借金はなかなか減らず、強欲な親が追借を求めたりすると雪だるま式にふえる例も珍しくなかった。５行飛ばします。まさに前借金の名のもとに人身売買、奴隷制度、外出の自由、廃業の自由すらない20世紀最大の人道問題（廓清会の内相あての陳情書）に違いなかったということから、このような決議が出たんではないでしょうか。

陳情書を誰が書いたのか、そして陳情書の法的な位置づけ、そしてさらに言えば地方公共団体における決議というものが法的にどのような意味をなすものか、そういった点において、法律ではない以上、それ相当のものでしかないと私は考えます。

――それ相当なものじゃないけれども、そういう地方議会や、それから秦さんもそういう見解を示しているということは、あなたはおわかりになりますよね。

秦さんの見解というのは、今お示しになったのは陳情書の内容でしょう。

――いや、に違いなかったと言っているんです。

陳情書を引っ張ってきているんじゃないですか。

――だから、引っ張って、それを肯定して違いなかったと言っているんです。あなた、正確に文書を聞きなさいよ。

だから、さっき第３項ってどこを指しているのかもお示しにならなかったじゃないですか。示してから言ってください。

――第３項というのは……。

何の第３項ですか。そもそもの表題は何ですか。

――ちょっと待ってください。

そんなんじゃ、何の文書かもわかりませんよ。

――乙は甲方に起居し、酌婦営業免許証の下付があった日より月給２円及び酌婦料金の10分の４、酌婦料金は組合協定額によるという部分です。よろしいですか。それを前提にして秦さんもこういうふうに言っているということはお認めになりますか、なりませんか。

秦さんのほうにそういう記述があるのは認めますが、詳しくは秦さんに聞いてください。

藤田裁判官

乙第一六号証83ページを示す

――あなたは会見において、この83ページの最初の段に書いてあるとおり、党内で相談の上、私が同時通訳のチェックをすることになり、記者会見に同席したわけですと、これはこのとおりでしょうか。

はい、このとおりです。

――当時通訳のチェックというのの同時通訳者は、同席されていた女性のタカマツさんという。

ワカマツさんでしたっけ。タカ……。

――タカマツさんという。

タカハシさんだったか。タカマツ。ちょっと名前は、済みません。

――名前は、違うかもしれないですが、女性の方ということでよろしいですか。

ええ。彼女がメインの同時通訳をやっていまして、私がテクニカルな部分といいますか、sex slaves であるとか、慰安婦問題に関する微妙な文言を使われたときにそれをチェックするという立場で参りました。

――その女性は、誰が依頼した翻訳者ですか。

これ今ちょっと記憶によれば、外国人記者クラブが独自に選ばれたと聞いております。

――これが本件で問題になっている発言です。ここで段落をあけるかどうかという点は双方争いがありますが、この発言について直後にその女性の翻訳者が英語で翻訳したことは記憶にありますか。

甲第四号証の二を示す

あります。

――その翻訳は、あなたは聞いていましたか。

後ほど文書でもらいました。

――その場では聞いていましたか。

その場で横にいましたので、英語でふんふんと言いながら聞いておりました。

――その内容は、あなたが当時意図していた発言と何か違いはありましたか。

少なくとも今回のこの裁判で問題になっておりますような「これは」という部分について、吉見さんの本というような言及はありませんでした。そこは、うまく意を酌んで訳していただいたと感じております。

――その当時訳されたものの中に捏造という言葉も当然翻訳はされていると思いますが、どのように翻訳されたかは覚えていますか。

間違いという意味のフォールスだったような気がするんですけども、ちょっと記憶違うかもしれません。それは済みません。

――間違いという意味の英語に訳されたということですね。

済みません。そういう資料を持っていたんですが、きょうは持ち合わせていないので。

――認識はそうということですね。

そうです。

――それは、あなたがした発言と違いはありますか、ありませんか。

あのとき聞いていて違和感は感じませんでした。また、その後文書でいただいて、それで問題ないねということで党内でも議論した記憶があります。

以上

4　準備書面（10）桜内本人尋問に関わる証拠弁論

平成25年（ワ）第19679号 損害賠償等請求事件
原　告　吉見義明
被　告　桜内文城
準備書面（10）
2015年7月13日
東京地方裁判所　民事第33部 合議1E係御中

目次

はじめに

本件争点について、

① 被告は被告発言中の第二の「「これ」」とは原告の著書ではなく、「性奴隷」（説）を指したもの」（被告第三準備書面2頁）、これに対し原告は「吉見さんという方の本」を指していると主張している。

したがって、「これ」の内容が「性奴隷制」（sex slavery）を指しているのか、「吉見さんという方の本」を指しているのかが争点である（以下「本件争点①」という）。

② 被告は「被告発言の真実性・真実相当性」の項で「慰安婦性奴隷説は捏造である。仮に被告の発言が、被告の意図はどうあれ、客観的には、原告の著書に言及したものと

解されたとしても、原告の著書の中で、慰安婦は性奴隷であると断定している部分は捏造である」と主張している（被告第三準備書面　6頁）。これに対し、当然のことながら、原告は「ねつ造」したことなどありえないと主張している。

そこで、原告の著書において、原告が慰安婦について「性奴隷」である旨表記していることは「捏造」であるか否かが「真実性・真実相当性」の問題として争点となっている（以下「本件争点②」という）。

本書面ではこれらの争点について、これまで出された証拠及び被告本人尋問の結果に基づいて陳述を行う。

第1　被告発言の内容について――本件争点①について

1　本件被告発言に関する被告の主張

被告は

「一点だけ先ほどの、最初の司会者の紹介の点について少しコメントいたします。橋下市長を紹介するコメントのなかで、彼は『sex slavery』という言葉を使われました。これは日本政府としては強制性がないということと、その証拠がないということを言っておりますので、そのような言葉を紹介の際に使われるのはややアンフェアでないかと考えております。

それから、ヒストリーブックスということで吉見さんという方の本を引用されておりましたけれども、これは既にねつ造であるということが、いろんな証拠によって明らかとされております。この点も付け加えてコメントしておきます。」

との発言のうち、後段部分における「これは」について、「私が「これ」という指示語を聞いて、司会者が不動の大前提と主張する歴史的事実、すなわち、当時韓国内で「日本軍が強制的に女性を奴隷化した」という司会者が指摘した事実、または「性奴隷という概念または文言を指していたことは、これらの文脈から明らかです」と述べ（甲150 5頁）、その主張においても「「これ」とは、原告の著書ではなく、「性奴隷」（説）を指したものである」（被告第三準備書面　2頁）と主張する。

2　被告の主張は成り立たない

（1）しかしながら、被告発言は前段部分において司会者が紹介の際に述べた「sex slavery」との言葉について「ややアンフェア」と述べ、後段部分では「吉見さんという方の本」が「既にねつ造であるということが、いろんな証拠によって明らかとされております。」と述べている内容となっている。

（2）すなわち、

①　前段部分は司会者の発言が「アンフェア」であり、後

段部分は「ねつ造であるということが、いろんな証拠によって明らかとなっております」との内容からの対比。

② 「これ」とは最も近くのものを指す指示代名詞であり、最も近くのものは「吉見さんという方の本」である。

③ 文章の構成からして、「吉見さんという方の本」の内容を受けるものとして「既にねつ造である…」との構造になっている

ことなどから被告の主張が成り立たないことは明白である。

(3) しかも被告は次のように主張している。

ア　被告は本件被告発言について「言葉足らずの点があった」ことを認め、また被告はその主張でも「「吉見さんという方の本」という部分は不正確ではある」と認めており、「それからヒストリーブックスということで吉見さんという方の本を引用されておりましたけれども」の部分を括弧書きにして」としたうえ、「括弧の部分を除いて表記すれば被告の発言の趣旨は一層はっきりするということである」(被告第二準備書面　7、8頁)

イ　あるいは

「しかし、繰り返しになるが、これは原告の曲解である、原告の発言は以下のように解釈すべきである。

司会者がコメントの中で彼は sex slavery という言葉を使ったが、これ (sex slavery) は、日本政府としては強制性がないその証拠はないと言っているので、そのような言葉を紹介の際に使うのはアンフェアでないか。それから慰安婦についてのヒストリーブックスということで吉見さんの本を引用して権威づけて、sex slavery について言及したけれども、これ (sex slavery) は、既に捏造であるということが、いろんな証拠によって明らかとされている。この点も付け加えてコメントしておきます。

これは被告発言の主観的解釈であるが (下線部代理人)、少なくとも、被告は、主観的にその趣旨で発言したのであって、被告の真意はそこにあったのである。」(同　8、9頁)

と主張する。

そして、被告本人尋問においても、上記主張について

「……これはあなた (被告のこと—代理人) と打ち合わせをして書いたもので間違いありませんか。

はい、代理人と打ち合わせをして書いていただきました」

と明確に供述している (被告調書　5頁)。

ウ　しかし、発言の内容がどのようなものであるかは一般聴取者の普通の判断基準に基づいて客観的にどのように理解されるかであることは判例・実務の確定しているところ

である。

一般聴取者が被告が被告発言を何ら訂正しないのに「吉見さんという方の本を引用しておりましたけれども」との部分を、被告が主張するように

・「吉見さんという方の本」を削って理解したり、

・「吉見さんの本を引用して権威づけて、sex slavery について言及したけれども」などとその内容を加えて理解することなど不可能である。

このことは、インターネットの書き込み（甲18）においても、「吉見教授は捏造じゃ」（甲18の⑧）、「岩波書店から出している本を堂々と捏造とな」（甲18の⑪⑫）などと理解していることからも明らかである。

3　被告の供述について

（1）　被告は、

「そうすると、一般読者がこの部分を削って理解したり、あるいは先ほど吉見さんという方の本を引用されておりましたけれどもについて、吉見さんの本を引用して権威づけて sex slavery について言及したけれどもとして被告内容を変更して、変容して理解するなんてことは、一般消費者（聴取者の誤り）にとって不可能ではありませんか。」

との質問に対し、「おっしゃっている意味が理解できません。これというのを sex slavery と正確に言えばよかったという意味で言葉足らずということを述べたまでです。」

（被告調書　14頁）と弁解している。

（2）　ア　しかし、被告発言は「不正確」ないし「言葉足らず」であるから、「吉見さんという方の本」を削って理解したり、「吉見さんという方の本を引用して権威づけて……」と加えて理解すべきである、との主張は被告自身の主張であり、これについて「おっしゃっていることの意味が理解できません」などと弁解することは、被告が自らの主張（弁解）を否定していることに他ならない。

イ　続いて、被告は「これというのを sex slavery と正確に言えばよかったという意味で言葉足らずということを述べたまでです」（被告調書　14頁）と供述している。

しかし、被告自身が、

「――その発言を一般消費者（聴取者の誤り）が普通の注意と基準を元にして客観的に判断されることは、社会的にも判例等においても常識ではありませんか。

おっしゃっているとおりです。」（被告調書　13頁）

と認めているのであるから、被告が「言葉足らず」とあとで弁解しても、一般聴取者は被告発言を客観的に理解する他はないのであって、被告の弁解が弁解になっていないことは明白である。

ウ　なお、被告は被告の主張（第二準備書面　7～8頁の内容）そのまま読み上げているにもかかわらず、「違いま

す。あなたは、それに解釈を加えているじゃないですか」（被告調書　13頁）などとおよそ見当外れの弁解を試みているのであって、到底真摯な態度は見られない。

（３）　しかも、本件被告発言の通訳の内容は「これ」について明確に「what he has written」（彼の書いたもの）と訳している。また、「この二点にみなさんの注意を向けさせたい」と結んでおり、本件被告発言の趣旨は二点（すなわち、司会者の発言がアンフェアであること、「吉見さんという方の本」が「ねつ造」であること）からなることを明確に認識して翻訳しているのである（甲181の１及び２）。

そして、被告は「あのとき聞いていて違和感はありませんでした」と供述している（被告調書　35頁）のであるから、被告も本件被告発言中の「これ」が「彼の書いたもの」と発言したことを容認していたのである。

（４）　また、被告は原告に対する回答書（甲６）のなかで、「ちなみに通知人の本件著作に言及したのは、記者会見の冒頭、司会が本件著作に言及したからであり、本件著作の英語版の副題に「sex slavery」という文言が用いられていることに関連して、慰安婦を「sex slavery」だったとすることは捏造だということを述べたに過ぎません。本件著作の内容そのものを捏造だと批判したわけではありません。」

と回答している。

しかし、被告は

「被告はそれまで（被告発言当時―代理人）原告の本を読んだことはなかった。被告は本件訴訟提起後図書館で借りるなどして原告の本をはじめて読んだのである」（被告第二準備書面　９頁）とし、被告の主尋問において、「はい、記者会見の後、記憶は確かではありませんけれども内容証明郵便が最初届きましたので、訴状の前にそのあたりで読んだような記憶があります」（被告調書　５、６頁）

と述べ、また、

「――英語版について直接見たり、聞いたりしたことはありますか、ありませんか。

英語版について直接見たことはございません。ただし、先ほど言いましたように、もろもろの情報の中でそのような学者を名乗る者がいるというふうには聞いておりました。」（被告調書　10頁）

と「英語版を見たことはございません」と自白している。

この供述からして、回答書記載の「本件著作の英語版の副題に「sex slavery」という文言が用いられてゐること」を被告が具体的に理解出来ることなど神ならぬ身では不可能であり、回答書のこの部分は事実に反していることは明らかである。

4　小括

以上のとおり、本件被告発言は、

①　被告発言の文章の構造

②　「これは」の指示代名詞の用法

③　被告発言の前段と後段との内容の違い

④　被告自身の主張においても「言葉足らず」であったことを認め、さらに被告の主張でも「吉見さんという方の本」は不正確であったことを認めたうえ、「吉見さんという方の本」の部分を削除したり、また別の内容を加えたりしなければ被告の主張するような趣旨には読めないことを自認していること

⑤　さらに被告の供述でも、被告は前記のような被告自身の主張を指摘されても「おっしゃっている意味が理解できません」と弁解すらできずわからないふりをしながら、「これというのをsex slaveryと正確に言えばよかった」とその発言が「言葉足らずで」あったことを自認していること

⑥　さらに、記者会見の翻訳をみても、「これ」について、「what he has written」（彼の書いたもの）と訳され、また「この2点にみなさんの注意を向けさせたいと思います」と訳され、被告は通訳について、「あのとき聞いていて違和感は感じませんでした」（被告調書　35頁）と述べていること。

これらの各事実などからすれば、被告発言は「吉見さんという方の本」は「ねつ造であるということが、いろんな証拠によって明らかとされております」と一般聴取者が理解することは疑いのないものとなっている。

第2　被告が述べかつ主張する「原告がねつ造しているとする構造」は完全に崩壊している
——本件争点②について

1　被告の主張・陳述の構造

被告は

「原告の主張が悪質なのは、後述の「事実認定」に照らせば、慰安婦が国際法上の「奴隷」または「性奴隷」の定義・要件に該当しないことを熟知しながら、かつ、原告が独自に主張する「性奴隷制」の4つの要件にさえ該当しないことを知りつつ、法解釈学における論理展開の「規範定立」、「事実認定」、「規範への事実の当てはめ」という各段階を経ることなく、「慰安婦、すなわち日本軍の性奴隷」という「結論」部分だけを自著の副題及び英文版の序文として英訳の上、出版することにより、英語を公用語とする国はもとより、その他多くの国々において、国際法上の「奴隷」または「性奴隷」の定義・要件に該当する歴史的事実が存在しなかったにもかかわらず、「慰安婦、すなわち日本軍の性奴隷」という虚構の事実を捏造し、事実と見せかけて原告の政治的主張を世界中にまき散らしたことです。」（甲160　2頁）

と述べている。

ここでは、被告は

①　国際法上の奴隷の概念（定義・要件）
②　原告が認定した歴史的事実
③　原告の認定した事実の奴隷の概念への当てはめ

を問題とし、こうした構造の中の当てはめの段階で原告が「事実を捏造し事実と見せかけて原告の政治的主張を世界中にまき散らした」と述べているのである。

そこで、以下被告が主張し、陳述する構造に従って順次論ずることとする。

2　国際法上の奴隷の概念について

（1）　被告の陳述及び主張

被告は国際法上の奴隷の定義について、

「まず、「規範定立」の段階において、国際法上の「奴隷」または「性奴隷」の定義・要件は客観的かつ明確に定められています。すなわち、行為者が「文民たる住民を対象とする広範または組織的な攻撃の一部」であることを認識しつつ、対象者が「所有権に伴ういずれか又はすべての権限を行使」されること、具体的には「購入、売却、貸与、仲介、または、これらと同様の自由を剥奪する行為」の対象となることです。」（甲160　1頁）

と述べ、

「したがって、当時、慰安婦になること、そして慰安婦の生活条件等は、「文民たる住民を対象とする広範または組織的な攻撃の一部」に該当しないだけでなく、「所有権に伴ういずれか又はすべての権限を行使」されること、すなわち「購入、売却、貸与、交換、または、これらと同様の自由を剥奪する行為」の対象となることでもなかったと認められる。」（被告第三準備書面　9頁）

として、同様の主張をしている。

（2）　しかし、奴隷条約はその1条1項で

「第一条〔定義〕この条約の適用上、次の定義に同意する。1　奴隷制度とは、その者に対して所有権に伴う一部又は全部の権能が行使される個人の地位又は状態をいう。」

と定めている（甲64）。

そして、被告がいう「文民たる住民を対象とする……」との部分は、ローマ規程第7条の定めであり、これは「人道に対する犯罪」の構成要件であり（甲67）、奴隷の概念には含まれない。

このことは、前田朗著『戦争犯罪』（甲69　168頁）でも、「ＩＣＣ規定七条第一項は「本規定の目的に関して、『人道に対する罪』とは、いずれかの一般住民に向けられた広範な攻撃または系統的な攻撃の一環として、この攻撃を知りながら行った次に掲げる行為のいずれかを意味する」として、ＩＣＣ規定七条一項は、人道に対する罪

は、「いずれかの一般住民に向けられた広範な攻撃または系統的な攻撃の一環として行った」という「敷居」を設けている。」

「奴隷の概念は、1926年の奴隷条約に明示されている」（同　184頁）

と明記されている。

したがって、奴隷の概念は

・「日本軍「慰安婦」制度が奴隷制に該当するかどうかは、当然ながら、奴隷制条約に具現化された奴隷制の要件に該当するかどうかによって判断されることになる。すなわち、「人に対して所有権に伴ういずれか又はすべての権限の行使」がなされたのかが検討されなくてはならない。これを別して言えば、「慰安婦制度の下におかれた女性たちが、加害行為実行者によって物（客体）のように支配され、自由・自立性を重大に損なわれる状態にあったのかどうかが問われることになる。」（甲69 14頁）

・「奴隷制の場合において、「所有権に伴う権限」の行使とは、人に対する支配であって、その使用、管理、収益、移転または処分により、当人の個人としての自由を重大に剥奪するものと理解すべきである。

通例、その行使は、暴力、欺瞞及び／又は強要などの手段により支えられて達成される。」（同　17頁）

とされているのである。

（3）したがって、被告が主張する「文民たる住民を対象とする…」との部分は、奴隷の概念には含まれず、奴隷と評される否かは「『慰安婦』制度の下におかれた女性たちが、加害行為実行者によって物（客体）のように支配され、自由・自立性を重大に損なわれる状態にあった」か否かによるのである。

このように、「文民たる住民を対象とする…」との部分はローマ規定が定める「人道に対する罪」の構成要件の一部であることは明白であって、被告は奴隷の定義・要件から誤っている。

（4）被告の供述

ア　被告は主尋問において

「……奴隷条約自体は先ほどの阿部証人がおっしゃったように、奴隷条約1条がまさにその要件でありまして、私がこれを引っ張ってきましたのは、性奴隷ということが問題視されておりましたので、性奴隷ということが要件として挙がっていた文言がこのローマ規定7条だったもんですから、これを引用したということでございまして、そういった意味でいえば阿部証人がおっしゃったこと、そのとおりなんですけれども、奴隷化とか、あるいは性奴隷ということを考慮する際には、今申し上げたローマ規程もやはり考慮すべきだろうということでお出しした次第でございます。」

と定義内容を学問的に混同させた供述をしている（被告調書　7頁）。

イ　しかし、被告は

「甲第六四号証、甲第六七号証を示す

——先ほど阿部先生が言っていますように、甲第六四号証は奴隷条約第1条、甲第六七号証は国際刑事裁判所に関するローマ規程ですが、この両者を比較します。甲第六四号証の奴隷条約1条1項は奴隷制度の定義を定めたものであり、ローマ規程7条は人道に関する犯罪の構成要件を定めているのではありませんか。

そのとおりです。

——この両方の条文を見ればすぐわかりませんか。

わかります。」（被告調書　17頁）

と述べ、

「奴隷条約1条1項が奴隷制度の定義を定めたもの」であり、「文民たる住民を対象とする罪」の構成要件であることを自認するに至った。

したがって、被告が「国際法上の「奴隷」」または「性奴隷」の定義・要件は客観的かつ明確に定められています」と繰り返し強調していた奴隷の「定義・要件」が誤っていることが自らの供述によって明らかにされたのである。

3　歴史的事実及びその規範へのあてはめについて

（1）被告の主張・陳述

ア　被告は

・「まず、「事実認定」の段階においてはどうでしょうか。慰安婦の①募集形態及び②生活条件という歴史的事実の存否については、原告自身の著書等も含め、原告及び被告とも争いはありません。」

・「ところが、原告は、上記と同様の「事実認定」をしていながら、特に「規範への事実の当てはめ」の段階で自らの政治的主張を潜り込ませることにより、論理展開の「結論」として、本来、到底導くことのできない「慰安婦、すなわち日本軍の性奴隷」という虚構の事実を捏造しました。」（甲160　4頁）

と述べている。

そして、被告の上記論旨の根拠として、

「次に「事実認定」の段階において、これを慰安婦についてみると、①募集形態として、原告が自ら認めている通り、「「官憲による奴隷狩りのような連行」が朝鮮・台湾であったことは、確認されていない。」こと、②慰安所の生活条件として、原告が自ら編者を務めた資料集等からも明らかな通り、慰安婦は相当な高収入であっただけでなく、戦地にあって看護婦や一般兵士と同様の制約下にあったものの、廃業の自由、外出の自由が認められていた他、実際、拒否の自由（接客拒否権）が認められ

ていたことが歴史的事実として認定できます。」（甲160 3頁）

と述べている。

イ　準備書面においても被告は上記陳述と同様に、

「②生活条件　原告自身が編者である『従軍慰安婦資料集』（乙第九号証）には、昭和19年（1944年）、ビルマでアメリカ戦時情報局心理作戦班が作成した「日本人捕虜尋問報告第49号」の和訳が記載されている。慰安所の生活条件に関する主な記述は、以下のとおりである（439頁以下）。」

とし、

「この報告は、1944年8月10日ごろ、ビルマのミッチナ陥落後の掃討作戦において捉えられた20名の朝鮮人「慰安婦」と2名の日本人の民間人に対する尋問から得た情報に基づくものである。」「食料・物資の配給量は多くなかったが、ほしい物品を購入するお金はたっぷりもらっていたので、彼女たちの暮らし向きはよかった。彼女たちは故郷から慰問袋をもらった兵士がくれるいろいろな贈り物に加えて、それを補う衣類、靴、紙巻きタバコ、化粧品を買うことができた。彼女たちは、ビルマ滞在中、将兵と一緒にスポーツ行事に参加して楽しく過ごし、また、ピクニック、演芸会、夕食会に出席した。彼女たちは蓄音機をもっていたし、都会では買い物に出かけることが許された。」「慰安婦は接客を断る権利を認められていた。接客拒否は、客が泥酔している場合にしばしば起こることであった。」「1943年の後期に、軍は、借金を返済し終わった特定の慰安婦には帰国を認める旨の指示を出した。その結果、一部の慰安婦は朝鮮に帰ることを許された。」

など第九号証に記載された内容を根拠として、

「上記『慰安婦と戦場の性』（乙6）によれば、「廃業の自由や外出の自由について言えば、看護婦も一般兵士も同じように制限されていた。この点は、現在のサラリーマンも変らない。」（388頁以下）ものといえる。」

などと秦証人の見解を記したうえ、

「上記によれば、①募集形態として、原告が自ら認めているとおり、「官憲による奴隷狩りのような連行」が朝鮮・台湾であったことは、確認されていない。」（乙8の1）こと、②慰安所の生活条件として、原告が自ら編者を務めた資料集等からも明らかなとおり、慰安婦は相当な高収入であっただけでなく、戦地にあって看護婦や一般兵士と同様の制約下にあったものの、廃業の自由、外出の自由が認められていた他、実際、拒否の自由（接客拒否権）が認められていたことが歴史的事実として認定できる。」

と主張しているのである（被告第三準備書面　8、9頁）。

さらに被告の陳述書（甲160）においても、

「まず「事実認定」の段階においてはどうでしょうか慰安婦の①募集形態及び②生活条件という歴史的事実の存否については、原告自身の著書等を含め、原告及び被告とも争いはありません」として（甲160　3頁）、慰安婦に関する歴史的事実が「原告と被告との間では争いがない」

と述べているのである。

ウ　このように、被告は乙九号証に基づいて「廃業の自由」「外出の自由」「拒否の自由」などが認められるとして、「慰安婦の①募集形態及び②生活条件という歴史的事実の存否については、原告自身の著書等も含め、原告及び被告とも争いはありません。」（甲160　3頁）と何の根拠もなく決めつけているのである。

(2)　被告の供述について

ア「原告代理人（渡邉）

――甲第一六〇号証の3ページ、下から2行目。「次に、「事実認定」の段階において、これを慰安婦についてみると、①募集形態として、原告が自ら認めている通り、「「官憲による奴隷狩りのような連行」が朝鮮・台湾であったことは、確認されていない。」こと、②慰安婦の生活条件として、原告が自ら編者を務めた資料集等からも明らかな通り、慰安婦は相当な高収入であっただけでなく、戦地であって看護婦や一般兵士と同様の制約下にあったものの、廃業の自由、外出の自由が認められていた他、実際、拒否の自由（接客拒否権）が認められたことが歴史的事実として認定できる」と述べていますね。

はい。

被告第三準備書面8ページを示す

――ところで、これらのあなたが言った、今言いました原告がみずから編者を務めた資料集についてですが、基本的には被告の第三準備書面の8ページ、3行目以降に②、生活条件とあるように、「原告自身が編者である『従軍慰安婦資料集』（乙第九号証）には、昭和19年（1944年）、ビルマでアメリカ戦時情報局心理作戦班が作成した「日本人捕虜尋問報告第49号」の和訳が記載されている。慰安所の生活条件に関する主な記述は、以下のとおりである。」といって具体的な状況を書いていますが、あなたが認識する生活状況というのは、乙第九号証に書いてあるのが生活状況だというふうに伺ってよろしいでしょうか。

はい。私がというよりも、原告の資料集に載ってあることをそのまま引っ張ってきているのみです。だから、私のみではないということです。

――結構でございます。その点については後で聞きます。そういうことにより、あなたが先ほど述べたように、「慰安婦の①募集形態及び②生活条件という歴史的事実の存否については、原告自身の著書等も含め、原告及び被告とも争いはありません。」というふうに主張しているわけですね。
はい。」（被告調書　19、20頁）

イ　このように、被告は供述においても乙第九号証に基づいて「……歴史的事実の存否については原告自身の著書等も含め、原告及び被告とも争いはありません」と述べているのである。

しかし、後に詳述するように、乙第九号証の内容は被告が主張するようなものではなく、慰安婦たちが騙されて連れてこられたうえ、「居住の自由」「外出の自由」「拒否の自由」「廃業の自由」も認められておらず、休みなく兵士の相手をさせられており、また慰安婦たちは「生活困難に陥っていた」ことが記されているものであって、被告の理解するところとは逆の事実が記述されている資料である。

（3）　史料批判の必要性について

ア　原告は歴史事実の認定について次のように述べている。

「しかしながら、以下で詳述しますように、原告と被告の事実認定はまったく異なります。そもそも、私は、客観的に存在する文書・記録や証言の存在自体やその記述自身を否定するものではありません。しかし、文書・記録・証言については、厳密にその史料的価値や当時の社会状況の下で、その文書・記録・証言が持っていたと思われる意味を検討することは、歴史研究者として当然行うべき検討作業であって、それを抜きにして文書・記録・証言の存在から直ちに一定の結論を導くことは行っていません。」「できるだけ多くの関連文書・記録と証言を収集し、それぞれの史料的価値を検討の上、全体としてどのような実態であると把握するのかが適切か、という検討をするのみであって、自己の予想するあるいは期待する状況に合致する1、2点の文書・記録のみを取り上げて、歴史的事実を断定するような事は厳に避けてきています。ある歴史像を構成する上で、どれが核心的な文書・記録・証言であり、どれが例外的存在であるかという判断も厳密な史料批判を行ったうえで決定されるべきものであります。」（甲117　15頁）

したがって、乙第九号証についても正確に史料の検討をして、その他の史・資料と照合しながら史実を認定してゆくべきものである。

イ　被告はこの点について、

「しかし、史実を認定するには1つの史料だけでなく、特にさまざまな史料を付き合わせ、史料批判をし、さらに資料間の照合等を行うような作業をして史実の認定をすることは、史学の研究方法として初歩的な方法ではないですか。それは、おわかりかおわかりでないかで結構でございます。
原告提出の今回の証拠の中に今井登志喜教授の本が一部入っておりました。史料批判という方法論については、私もこれは重要な方法だと評価をしております。そして、私は博士号を取得する過程で、経済学の分野ではありますが、もとのデータの重要性、そしてデータのとり方、それによって誤った数字が出てきて、それを操作しても誤った認識しか得られないということも十分に承知しております。例えば物価上昇率について言えば、総務省が統計をとっているいわゆるＣＰＩというものですとか、あとＧＤＰデクレーターというインフレ率、これ違いがあるんです。そこを誤るといけない。私が言いたいのは、史料批判ということについて言えば自分に都合のよい、自分の仮説に合っているものだけを取り上げるのが史料批判ではないということは申し上げておきます。」（被告調書　20、21頁）

と供述しているが、のちに指摘するように、被告は都合の悪いと思ったところは「書いてあります」と答え、回答に窮したと思われる場合には「よくわかりません」などと述べているのである。

また、本件著作や他の資料についての史料批判を行っているとも到底いえないことは、被告の供述の全体をみれば容易に理解出来るところである。

（４）　本件著作物における認定した史実の内容

ア（ア）　原告は本件著作において、慰安婦たちの生活について、まず、「Ⅲ 女性たちはどのように徴集されたか」のあと、「Ⅳ 慰安婦たちが強いられた生活」として、「１ 管理・統制の実態　２ 慰安婦の生活はどのようなものだったか」に分け、さらに「慰安婦の日常はどういうものだったのか」のなかで、

・性交の強要
・酒を飲んでの暴行
・休日はあったのか

などの項目につき、具体的に日本軍の命令、規則、軍人の日記、回想録、聞書などを資料批判や資料評価をなしたうえ、「事実上の性的奴隷制である日本国内の公娼制でも18歳未満の女性の使役の禁止、外出・通信・面接・廃業などの自由を認めていたが、この程度の保護規定すらなかった。従軍慰安婦とは、軍のための性的奴隷以外のなにものでもなかったのである」（甲２　158頁）と記したのである。

（イ）　そのうえで、原告は慰安婦制度が複合的人格侵害であるとして、「女性に対する重大な人格権の侵害であった」ことなど、４点にわたりその人格侵害の特徴をまとめている（甲２　231頁）。

イ　このように、本件著作は日本軍の命令・規則、軍人の日記、回想録、聞書など、本件著作の参考文献で一覧（約

140点）に記載されているような数多くの多彩な資料を資料批判を行いながら著述しているのである。

したがって、原告が本件著作を「ねつ造」しているなどということなどありえない。

ウ　被告の供述について

（ア）　被告は

「甲第二号証の目次を示す

――続けます。1、管理統制の実態、2、慰安婦の生活はどうだったのかとそれぞれに分けて、1の管理統制の実態について種々論じ、それから特に2、慰安婦の日常はどのようなものであったかの中で、性交の強要、酒を飲んでの暴行、休日はあったかなどの項目について、具体的に日本軍の命令や規則、軍人の日記、回想録、聞き書きなどを用いて史料批判を行い、史料批判や資料価値を加えて叙述した上で、最後にまとめて、これは甲第二号証の158ページの後ろから4行目、事実上の性的奴隷制である日本国内の公娼制でも18歳未満の女性の使役の禁止、外出、通信、面接、廃業などの自由を認めていたが、その程度の保護規定すらなかった。従軍慰安婦とは、軍のための性的奴隷以外の何物でもなかったというふうに文書上まとめていますね。

文書はそうなっています。

――そうすると、あなたが先ほど言ったように、原告と被告の見解は同じだと言っているんですが、そういう結論は全く違っていますよね。

私は、そこに原告が史料批判という学術的な用語を使いながら、自分に都合のよいことのみをそこに記載しているというふうに考えております。ですので、そのもととなるデータには原告の仮説に合わないものも多数含まれております。先ほど阿部証人のもとで……。

――ちょっとそこで結構です。それじゃ、こうお聞きします。あなたは、原告の著作で例えば特に先ほど述べた女性の生活がどうなっているかということなんですが、そこで日本軍の命令、規則、軍人の日記、回想録、それから聞き書きなど参考文献一覧にもあるような多様な資料を駆使して叙述しているのに、原告は本件作品（本件著作のこと――代理人）の内容は捏造したと、事実でないと知りつつ虚偽の事実を書いたというふうにお考えなんですか。

そうは考えておりませんが、先ほど言いましたように資料批判という名を使いながら、自己の仮説に合致する事実のみを取り上げている傾向が強いということは申し上げておきます。

（中略）

――だから、結構です。あなたは、史料批判をしたことはないですね。あるかどうかだけ聞いています。

広い意味での元データに当たるということはやっております。」（被告調書　22、23頁）

と供述するのみである。

（イ）被告の供述の意味について

ａ「原告は本件作品の内容は捏造したと、事実でないと知りつつ虚偽の事実を書いたというふうにお考えなんですか。」との問いに、「そうは考えておりません」と明確に原告がねつ造しているとは考えていないと明言している。

ｂ　被告は原告が「自己（原告のこと）の仮説に合致する事実のみを取り上げている傾向が強い」旨の弁解をしている。

しかし、再三繰り返したように、被告が主張してきたのは、「歴史的事実については」「原告及び被告とも争いがありません」ということであったが、被告は歴史的事実が原告と被告に「争いがありません」などとは一言も述べることができない。

ｃ　被告に対し、本件著作の内容についての史料批判の有無について質問しているにもかかわらず、「広い意味での元データに当たるということはやっております」と述べ、答えをはぐらかそうとしているが、この供述は

・本件著作の史料批判など行っていないこと

・「元データに当たるということはやっております」というが、何の元データなのか不明であり、「元データに当たた」っていることなどありえないことを示している。

ｄ　被告が慰安婦が奴隷ではないことと主張している資料である、乙第九号証についても何ら触れることさえ出来ないことは原告が「自己の仮説に合致する事実のみを取り上げている」との根拠を被告が持っていないことを示している。

（ウ）以上のとおり、

①　被告は被告自身が陳述し、また主張していた、原告と被告が同様の「事実認定」をしているとの供述すら出来なかった。

②　被告は「「規範への事実の当てはめ」の段階で自ら（原告のこと）の政治的主張（すなわち慰安婦が性奴隷であること——代理人）を潜り込ませること」（甲160　4頁12、13行目）と主張、陳述していながら、この点についても何ら言及すら出来なかった。

③　被告は「そう考えてはおりません」として原告がねつ造しているとは考えていない旨自認している。

④　被告は、原告が「自己の仮説に合致する事実のみを取り上げている傾向が強い」との弁解をしているが、右弁解自体「ねつ造」とは到底いえない。

そして、原告の見解に反する——すなわち4つの自由が認められる——とされる乙九号証の内容は、慰安婦にされた女性たちが騙されて連れてこられたこと、慰安婦には「居住の自由」「外出の自由」「拒否の自由」「廃業の自由」がなかったことを裏付ける資料であって、被告はこれらの事実を全く理解していない。

⑤　それゆえ、被告が慰安婦が奴隷に該当するか否かについて乙第九号証を含め資料の検討をしたとは到底思えない

⑥　そればかりか、被告は元データに当たっている旨供述していながら、乙九号証の内容すら検討していない。

⑦　現に、船橋洋一氏は乙九号証を入手したとして、その内容を紹介し、「ここで描かれた皇軍の性奴隷としての慰安婦の実態(これでも十分すぎるほど非人道的だが)より、ほかにはもっと酷いものであったことは、女性史家の鈴木裕子氏らの調査によって明るみに出されている」(甲184 298頁)と記しているのである。よって、事実認定の段階において、「慰安婦の①募集形態及び②生活条件という歴史的事実の存否については、原告自身の著書等も含め、原告及び被告とも争いはありません。」とし、さらに、規範への事実のあてはめの段階において、「ところが、原告は、上記と同様の「事実認定」をしていながら、特に「規範への事実の当てはめ」の段階で自らの政治的主張を潜り込ませることにより、論理展開の「結論」として、本来、到底導くことのできない「慰安婦、すなわち日本軍の性奴隷」という虚構の事実を捏造しました。」とする被告の主張は、事実に反する空論であることが証明された。

さらに、被告の供述からしても、被告が慰安婦の実態について何ら理解していないことが容易に理解出来る。

4　本項のまとめ

被告が主張している、

・国際法上の奴隷の定義
・歴史的認定事実
・あてはめ

という三段階の構造を経て原告がねつ造しているとの被告の主張は、三つの段階(要素)――すなわち、奴隷の定義・要件、歴史的事実、あてはめ――についてことごとく誤っていることが被告本人尋問において白日の下にさらされたのである。

また、被告自身が本件著作物における原告が「性奴隷」と記述したことについても、「ねつ造」とは「考えておりません」と認めているのである。

このように、被告の主張は根底から崩壊していると言わざるをえない。

第3　四つの自由論について

1　被告の主張

被告は、「「事実認定」の段階において、これを慰安婦についてみると、①募集形態として、原告が自ら認めている通り、「「官憲による奴隷狩りのような連行」が朝鮮・台湾であったことは、確認されていない。」こと、②慰安所の生活条件として、原告が自ら編者を務めた資料集等からも明らかな通り、慰安婦は相当な高収入であっただけでなく、

戦地にあって看護婦や一般兵士と同様の制約下にあったものの、廃業の自由、外出の自由が認められていた他、実際、拒否の自由（接客拒否権）が認められていたことが歴史的事実として認定できます。」（甲160　3頁～4頁）と述べ、「②慰安所の生活条件として、原告が自ら編者を務めた資料集等からも明らかなとおり、慰安婦は相当な高収入であっただけでなく、戦地にあって看護婦や一般兵士と同様の制約下にあったものの、廃業の自由、外出の自由が認められていた他、実際、拒否の自由（接客拒否権）が認められていたことが歴史的事実として認定できる。」（被告第三準備書面　9頁）と主張している。

そこでこれらの点についても具体的に検討する。

2　「居住の自由」について

（1）　慰安婦の人たちは軍が設置した慰安所で起居し、そこで兵士の相手をつとめていた。

本件著作でも、

・「①　軍慰安所の設営」として、「占領地に軍慰安所を設置する決定は部隊長がおこない、副官が主計将校などに指示して設置にあたった。まず最初に軍が用意したのは、慰安所にする建物である。解説は軍の指定した地域・家屋に限られたが、家屋は多くの場合、ホテル・食堂・商店や大きな屋敷など、軍が接収した部屋数の多い建物が当てられた。また、部屋数が多いという条件のため、学校・寺院などが軍慰安所にされた場合もある。将校が通うのに便がよい位置にあることも条件であった。」（甲2　131頁）

・そして軍は「利用規程」を定め、「軍慰安所設置にあたり、軍はこまごまとした利用規程をつくっていた。たとえば、中国広東省にいた独立歩兵第一三旅団中山警備隊の「軍人倶楽部利用規程」（一九四四年五月。『資料数64』は、小都市などに駐留する警備隊の典型的な利用規定である。ここでは、警備隊専用の食堂を第一軍人倶楽部、慰安所を第二軍人倶楽部と呼び、二〇条にわたる規定を設けていた。」（甲2　136、137頁）

と記述している。

このことは、ミッチナの場合（乙9）においても、「生活および労働の状況　ミッチナでは慰安婦たちは、通常、個室のある二階建ての大規模家屋（普通は学校の校舎）に宿泊していた。それぞれの慰安婦は、そこで寝起きし、業を営んだ。」（乙9　443頁）

また、文玉珠でも

「当時、わたしたちは住む所や行く所を自由に決めることはできなかった。だから、帰国の許可がおりたのなら、帰らなければならなくなっていた。それは命令なのだった。」（乙24　117頁）

と記しているところである。

（2）被告の供述について

ア　被告は当初、

「――それでは、この点について外務省はそういうふうに言っていますけれども、外務省はこの文書の中で、乙第九号証が廃業の自由、外出の自由または拒否の自由が認められる資料とは扱っていませんね。

先ほどの阿部証人もおっしゃっていましたが、その4つの自由というのは吉見原告が勝手にでっち上げた要件でしかありません。なので、そういった自由がどうとかここでいうのは不適切だと考えます。」（被告調書　24頁）

と供述しながら、

「――あなた自身がこういうふうに言っているんですが、これは甲第一六〇号証のページ3の下から2行目、次に事実……。

ちょっと見せてください。

甲第一六〇号証3ページを示す

――下から2行目、「次に「事実認定」の段階において、これを慰安婦についてみると、①募集形態として、原告が自ら認めている通り、「「官憲による奴隷狩りのような連行」が朝鮮・台湾であったことは、確認されていない。」こと、それから②慰安所の生活条件として原告がみずから編者を務めた資料集等からも明らかなとおり、慰安婦は相当な高収入であったことだけでなく、戦地にあって看護婦や一般兵士と同様の制約にあったものの、廃業の自由、外出の自由が認められた他、実際、拒否の自由、接客拒否権が認められたことが歴史的事実として認定できます。」とこういうふうにあなたは主張していますよね。

書いています。」（被告調書　24頁）

という問答を経て、

「――そこで、これらの点についてお聞きします。まず、居住の自由についてなんですが、軍が設置した慰安所に慰安婦たちが起居し、そこで軍人相手に性交を行っていたことはあなたもお認めになりますね。

まず、今居住の自由とおっしゃいましたが、それは阿部証人がおっしゃったごとく、奴隷制の要件ではありません。

――いや、いいです。あなたがそう言っているから、そのことを聞いているだけです。今の答えは、イエスかノーかお答えください。

一般的に全てそうだったとは言えません。いろんな資料があり、個別具体的な事案において違いがあります。

乙第九号証443ページを示す

――じゃ、あなた方が挙げたミッチナの例、乙第九号証443ページの1行目、生活及び労働者の状況、ミッチナでは慰安婦たちが通常個室のある2階建ての大規模家屋（普通は学校の校舎）に宿泊していた。それぞれの慰安婦は、そこで寝起きして業を営んだとして、起居した場所と業を営んだ場所が慰安所であることが明記されていますね。

資料集にはそう書いています。」（被告調書　24、25頁）と供述した。

イ 被告供述の不合理性

（ア）　被告はここでも「いろんな資料があり、個別具体的な事案において違いがあります」と答えをはぐらかそうとしている。

しかし、被告の供述するような事実はないことは常識の部類に属する。

（イ）　そこで、ミッチナの例を挙げ、慰安婦が「起居した場所と業を営んだ場所が慰安所であることが明記されてい」ることを具体的に指摘したところ、「資料集にはそう書いています」と供述したのみである。

前述したように、ミッチナの例を含めて、慰安婦が居住した場所は軍が指定した場所しかありえないことすら知らないばかりか、ミッチナの例を挙げても「居住の自由」がないとの事実の評価すら行わない（行えない）のである。

秦証人ですら「居住の自由」がないことを認めているのに、被告は明らかに不都合な事実を隠蔽しようとしていると評する他はない。

3 「外出の自由」について

（1）　ア 当時の日本軍の作成した規定等をみれば、

・独立攻城重砲兵第2大隊が作成した「常州駐屯間内務規定」（1938〔昭和13〕年3月）は、「営業者〔慰安婦〕ハ特ニ許シタル場所以外ニ外出スルヲ禁ス」と規定している（甲55）

・独立山砲兵第3連隊「森川部隊特殊慰安業務ニ関スル規定」（1939〔昭和14〕年11月14日）は「慰安婦ノ外出ニ関シテハ連隊長ノ許可ヲ受クベシ」と規定している（甲56）

・比島軍政監部ビサヤ支部イロイロ出張所「慰安所規定（第一慰安所、亜細亜会館）」（1942〔昭和17〕年11月22日）は慰安所経営者に「慰安婦外出ヲ厳重取締」するよう規定している。また「慰安婦」の散歩区域も公園を含む1ブロック区画に制限し、散歩時間も朝8時から10時までに限定している（甲57）

・「マンダレー」駐屯地司令部「駐屯地慰安所規定」（1943〔昭和18〕年5月26日）は「慰安婦ノ外出ニ際シテハ経営者ノ証印アル他出証ヲ携行セシムルモノトス」と規定している（甲58）

イ　ミッチナの場合も「都会では買い物に出かけることが許された」（乙9　443頁）として許可制であること、文玉珠も「ラングーンはこれまでに比べると自由だった。もちろん、まったく自由だということではないけれど、これまでよりはるかに自由に、週に一度か月に二度、許可をもらって外出することができた。」（乙24　106頁）と記しているところである。

ウ　このように、慰安婦の外出は少なくとも許可制であり、許可制である以上、外出の自由がなかったことは届出制と許可制との違いをみれば自ずと明らかである。

（2）　準備書面における被告の弁解

ア　この点、被告は

「上記『慰安婦と戦場の性』（乙6）によれば、「廃業の自由や外出の自由について言えば、看護婦も一般兵士も同じように制限されていた。この点は、現在のサラリーマンも変らない。」（388頁以下）ものといえる。」（被告第三準備書面　8頁）

などと弁解している。

イ　しかし、上記被告の主張は何ら根拠のない俗論と評するほかないものである。

（ア）兵士は明治憲法20条に定められた兵役の義務に基づき派遣されたものであり、看護婦は勅令第635号（甲164）に基づき、日本赤十字社令に定められて派遣されたものである。

　これに対し、慰安婦を拘束しているものがあるとしても、業者との契約の義務であり、その内容は「身體ノ拘束ヲ目的トスル契約ハ自由契約ノ範囲外タルヲ以テ当然無効ナリ」（大判明治29年3月11日）とされるものであって、身体を拘束する根拠となりえない。

（イ）また、現在のサラリーマンは会社への通勤が可能な範囲ならどこでも居住できるし、退職する自由もある。

　慰安婦の生活状況をサラリーマンと比較すること自体ナンセンスと言わなければならない。

（ウ）しかも、慰安婦は多くの場合、詐欺や人身売買によって軍の許可した業者によって戦地に送られているのである。

　すなわち、ミッチナの例では「この「役務」の性格は明示されなかったが、それは病院にいる傷兵を見舞い、包帯を巻いてやり、そして一般的に言えば将兵を喜ばせることにかかわる仕事だと考えられていた」（乙9　441頁）

　文玉珠の例では「「だまされたんだなあ、かわいそうにおまえたちは間違ったよ、ここはピー屋（慰安所）なんだ。」娘たちは天地がひっくり返るほど仰天した。ピー屋がなにをするところか、知らない娘もたくさんいる」（乙24　56頁）と明らかにされている。

　さらにその経営形態についても、慰安所は軍が設置し、その監視下におかれていたものであり、秦証人すら「まず経営形態だが、米軍報告書が述べているように、「押収されたいくつかの慰安所規則一覧によれば、慰安所は民間人によって経営されてはいるものの、軍の監督下におかれ」

ていたのが主体で、例外的に軍直営に近いと見なせるものもある。」（乙６　同118頁）と記しているとおりである。

（エ）以上の各事実からしても、被告が慰安婦と兵士、看護婦、さらにはサラリーマンを引き合いに出して、慰安婦の実態に対する弁明はおよそ的外れであり、弁明になっていないことは明白である。

（３）被告の供述について

ア　被告は、

「甲第一一七号証を示す

——次に、外出の自由についてお聞きしますが、原告は陳述書の甲第一一七号証の25ページの下から11行目以下で幾つかの軍の規定を示した上、軍は慰安所の慰安婦の外出を認めないか、許可制にしているということを明らかにしていますね。これは……。

どこを指しているんですか。具体的に……。

——そういう記述があるんですが……。

そこかちょっと教えてください。

——26ページの６行目です。

証印って何これ。意味は。

——よろしいですか。

いや、ここには証印とありまして、これが許可制かどうか、許可って文言は書いていないので、ちょっとわかりません。

——じゃ、あなたの知る限りで結構ですが、軍が作成した規定等で外出について許可制ではなく自由である、要するに届け出制であるとの規定は存在していますか。あなたの記憶の範囲内で結構です。

私の記憶の範囲で言えば、個別具体的ないろんな事例があったと思います。

——いや、そういう規定があったかどうかを聞いています。

それは知りません。

乙第九号証443ページを示す

——ミッチナの例なんですが、ミッチナの例の乙第九号証の443頁の11行目、都会では買い物に出かけることが許されたとありますよね。この都会に買い物に出ることを許すというのは、まさに許可制ではありませんか。

それは解釈によると思います。

——もし許可制でなかったら、買い物に出たというふうに単純に書けばいいんじゃないですか。

それも個別具体的な事例については、今の短い文章では　わかりません。

——あなた方は、これで外出の自由が認められたと主張しているんですが、あなたはわからないということでよろしいですね。

そこまで言ってないじゃないですか。個別具体的な事例はわからないと。」

と述べている（被告調書　25、26頁）。

イ　被告の供述の不合理性

（ア）ここでも被告本人は被告の主張において外出の自由があった根拠としているミッチナの例（乙9）ですら（外出の自由が認められたかどうかについて）「そこまで言ってないじゃないですか。個別具体的な事例はわからない」などと皮肉なことに被告の主張と矛盾する供述をしている。

　これは被告が質問をはぐらかそうとした結果、自らの主張と矛盾する結果になっているのである。

（イ）また、「そういう規定（届出制の規定―代理人）があったかどうかを聞いています。」「それは知りません。」として、外出の自由は許可制でなく届出制とする規定などないことを自認している。

（ウ）なお、被告は「いや、ここには証印とありまして、これが許可制かどうか、許可って文言は書いていないので、ちょっとわかりません。」と述べているが、これは意図的に質問をはぐらかそうとしていることが容易に理解出来る。

　すなわち、「証印」と記した文章は「「マンダレー」駐屯地司令部「駐屯地慰安所規定」（1943［昭和18］年5月26日）は「慰安婦ノ他出ニ際シテハ経営者ノ証印アル他出証ヲ携行セシムルモノトス」と規定しています（甲五八号証　290頁）」との文章中にある文言であり、一見して経営者の証明印であることは理解出来るはずである。

　ここでも被告は「証印」の文言を利用して、ことさら質問をはぐらかそうとしていると評する他はない。

　仮にこの文章が真実理解出来ないとすれば、被告が「元データ」に当たったなどということは到底信じることができないし、元データを理解しているとは思えない供述となっている。

4「拒否する自由」について

（1）被告は、「慰安婦は接客を断る権利を認められていた。接客拒否は、客が泥酔している場合にしばしば起ることであった」と主張している（被告第三準備書面　9頁）。

（2）ア　しかし、原告は各部隊の利用規定を調査し、「慰安婦には休みはとくにないか、あっても月1、2回程度だった」（甲2　144頁）と記している。

　そして、他の慰安所に比べて比較的自由であったとみられるミッチナの「利用日割り当て表」（乙9　444～445頁）でも、休日は水曜日だけであり、水曜日も「休業日定例健康検診」とされている。ミッチナの場合でも、「料金と時間割りは、連隊の指示によって定められており、時間割りは、将校下士官および兵が同時に出くわすことがないように工夫されていた。時間割りは厳格に守られ、また下士官と兵は週に1度、将校は希望すれば何時でも慰安所に通ってよいとされた」（甲49　460頁）のである。

イ　そして、具体的な「利用」の態様も、「将校は週に夜七回利用することが認められていた。慰安婦たちは、日割表どおりでも利用度がきわめて高いので、すべての客の相手をすることはできず、その結果、多くの兵士の間に険悪な感情を生み出すことになると不満をもらしていた」（乙9　445頁）状況であった。

このことは、文玉珠も、

「泊まりの客がいれば送りだす。階下にあった台所で食べる朝ごはんもそこそこに部屋に上がった。九時から客をとるのだけれど、廊下にはもう行列ができていた。とくに若い兵隊たちは朝早くから並んでいた。そして午後四時ごろになると兵隊は部隊に帰っていき、下士官たちがやってくる。夜九時か十時になると、こんどは泊まりの将校がやってきた。兵隊たちは止まることはできなかった。」（乙24　59頁）

と記している。

ウ　このように、慰安婦は一日中軍人の相手をさせられていたのであって、文玉珠が「男の相手などしたくないという気持ちはわたしも同じだけれど、慰安所ではそれは通用しない。娘にとっても兵隊にとっても、お互いにつらく惨めなことだった。」（乙24　64頁）と述べているとおり、接客の拒否をしようとしても、「慰安所ではそれは通用しない」のである。

（3）利用規定では、

「〔第一三条〕第二軍人倶楽部に於て飲食することを許さず。

〔第十四条〕料金は現金先払いとす。

〔第十五条〕妓女の出花は原則として之を許さず。

〔第十六条〕左記の者は第二軍人倶楽部の利用を禁ず。

1　所定時間以外に利用せんとする者

2　所定の服装を為さざる者

3　著しく酒気を帯びたる者

4　他に迷惑を及ぼす惧れある者

5　第十七条以外の者及之を同伴せる者」

と定めがなされている（甲2　138頁）。

しかし、この定めは慰安所の秩序を保つためであり、そうでなければ（慰安婦の）「本来の役割りが果たせなくなるから」（乙28　7頁）である。このことは、心理戦「尋問報告第2号」（甲49　460頁）においても、「時間割りは厳格に守られ」と記しているところである。

（4）したがって、これらの各事実からすれば、慰安婦の意思によって接客を拒否する自由が認められているということになどならないことは明らかであり、現に慰安婦の自由意思で接客を拒否する自由を定めた規定などどこにも存在しなかった。

逆に、慰安婦がその意思で接客を拒否したら、業者や兵士に乱暴されたことを示す多くの事例が存在するのである。

(5) 被告の供述について

ア　被告は、

「乙第九号証444ページを示す
——じゃ、具体的にいきます。乙第九号証の444ページの7行目以降、ここでは利用日割り当て表とあって、次に数行後に月曜日から土曜日の日割り当ての業務の内容が出ていますよね。よろしいですかその中で休みというのは　水曜日……。

表そのものではないですけれども、そういうふうに書いていています。

——これはミッチナの例ですよ。これは、この中で水曜日が休業日、定例健康検査、その日であるということですよね。

と書いていています。

甲第四九号証460ページを示す
——それから、この点については甲第四九号証の460ページ、後ろから4行目を示します。時間割りは厳格に守られ、また下士官と兵は週に1度、将校は希望すれば何度でも慰安所に通ってよいとされたと、こういうふうに書かれていますね。

これは何によってですか。何に書かれたんですか。

——だから、甲第四九号証です。

いや、違う違う。日割り表に書いてあったんですか。

——そう、日割り表については厳格に守られたということが書かれている。よろしいですか。

そう書いてあるだけじゃないですか。

乙第九号証445ページを示す
——そして、その具体的な慰安婦の日常については、乙第九号証の445ページの4行目以下をしめします。将校は、週に夜7回利用することが認められていた。慰安婦たちは、日割り表どおりでも利用度が極めて高いので、全ての客の相手をすることはできず、その結果、多くの兵士の間に険悪な感情を生み出すことになるとの不満を漏らしていた。要するにこのような状態だったということが書かれていますね。

書かれています。

——そうだとすると、先ほど将校は週7回通うことができる、それからその他の日については兵士が通うと、そうすると慰安婦たちは1週間、連日朝から夜まで兵の相手をしていたということが読み取れるんじゃないですか。

よく労働契約でもありますが、曜日変えて休みをとるとか、いろんなやり方があると思います。個別具体的な事情はわかりません。

（中略）

甲第四九号証461ページ、乙第九号証445ページを示す
――このことは、例えば甲第四九号証の461ページの後ろから3行目、過飲する者がいる場合には、通常憲兵はその男を慰安所から連れ出した。それから、乙第九号証の445ページの10行目、接客拒否は客が泥酔している場合にしばしば起ることであったというふうに書かれていますね。

はい。

――このように泥酔した場合や暴行を受けた場合など他に迷惑をかける場合以外に、慰安婦が自由意思で軍人と性交を拒否することを認めた利用規定がありますか、ありませんか。あなたの知る限りで結構です。

先ほど見せていただいた利用規定の中には、その他条項のようなものが最後にありました。そういったところの適用があった例もあったと推察します。」（被告調書26～28頁）

イ　被告の供述の不合理性

（ア）被告はここでも「書いています」「そう書いてあるだけじゃないですか」などと、書いてあることは認めるが、その具体的意味を全く述べようとしない。

被告がいう「そう書いてあるだけじゃないですか」というのは、ただひたすら書かれていることの意味を否定しようとしている意図であり、歴史的事実認定、資料と歴史的事実の認定との関係についての方法論すら無視している供述である。

（イ）しかも、被告は「先ほど見せていただいた利用規定の中には、その他条項のようなものが最後にありました。そういったところの適用があった例もあったと推察します。」と供述しているが、利用規定のどこをみても「慰安婦の自由意思で軍人との性交を拒否することを認めた」文章など存在しない。現に、他の規定とは「4　他に迷惑を及ぼす惧れある者」であり、到底慰安婦の自由意思による接客拒否を定めたものではないことは一見して明白である。

被告の供述はまさに出まかせという他はなく、この一事からも被告は全く資料を読んでいないし、理解をしていないことが理解出来る。

5　「廃業の自由」について

（1）被告は「1943年の後期に、軍は、借金を返済し終わった特定の慰安婦には帰国を認める旨の指示を出した。その結果、一部の慰安婦は朝鮮に帰ることを許された。」（被告第三準備書面　8頁）と主張する。

これは、ミッチナの例（乙9　45～46頁）「一九四三年の後期に、軍は、借金を返済し終わった特定の慰安婦には

帰国を認める旨の指示を出した。その結果、一部の慰安婦は朝鮮に帰ることを許された。」との記述を根拠に主張している。

（2）しかし、被告が自身の主張でも認めているように、慰安婦が帰国を許される場合は、「借金を返済し終わ」り、契約期間が終了した者が廃業を認められるというものであって、慰安婦の自由意思によって廃業を認められたものではない。「廃業の自由」が認められたというためには、少なくとも戦前の公娼制における内務省令第44号「娼妓取締規則」（1900年10月2日）第5条に定める「娼妓名簿削除ノ申請ハ書面又ハ口頭ヲ以テスヘシ……警察官署ニ於テ娼妓名簿削除申請ヲ受理シタルトキハ直チニ名簿ヲ削除スルモノトス」（甲53　17頁）のような場合（届出制）でなければならないことは明白であり、前記のような条件が前提であれば、廃業の自由があるとは到底いうことができない。

このことは、原告の陳述書（甲117）の28頁以下で「馬来軍政監「慰安施設及旅館営業遵守規則」（1943年11月11日）の第13条は「営業者及稼業婦ニシテ廃業セントスルトキハ所轄地方長官ニ願出許可ヲ受クベシ」と規定しています（甲第一四七号証、アジア平和国民基金編『政府調査「従軍慰安婦」関係資料集成』3巻　27頁）。

また、マニラ兵站地区隊「在マニラ認可飲食店、慰安所規則」（1943年2月）は、「接客婦（芸妓および酌婦）は、施設からの退去を希望する場合には、その許可申請証（補遺Aの書式6）を提出しなければならない」と規定しています（甲第一四八号証、吉見義明編『従軍慰安婦資料集』499頁）。これも届出制ではなく、許可制です。また、「書式6」をみますと、本人と経営者の連名の署名・捺印が必要であり、業者の同意が必要とされていました（同条、537-538頁）。」と原告が指摘しているとおり、「廃業の自由」（すなわち届出制）を認めた軍の規定など存在しない。

（3）この点でも、被告は「上記『慰安婦と戦場の性』（乙6）によれば、「廃業の自由や外出の自由について言えば、看護婦も一般兵士も同じように制限されていた。この点は、現在のサラリーマンも変らない。」（388頁以下）ものといえる。」（被告第三準備書面　8頁）と主張しているが、すでに述べたとおり、兵士や看護婦と慰安婦とは法的義務が全く異なっているのであって、被告の主張は全く的外れであるといわなければならない。

（4）被告の供述について

ア　被告は、

「被告第三準備書面8ページを示す

――次に、廃業の自由についてなんですが、廃業の自由について被告は、第三準備書面の8ページの下から9行目。「１９４３年の後期に、軍は、借金を返済し終わった特定の慰安婦には帰国を認める旨の指示を出した。その結果、一部の慰安婦は朝鮮に帰ることを許された。」、これが廃業の自由だということと御主張されていますよね。

それだけではありません。その他の理由もあったと思います。これは、ミッチナの例なんですが……。

――そういう例もあったということです。こういう例、それ以外にあったんですか。

あったんじゃないですか。

――あったと具体的に指摘できますか。

借金がなかった場合というのも原告の著書の中にあります。そういった場合、また違う例があったと考えます。

――そうすると、この場合です。じゃ、この場合は……。

この場合ってどれですか。

――今言ったあなた方が主張している場合です。借金を返済し終わった後に慰安婦が帰国できたということですよね。

それは、先ほどあった年季奉公の例の一つだと考えます。

甲第五三号証の一を示す

――これは、甲第五三号証の一の娼妓取締規則５条を示します。この娼妓取締規則では、簡単に言うと本人の自由意思の届け出により廃業は認められた、そういう旨の規定ですが、要するに本人の意思で届け出があることによって廃業の自由が認められれば、それは廃業の自由となるということになるんではありませんか。届け出だと……。

労働契約の形態としては、いつ何どきでも解約できるという場合もあるでしょうけれども、当時の年季奉公のような労働契約においてはそうじゃないとも思います。

――あなたは、届け出の場合と許可の場合との区別は御存じですか。

行政法上の許可と、それから届け出の区別は存じ上げております。

――例えば集会の自由で、許可の場合には集会の自由はないということで憲法違反になり、届け出の場合は集会の自由があるということで憲法違反ではないということが憲法上の完全な通説、判例ですけども、そのことは御存じですね。

今おっしゃったのは、非常に大まかにおっしゃっていますので、実際の通説、判例の文言はもっと精密なものだったと記憶しております。

――あなたは、先ほど原告が言いましたけれども、軍の規定でいろいろ許可制しかないということを書いてありましたけれども……。

許可制しかない。

――原告が陳述書で……。

どこに書いてあるんですか。

――先ほど指摘しましたでしょう。

ちょっともう一遍見せてください。許可制しかないというの、ちょっと記憶にないんですけど。

――いや、それではそれは関係なく結構です。あなは、軍の規則等で廃業の自由、これについて許可制の規定しかないと、あるいは逆に言えば届け出の規定があるということは、あなたは御存じですか。そういう規定。

当時の軍は、行政機関の一つですので、行政法上いろんな形態があったとは思います。

――形態があったけれども、私が聞いているのは規則で届け出制という規則があったかどうかだけ聞いているんです。

それについては存じ上げません。」

と述べている（被告調書　28～29頁）。

イ　被告の供述の不合理性

（ア）まず、被告は被告が第三準備書面でミッチナの例、すなわち「1943年の後期に、軍は、借金を返済し終わった特定の慰安婦には帰国を認める旨の指示を出した。その結果、一部の慰安婦は朝鮮に帰ることを許された」（乙9 445、446頁）との記述をもって「廃業の自由」が認められていたと主張している。

ところが、被告は「それだけではありません。その他理由もあったと思います。」とし、他の事例もあったかに述べているが、「こういう例、それ以外にあったんですか。」との問いに、「あったんじゃないですか。」と答えている。

この問答をみても、被告は全く慰安婦の実態を知らずに「借金を返済し終わった」者以外に帰国された例があったかのように考えているようであるが、そのような事例は存在しない。それゆえ、被告も「あったんじゃないですか」としか答えられないのである。

そして、こうした例を「それは、先ほどあった年季奉公の例の一つだと考えます。」として、これまた慰安婦に関する無知振りをさらけだしている。

（イ）また、「……要するに本人の意思で届け出があることによって廃業の自由が認められれば、それは廃業の自由となるということになるんではありませんか。届け出だと……。」との問いに、「労働契約の形態としては、いつ何どきでも解約できるという場合もあるでしょうけれども、当時の年季奉公のような労働契約においてはそうじゃないとも思います。」と答えている。
これは、戦前の大判明治29年3月11日において、「身柄ノ拘束ヲ目的トスル契約ハ自由契約ノ範囲外タルヲ以テ當然無効トス」との意味及び戦前の公娼制において内務省令44号「娼妓取締規則」第5条（甲第53　17頁）が届出制を認めた趣旨を全く理解していない。いわば、これらの判例や「娼妓取締規則」の歴史的意味すら分からない100年以上前に戻った見解に基づいて答えているとしかいう他はない。

（ウ）さらに、届出制と許可制の区別を指摘したうえ、

「――形態があったけれども、私が聞いているのは規則で届け出制という規則があったかどうかだけ聞いているんです。

それについては存じ上げません。」

として、届出制がなかったことを自認したのである。

（エ）このように、被告はあれこれ逃げ口上を述べるなかで、慰安婦の実態を知らないばかりか、100年以上も前の見解に基づいていることが明らかとなった。

しかし、結局被告も届出制のあることは「存じ上げません」と自認したのである。

6　相当な収入について

（1）被告は「相当な高収入であった」として、慰安婦が奴隷ではないことの理由の一つとしている。

（2）ア　しかし、奴隷か否かは再三指摘しているように、奴隷条約1条1項に該当するか否かによって判断されるべきことであり、「日本軍「慰安婦」制度が奴隷制に該当するかどうかは、当然ながら、奴隷制条約に具現化された奴隷制の要件に該当するかどうかによって判断されることになる。すなわち、「人に対して所有権に伴ういずれか又はすべての権限の行使」がなされたのかが検討されなくてはならない。これを別して言えば、「慰安婦」制度の下におかれた女性たちが、加害行為実行者によって物（客体）のように支配され、自由・自立性を重大に損なわれる状態にあったのかどうかが問われることになる。」（甲69　19頁）「「奴隷制の場合において、「所有権に伴う権限」の行使とは、人に対する支配であって、その使用、管理、収益、移転または処分により、当人の個人としての自由を重大に剥奪するものと理解すべきである。通例、その行使は、暴力、欺瞞及び／又は強要などの手段により支えられて達成される。」（同　17頁）に該当するか否かである。

このことは、原告本人陳述書（甲117）の「①奴隷に収入はないか」（同　117頁以下）でアメリカ人奴隷が高収入であったにもかかわらず奴隷であることにはかわらないことが詳細に指摘されていることからも明らかである。

イ　業者による搾取

慰安婦に対して業者が売り上げも十分渡さず、逆に、食費、衣料費、物品費など様々な名目で慰安婦から金員を支払わせていたことは、これまでの多くの資料で明らかとなっている。

例えば、ミッチナの例では、

「「慰安所の楼主」は、それぞれの慰安婦が、契約を結

んだ時点でどの程度の債務額を追っていたかによって差はあるものの、慰安婦ノ稼ぎの総額の五〇ないし六〇%を受け取っていた。これは、慰安婦が普通の月で総額一五〇〇円程度の稼ぎを得ていたことを意味する。慰安婦は、「楼主」に七五〇円を渡していたのである。多くの「楼主」は、食料、その他の物品の代金として慰安婦たちに多額の請求をしたため、彼女たちは生活困難に陥った。」(乙9 445頁)

「「慰安婦」はすべて、次のような契約条件で雇われていた。慰安婦は彼女自身が稼いだ額の五〇%を受け取り、交通費、食費、医療費は無料だった。交通費と医療費は軍当局によって負担され、食料は、軍の貨物廠の援助のもとに慰安所経営者によって購入された。経営者は、衣服、必需品、奢侈品を法外な値段で慰安婦に売ることによって余録を得た。」(甲49 460頁)

文玉珠も、

「友達に比べてわたしだけが大金をもっているのは都合が悪い」(乙24 75頁)

と記しており、文玉珠だけが例外であり、他の慰安婦はお金に窮していたことが認められる。

原告も、

「多くの場合、衣装代・化粧品代など日用品が法外な値段で借金に繰り入れられ、四割の取り分のほとんどすべては借金返済にあてられた。また、借金がなくなった場合も、強制貯金・国防献金などの名目で差し引かれ、実際にお金をもらえない場合も少なくなかったのである。」(甲2 145頁)

と記しているとおり、慰安婦が生活困難であったことは各種の証拠により明らかにされている。

なお、秦証人も、

「それにせっかくの稼ぎも軍票で支払われるのが原則だったから、軍事郵便を利用した家族送金分を除くと、敗戦と同時に紙屑と化してしまった。しかし何と言っても不運の最たるものは、戦争末期の敗退戦や離島の玉砕戦に巻き込まれた女性たちであったろう。」(乙6 121頁)

と記しているところである。

(3) 被告の供述について

ア 被告は「――相当な収入についてなんですが、先ほど来あなたは慰安婦については相当な収入があったというふうにおっしゃっていますよね。

そういう例もあったと述べたのみです。

甲第一一七号証31ページを示す

――ところで、原告は甲第一一七号証の31ページ以下で、アメリカの奴隷なんですが、多額の収入のある奴隷の例を指摘していますね。原告の陳述書、これはお読みになったことはないですか。

陳述書は読みました。

――それは覚えていないですか。

陳述書に書いてあります。

――つまりベラジオ－ハーバード・ガイドラインで述べているように、奴隷制度の場合において所有権に伴う権限の行使とは人に対する支配であって、その使用、管理、収益、移転または処分により当人の個人としての自由を重大に剥奪するものに該当すれば、奴隷というふうに言えるんではありませんか。

そのガイドライン自体が、先ほども述べましたけれども、学者のネットワークでつくった、そういったものですので、法源として奴隷制を定義づけたり、あるいは該当するか否かを判断するというのはいかがなものかと考えます。

――それから、業者による搾取についてですが、これは業者による慰安婦からの搾取があったということ、これはあなたは御存じですよね。

搾取があった例もあったとは聞いております。それが日本軍の責任になるのかとは思いません。

乙第九号証445ページを示す

――乙第九号証の445ページの後ろから3行目、多くの楼主は食料その他の物品の代金として慰安婦たちに多額の請求をしたが、彼女たちは生活困難に陥った、こういうふうに記載されていますね。

ええ、記載されています。」（被告調書　30、31頁）と述べている。

イ　被告の供述の不合理性

（ア）被告は「相当な収入」について、単に「そういう例があったと述べたのみです」としているだけであり、慰安婦全体についての収入のいかんについては全く述べることが出来ていないのである。

（イ）原告が指摘したアメリカにおける奴隷の収入事情についても、「陳述書に書いてあります」と述べるのみで、その意味についての論評すら出来ない。

（ウ）しかも、ベラジオ－ハーバード・ガイドラインの規定についても、「……法源として奴隷制を定義づけたり、あるいは該当するか否かを判断するというのはいかがなものかと考えます。」と述べているが、奴隷条約1条1項に定める「所有権に伴う権限のいずれか若しくはすべての権限が行使される人の地位又は状態」についての国際的に著名な解釈についての成否について判断することを明らかに避けている。

被告は奴隷条約1条1項に定める「所有権に伴う権限」について、日本民法206条でも「所有者はその所有物の使用、収益及び処分をする権限を有する」と定めているが、「使用、収益、処分」が奴隷条約に定める奴隷の定義に含まれるか否かについても全く語ることが出来ないでいる。

少なくとも、所有権の概念には日本の民法206条の規定する概念が含まれない証拠などどこにもない。

要するに、被告は原告に対し、奴隷についての定義・要件を要求していながら、その解釈すらまともに語ることができないことが明白になっている。

（エ）また、ミッチナの例から「彼女たち（慰安婦のこと―代理人）は生活困難に陥った」ことを指摘したのに対し、これまた「ええ、記載されています」としか答えず、その事実の意味について言及しない。

ここでも被告は自己の不利な記述はことさら無視しようとしていることが如実にみることができる。

（オ）さらに、被告は「搾取があった例もあったとは聞いております。それが日本軍の責任になるのかとは思いません。」と述べている。

しかし、慰安所は軍が設立し、その監督も行い、しかも「経営形態だが米軍報告書が述べているように、「押収されたいくつかの慰安所規則一覧によれば、慰安所は民間人によって経営されてはいるものの、軍の監督下に置かれていたのが主体で例外的に軍直営に近いとみなせるものがある」（乙6　118頁）のであり、慰安婦はその経営形態の中で兵士の相手をさせているのであるから、軍が経営しているなかで行ったことに責任がないということなどありえないし、搾取についても軍が知らないことなどありえない。

7　公娼制と奴隷の状況について

（1）戦前の公娼制度についても、

「公娼制度は「人身売買ト自由拘束ノ二大罪悪ヲ内容トスル事実上ノ奴隷制度」として、多くの地方公共団体で廃娼決議がなされていた（甲62）。

また、川島武宜教授も、

「第二　人身拘置の権力　法律上まず問題となるのは、地主の人身拘置の権力である。右に述べたように、抱えられた藝娼妓と抱主との関係は、買われた人間と買つた人間・奴隷と奴隷所有者との関係である。藝娼妓は、強制された勞役を怠ろうとし、又は逃亡しようとする。これに對抗して抱主は種々の手段で勞役を強制し、また人身を拘束し、また逃亡した女を追跡し逮捕する。基本的人權を無視する抱主のこの違法な行為は、遺憾ながら長い間きわめて有効に行われてきた。」（甲123　708頁）

と指摘していた。

そして、秦証人もまた、

「むしろ問題の核心は債務弁済と、それまでの住みこみを規定した第三項にあったといえよう。

悪徳業者にかかると、女の稼ぎから割高の衣食住経費を差し引くので、前借金はなかなか減らず、強欲な親が「追借」を求めたりすると、雪ダルマ式にふえる例も珍しくなかった。宮尾登美子小説『寒椿』に登場する貞子（一九二四年生れ）の場合は九歳のとき、二〇〇円で仕入れっ子として売られ、小学校卒と同時に妓楼生活に入るが、養母の追借で六年の間に八回住み替えるたびに前借金は一八〇〇円から五五〇〇円（いずれも年季は五年）まで膨れあがり、終戦を満州の牡丹江で迎えている。

まさに「前借金の名の下に人身売買、奴隷制度、外出の自由、廃業の自由すらない二〇世紀最大の人道問題」（廓清会の内相あて陳情書）にちがいなかった。」（乙6 30頁）

と記しているのである。

（2）被告の供述

ア　被告は、

「——それから、あなたは、戦前の地方公共団体の廃娼決議についてお聞きしますが、戦前地方公共団体で廃娼決議をしたことは御存じですか。

聞いたことはあります。

甲第六二号証204ページを示す

——例えば神奈川県、宮崎県、鹿児島県、これは甲第六二号証の204ページおよび206ページに記載されていま す。この中で、決議の中で記載されているのは、公娼制度は人身売買と自由拘束の2大罪悪の内容とする事実上の奴隷制度との決定をしていますね。

そのように書いていています。

——そういう内容で決定していますね。

そういう内容です。

乙第六号証36ページを示す

——このことは、乙第六号証の36ページ、下段の10行目以下、むしろ問題の核心は、債務弁済とそれまでの住み込みを規定した第3条にあったと言えよう。

これ何の規定ですか。

——これは、公娼制度について言っている。

3条というのが何の……。

——3条というのは、住み込みを規定した規定です。

何を指して3条と言っているんですか。

——じゃ、そのまま聞いてください。悪徳業者にかかると、女の稼ぎから割高の衣食住経費を差し引くので、前借金はなかなか減らず、強欲な親が追借を求めたりすると雪だるま式にふえる例も珍しくなかった。5行飛ばします。まさに前借金の名のもとに人身売買、奴隷制度、外出の自由、廃業の自由すらない20世紀最大の人道問題（廓清会の内相あての陳情書）に違いなかったということから、このような決議が出たんではないでしょうか。

陳情書を誰が書いたのか、そして陳情書の法的な位置づけ、そしてさらに言えば地方公共団体における決議というものが法的にどのような意味をなすものか、そういった点において、法律ではない以上、それ相当のものでしかないと私は考えます。

——それ相当なものじゃないけれども、そういう地方議会や、それから秦さんもそういう見解を示しているということは、あなたはおわかりになりますよね。

　秦さんの見解というのは、今お示しになったのは陳情書の内容でしょう。

――いや、に違いなかったと言っているんです。

　陳情書を引っ張ってきているんじゃないですか。

――だから、引っ張って、それを肯定して違いなかったと言っているんです。あなた、正確に文書を聞きなさいよ。

　だから、さっき第3項ってどこを指しているのかもお示しにならなかったじゃないですか。示してから言ってください。

――第3項というのは……。

　何の第3項ですか。そもそもの表題は何ですか。

――ちょっと待ってください。

　そんなんじゃ、何の文書かもわかりませんよ。

――乙は甲方に起居し、酌婦営業免許証の下付があった日より月給2円及び酌婦料金の10分の4、酌婦料金は組合協定額によるという部分です。よろしいですか。それを前提にして秦さんもこういうふうに言っているということはお認めになりますか、なりませんか。

　秦さんのほうにそういう記述があるのは認めますが、詳しくは秦さんに聞いてください。」

と供述した（被告調書　31～33頁）。

イ　被告の供述の不合理性

（ア）被告は地方議会が公娼制について、「人身売買ト自由拘束ノ二大罪悪ヲ内容トスル事実上ノ奴隷制度」との認定のもと、廃娼決議をしていることに対し、「……そしてさらに言えば地方公共団体における決議というものが法的にどのような意味をなすものか、そういった点において、法律でない以上、それ相当のものでしかないと私は考えます」と述べている。

　この事例は、地方議会までも加えて公娼制は「人身売買ト自由拘束ノ二大罪悪ヲ内容トスル事実上ノ奴隷制度」であるとの認識をもって廃娼決議をしていることが尋問のポイントであって、その法的効力のレベルの問題でないことは容易に理解出来る。

　被告の上記供述は意図的に問題点をすり替えようとしていることは明白である。

（イ）また、秦証人の公娼制度に関する記載についても、ことさら「陳情書を引っぱってきているんじゃないですか」と秦証人の見解でないような逃げ口上を述べ、これに対し、「だから引っ張ってそれを肯定して違いなかったと言っているんです。あなた、正確に文書を聞きなさいよ」としたところ、「秦さんのほうにそういう記述があるのは認めますが、詳しくは秦さんに聞いてください。」と都合の悪い指摘にまともに答えていないのである。

（ウ）また、３項を問題にしているが、３項が何であっても秦氏が書いた内容は容易に理解出来るにもかかわらず、「何の３項ですか」などとして回答を避けようとしていることは明白である。

第４　被告供述の特徴と信憑性について

1　被告の供述を分析すれば、被告に都合の悪いことは

①（質問の）意味がわからない

②（単に資料等に）書いてある（がそのとおりかどうか分からない）

③いろいろな例があり、個別事情はわからない

などの手法を用いて答えを避けようとしていることが理解出来る。以下、いくつか具体的に例を挙げて論ずる。

2　①について

ⓐ「――そうすると、一般読者がこの部分を削って理解したり、あるいは先ほど吉見さんの本を引用して権威づけてsex slaveryについて言及したけれどもとして被告内容を変更して、変容して理解するなんてことは、一般消費者（聴取者の誤り）にとって不可能ではありませんか。

おっしゃっている意味が理解出来ません。これをsex slaveryと正確に言えばよかったという意味で言葉足らずということを述べたまでです。」（被告調書　15頁）

ⓑ「あなたは、ちゃんとここではそれを見て書いたと言っているんですが、それは不正確ですね。

ちょっと意味がわかりません。」（同　16頁）

ⓐは被告発言について、被告が主張するように、「吉見さんという方の本」の発言部分を削ったり、変容して一般聴取者が理解出来るかという簡単な質問である。

これについて通常の理解力を有するものであれば、「おっしゃっている意味が理解出来ません」などということはありえない。

ⓑは被告の回答書（甲６）で被告が「本件著作の英語版の副題に「sex slavery」という文言が用いられてゐる」と回答している。

にもかかわらず、被告は「（記者会見のときには読んでいましたか）いませんでした」（同　６頁）「（英語版について直接見たり、聞いたりしたことはありますか、ありませんか）英語版について直接見たことはありません」（同　10頁）と述べており、「英語版の副題に「sex slavery」という文言が用いられてゐる」ことを被告が知っていることなどありえないことから、回答書の内容は不正確であることを指摘したのである。

にもかかわらず、このような簡単な質問に「ちょっと

意味がわかりません」などということは通常の理解力を有していればありえないことである。

3　②について

被告は「書いてある」旨述べていることは、被告調書14頁、17頁、24頁、25頁、26頁、27頁（3箇所）、31頁、32頁、33頁など数多く存在する。

これらはことさら、資料に書かれた事実の歴史的意味を避けたり、不都合な事実の内容に触れないように、このような供述を繰り返していると評する他はないものである。

たとえば、

ⓐ「甲第一八号証8ページを示す

――現にインターネットでは、「吉見教授は捏造じゃ」、それから11ページ、12ページでは「岩波書店から出している本を堂々と捏造とな」などと書いていますね。被告は、これはお認めになりますね。これらのインターネットに……。

そこに書いてあるということはもちろん認めます。」

と述べているところ（同　14頁）、

「――これらのインターネットに書き込みした人は、被告発言を誤って理解しているということになりますか。

インターネット上には、匿名のいろんな人がいます。もしかすると自作自演かもしれませんし、いろんな方のいろんな立場がありますので、そういう意味でいえばそれをもって一般人の評価というふうには私は考えません。

――だから私が言っているのはインターネットの書き込みをした人と言っているんです。限定して言っているんです。

だから、それが匿名でわからないので、私は今申し上げたとおりのことを言っているわけです。」（同　14、15頁）

ⓑ「――それでは、具体的にあなたが言っているのは国際法上の奴隷化の概念、原告が規定した歴史的事実、それが当てはまるのについて具体的にお聞きします。まず、第1に奴隷の定義についてなんですが、被告は国際法上の定義について、甲第一六〇号証の1ページ下から5行目でこういうふうに言っています。「まず、「規範定立」の段階において、国際法上の「奴隷」または「性奴隷」の定義・要件は客観的かつ明確に定められています。すなわち、行為者が「文民たる住民を対象とする広範または組織的な攻撃の一部」であることを認識しつつ、対象者が「所有権に伴ういずれか又はすべての権限を行使」されること、具体的には「購入、売却、貸与、仲介、または、これらと同様の自由を剥奪する行為」の対象となることです。」と、こういうことですね。

書いています。」（同　16、17頁）

ⓒ「乙第九号証443ページを示す

――じゃ、あなた方が挙げたミッチナの例、乙第九号証443ページの1行目、生活及び労働者の状況、ミッチナでは慰安婦たちが通常個室のある2階建ての大規模な家屋（普通は学校の校舎）に宿泊していた。それぞれ慰安婦は、そこで寝起きして業を営んだとして、起居した場所と業を営んだ場所が慰安所であることが明記されていますね。

資料集にはそう書いていています。」（同　25頁）

ⓓ「――そう、日割り表については厳格に守られたということが書かれている。よろしいですか。

そう書いてあるだけじゃないですか。」（同　27頁）

ⓔ「――乙は甲方に起居し、酌婦営業免許証の下付があった日より月給2円及び酌婦料金の10分の4、酌婦料金は組合協定額によるという部分です。よろしいですか。それを前提にして秦さんもこういうふうに言っているということはお認めになりますか、なりませんか。

秦さんのほうにそういう記述があるのは認めますが、詳しくは秦さんに聞いてください。」（同　33頁）

ⓐについて

被告発言についてのインターネット上の書き込みを指摘したところ、これに対し被告は一般人の評価にすり替え答えたため、書き込みした者に限定して質問していると述べたのに対し、匿名を理由にわからない旨供述しているのである。これは、被告が発言が「吉見さんという方の本」を指していると聴取者が理解していることをことさら回避しようとして供述していることは明白である。それとも原告が「自作自演」を本当にやっていると思っているのであろうか。

ⓑについて

この問答は国際上の奴隷の定義に関するものであるが、被告が「文民たる住民……」の部分を奴隷の定義の内容にしたことについての質問である。

自らの定義が誤っていることに気づいた被告は「と書いてあります」としか述べていない。

しかし、さらに尋問により追及したところ、「（…この両者を比較します。甲第六四号証の奴隷条約1条1項は奴隷制度の定義を定めたものであり、ローマ規定7条は人道に関する犯罪の構成要件を定めているのではありませんか。）そのとおりです」と認めたのである。

ⓒについて

被告は「居住の自由」があると主張し陳述していたことから、被告がその根拠としていたミッチナの例（乙9）の慰安婦の居住の状態を指摘したところ、ここでも「と書いてあります」として乙9の資料としての趣旨をことさら避けている。

ⓓについて

乙九号証に記載されている日割表に基づいて慰安婦の兵士との接客状況について指定し、その「日割り表が厳格に守られていた」と記載されていることを指摘したところ、「そう書いてあるだけじゃないですか」と答えたのである。

被告は「……史料批判ということについて言えば自分に都合のよい、自分の仮説に合っているものだけを取り上げるのが史料批判ではないということは申し上げておきます」（同　21頁）とまで述べていながら、都合の悪い資料は「そう書いてあるだけじゃないですか」とおよそ歴史的事実の認定が出来ないような供述を行っている。

ⓔについて

これは秦証人が乙六号証の中で公娼制について「まさに「前借金の名の下に人身売買、奴隷制度、外出の自由、廃業の自由すらない20世紀最大の人道問題」（廓清会の内相あて陳情）にちがいなかった」と公娼制について廓清会の陳情書を利用して「人身売買、奴隷制度、外出の自由、廃業の自由すらない20世紀最大の人道問題」として述べているところである。

これについて一読すれば理解出来るにもかかわらず、「秦さんに聞いてください」と回答を避けているのである。

4　③について

この手法も数多く存在するが、例えば

ⓐ「――そこで、これらの点についてお聞きします。まず、居住の自由についてなんですが、軍が設置した慰安所に慰安婦たちが起居し、そこで軍人相手に性交を行っていたことはあなたもお認めになりますね。

まず、今居住の自由とおっしゃいましたが、それは阿部証人がおっしゃったごとく、奴隷制の要件ではありません。

――いや、いいです。あなたがそう言っているから、そのことを聞いているだけです。今の答えは、イエスかノーかでお答えください。

一般的に全てそうだったとは言えません。いろんな資料があり、個別具体的な事案において違いがあります。」（同　24、25頁）

ⓑ「――そうだとすると、先ほど将校は週7回通うことができる、それからその他の日については兵士が通うと、そうすると慰安婦たちは1週間、連日朝から夜まで兵の相手をしていたということが読み取れるんじゃないですか。

よく労働契約でもありますが、曜日変えて休みをとるとか、いろんなやり方があると思います。個別区泰的な事情はわかりません。」（同　26、27頁）

ⓒ「被告第三準備書面8ページを示す

――次に、廃業の自由についてなんですが、廃業の自由について被告は、第三準備書面8ページ下から9行目、「1

943年の後期に、軍は、借金を返済し終わった特定の慰安婦には帰国を認める旨の指示を出した。その結果、一部の慰安婦は朝鮮に帰ることを許された。」、これが廃業の自由だということと御主張されていますよね。

それだけではありません。その他の理由もあったと思います。これは、ミッチナの例なんですが……。

――そういう例もあったということです。こういう例、それ以外にあったんですか。

あったんじゃないですか。

――あったと具体的に指摘できますか。

借金がなかった場合というのも原告の著書の中にあります。そういった場合、また違う例があったと考えます。」(同27、28頁)

ⓐについて

「居住の自由」についての問答であるが、具体的にミッチナの例を挙げても「一般的に全てそうだったとはいえません」と答えているが、そうではなかった具体的な例は何一つ挙げられていない。

ⓑについて

ここでもミッチナの資料をもとに慰安婦と兵士との関係を指摘したことについて、現在の労働契約を挙げて「曜日を変えて休みをとるとか、いろんなやり方があると思います」「個別具体的事情はわかりません」と供述する。すでに指摘したように、日割り表は厳格に守られていることが資料上明らかであるのに、現在の労働契約を持ち出し、「曜日を変えて休みをとる」などとのありえない空論を述べ、あげく具体的事情は「わかりません」としているのである。

具体的事情がわからないのに「接客拒否の自由」があったと主張していること自体がナンセンスである。

ⓒについて

廃業の自由について述べた部分である。

乙九号証で示された例「以外にあったんではないですか」と述べながら、何の根拠も例も挙げずに「また違う例があったと考えます」とおよそ実証主義とは無縁の供述をここでも繰り返しているのである。

5

以上のように、3例以外にもすでに指摘した「証印」を「何、これ」と述べたり、秦証人の記載した「問題の核心は債務弁済と、それまでの住みこみを規定した第3項にあったといえよう」との文章中の第3項について「何の第3項ですか、何の文書かもわかりません」と言って、この第3項は質問者が指摘した文章でほとんど意味をもたず、文章が通ずるにもかかわらず、尋問に答えようとしない。

このような三つの類型が多用され、それらがことごとく尋問に対する回答を防げようとしている事由にしようとしているのである。

特に、前記②の場合は、一種の不可知論であるから、史実の認定はおろか、原告の見解が間違っている（ねつ造である）、あるいは正しいなどと評することは不可能であり、まして「史料批判といいながら、自己の仮説に合致する事実のみを取り上げる傾向が強いということは申し上げておきます」などと資料評価をすることは不可能であるはずである。

こうした事実をみれば、被告はあらかじめこうした類型の返答で都合の悪い部分はその回答を避けようと意図していたとしか評することはできない。

6

にもかかわらず、反対尋問によって被告が三つの要件・要素をたてたうえ、原告が「「規範への事実のあてはめ」の段階で自らの政治的主張を潜り込ませ」たとの被告の主張した構造は崩壊し、また原告が「……事実でないと知りつつ虚偽の事実を書いたというふうにお考えなんですか」との問いに、「そうは考えていません」として、ねつ造の事実を自ら否定しているのである。このように、被告の供述は信憑性に欠けるところが多いにもかかわらず、反対尋問によって前記のような各事実を認めざるを得なかったのである。

第5 まとめ

1 被告の主張は完全に崩壊している

（1） 本件の争点は、すでに「はじめに」で指摘したように、被告発言中の二回目の「これ」が「sex slavery（性奴隷）を指しているか、「吉見さんという方の本」を指しているか——本件争点①、あるいは原告が慰安婦は性奴隷である旨表記していることがねつ造であることが真実か否か——本件争点②という2点である。

（2） しかし、本件争点①及び②に関する被告の主張は完全に崩壊している。

ア 被告発言の「これは」の意味について——本件争点①について

（ア） 問題となっている被告発言は二つのパラグラフに分けられ、第1のパラグラフでは司会者の発言に対し、アンフェアと述べ、第2のパラグラフでは「吉見さんという方の本」について「ねつ造であるということがいろんな証拠によって明らかとなっております」と述べていることが、両パラグラフを対比すれば自然に理解出来ること

（イ） 「これ」との指示代名詞は最も近くのものを指すものであること

（ウ） 被告発言の構成からしても「吉見さんという方の本」を受けた形で「既に捏造であることがいろんな証拠によっ

て明らかとなっております」となっていること

(エ)「これは」の意味について

被告自身、被告発言は「言葉たらず」であったことを認め、被告の主張でも、被告発言における「吉見さんという方の本」の部分は不正確であるとし、その結果、「吉見さんという方の本」を削除するか、「吉見さんという方の本を引用されていましたけれども」の部分を「吉見さんの本を引用して権威づけて sex slavery について言及しましたけれども」と内容をかえてなければならないことを認めているのである。

しかし、一般聴取者は普通の注意を基準として客観的に判断すべきものであるから、被告が主張するように被告発言の内容を削ったり、加えたりして理解することは不可能である。

(オ)　現に、被告発言を翻訳した者も「これ」を「what he has written」(彼の書いたもの)とし、また「この2点にみなさんの注意を向けさせたいと思います」として被告の発言は2つのパラグラフによって構成されていることを認めている。

(カ)　以上の各事実からすれば、被告の供述を含めた各事実によって、被告は被告発言の第2パラグラフで「吉見さんという方の本」は「既に捏造であるということが、いろんな証拠によって明らかとなっております」と発言していることが動かし難いものとなったのである。

(3)　被告発言の真実性・真実相当性について——本件争点②について

ア　被告は、「原告の著書の中で、慰安婦は性奴隷であるとしている部分は捏造である」と主張し、これらについて被告は、「国際法上の「奴隷」または「性奴隷」の定義・要件に該当する歴史的事実が存在しなかったにもかかわらず、「慰安婦、すなわち日本軍の性奴隷」という虚構の事実を捏造し、事実と見せかけて原告の政治的主張を世界中にまき散らしたことです。」(甲116　2頁)と述べ、

・国際法上の奴隷の概念(定義・要件)

・慰安婦に関する原告が認定した歴史的事実

・原告が認定した事実の奴隷の定義へのあてはめ

を問題として原告が奴隷への定義のあてはめの際、慰安婦は性奴隷であるとの政治的主張を潜り込ませて捏造している旨述べている。

イ　しかしながら、被告の主張する三要件について、「奴隷の定義・要件」「原告の認定した歴史的事実」「定義へのあてはめ」の各要件ごとに検討を加え、これらの三要件について被告が設定した事実がことごとく誤っており、かつ、被告の弁解自体成り立ち得ないことはすでに詳述したとおり明らかとなっている。

(4)　小括

以上のように、本件争点①及び②のいずれも被告の主張が成り立ちえないことが明確になっており、被告の原告に対する名誉毀損、人格権侵害の成立は疑う余地はないことが明らかとされている。

2　四つの自由論と慰安婦の置かれた状況

（1）　被告は、

「――次に「事実認定」の段階において、これを慰安婦についてみると、①募集形態として、原告が自ら認めている通り、「「官憲による奴隷狩りのような連行」が朝鮮・台湾であったことは確認されていない。」こと、②慰安所の生活条件として、原告が自ら編者を務めた資料集等からも明らかな通り、慰安婦は相当な高収入であっただけでなく、戦地にあって看護婦や一般兵士と同様の制約下にあったものの、廃業の自由、外出の自由が認められていた他、実際、拒否の自由（接客拒否権）が認められていたことが歴史的事実として認定できます。」（甲160 3頁）

と主張する。

（2）　しかし、

ア　・「居住の自由」については、居住についても軍が設置した施設に起居し、そこで兵士の相手をさせられていたこと

・「外出の自由」については、外出するためには軍の許可が必要なこと

・「廃業の自由」については、廃業するためには債務の支払いを終えること、契約期限が終了することが必要であること

・「拒否の自由」については、暴行・泥酔等の場合を除き、慰安婦の自由意思で兵士の相手を拒否することは認められていないこと

が種々の資料により認定でき、被告が主張するような「廃業の自由」「外出の自由」「拒否の自由」などが存在しなかったことも明らかにされ、被告の弁解も全く成り立ち得ないことも明白となっている。

イ　このように、「四つの自由」に関しても被告の主張はことごとく成立しえないことが動かし難いものとなっている。

3　おわりに

結局、被告尋問の結果を踏まえたうえで、

「戦前期の日本に定着していた公娼制の戦地版として位置づけるのが適切」（乙6　27頁）

とされる慰安婦のシステムは、

「まさに「前借金の名の下に人身売買、奴隷制度、外出の自由、廃業の自由すらない二〇世紀最大の人道問題」（廓清会の内相あて陳情書）にちがいなかった」（乙6　36頁以下）

ものであり、その経営についても
「『……民間人によって経営されてはいるものの、軍の監督下におかれ』ていたのが主体で、例外的に軍直営に近いと見なせるものもある」（乙6　118頁以下）
という形態のもとで慰安婦らに業を営ませていたことが明確にされ、正に
「従軍慰安婦とは、軍のための性的奴隷以外のなにものでもなかったのである。」（甲2　158頁）
と結論づけた原告の著作の内容が正確なものであったことが、疑いなく立証されたのである。

以上

5　一審判決の判示

このような審理経過からして、裁判所は当然当事者が挙げた争点（裁判所も争っていない）について判断すると思っていたところ、次のような驚くべき判示がなされた。

桜内発言の後段は、

「司会者は、歴史家の吉見義明が日本歴史の書物において戦時中の従軍慰安婦について『性奴隷ないし性奴隷制度であった』と正直にしるしているというが『性奴隷ないし性奴隷制度であった』という記述は捏造である、ということがいろんな証拠によって既に明らかとされている」

としたうえ、さらにここでいう「捏造」という言葉は「誤り」あるいは「不適切」ないし「論理の飛躍」という意味に理解するとした。

そのうえで、このような評価に関わる発言は事実の摘示ではなく、論評であるとし、結論的に論評に関する免責事由が存在するとして、控訴人の請求を棄却したのである。

しかし、一審判決は以下のような矛盾に満ちている。

・桜内発言は前段と後段に別れており、前段は司会者発言について「ややアンフェア」と述べ、後段は吉見について述べていることは文脈上明らかなこと、

・後段の「これ」という指示代名詞はすぐ直前にある「吉見さんという方の本」を指しているとしか一般人は理解出来ないこと、

・「捏造」の意味が本来の趣旨ではなく、「誤り」「不適切」「論理の飛躍」と理解することはありえないこと、

原・被告の当事者も「捏造」の意味を「事実でないことを事実として拵える」という本来の意味であることを前提に主張・供述をしていたにもかかわらず、三人の裁判官（原克也、外山勝浩、藤田直規）だけが全く根拠も示さず本来の意味ではないとしたのである。

6　控訴人　吉見義明陳述書（一審判決批判）

平成28年（ネ）第1068号　損害賠償等請求控訴事件

控訴人　吉見義明
被控訴人　桜内文城

陳述書
２０１６（平成28）年４月20日
東京高等裁判所第19民事部　御中
控訴人　吉見義明

はじめに

　２０１３（平成25）年５月27日、桜内文城衆議院議員（当時）による私に対する名誉毀損事件が起きましたので、やむなく被害回復を求めて２０１３年７月26日に提訴しました。私は、日本の裁判においては、判決は、丁寧な事実審理の下になされる、論理整合的で、合理的なものであると信じていました。

　しかしながら、本年（２０１６年）１月20日に出された東京地方裁判所民事第33部の判決は、このような信頼感を打ち砕く、不当極まりないものでした。私は、裁判官がこのような非論理的な判決を平然と書くことに驚きを禁じえません。

　５月27日の桜内文城氏の発言の問題部分は、「ヒストリーブックスということで吉見さんという方の本を〔司会者が〕引用されておりましたけれども、これはすでに捏造であるということが、いろんな証拠によって明らかとされております」（以下、「桜内発言」という）というものです。これは、私の日本軍「慰安婦」問題に関する著書が捏造だと断定するものですから、研究者にとって致命的な名誉毀損となります。

　しかしながら、原判決は、第一に、「これ」は歴史家吉見義明による「戦時中の従軍慰安婦について……『性奴隷ないし性奴隷制度であった』という記述」を指すと歪曲し、第二に、「捏造」を本来の意味ではなく、「誤り」「不適当」「論理の飛躍がある」という意味だと歪曲し、第三に、上記発言は、「事実の摘示」ではなく、「論評の表明」による名誉毀損に過ぎないと歪曲し、第四に、免責要件を真摯に検討することなく、免責を認めました。

　私は、このような原判決に対して、深い憤りを覚えます。私は、原判決の誤りは正されなければならないと考えます。以下、その理由を述べたいと思います。

1．歴史学における史実の認定方法と「捏造」の問題について

（1）研究における「捏造」の問題

　最近における研究世界での科学者の研究倫理規定をみますと、どれでも捏造は、改ざん・盗用とならんで許すべからざる不正行為だと明記しています。たとえば、日本学術振興会「科学の健全な発展のために」編集委員会編『テキスト版 科学の健全な発展のために——誠実な科学者の心

得』（2015年2月）は、「研究成果の中に示されたデータや調査結果等の捏造、改ざん及び盗用」を特定不正行為とし、捏造とは「存在しないデータ、研究結果等を作成すること」と定義しています（甲194　50頁）。そして、たとえば、ベル研究所のヘンドリック・シェーンによる2000年から2002年にかけての捏造事件を例として挙げ、「多くの実験が実際には行われていなかったこと、他の実験データを加工し流用することで、あたかも画期的な成果が出たように『捏造』していたことが判明した」と述べています（50-51頁）。また、捏造、改ざん等は「科学研究の目的に反する重大な裏切り」であるだけでなく、「科学者コミュニティに対する社会の信頼を失墜させ」る行為である、とも述べています（51頁）。

　このように、捏造とは「誤り」「不適当」「論理の飛躍がある」という意味では絶対にありえず、「存在しないデータ、研究結果等を作成すること」と明確に定義されていることは明らかです。

　また、研究者による捏造は、許すべからざる不正行為であること、それは当人だけではなく、科学者コミュニティ・研究者集団への信頼も毀損すること、捏造とは事実に関わる問題であること、また、捏造したかどうかは証拠をもって決することができるものであることも明らかです。

（2）歴史学における史実の認定方法

　一般に歴史認識ないし歴史叙述は、①史料の収集と史料批判による評価、②個別事実の確定、③それらの諸事実の取捨・総合にもとづくより大きな歴史事象などの把握、また一定の史的評価をふくむ歴史像の形成、④さらに①②③を踏まえた通史的認識・叙述、という四つの段階があります（甲192　9頁参照）。

　従って、「慰安婦」像の形成、あるいは「慰安婦は軍用性奴隷である」という歴史的事実の認定は、③の段階に該当します。そして、この③の段階においては、①②の過程を経た「諸事実の取捨・総合」「史的評価」という行為がなされ、その結果として、ある歴史事象（たとえば「慰安婦」ないし「慰安婦」制度）の基本的性格（たとえば「軍用性奴隷」制）が明らかにされることになります。

（3）本件著書の史実の具体的認定の内容

　本件著書（甲2　吉見義明『従軍慰安婦』岩波新書　1995年。甲3　Yoshimi Yoshiaki, *Comfort Women: Sexual Slavery in the Japanese Military During World War II*, Columbia University Press, 2000）は控訴人により捏造されたものであるかという点にふれますと、本件著書は、多様な史料（文書・記録・証言）をそれぞれ史料批判した上で、史料批判に耐えた史料を集め、構成して叙述したものであり、一切捏造はしていません。このことは、原審の審理を通じて確認されました。

この点について、原審第7回口頭弁論（2015年4月20日）での被告本人尋問では、原告代理人から「原告は本件作品の内容は捏造したと、事実でないと知りつつ虚偽の事実を書いたというふうにお考えなんですか」と問われて、被告は「そうは考えておりませんが、先ほど言いましたように史料批判という名を使いながら、自己の仮説に合致する事実のみを取り上げている傾向が強いということは申し上げておきます」と述べ、控訴人は捏造していないと認めています（被告「本人調書」22-23頁）。

また、本件著書における「慰安婦」が性奴隷であるという事実についても、①戦前日本社会において「公娼制＝事実上の奴隷制」とする認識が広がっていたこと、②国際法上の奴隷制の定義は1926年の奴隷制条約で確定していたこと、③国際法律家委員会や日本弁護士連合会は「慰安婦」を「性奴隷」と認定していたこと、④史料によれば、軍慰安所における「慰安婦」は「居住の自由」「外出の自由」「拒否する自由（拒否権）」「廃業の自由（自由廃業の権利）」およびそれ以外の自由を剥奪されていたことから、「慰安婦」は奴隷制条約がいう奴隷の要件に該当するので「軍用性奴隷」というほかないということが本件著書において論証されています（甲2「第Ⅳ章」）。

私が、「慰安婦」は性奴隷とは言えない状態にあることを知りながら、あえて「性奴隷」であると叙述したのであれば「捏造」したといえるでしょう。しかし、このように、私は確実な史料に基づき、奴隷制条約を踏まえて叙述したのです。この点については裁判の中で疑いなく明確にされています。

すなわち、原審の審理において、原告側証人の阿部浩己神奈川大学教授（国際法）は、国際法（1926年）における奴隷制の定義・要件を詳細に検討し、「慰安婦」制度へそれが適用できることを明らかにした「意見書」（2014年11月5日付）を東京地裁に提出しました。

その中で、阿部証人は、1926年の奴隷制条約第1条第1項の定義、「奴隷制とは、所有権に伴ういずれか若しくはすべての権限が行使される者の地位又は状態をいう」という規定の意味をあますところなく明らかにしました。つまり、奴隷制に関する国際連合事務総長報告書（1953年）、「国際刑事裁判所に関するローマ規程」（1998年）、国際刑事裁判所「犯罪の構成要件に関する文書」（2002年）、旧ユーゴスラビア国際刑事裁判所第一審裁判部の判決（2001年）、オーストラリア連邦最高裁判決（2008年）、「奴隷制の法的要素に関するベラジオ－ハーバード・ガイドライン」（2012年）などの検討を通じて、奴隷制概念の精緻化の過程を明らかにし（甲69 9-16頁）、「奴隷制の要諦は人の支配であり、支配とは、人の自由または自律性を重大なやり方で剥奪することである」と述べています（同 16頁）。

また、「『従軍慰安婦』第Ⅳ章に描き出されたこうした実態は、端的に、『所有権に伴う権限が行使された状態』というべきものであり、人（「慰安婦」たち）の自由・自律性の重大な剥奪をもたらすものとして、奴隷制条約に成文化された国際法上の奴隷制の要件に合致するものと解することができる」と論証しています（同　21頁）。

この「意見書」に基づいて、第7回口頭弁論では阿部教授の証人尋問が行われましたが、被告側は阿部教授の見解を覆すことはできませんでした。

なお、２０１５年7月13日の第8回口頭弁論では、被告側の秦郁彦元日本大学教授の証人尋問が行われましたが、反対尋問では、秦証人は、「あなたは、国際法上の奴隷とは誰かの所有物である、誰かの所有権の対象であるというふうに理解されているんですね」と原告代理人から問われて、「はい」と答えています（「証人調書」17頁）。ついで、「奴隷条約の1条1項の解釈では、所有権に伴ういずれかまたは全ての権限の行使がされる個人の地位または状態というふうに定義されていて、所有権の対象ではないということになっているんですが、御存じないですか」と問われると、「ちょっと意味がわかりません」と述べ、重ねて問われると、「一部というのが何を指すかがわかりませんので」と答えています（同上）。秦証人は奴隷制条約の条文の内容・意味を理解していないことが明らかになりました。

また、「慰安婦」がさまざまな自由を剥奪された状態にあったかどうかについては、たとえば「慰安婦」に「軍人の性の相手を拒否する自由」があったかということに関して、「体のぐあいが悪いから、今日は嫌だと言って断ることができるというような規則はありますか」という原告代理人の問いに対しては「さあ、知りません」としか答えることができませんでした（同　23頁）。

また、秦証人が自著『慰安婦と戦場の性』（新潮社　１９９９年。乙6）の中で、「慰安婦」制度は公娼制度の戦地版であると述べ、公娼制度にふれて、「まさに『前借金の名の下に人身売買、奴隷制度、外出の自由、廃業の自由すらない二〇世紀最大の人道問題（廓清会の内相あて陳情書）』にちがいなかった」（同　36頁、38頁）と書いていることを原告代理人から指摘されると、秦証人は「これは吉見さんたちの運動をやるときに大体こういうふうに誇大に書くんです。それと同じだと私は思っています」とはぐらかして、言い逃れしようとしました（同　33頁）。重ねて、「あなたの違いなかったという文章は、この本は通常の読者がその文章のとおり読めば理解できる本ですよね。違いなかったというのは、あなたの見解だという風にしか読めないんですが、それでよろしいですね」と原告代理人から問われると、「違います」答えています（同　34頁）。秦証人は、一般人向けに書かれた選書版の自著で、公娼制度も「慰安婦」制度も共に奴隷制であると事実上述べていながら、その自著は一般人が通常のとおりに読んでもそのようには理解できないと答えたことになります。

また、原審では、原告側は、文書・記録・証言を根拠に事実を明らかにしていきましたが、被告側は、その論証に反論できませんでした。たとえば、「廃業の自由」の有無に関して、原告側は、「廃業の自由」を認める軍慰安所規則はないこと、女性たちは、①契約期間の満了、②借金の全額返済、③業者の承諾、④現地軍の承諾の四つの条件を満たさなければ辞めることはできなかったことを証拠に基づいて論証し、「廃業の自由」はなかったと述べました（甲117、原告「陳述書」28-29頁。原告「本人調書」13頁）。「廃業の自由」とは、いつでも辞めることができる権利だからです。なお、軍・官憲による略取・監禁の場合には契約期間や借金はありませんが、辞めることができなかったことはいうまでもありません。

これに対して、被告側の主張は、「慰安婦」がいつか辞めて帰国したのであれば「廃業の自由」はあったというものでした。たとえば、秦証人の「陳述書」は「廃業の自由」が認められていた根拠として「軍は借金を返済し終わった慰安婦には、帰国を認める指示……一部が帰国」という例を挙げています（乙28 7頁）。

ところが、反対尋問で「だから、借金が返し終わらない限りは廃業の自由はないと、こういうことですよね」と原告代理人から問われると、秦証人は「うん」と答えるしかなかったのです（「証人調書」30頁）。

こうして、原審では、「慰安婦」は「性奴隷」であるということが立証されました。

2．被控訴人発言と原判決の誤り

（1）桜内発言の問題と原判決の誤り

桜内発言の問題と原判決の誤りの詳細については、控訴理由書に譲りますが、必要な限りで3点だけふれます。

第一に、原判決は、上記桜内発言の「これ」を、歴史家の吉見義明による「慰安婦」は「『性奴隷ないし性奴隷制度であった』という記述」を指すと判断していますが、「一般視聴者の通常の聴き方を基準」とすれば、「これ」という指示代名詞は、その直近の名詞、すなわち「〔「慰安婦」問題に関する〕吉見さんという方の本」を指し、被控訴人は、この本は捏造である、と発言したと解するほかありません。

原判決の判断は桜内発言を、「一般視聴者の通常の聴き方を基準とした場合、『司会者は、歴史家の吉見義明が日本歴史の書物において戦時中の従軍慰安婦について『性奴隷ないし性奴隷制度であった』と正直に記していると言うが、『性奴隷ないし性奴隷制度であった』という記述は捏造であるということがいろんな証拠によって既に明らかにされている。』という意味に受け取られるものであると認められる」と認定しています。

しかしながら、当日、司会者が性奴隷制に触れて言ったのは「橋下徹は、日本帝国軍が戦争中に女性たちを強制的に性奴隷制の中に入れたという証拠を提示するように韓国に要求しました」ということだけであって、この司会者は吉見がその著作の中で「戦時中の従軍慰安婦について『性奴隷ないし性奴隷制度であった』と正直に記している」とは一言も言っていません。一般視聴者は、司会者が、吉見はその著作の中で「戦時中の従軍慰安婦について『性奴隷ないし性奴隷制度であった』と正直に記している」と言ったと受け取るという原判決の認定は、あまりにも無理な認定であると言わねばなりません。

また、かりに司会者の発言が判決の通りだったとしても、司会者の発言は日本語に通訳されていないのですから、司会者がそう言ったかどうかは、一般視聴者には分からなかったと考えるべきでしょう。まして、私の著書の具体的著述内容を知っている一般人は殆んどいないのですから、一般視聴者が「これ」を「慰安婦」は「『性奴隷ないし性奴隷制度であった』との記述」と理解するということはありえません。

さらに、原判決は、「原告が著書に『従軍慰安婦は性奴隷ないし性奴隷制である』と記述しているという事実」と繰り返し述べていますが、そのような事実はありません。私は、「『従軍慰安婦』とは日本軍の管理下におかれ、無権利状態のまま一定の期間拘束され、将兵の性交の相手をさせられた女性たちのことであり、『軍用性奴隷』とでもいうしかない境遇に追い込まれた人たちである」（甲２11頁）、「事実上の性的奴隷制である日本国内の公娼制でも、一八歳未満の女性の使役の禁止、外出・通信・面接・廃業などの自由を認めていたが、この程度の保護規定すらなかった。従軍慰安婦とは、軍のための性的奴隷以外のなにものでもなかったのである」（同158頁）と記述していますが、「従軍慰安婦は性奴隷ないし性奴隷制である」とは記述していません。原判決は私の著書を正確に引用していないばかりでなく、「慰安婦」を「軍用性奴隷」「軍のための性的奴隷」と私が認定した根拠をも無視しているのです。杜撰な判決というほかありません。

第二に、原判決は、「捏造」とは「誤り」「不適当」「論理の飛躍がある」という意味だと認定していますが、「捏造」の語にはそのような意味は一切ありません。どうして一般視聴者が捏造を「誤り」「不適当」「論理の飛躍がある」という意味だなどと理解するのでしょうか。

しかも被控訴人は、原審第1回口頭弁論（２０１３年10月７日）で、「国際法上の『奴隷』または『性奴隷』の定義・要件に該当する歴史的事実が存在しなかったにもかかわらず、〔原告は〕『慰安婦、すなわち日本軍の性奴隷』という虚構の事実を捏造し、事実と見せかけて原告の政治的主張を世界中にまき散らした」と陳述しています（乙15・甲160２頁）。このように、被控訴人も、「捏造」とは歴史的事実が存在しないにもかかわらず、虚構の事実をつくりあげることだ、と理解していることが確認できます。原審の裁判官だけがあり得ない判断をしているというほかありません。

第三に、研究者にとってその著書を「捏造」といわれることの重大性を、この判決を下した裁判官が理解しようとしなかったことを極めて遺憾に思います。捏造した研究者は、捏造したことが発覚すればそれだけで研究者としての生命を絶たれてしまいます。捏造とはそれほどの重大事なのです。

また、捏造に関する真実性の証明についても重大な問題があります。原判決は「原告が著書に『従軍慰安婦は性奴隷ないし性奴隷制である』と記述しているという事実」は真実であるから、真実性の証明はあったと認定しています。このような認定が許容されるとすれば、研究書のある記述を取り上げて捏造であると断定しても、その本には確かにその記述は存在するので真実性はあるということになってしまいます。おそろしい判決といわねばなりません。

（2）桜内発言と原判決による被害

桜内発言と原判決による被害について述べますと、第一に、桜内発言は、二十数年にわたる私の日本軍「慰安婦」問題についての研究を全面的に否定するだけではなく、私の歴史研究者としての資質・資格・能力をも全面的に否定する発言です。しかも、その発言が内外の多くの人々が注目している橋下市長の外国特派員協会での記者会見の場で、衆議院議員という権威ある地位にある人の口から発せられたということに、私は大きなショックを受け、深く傷つきました。

私は、これまでの研究において、文書・記録・証言にもとづき、史料批判をしたうえでそれらを用い、慎重に実証的な歴史の研究・叙述を行ってきました。そのような私の研究を桜内元衆議院議員は根本的に否定する発言をしたのです。

また、桜内発言は、現在も撤回されることなく、インターネット上で配信され続けています。私の名誉と人格を深く傷つける発言は発信され続けているのです。これらの事態は、私の精神と名誉感情を日々傷つけています。

第二に、当初、内容証明郵便において私が発言の撤回と謝罪を求めると、被控訴人はこれに応じるどころか、「捏造」と述べたのは「sex slavery（性奴隷）」という概念であると、論点をすり替えようとしました。そして2013年10月7日の第1回口頭弁論にあわせて発行された「日本維新の会 国会議員団本部」の『NEWS RELEASE』は「桜内文城・衆議院議員は、日本国および日本国民の名誉と尊厳を守るため、『慰安婦＝日本軍の性奴隷』という虚偽を世界に発信している吉見氏の讒訴を法廷で粉砕します」と宣言し、さらなる名誉毀損を行いました（甲109の1　1頁）。私はこのような桜内氏らの不誠実きわまりない法廷戦術に、強い憤りを感じています。

さらに、2014年9月8日の被告「陳述書」では、朝日新聞が吉田清治証言を虚偽として取り消したことを挙げ、また朝日新聞と原告が「軍の関与」を「軍の強制」と言い換えたとして、「原告と朝日新聞は、この虚偽の事実を『慰安婦問題』または『慰安婦=性奴隷』として世界中に撒き散らすことによって、日本国と日本国民の名誉と尊厳を著しく貶めたのだ。しかし、被告の第三準備書面及び今般の朝日新聞の検証記事によって、原告と朝日新聞が真っ赤な嘘である虚偽の事実を捏造したことが白日の下に晒された」と述べています（乙14　2頁）。

しかし、私は、これまで「慰安婦」問題で、吉田清治証言を根拠としたことは一度もありません。朝日新聞は間違ったかも知れませんが、私は間違っていないのです。

後者に関しては、私は、「軍の関与」を「軍の強制」と言い換えてはいません。また、いわゆる「軍の関与」が、「善意の関与」であるという被告の主張がなりたたないことは、私の「陳述書」（甲117）で述べたところです。

にもかかわらず、被控訴人は、自らの事実誤認を前提として、控訴人が「慰安婦=性奴隷」という「虚構の事実を捏造した」と、わずか4頁しかない「陳述書」で、6回も断定しています。それだけではなく、「もし歴史法廷というものがあるならば、原告は、『従軍慰安婦は軍による性奴隷であった。』という虚偽の事実を捏造し、世界中に撒き散らしたという『偽証』の罪により、被告人として裁かれなければならない」、「20年以上にわたり原告は、その真っ赤な嘘によって日本国と日本国民の名誉と尊厳を著しく貶めてきた」とまで極論しています（乙14　4頁）。

被告はなんら反省することなく、被害者である原告を「偽証」罪を犯したとまで言っているのです。被告による原告に対する名誉毀損発言はさらにエスカレートしていったのです。私は、2回にわたる被告の裁判における陳述を読み、被告の態度を想起する度に強い苦痛を覚えます。民主主義国家にあって、このような悪口雑言が許されるとすれば、真に耐え難いことであります。

第三に、2014年8月、朝日新聞が吉田清治証言の報道を取消した後、被告と同様の主張をする根拠のない攻撃が私に対して始まりました。それは、「愛国女性のつどい花時計」の「マダムの部屋」という名のブログが「こんな人間を雇用している中央大学にメールや電話、手紙で抗議してください」と呼びかけてからです（甲158の1）。

また、「かけだし鬼女の今が日本の一大事！」というサイトは、被控訴人の外国特派員協会での発言と原審の第5回口頭弁論の模様を紹介し、「捏造の自書を『捏造』呼ばわりされても黙っておきゃよかったのに訴え、朝日に裏切られ、泥沼！　愉快な愉快な吉見義明、中央大学のキョウジュサマだったのね～」と揶揄し、さらに次のような抗議メールの例文を提示しています。

朝日新聞が従軍慰安婦報道の根源、吉田証言を取り消し波紋が広がっていますが、日本の国益を大きく損なった慰安婦捏造問題に大きく関わった吉見義明氏が御校で教鞭を取っていると知り、驚きました。大問題です。……日本でも指折りの外患誘致の当事者の採用は大学の名誉にもかかわり、実際証人喚問となった際、中央大学の名前も報じられるでしょう。吉見義明氏の処分を検討すべきだと思います。（甲158の2）。

これを真に受けて、２０１４年9月14日以降、中央大学広報室宛に、「吉見教授を大学から追放するなり、一般学生と接触しないように配慮願いたい。」「吉見義明氏を直ちに解雇し、その害毒が学生に蔓延することをやめて下さい。」「こんな教師は即刻クビにして下さい。」などといった多くのメール（２０１５年2月12日までに89件）・電話（同17件）やファックス（同1件）が中央大学広報室に殺到し、抗議電話は長時間に及ぶものもありました（甲158の3）。

このような根拠のない抗議を受けることは、私にとっては耐えがたいことであり、深い精神的なダメージを受けました。

第四に、原判決が出された後、控訴人が「捏造」したというインターネット上の記事、コメントが増大しています。たとえば、「YAHOO! JAPAN」のサイトでは、「吉見義明 ねつ造」という入力項目があり、それをクリックすると27、900件の記事、コメントが表示されます（２０１６年4月11日午後5時現在。甲211）。

そのすべてが控訴人は捏造したと断定するものではありませんが、「慰安婦＝性奴隷」は捏造だとか、控訴人が捏造したとかいう言論を裁判所が認めたという記事、コメントは増えています。上記入力項目のトップの「〝国賊〟吉見義明の敗訴～東京地裁、『慰安婦＝性奴隷は捏造』を『意見・論評』と認定」というブログは、「桜内前衆議院議員が『捏造』と言うことばを使った際、同氏は明らかに「でっちあげ」を意図したのであり、吉見は「でっちあげ」と言われたから提訴したのである。判決が『捏造』を『不適当』『誤り』と定義し、『捏造発言』は意見・論評の域を出ないと判断したのであれば、慰安婦強制説をベースに日本の責任を問うてきた学者、研究者、ジャーナリストたちは立場を失う」「『慰安婦＝性奴隷は捏造』という主張は、いったんは裁判所から『意見・論評』としてお墨付きをもらったようなものだ」と述べています（甲212）。

また、判決後に被控訴人は、中丸敬氏とともに、ツイッターで「もう『慰安婦＝性奴隷』とは言わせない」と勝ち誇っています（甲210）。

このように、原判決が桜内発言は名誉毀損だと認定しながら、それを安易に免責したために、私の名誉はどんどん毀損されて行っています。これは、真に憤慨に耐えない事態です。

おわりに

以上のように、確立した判例に従わず、立証事実を尊重しない判決が出されてしまいました。判決を下した裁判官は、以上述べたような私の歴史的事実の叙述を無視したうえ、種々な矛盾を抱えている判断をなぜしたのか、まったく理解ができません。維持すべからざる異様な判決と言わねばなりません。

「慰安婦」が性奴隷である、あるいは性奴隷状態に置かれたという事実認定は世界では常識です。国際法律家委員会や、国連の拷問禁止委員会・自由権規約委員会など国連人権諸機関や、アメリカ議会下院決議、カナダ議会下院決議、ヨーロッパ議会決議、韓国国会決議、台湾立法院決議でもそう認定されています。

日本の学界でも、国内最大の歴史学会である歴史学研究会は２０１４年10月15日に、「政府首脳と一部マスメディアによる日本軍『慰安婦』問題についての不当な見解を批判する」という声明を出しましたが、その中で、「〔「慰安婦」問題に関する〕近年の歴史研究では、動員過程の強制性のみならず、動員された後、居住・外出・廃業のいずれの自由も与えられず、性の相手を拒否する自由も与えられていない、まさしく性奴隷の状態に置かれていたことが明らかにされている」と明確に指摘しています（甲190）。

日本のほとんどの歴史学会が参加する日本歴史学協会をはじめ、歴史学・歴史教育関係16団体による、２０１５年5月25日の「『慰安婦』問題に関する日本の歴史学会・歴史教育者団体の声明」も「『慰安婦』とされた女性は、性奴隷として筆舌に尽くしがたい暴力を受けた」と指摘しています（甲173）。

「吉見義明教授の裁判闘争を支持し、「慰安婦」問題の根本的解決を求める研究者の声明」は２０１３年11月29日に出され、２０１５年10月までに１０４８名が署名しましたが、この声明は、この裁判の本質について「桜内氏側の戦略は、『性奴隷』という一般には馴染みの薄い用語に世間の耳目を向けさせ、今日の日本社会に蔓延する排外主義的風潮に便乗することで、自らの過ちを隠蔽するとともに、実証的に積み上げられてきた歴史研究の成果を虚偽であると印象づけようとするものと見られます。これは研究者が自らの研究成果にもとづいて主張する学問的見解を、政治的な策略を弄して葬り去ろうとするものであり、このような行為を許してしまえば、『慰安婦』研究にとどまらず、研究成果の自由な表明に政治が干渉する道を開くことに繋がりかねません。」と述べ、研究それ自体や研究成果の自由な表明に対する政治の干渉という事態を正しく指摘しています（甲120　1頁）。

以上のように、東京地方裁判所民事第33部による原判決は合理性・論理整合性がなく、かつ名誉毀損行為を容認する極めて不当なものであり、破棄されるべきものだと思います。また、このような判決が確定すると、誰でも自由に、いかなる研究書でも捏造だといっても構わないということになりかねません。さらに、桜内発言は、政治家による学問研究への不当な介入であり、このようなことは許されざることであります。

本裁判所には、捏造したといわれることが研究者の名誉と人格をどれだけ深く傷つけることになるか、ということをよく理解された上で、論理整合的で公正な判断をしていただきたいと思います。

7　控訴審における審理

控訴審では、一審判決が「捏造」という言葉の意味が、本来の意味を指すのではなく、「誤り」、「不適切」、「論理の飛躍」などとの趣旨であるという到底通常の人間では理解し得ない論旨で肩すかし的な判断をしたことに徹底的な批判を加えた。

特に、「捏造」の言葉の趣旨について当事者が誰も立証もしていない判断であり、しかも一審で被告（桜内）側も一貫して「捏造」を本来の意味で使用していたことを強く指摘した。

そもそも、前記のように、一般の視聴者が被控訴人（桜内）の真意などわかるはずもなく、桜内発言を客観的に判断すべきものである。

ところが、控訴審判決は、英語が理解できる人とできない人に分け、結局第2の「これ」の意味について、

「本件発言がどのようなものであるか、とりわけ、本件発言のうちの2つ目の「これは」が何を意味すると理解するかについて、本件記者会見の一般の視聴者の普通の注意と視聴の仕方とを基礎として検討したが、控訴人の主張のとおり、本件発言のうちの2つ目の「これは」は、「吉見さんという方の本」を意味すると理解し、被控訴人が、「吉見さんという方の本」は既に捏造であるということがいろんな証拠によって明らかとされているとの発言をしたものと理解することも考えられるが、被控訴人の真意のとおり又は真意に近い理解として、上記の「これは」は、日本軍が女性を強制的に性奴隷としてとの事実又は慰安婦について強制性があったとの事実を意味するものと理解し、被控訴人が、日本軍が女性を強制的に性奴隷としたとの事実又は慰安婦について強制性があったとの事実は既に捏造であるということがいろんな証拠によって明らかとされているとの発言をしたものと理解することも十分に考えられる上、そもそも、本件発言の2つ目の「これは」は、やや曖昧な言い回しであることから、2つ目の「これは」が何を意味するかが分からない者も少なくないと考えられる。」

として、「控訴人の請求は、その前提とする事実を認定できない」からとして、請求を棄却した。

しかし、控訴審判決は、前記判示の中でも矛盾に満ちた判断をしている。

すなわち、

・一般視聴者は桜内発言を客観的に判断する以外に方法がない以上、桜内の真意を考慮する余地はない。特に何故突然強制性が問題となったのか理解不能である

・〝真意〟を問題とするなら、一般人の判断という考え方と矛盾している。名誉毀損に関する基本的判断基準に真っ向から矛盾している。

・桜内発言の分析が全くなされていない。すなわち、桜内発言は二つの文脈から構成されており、前者は司会者発言について述べ、後者は吉見について述べていることは文脈上明らかである。

・「これ」という指示代名詞の用法などについて全く分析されていない

一審判決の三人の裁判官は「捏造」という言葉の趣旨をスリかえたが、第2の「これ」についてはほぼ正しい内容であった。

とすれば、控訴審判決の判示によれば、訴訟当事者及び一審裁判官全員が一般の視聴者でないことになるのである。

しかも、控訴審判決は何故第2の「これ」について、前述したように、桜内発言の分析もなければ具体的な根拠も示すこともなく事実を認定できないとしている。理由も十分に付けられていない結論ありきの恣意的判決と評するほかはない。

8　一・二審の判決について

以上のように、一審判決は桜内発言の「捏造」という言葉を本来の趣旨ではないとし、控訴審判決では第2の「これ」が何を意味するのか理解できないとして、原告の請求を棄却したのである。

このように、一審、二審の二つの判決とも、前述したように、発言の客観的分析を欠落させ、当事者の主張にも反する不意打ち的なものであり、かつ、一審判決と控訴審判決は相互に矛盾するという、一般には考えられない内容となっている。

第4章　原朗に対する名誉毀損による謝罪広告等請求事件

1　事件の概要

(1)　名誉毀損とされた内容

原朗（被告・東京大学名誉教授、当時・東京国際大学教授）が2009年3月東京国際大学での大学院生に対する最終講義において、研究倫理の重要性を説明するため、約35年前の自己の体験に言及し、以下の趣旨の講義をした。

「1975年に未公刊の自分の論文の構成を、ほとんどそのまま他人の著作の編別構成に利用されたことにより、自分の最初の著作を公表することも学位申請も断念することになった。この事件は研究者としての私にとって致命傷となった。」

そのうえで、当該「剽窃」ないし「盗用」の行為者をすでに2001年に個人名を公表している資料に基づきつつ、「現在は早稲田大学教授の小林英夫という人ですが」と述べた。そしてこの最終講義は「最終講義—開港百五十年史—小江戸・大江戸そして横浜」（『経済研究』第12号東京国際大学経済研究科2010年3月20日発行）に掲載され、また同様の見解を他の書籍にも掲載した。

これに対し、小林英夫（当時早稲田大学教授・原告）は名誉毀損であるとして提訴したものである。

(2)　事件の背景

ア　47年前の出来事の概要

前述した47年前の出来事とはつぎのようなものである。

原朗は1974年初夏、土地制度史学会秋季学術大会共通論題の組織者に突如指名された。1974年10月27日に開かれたこの土地制度史学会秋季学術大会で原朗は共通論題を「一九三〇年代における日本帝国主義の植民地問題」と設定し、自ら「『大東亜共栄圏』の経済的実態」『土地制度史学』第71号（農林統計協会　1976年4月）（以下、「原報告」という。）という基調報告を行った。原告が「1930年代植民地『工業化』の諸特徴」、高橋泰隆が「日本ファシズムと『満州』農業移民」との報告をそれぞれ行い、この三者で共通論題報告を構成した。この報告にあたり、被告はそれまで被告が研究してきた先行研究を踏まえ、その集大成としての報告を行った。

これらの報告は、1976年4月に前記土地制度史学会の学会誌に掲載された。ところが、その直前の1975年12月20日に小林英夫は、原告著書『「大東亜共栄圏」の形成と崩壊』（御茶の水書房）を発行した。そしてその内容が前記原朗の大会報告およびその前提となる原自身の先行研究を盗用しているものであった。

イ　原朗報告の内容

原朗の論文（報告）は、「Ⅰ課題」と「Ⅴむすび」を除く全体を三編（「Ⅱ形成過程」（基本構想・投資形態）、「Ⅲ貿易構造」、「Ⅳ金融構造」の問題別）・各三章（時期別）・各三節（地域別）と構成し、要約すれば、問題別・時期別・地域別の三次元構成をとっている。

①　投資形態については、投資の中心機関が、時期が進むとともに次々に独占資本が前面に出ていく、

②　貿易構造については、外貨を獲得できない円ブロックへの輸出が次々に制限され、ブロック内各地域間の物資交流が制限されていく、

③　金融構造については、域内各地域の貨幣制度が異なり、急激なインフレーションの進行が各地域間の金融的連関をも分断していく、

との論理を構成し、総括として、「「大東亜共栄圏」の経済的実態は、貿易構造の面でも金融構造の面でも、域内の経済的交流関係を自ら分断せざるを得なくなる、いわば「ブロックならざるブロック」、「共栄圏」ならぬ「共貧圏」であった。」と論じたものである。

そしてこの報告は多くの研究者から画期的な報告として評価された。

石井寛治（東京大学教授・当時）は、

「基調報告として原報告は、「大東亜共栄圏」全域の経済構造を貿易・金融の側面から概観し、その崩壊を必然化する矛盾の存在を明らかにし、小林報告は、植民地工業の軍事的再編成が本国からの熟練労働者と生産手段の供給難のために破綻することを論じ、（中略）確かに、１９３０・40年代の問題を歴史分野から取り上げた点で、この大会報告は画期的なものであった。」（「土地制度史学会／政治経済学・経済史学会60年のあゆみ」『歴史と経済』別冊　２００８年３月　50頁）

と評している。

ウ　小林による著書『「大東亜共栄圏」の形成と崩壊』の「剽窃・盗用」

１９７４年10月の大会終了後、共通論題報告の三論文の学会誌への一括掲載を原は要請した。しかし、学会理事会は当初は前例がないとしてこれを認めなかったため、原は１９７５年に数次にわたって粘り強く要請を繰り返し、１年半後の１９７６年４月になってようやく一括掲載が実現した。

ところが、その間の１９７５年12月に、報告者の一人である小林英夫によって、原の大会報告及びその先行研究と基本的構想及び内容が酷似した『「大東亜共栄圏」の形成と崩壊』と題する書籍が発行されたのである。

(3)　一審の内容とその問題点

原朗は訴訟で小林英夫の盗作・剽窃についての真実性・

相当性の主張を行った。この反証には、本件訴訟の専門性と手の込んだ剽窃・盗用方法から、立証方法に困難がつきまとっていた。

この点を利用して、小林（原告）は当初、「頭の中」を窃盗することはできない、未公刊の原朗の報告（論文）に先駆性がないなどの弁解をしていた。

この弁解は著作権法10条1項1号に定める演述著作物の成立を理解していない。また、原朗と小林は大会発表後互いの発表内容を記した原稿を交換していた。このことは依拠性についても重要な事実である。

尋問結果をみても原告の供述した回答は全て破綻していることがわかる（本書掲載準備書面14参照）。

2 審理の経過と問題点

(1) 一審の審理について

多くの箇所において、「盗用・剽窃」がなされていること、「盗用・剽窃」の方法の手が込んでおり複雑であること、専門性が高いことなどから、双方の主張とその理解を容易にするために、双方の主張のかみ合わせが必要であった。

そこで、争点対照表を作成し、当事者の陳述書では争点ごとに対比した陳述がなされるように図ろうとした。裁判所から対照表の簡略化を求められた被告はこれに応じて簡潔な対照表を再提出したが、原告側は非常に遅れて長大な分量の「原告の反論」を提出したので、「被告の再反論」の提出を要求したが、これは「エンドレスになる」の一言で退けられた。一審判決の重要部分がこの「争点対照表」の「原告の反論」に根拠を置いており、この部分は事実と異なる虚偽の主張を多数含んでいることを見落としており、控訴審もそれに従っているため、この対照表における不公平な訴訟指揮が被告敗訴の大きな原因の一つになった。

また、双方の書証以外に、被告（原側）からは堀意見書、同Ⅱ、同Ⅲが提出された。特に堀意見書Ⅲは原告（小林）著作物作成当時の原・小林の全論文を調査したうえ、原告の研究が及んでいない箇所は被告等の論文によっていることを詳細かつ徹底的に明らかにしたものである。

具体的には、小林著書を105項目に分け、小林の先行研究による認められるものは44項目にとどまり、原朗の論文からの盗作によるものが25項目にも上ることなどが学術的かつ精密に認定された。

証人の採用については、本件事案の専門性に鑑みれば裁判所の理解が特に必要であったが、裁判所は難色を示し、被告が再三書面で証人の必要性を主張した結果、ようやく原告側依田証人、被告側堀証人の主尋問25分、反対尋問25分ということで実現した。

(2) 争点対照表と陳述書について

また、高い専門性の理解を容易にするために争点対照表や陳述書について、かみ合った主張の実現を図った。しかし、

・争点対照表について

専門性が高いことから、双方の言い分を具体的に理解出来るよう図ったが、原告側は被告の主張から的を外したように、「先行性がない」「すでに論文にある」などとの一般的反論に終始し、具体的な比定がなく、そのためにかみあった審理がなされなかった。原告は、同じ見解について自己の学説の発展の経緯に関する争点について全く触れず、かつ法廷に対し虚偽の事実を繰り返し述べてやまなかった。

・陳述書について

陳述書については、原・小林双方の主張をかみ合わせるため、わざわざ作成途中で一度内容を見せ合ってかみ合わせを図った。しかし、原告の陳述書は、被告論文には「先駆性がない」とか「テーマが異なる」、「原稿作成の時期から参考する必要性がない」などとの弁解に終始したものであった。原告の陳述書には、具体的論述の対比がないため、書面上から双方の争点を明確化できなかった。

特に、原告が依拠性を否定する基本的な主張は、原告自身の独自の学説形成過程の顕出であるはずだが、そのような具体的叙述はなかった。実際の原告の学説形成の経過について、原告陳述書では自己の各論文の論理が最初から最後まで同一である、などとの虚偽の主張を繰り返すのみであり、原告の各論文に明示されている学説形成の実際の論理の変遷も全く無視したものであった。

こうした原告の訴状・準備書面・陳述書についての審理の不十分さは、裁判所の本事案に対する理解と一審判決の内容に反映している。

一審判決は結審後、約3ヶ月後と指揮されたが、大きく延長され、さらに再延長されて8ヶ月後にようやく判決となった。驚くべきことに原朗の敗訴判決であった。

(3) 尋問の目的

盗用したとする箇所に関する被告の指摘に対し、原告側にはそれについての対比的な主張・反論がなく、原告の陳述書は前述したように弁解に終始した。

しかし、堀意見書Ⅲは、原告著書の内容を105項目に分け、原告論文が依拠している被告論文の論点を具体的に明らかにしたものとなっていたことから、前記の原告小林の陳述書の「被告論文には先駆性がない」とか、「テーマが異なる」、「(時期的に)参考の必要性がない」などの点について、反対尋問を行った。

(4) 尋問の内容とその結果

尋問の内容は読んでもらえればわかるが、裁判所による

尋問介入と相手方代理人による極めて多くの不規則発言によって尋問が非常に妨げられた。

また、原告自身が、ことさら尋問の意図をそらしていることも明らかである。

しかし尋問調書を読めば、原告の陳述書で述べた弁解は全て崩壊していることがわかる（被告代理人口頭陳述書参照）。

(5) 控訴審の審理について

控訴審では、被告（控訴人）は控訴理由書、控訴人本人の陳述書Ⅲ、さらに一審判決を学問的立場から徹底的に批判した堀意見書Ⅳが提出され、さらに堀は「小林英夫氏盗作行為の起源」と題する書面を添付して提出した。その中で、被控訴人の処女論文すら他人（尹亨彬「1929年元山労働者の総罷業とその教訓」（『歴史科学』1964年2号）の剽窃である（文字数にして48％までが同一）ことを立証し、朝鮮語の原文・日本語訳文と被控訴人の論文を対照した資料を添付した。

控訴人は原朗、堀和生の両名の証人申請をしたが、すでに一審で証拠調べしているとの裁判長からの発言があり、証人申請は認められなかった。控訴審は初回結審となり、被告側主張を展開する時間は最後の事実審である高等裁判所において全く与えられなかった。

3 準備書面14

平成25年（ワ）第16925号　謝罪広告等請求事件

原　告　小林英夫

被　告　原朗

準備書面14

平成29年9月6日

東京地方裁判所　民事第42部A合は係　御中

記

第1　原告の第8準備書面に対する反論

1　同書面における原告の主張の要旨

原告は同書面において、

「「相当性」の主張は、名誉毀損時における行為者の認識が問われるものであり、行為時に存在した資料、根拠に照らし、真実と信じることが相当と認められる必要があるところ、以下に述べるように、本件においてはかかる相当性は認められない。」

とし、まず被告の主張につき、

「原告が被告論文を「剽窃」即ち「他人の著作物の一部を無断で借用」したこと、「盗用」即ち「他人の著作物の全部又は一部を自己の著作物であるかのように発表」したこと、原告が原告著書の目次の構成につき被告論文の論理構成をそのまま流用したこと、原告著書名すら被告論文の中の表現から使用したこと、原告が大々的な抜け駆けの功名に走ったこと、原告が被告論文の基本となる論旨を全面的に編別構成に流用したこと、これらは研究史上の無法な簒奪であること等、及び、それによって、被告はその後、著書の公表や学位申請を断念し、一切単著を出版せず、ただ共同研究の編集や資料集の出版のみに終始せざるをえなくなったこと等を指すと考えるべきところ」

としたうえ、

・「そもそも、原告著書と被告論文の間にかかる「剽窃」「盗用」が存しないことは、両者を突き合わせれば客観的にも明らかであり、誤信をする余地すらない。

なお、この点、被告は、

「未だ印刷物として公表されていない被告の学会報告の文章や被告の創造的要旨・構想・アイディアならびに発見した史料などを、大量に用いて原告が自己の著作として先に公表してしまったことが最も重要な問題点」（中略）等と主張し、自らが摘示した前記各事実を無視した上で、「剽窃」「盗用」の意味を不当に拡大して解釈し、その拡大した意味においての「真実性」を被告準備書面及び争点対照表等で主張してきたと言いうる。」

・「その（原告のこと―代理人）主張の要旨を列挙するなら、被告が自らの独創と主張する内容が、①他の学者の先行研究に係るものであり、いずれも学会内で良く知られた内容であること、②原告が長年の研究生活の中で、自身の論文等を通じて発表してきたものの集大成であること（多くが自らの先行研究であること）、あるいは、③一般的な用語、表現、史料から当然の帰結になる結論、歴史的事実などであること、更には、④史料の発見者やその記載の有無は「剽窃」「盗用」とは無関係である上、原告は、被告指摘の史料の多くを、早稲田大学から入手していること、などである。」

・「そして、被告の経歴や、原告との共同研究等を含む研究業績に照らすなら、被告は、名誉毀損当時、以上の事実を十分承知していたと言うべきであり、そうであるなら、拡大して解釈された意味における「剽窃」「盗用」の存在を誤信することもまたおよそ考えられず、仮にそう誤信していたとして、名誉毀損時において、その相当性を裏付ける資料や根拠は存しなかったと言うべきである。」

などと主張している。

2　被告発表（論文）の内容と原告による剽窃・盗用につ

いて

(1) 被告発表（論文）の内容とその創見性について

１９７４年10月27日、土地制度史学会で被告が行った報告は、それまでの被告の先行研究を踏まえた集大成として「大東亜共栄圏」全域の経済的構造を流通過程から概観したうえ、大東亜共栄圏全体の崩壊する矛盾の存在を明らかにしたものである。

この事実は、

・「本稿の課題は、１９３０年代から敗戦にいたる時期のいわゆる『大東亜共栄圏』の形成過程について、その基本構想及び投資形態の変遷をつうじて概括的に把握することであり、さらに『共栄圏』内各地域間の経済的構造連関と諸矛盾の存在形態について、主として貿易構造と金融構造との両面から考察することである.」（被告論文　1頁左欄）

とし、また、

・「本稿の力点は、『大東亜共栄圏』の形成と崩壊の全過程を貫くかかる植民地支配方式に内在する諸矛盾の存在形態を、貿易・金融の両側面における圏内各地域間の経済的連携のあり方を通じて把握することにおかれる.」（被告論文　1頁右欄4行）

としたうえ、

・「大東亜共栄圏」の形成と崩壊について、①投資形態の変遷と、②貿易構造と③金融構造の両側面を緊密に連関させて圏内各地域間の経済的連携を総括的に問題とする、という論文の構成」により分析し、「むすび」として、「以上の考察によって、植民地・占領地の各地域において日本帝国主義が試みたいわゆる経済開発の方式は、一貫して軍需物資の掠奪を基調としつつも、各時期・各地域ごとにその基本構想と中心機構の形態を変化させており、また各地域ごとに異なった形態の貨幣制度を採用せざるをえなかったこと、この結果、共栄圏内の各地域間の経済的連繫も、物資交流と送金関係の両面において分断されていったことが明らかであろう.」（被告論文　28頁左欄）

として、被告の「大東亜共栄圏」の「経済的実態」がもつ自己矛盾によって崩壊していくことを構造的に明らかにしたのである。

以上述べた被告発表（論文）は、

・「大東亜共栄圏」全体を考察したこと

・課題設定の内容及び力点にみられるように、投資形態、貿易構造、金融構造から考察し、「圏内各地域間の経済的連繫」とその矛盾を明らかにしたこと

・こうした考察に基づいて、「「大東亜共栄圏」の崩壊を必然化する矛盾の存在を明らかにした」こと

などの点において、これまでの先行研究にない被告の創見であり、画期的な報告（論文）であった。

(2)　被告論文の構成の内容

以上のような被告論文の基本的構成について、

「私は先行する各種の研究に基づいていることを明確に注記しつつ、これら諸研究を総合して一つの明確な歴史像を結ぶため、投資形態・貿易構造・金融構造の三面で時期別に形態が変化したこと、投資構造が各期ごとに変化してその変化が貿易構造の変化に連なり、貿易構造の面では物価上昇と為替決済の必要上、各地域間の物資交流が阻害される結果を生んだこと、金融構造の面では地域別に通貨の発行が分断されているため、「共栄圏」内各地域間の送金関係を、ともに抑制せざるをえず、これが各地域間の物資移動を、金融面では各地域間の送金関係を、ともに抑制せざるをえず、これが各地域におけるインフレーションを昂進・破局化させ、物資統制や日本軍の掠奪による物資の極端な不足が各地で抗日勢力を強力にし、「ブロックならざるブロック、『共栄圏』ならぬ『共貧圏』」を解体させるに至る、という全構成を「被告論文」で私が論証したのである。この緊密な論理構成により日本帝国主義崩壊の論理を構築したことが被告論文全体の創見なのである。」

と被告は要約して指摘しているのである（乙43　5頁）。

(3)　原告による被告論文等の剽窃・盗用

被告は原告著書が被告論文等からの剽窃・盗用について、次のように述べる。

ア　被告論文の論理構成の剽窃

「被告が原告著書の編別構成とその内容を初めて見て、直ちに被告の論理構成が盗用・剽窃されていることを悟ったのは、序論と結語における記述が被告の所論と酷似している点に加えて、上述したように第二篇第一章・第三篇第一章・第四篇第一章と各篇の冒頭の章の記述が酷似していること、さらに原告著書の極度に不均衡な編別構成のうちに、第三篇・第四篇にそれぞれ対応している5個の章が存在していることを見出し、これら「対応する五章」においてもその冒頭と末尾が被告の記述と酷似していることを読み取り、原告著書の編別構成が被告の論理構成を盗用・剽窃していることを看破したからである。」（乙43　28頁）

そして被告は、

「第二表と第三表を見比べれば、このようにほとんど瓜二つのような原告著書の篇別構成と被告論文の論理構成が独立して存在しうること自体ありえないこととするのが一般的な見方である。原告は上記の論理構成と総括の仕方をその著書の多数の箇所に組み込んで盗用・剽窃した」（乙43　20頁）

と断じているのである。

イ　歴史的史実の剽窃・盗用について

「被告論文との重なり合いや、被告の論文構成と原告著書との関連を検討すると、まず1920年代を論じた第一篇第一章と、朝鮮を論じた第二編第三章は被告論文の対象に含まれていないので関係はない．第二編の他の一・二・四章は、序章とともに被告論文と大きく重なり合い、盗用・剽窃が多く行われている．第三篇と第四篇の「対応する5章」」の前におかれた各章（第三篇第一～四章と第四篇第一・二章）も同様に被告論文と大きく重なり合い、盗用・剽窃も多い．「対応する5章」の後におかれた第四篇第八章も、「結語」一・二と同様に被告論文と重なり合い、盗用・剽窃が多い．

　このように見ていくと、一見不均衡な原告著書の篇別構成も、「序論」に始まり第二篇全部と第三篇・第四篇の「対応する5章」の前におかれた部分を通り、後におかれた第四篇第八章を介して「結語」に進む流れをくっきりと把握することができる．被告論文の論理構成との関係が大きいこの流れがなければ、「対応する5章」のみで著書を構成することはできなかったのである．

　では「対応する5章」は原告独自のものかというと、「対応する5章」の第一の「金融」に関する章と、5章の最後の「日本資本主義の軍事的再編」にあたる章では、被告論文との重なり合いも多く、盗用・剽窃も多い．のこる3章のみで重なり合いはやや少なく盗用・剽窃も少ない．

　以上の検討から、原告著書の編別構成のうち、別紙第一図では青色で示した部分、すなわち、「序論一・二」「第二篇第一、二、四章」「第三篇第一～五章」「第四篇一～三、七、八章」「結語一・二」のすべて、これが被告論文と大きく重なり合い、盗用・剽窃が多い部分なのである．

　ウ．この青色で表示した部分が、被告論文の構成を盗用していると同時に、この部分なくしては原告著書の編別構成は完結しないことが重要である．原告著書の編別構成が、序論・第二篇・第三篇と第四篇の前半部分を通じて結語にいたるまで、ほとんどの章で被告論文の論理構成ぬきには存立できなかったことが判明する．」（乙43 27、28頁）

　しかも、

「被告論文の編別構成は、投資形態・貿易構造・金融構造の三次元につき、私の独自の時期区分である第一期・第二期・第三期に分け、対象地域を日本の支配地域の拡大に応じ満州・中国占領地・南方へと考察していく「問題別・時期別・地域別」構成をとった」

のに対し、

「原告著書の編別構成は、「時期別・問題別・地域別」構成をとり、私の「問題別・時期別」構成を、「時期別・問題別」構成に組替える操作により、私が問題別に構成した論点を時期別に切り離し、意図的に論文を分散させて、個々の論点についての私の論理と実証を盗用しつつ、全体としての私の構想を自らのものとして隠蔽しようと図ったのである．

たんに「時期別・問題別」構成への組替えのみでなく、原告による組替え操作は非常に手が込んだものとしているのである（乙43　16頁）。

ウ　以上のようにして、原告は原告著書において、被告論文の論理構成及び被告論文等の研究成果を剽窃・盗用することにより、被告論文が展開した「大東亜共栄圏」の「崩壊を必然化する矛盾」と同様の内容を記述したのである。

(2)　これらの事実は、堀意見書（乙37の1）、同Ⅱ（乙44）及び松村意見書（乙38）でも全く同様な事実を指摘している。

ア　堀意見書においては、

・「1975年の時点で、日本帝国の膨張と解体を、国際的な制約の下における資金と貿易の矛盾関係の中で把握しようとしていた原朗による先行研究が厳然と存在していたことは否定することができない。小林が大東亜経済圏研究に関する自己のプライオリティをあくまで主張するならば、この原朗の5本の研究成果の存在と意義を否定しなければならない。もちろん、事実に反するそのようなことは不可能である。小林は裁判の中において、自分が原朗の研究成果に依拠したことはなかったと繰り返すだけで、そのことを何ら客観的に証明できていない。学術論争において最も重要な記録による証明義務を、小林は何も果たしていない。」

・「植民地を含んだ日本資本主義・日本帝国主義の形成から解体までを、全体として把握しようというスケールの大きな研究である。後発資本主義国であった日本が、その構造的な後進性や脆弱性を克服するために、植民地をもつ帝国主義をめざしていったこと、その帝国主義的な膨張こそが、世界経済の中における日本の選択肢をさらにせばめ、日本帝国を解体に追い込んでいったこと、それらの過程を物資（生産・貿易）と金融の両面から総合的に解明しようとした。この領域の研究は原の独壇場であった。明確な問題意識と緻密な実証作業は傑出した成果を上げ、個人の力量で新しい研究の地平を切り開いていった。」

・「小林が「課題と方法」で掲げた、満州国の経済統制と産業開発計画、「輸出入品等臨時措置法」「臨時資金調整法」等の貿易・資金統制、日本の生産力拡充計画・物資動員計画、第三国貿易と円ブロックの峻別、外貨決済の行き詰まりと経済統制の拡大強化の過程、南方支配の矛盾とインフレーション等に関して、自らは研究したことも成果をだしたこともなかったからである。

小林は、「大東亜共栄圏」の著作は自分の既発表12本の成果であると繰り返し主張しているが、そのいずれの論文においても、上記の領域について彼が独自に分析した箇所はない。そうであるから、小林は植民地を包括した日本帝国全体の戦時経済体制に関する領域に関して、すべて先行した原朗の研究の論理構成、すなわち研究視角、資料、分析手法、結論に依存せざるを得なかった。」

・「そして、極めつきに、これらすべてをとりまとめるための論理として使われたのが、原自身が研究の体系化を目指して創り上げた「経済的実態」論文であった。つまり、小林の著作が剽窃したものは、原論文中の個々の文章や歴史的ファクトではない。研究視角、資料、分析手法、結論を総合化した研究の論理構成そのものであった。7年の長い交流を通じて、小林は、誰よりも原の研究成果をよく承知していた。小林は、原朗の主要5論文＋大会報告＝「経済実態」論文を縦横につかって自己の著作を書き上げた。序章でも結語でも、原朗の名前を一度も出すことなくである。」

として、原告著書が被告論文等の構成及び被告の研究の成果を剽窃・盗用していることを具体的に指摘している。

イ　松村高夫意見書においても、

・「『形成と崩壊』（1975年）の内容は「上記12本の論文の中でほとんど発表している内容ではない」こと

・「小林の場合、1974年までに独自の理論的枠組みで十分史料を発掘し収集し、分析し、その空白を埋めたということはありえない」ことなどを指摘したうえ、「当請求事件の盗作は、ある頁をそのまま一字一句盗用しているケースではなく、より複雑で巧妙な方法を用いた盗作であるから、盗作か否かの判断には細心の注意が必要とされる性質のものである。『形成と崩壊』（1975年）のなかの小林の盗作のやり方は、原の先行研究のある部分の文章は要約して使用したり、原のある部分の文章は分割して小林の本の多くの箇所に分散させて使用しているので、綿密な対照表が必要になるのである。また、図表のばあいも、ある図表はそのまま原の作成によることを記さずに自ら作成したようにしてそのまま載せたり、ある場合には、図表の一部を加除して変更したり、表をグラフにしたり、グラフも加工したりして原作者が分からないようにしている。脚注も一部は先行研究者のものであることを記しても、残りの脚注は先行研究者のものであることを記さない、というやり方をしているので、どこまでが原作者からの引用・参照なのか分からない。」（乙38　17頁）と述べている。

これら堀意見書及び松村意見書は被告の指摘と完全に一致しているのである。

(3)　以上述べたように、

・原告がそれまで大東亜共栄圏全体について考察した論文は存在しないこと

・被告論文等は学界においても先駆的研究であり、特に「大東亜共栄圏」全体がその崩壊を必然化する矛盾を明らかにした見解は当時誰からも発表されていなかったこと
・「被告が原告著書を読んだ段階で、「時期別・問題別・地域別」構成をとりながら、被告論文が採用した論理構成を篇別構成としていること
・歴史的史実についても被告論文等と原告著書には数多くの重複があり、しかもその内容は被告論文等の叙述と同じ内容であること

などの事実から、被告は原告著書を初めて読んだ時から、原告による被告論文等の剽窃・盗用を理解していたものであり、被告が原告による剽窃・盗用を真実であると信じたことにつき相当の理由があることは明らかである。

原告の主張は以上の各事実を全く無視したものであり、到底成り立ち得ない。

第2　本件における立証課題と立証方法について

1　本件における原告の主たる主張は次のようなものである。

(1)　剽窃・盗用の対象と内容等について

原告は、

ⓐ・「他人の頭の中にあるもの」は剽窃・盗用出来ない
・被告報告に依拠する必要はなかった
・被告の原告への非難は原告への「個人攻撃」である

ⓑ　被告は「剽窃」「盗用」の概念を不当に拡大解釈している
ⓒ　原告著書以前に「大東亜共栄圏」全体に関する論文は存在した
ⓓ　原告は被告論文の論理構成を原告著書の編別構成で剽窃したことはない
ⓔ　原告著書が被告論文等を剽窃・盗用していないことは両者を比較すれば明らかである
ⓕ　被告論文等の研究は先駆性がない
ⓖ　原告著書は原告の長年の研究成果によるものである
ⓗ　史料等の発見者やその記載について「剽窃・盗用」とは無関係であるなどと主張し、被告が本書面「第1の2」で述べた内容と対立している。

そこでこれらの点についての立証とその方法が問題となる。

以下これらの問題に基づき、本件の具体的立証課題について論ずることとする。

2　原告の主張についての検討

(1)　前項ⓐについて

ア　被告発表（論文）等について、原告は「被告の頭のなかにあるもの」は剽窃・盗用はできない旨主張している。

しかし、被告の大会報告は、著作権法10条1項1号に定める演述著作物として認められている。

また、被告発表の内容と被告論文が同一であることは、被告論文において冒頭わざわざ「統計資料の一部を削除し注を付したほか論旨内容には変更を加えていない」と記していることからも明らかである。

さらに、原告が「頭のなかにあるもの」は剽窃・盗用できない、あるいは報告と論文との同一性についての疑問などをしきりに主張したことから、被告は発表当時の原稿(乙23)及びその後の論文掲載のための原稿(乙24)を顕出しており、その同一性は疑いの余地がない。

イ　被告論文等に依拠する必要がなかったとしている主張について、原告自身、原告著書の「あとがき」の中で、

・原告は「再構成の際」「原氏とおこなった数度の打合せの討議が本書作成に大いに役立った」と原告著書で叙述している。

・1974年10月に80%出来ていたことを裏付ける客観的証拠など全く存在しない。

・加えて、原告が被告論文等に依拠しうることは、時期的にも十分可能である。

ウ　被告が原告を「個人攻撃」している旨の主張は、前述した被告の主張をみれば論外である。

エ　そして、学問上の在り方として、前記「ア」「イ」の事実を踏まえて、万一原告が偶然本当に被告論文と同一内容の研究を行ったとしても、先行研究たる被告発表(論文)が存在しているのであるから、学問的にみて原告は原告著書執筆に際し被告発表(論文)との関係をどのように叙述すべきかが検討されなければならない。

(2)　同ⓑについて

ア　原告は、前述したように、被告は剽窃・盗用の概念を不当に拡大解釈していると主張している。

(ア)しかし、原告が所属していた早稲田大学による『剽窃定義確認書』「修士論文・レポートにおける盗用・剽窃行為とは」(乙16)との題目の下で、「基本となるルール」として、

・「他人の文章を書き写す場合(つまり引用する場合)には、かならずその文章全体を「」(一重カギカッコ)でくくる。文末の。(句点)は、「」の外に出す。引用文のなかに「」がある場合は、『』(二重カギカッコ)に変える。そして著者名、著書(あるいは論文や記事)のタイトル、該当ページ数(および出版社や出版年)がわかるようにする。」

・「文章をそのまま引用したわけではなくても、要約というかたちで利用したもの、アイディアを得るために参考にしたものがあれば、同じように著者名、タイトル、ページ数(ウェブサイトの場合アドレスとアクセスした日付け)を示すのがルールです。」

として、他人の論文の「要約」としての利用や参考とした「アイディア」の引用の正確性も厳格に剽窃・盗用にあた

る不正行為としているのである。

（イ）これらのことは、著作権法10条1項でも、演述著作物（1号）、図形著作物（6号）が著作物として例示されさらには同法では引用の正確性（32条）、同一性保持権（20条）などが定められていることからも当然の事柄である。

イ　本件では原告著書における被告論文の論理構成との類似や史実の要約等による叙述、引用の方法、図形等の記載方法などが問題となっているのである。

こうした事実が法律上、学問上、剽窃・盗用といえるか否かが問題となっているのであるから、原告の主張は被告の主張内容を全く理解していないという他はない。

具体的に何点かだけを例示すると、

○投資形態について

・「第一期の満州」（「対照表」６頁の７）

・「満鉄改組、満鉄経営の悪化」（「対照表」16頁の８）

・「第二期の満州に対する基本構想」（「対照表」13頁の26）

・「満州産業開発五ヵ年計画について」（「対照表」16頁の33）

○貿易構造についての

・「貿易構造の変化」（「対照表」９頁の15）

・「第三国貿易と同ブロック貿易」（「対照表」10頁の13）

○金融構造についての

・「第三期の金融構造」（「対照表」12頁の22）

などの叙述を被告論文等と原告著書を具体的に比較すれば、その内容が極めて類似しており、剽窃・盗用以外にありえないような内容になっている。

このうち、一例だけ指摘すれば、原告著書第四篇第七章第二節「(二)貿易構造の変化」では、「以上述べた二要因が重なる形で、日本帝国主義は、自己の占領地に、機械、繊維製品に代表される工業品を供給する能力を欠落させたままに、物資調達のための通貨乱発を繰り返し、天井知らずのインフレをひきおこし、対日搬出物資の確保を著しく困難にさせる結果をまねいたのである。」（原告著書517頁）と叙述されているが、この記述と被告論文の前述した総括的結論は瓜二つである。これらを学問的にどのように評価するのかが問題となることになるのである。

(3)　同ⓒについて

ア　原告は「原告著書と被告論文の間にかかる「剽窃」「盗用」が存在しないことは両者を付き合わせれば、客観的にも明らかであり、誤信をする余地すらない」と主張している。

イ　しかし、前述したように、原告の剽窃・盗用は被告論文の論理構造を原告著書の篇別構成として、「原の先行研究のある部分の文章は要約して使用したり、原のある部分の文章は分割して小林の本の多くの箇所に分散させて使用している」などの手法をとっている。

こうした手法によって原告著書が著され、被告論文等の内容や趣旨を原告の見解として叙述していれば、著作権法上も学問的にも剽窃・盗用となることは当然の理である。それゆえ、被告論文等の構成や内容、史実の叙述等と原告著書の内容とを綿密に対照する必要がある。

この事実は、前項⑵で指摘した原告著書の叙述部分一点をとっても原告著書が被告論文の総括的見解と実質的に全く同一であることは明白であることからも、原告の前記主張が的外れであることは明らかである。

(4)　同ⓓについて

原告は原告著書以前に「大東亜共栄圏」全体に関する研究論文を発表していた旨主張するが、具体的な論述を提示して客観的な立証など全くしていない。逆に、前述したように、被告のみならず、堀意見書、松村意見書も原告がそのような研究など行っていなかったことを指摘している。

(5)　同ⓔについて

被告がその陳述書で詳細に述べているように、被告論文の論理構成の内容と原告著書の篇別構成とを対象として、その内容を対照し、同一といえるか否かの検証が必要である。

(6)　同ⓕについて

被告論文等について、学問的・専門的見地からみて、先駆性を有しているか否かの検討が必要となる。

もっとも、この点について、原告自身が自己の著書において被告の先行研究の一部についてその先駆性を認めている（乙61～63）。

また、浅田喬二を含む多くの研究者も被告の先行研究について高く評価している（乙45～59）。

これらの事実を踏まえ、被告の先行研究の学問的評価がなされるべきこととなるのである。

(7)　同ⓖについて

原告の先行研究について学問的・専門的に検討を加え、原告の先行研究が原告著書全体の構成するために十分な要素となっているか否かについて検討しなければならない。

この作業は原告自身の原告著書発行より前の研究と、原告著書それ自体との、連続性と断絶性の学術的な吟味の問題である。

(8)　同ⓗについて

原告著書に記載されている図表、地図、その他の史料が被告論文等からの無断引用、改ざん、同一性保持権の侵害をしているか否かの検討などの行為について、学問的な検証が必要不可欠である。

3　立証事項と立証方法について

(1)　前項で述べた検証の内容は、

・ⓐでは、原告著書以前に同一内容の被告発表（先行著作物）が存在した場合に、後発研究が学問的にどのように先行著作物に言及するべきか

・ⓑでは、法律上、学問上の剽窃・盗用行為とは何か

・ⓒでは、ⓑを踏まえたうえでの被告論文等と原告著書との学問的比較検証

・ⓓでは、原告著書刊行以前の原告の論文の学問的評価

・ⓔでは、被告論文と原告著書の構成との学問的比較、検証

・ⓕでは、被告論文以前の被告の論文の学問的評価

・ⓖでは、原告著書と原告の論文との連続性あるいは断絶性の有無

・ⓗでは、原告著書における図面、地図等の著述方法と著作権法等との関係の内容的評価

などについての立証が必要となるのである。

(2)　以上の検証にあたっては、

ⓐは学問上の先行・後発研究のあり方であり、ⓑⓒでは剽窃・盗用に関する学問的評価と原告著書と被告論文との強度の類似性の有無についての学術的吟味などが必要である。

これらの検証を行うにあたっては、学問的方法論と、原告・被告それぞれの先行研究の内容に関する理解（専門的知見）が必要である。

例えば、前述した個別箇所の叙述の内容の比較を行うには、双方の叙述内容とその研究成果の形成過程の理解が必要であり、また先行研究と原告著書の内容とその形成過程の理解がそれぞれ必要である。

こうした検証方法は学界が盗作問題に関して判断を行う際には不可欠の作業となっている。

従って、本件事案を判断する際には、このような学術的考察を踏まえた立証作業を抜きにして本件における正確な剽窃・盗用の有無の判断は不可能である。

まして、特別な場合を除き（例えば自白が認められる場合など）、当事者である本人のみの陳述書とその供述だけによって本件の正確な判断が可能となるような性質のものではない。

以上のとおり、本件を判断するにあたっては、本件の本質に関わる上記の事情を考慮し、当事者だけでなく、学問的・専門的所見を提示しうる証言をも法廷に顕出させることが不可欠なのである。

以上

(注)　本書面は、証人採用の必要性を論じた４通の書面のうちの１通である。

4 依田憙家証人尋問調書（平成三〇年二月五日）

被告代理人（渡邊）

――私が用意した本論に入る前に、1点だけ気になることをお聞きします。あなたは、並存してそれなりの論文を書いたときに、前後のことは余り問題にならないという趣旨のことをおっしゃいましたけれども、先に研究を発表したオリジナリティーのある研究を発表した方がいると、そのときに後発研究がその先発のオリジナリティーがある研究を知っていた場合には、そのオリジナリティーを尊重して、例えば注とか、そういうことで先行したオリジナリティーがありますよということを指摘するのが、通常の学会のあり方ではありませんか、イエスかノーかでお答えください。

これは、原則的には、そうだと思います。（注1）

（注1）先行研究の表示の必要性を認めた。

甲第四九号証（陳述書）を示す

――あなたの原告著書と被告論文の内容についての理解について、お聞きします。例えば甲四九号証の4ページの中で、被告論文は課題別、時期別に論じられている。で、原告著書、これは小林さんの著書といいます、これについては、時期別、課題別、地域別に論じられているというふうにお述べになっていますよね。（注2）

（注2）依田証人は、陳述書においてグラフについて「同じデータをもとに、多少強調される点が違う、似て非なるグラフを作ることも学会では一般的にあること」と述べ「私ども学会の世界において「剽窃」「盗用」とは、他の研究の著作権を侵害するという意味において、重大な非違行為であるという認識が常識として共有されているところです。」との見解（意見）を述べている。

そこで、前者では原のグラフは学術的性格を有するか（著作権法10条6号）、同一目的、同一資料で作成された小林の後発のグラフの目的→半期別、地域名の表示位置をかえることで「似て非なる」ものになるか、後者では、すでに発表されて、演述の著作物（著作権法10条1項）との依田証言は一致するのか否か、一致しないとしたら依田のいう「著作権」とは何か、一致したとすれば先行研究をどのように扱うべきかを尋問しようとしたのである。

はい。

――そうだとすると、あなたは被告論文や原告著書について、そういう方法論まで論じているわけですから、十分にご理解して、この陳述書をお書きになったというふうに伺ってよろしいですか。

原告がそれを十分理解して書いたと理解しているということ。

——あなたが。

はい、私がでしょう。そう理解しております。

甲第三三号証（陳述書）を示す

——それで具体的にお聞きしますが、そのことを前提にお聞きしますが、具体的にグラフについてお聞きします。被告作成のグラフに関連してお聞きしますが、あなたの陳述書、最初の陳述書の４ページの下から９行目、こういうふうに述べています。「著書に掲載された通貨発行残高のグラフ（被告準備書面４　28頁、29頁）についても、同じデータを使えば、どの研究者のグラフにしても、大体同じようなものになることは明白です。同じデータをもとに、多少強調される点が違う、似て非なるグラフを作ることも、学会では一般的にあることで、そのこと自体何ら問題となることではありません。」と、こういうふうに述べていますね。

はい、そういうぐあいに思います。

——では、そうだとすると、これに関連して、グラフの作成、それから引用の問題等について、順次お聞きします。

被告準備書面４の27ページを示す

——まずグラフの作成なんですが、これは手書きのものですね。

はい。

——これは、被告が手書きで書かれたものだということは、御理解できますね。

はい。

——これは、乙二二号証の９ページに書いてあるものですが、それは御理解になれますね。

はい。

被告準備書面４の28ページ及び29ページを示す

——これは、原告著書の446ページ、447ページに記載されたものであることは、あなたも御理解できますね。よろしいですか。これが原告著書にあるということは、御理解してますでしょう。それであなたは論じて、先ほどのあなたが論じたのは、そういうことを前提に論じているんではありませんか。

はい、何ですか、ちょっともう一遍言ってください。

——28ページ、29ページのグラフは、原告著書の446ページ、447ページに掲載されているものであるということは、御理解できますね。

はい、理解できます。

——このグラフについて、被告は、大東亜共栄圏内の地域間のインフレを示すために、このグラフを書いたと、被告作成のグラフですね、という目的も、あなたは御理解していますね。（注３）

（注３）以下、グラフの学術性の存在を確認している。

はい。

――ところで、著作権法の10条の7号、これによりますと、この10条というのは、著作物の例示という条文です。で、この1項6号を述べますと、「地図又は学術的な性質を有する図面、図表、模型その他の図形の著作物」、これが著作権法上に規定された図形の著作物であると。先ほどあなたが著作権が問題だとおっしゃっているんで、この条文を引いたんですが、お分かりになりますね。

分かりました。

――そうすると、この被告作成のグラフというのは、先ほどあなたがお認めになりましたように、その目的は大東亜共栄圏の地域間でのインフレーションを示すためのものであると。

はい。

――それから、このグラフを作るためには、資料の選択がありますよね。

はい。

――これは、戦時中金融統計要覧、このうちの円系通貨発行高を選択していると、このこともお分かりですよね。

はい、分かりますね。

――図表の形の選択があります。この図表は、片対数折れ線グラフ、これは見ても分かりますよね。

はい。

――そういう形態に選択されていますよね。

原告代理人（道）

――図表を示して質問していただけませんか。（注4）

（注4）ここから不規則発言が入る。

被告代理人（渡邉）

――示してありますよ、もう見たんだから。そういう形態を選択していることは、お分かりでしょう。

……。

――今もう一回見せて、じゃ。こんなことが分からないなんて、尋問にならないですよ、25分で。

原告代理人（道）

――堀さんにも丁寧に見せましたので。

被告代理人（渡邉）

乙第二二号証の9ページ、被告準備書面4の28ページ及び29ページを示す

――こういうふうに選択された、被告作成のグラフは……。

この2つは、同じものではないと思います。

――まずグラフを、そういう形で被告のグラフが作られているということです。よく聞いてください。

はい、よく聞いています。

――この被告作成のグラフは、先ほど私が指摘しました著作権法上10条1項6号に定める学術的な性格を有する図表、グラフに該当するんではありませんか。

原告代理人（浦川）
――法の解釈に問題がありますね。（注5）

（注5）先述したように、依田証人の見解に沿った質問に対しての不規則な発言である。

原告代理人（道）
――事実を聞いているわけではない。

被告代理人（渡邊）
――私は聞いているんです、意見を。

原告代理人（道）
――いや、それは意見を聞いている……。（注6）

（注6）依田証人の見解に対する質問であり、これが許されなければ尋問はできない。

裁判長
――はい、答えなくていいですから、答えなくていい。（注7）

（注7）反対尋問は、「主尋問に現れた事項及びこれに関連する事項並びに証言の信用性に関する事項」（民事訴訟規則114条1項2号）について行われるものである。証人は主尋問で被告グラフと原告グラフは別のものと証言しているのだから、被告グラフの性格について尋問するのは当然である。この発言は依田証人への反対尋問を封ずる内容となっている。

被告代理人（渡邊）
――何でですか。

原告代理人（道）
――それは……。

裁判長
――意見だから。（注8）

（注8）依田証言が主尋問や陳述書で「剽窃」「盗用」とは著作権侵害だとしたうえで、原告グラフと被告グラフは別物と陳述している。主尋問で著作物に関する意見を述べているのであるから、反対尋問でその信用性に関する尋問を行うことは当然許される。そうでなければ反対尋問は不可能である。民事訴訟規則115条2項5号では「意見の陳述を求める質問」は

原則として禁止されているが、２項柱書ただし書きで「正当な理由がある場合は、この限りでない。」と定めている。

なんでけんか腰にやるんですかね。

被告代理人（渡邊）

――いや、これは学術的な……。

裁判長

――次の質問にしてください。

被告代理人（渡邊）

――何でですか。異議があります。

裁判長

――意見を聞いたから。

被告代理人（渡邊）

――意見じゃないです。該当するかどうかだけ、聞いているんです。

原告代理人（道）

――該当するかということは……。

被告代理人（渡邊）

――何で条文に著作物が問題だと言っているんですよ、はっきり。著作物が問題だったら、条文が規定された著作物に該当するかどうかというのを、聞くのが当然じゃないですか。異議があります。

原告代理人（浦川）

――それは、証人に答えられる問題ではありません。法の解釈……。

被告代理人（渡邊）

――何で証人に答えられるんですか、答えられないんですか。

裁判長

――今のは、だから法的な判断が入っての話で、それでどうなりますかというのを聞いているわけでしょう。

被告代理人（渡邊）

――何ですか。

裁判長

――法的な判断。

被告代理人（渡邊）
――いや、ですから、著作物を侵害しているというのは、法的な判断が入っているでしょう。著作物という概念は、著作権法に規定されているものは、著作物なんですよ。（注9）

（注9）原告側証人は主尋問（陳述書）で法的評価の入った証言をしているので、当然のことではないかと確認している。

裁判長
――だから、じゃ……。（注10）

（注10）裁判長も答えていない。

被告代理人（渡邊）
――何をおっしゃっているんですか。あなたは分からないんですか。

裁判長
――じゃ、ちょっとそういう今の話っていうのは、専門的なやっぱり著作権侵害なのかどうかっていう話なので、そういう判断を求める質問じゃないと思うんです。だから、それは……。（注11）

（注11）裁判長のこの発言は意味不明。

被告代理人（渡邊）
――や、あの……。

裁判長
――だから、あなたのほうで2つを比べてみて、これが、見たときに、あなたの体験として……。（注12）

（注12）あらためてこの反対尋問の流れをみる。
　グラフの盗用（著作物性と盗用）を立証するために尋問したが、思いもよらずグラフの著作物性を確認する質問が、意見であるとして裁判官の介入により止められた。

　著作権があるものの著作物性が争いになり、その著作物性を問わんとしている時に、これを「意見」だとして尋問できなければ、反対尋問は不可能である。

　しかも、裁判長の介入尋問は反対尋問にもなっていない。

　そのため、原告側代理人の不規則発言（これは異議か否かわからない。異議であれば理由をのべるべきである）。陳述書で著作権について述べている以上、「正当な理由があればこの限りでない」と規定する民事訴訟規則115条2項但書で、実務では証言の内容に応じて尋問を行っているのが通例である。

　そのため、非常に多くの尋問が妨げられた。

　しかし、そういう状況のなかでも、依田証人の回答の矛盾は十分に出ている。

被告代理人（渡邊）
――体験ではありません。ちょっと待ってください。

裁判長
――それで、いけないものと思ったかどうか。（注13）

（注13）すでに指摘したように、依田証人は「……似て非なるグラフをつくることも学界においては一般的である」と盗用を否定している。にもかかわらず「あなたの体験として」と同じ尋問をすること自体が理解できない。裁判長が陳述書を正確に理解しているのか疑問が生じる。

被告代理人（渡邊）
――遮ってください。

裁判長
――その部分だけ答えてください。私の質問を遮らないで。

被告代理人（渡邊）
――依田さんの陳述書の6ページの13行目から、「「剰窃」「盗用」とは、他の研究の著作物を侵害するという意味において重大な非違行為である、という認識が常識」であると、学界では。こういうふうに答えているから、私は尋問しているんですよ。ちゃんと陳述書を読んでください。（注14）

（注14）筆者がこの尋問のために準備した「尋問準備メモ」を掲載する。左半分に尋問事項を記載し、右半分には尋問事項関連する証拠等を記載している。

【筆者の尋問準備メモ】

［尋問事項］　［尋問事項に関連する証拠等］

左側の尋問事項に、
ア　原告作成のグラフは、被告作成のグラフと比べて
①期間：月別→半期別
名称：下欄→グラフ中
違うだけなのに別の著作物（研究等グラフ）なのですか
という尋問事項をメモしている。
その右側には、依田証人の陳述書の関係部分を次のようにメモしている。
「私ども学界の世界において、「剽窃」「盗用」とは、他の研究の著作物を侵害するという意味において重大な非違行為である」（甲49　P6　13ℓ～）

裁判長
――読んでいるんだけど、それと今のそれを聞いて、どうなんですか。（注15）

（注15）著作権を前提として証言しているから聞いているのである。

被告代理人（渡邊）
――だから、あとは著作物のことを聞いているんです。あと聞いてください。で、必要なら必要で、あなたが信用性がないと、意味がないと言うなら、それは排除すればいいだけの話でしょう。聞いてください。（注16）

（注16）ここまで依田の陳述書の内容を示しても、裁判長は尋問させなかった。ここからは、この依田の見解が正しいか否か、すなわち、グラフも著作権法10条1項6号の著作物になるのか、先行研究になるのか、著作物の同一性などを具体的に問うことになる。

詳しい著作権のことは、私は答えません。（注17）

（注17）著作権侵害につき述べることを避けている。

――答えませんじゃなくて、あなたは剽窃、盗用とは著作物を侵害しているかどうかと言っているんだから。

これは、あれです。

――ちょっと待ってください。著作物かどうかというのは、まさに著作権法に定められているものかどうかというのは、基本じゃないですか。違いますか。

それは……。

原告代理人（小島）
――証人を恫喝する質問です。（注18）

（注18）証人が聞こえないといったため声を大きくしただけ。

法律家の判断にお任せします。

被告代理人（渡邊）

――いや、聞こえないと言ったから、大きな声を出しているだけです。何を言っているんですか。

原告代理人（小島）

――証人を恫喝する質問です。

裁判長

――やっぱりでも、もうちょっと冷静に聞いてください。（注19）

（注19）裁判長は自分が不当な介入をしたため混乱していることを理解できていない。

被告代理人（渡邊）

――いや、大きな声じゃなきゃ聞こえないと言ったから、小さい声だったら。私も小さい声のほうがいいです。じゃ、小さい声で。

原告代理人（浦川）

――いずれにしても、証人は著作権侵害と言っているので、それについての質問は、やめてください。

原告代理人（小島）

――異議があります。この個別事案に関しての法解釈を求めています。（注20）

（注20）依田証人が「著作権侵害」と述べているから聞いている。

被告代理人（渡邊）

――じゃ、こう聞きます。あなたは、さっき言った本件グラフの目的が、先ほどインフレを示すため、それからこの資料、これを作るためには、資料の選択をしてますよね。これはお分かりになりますよね、統計要覧から。それから、図形の選択をしてますよね。こういう選択をしたものは、もう著作物と言わなくて結構です。新たな研究業績であるかどうかという表現にします。新たな研究業績としてお認めになるかどうか、それについてお答えください。（注21）

（注21）表現方法を変えて質問した。

原告代理人（道）

――ちょっと質問が交錯したので、もう一度、今の質問だけ、最初から最後まで言っていただいたほうが。（注22）

（注22）原告及び原告代理人にわからないはずがない。

被告代理人（渡邊）
――いや、今の質問でぐだぐだ言ったから、今言ったように、このグラフの目的、資料の選択、それから図形の形態の選択、こういう選択を経たものは、新たな被告の研究業績であるということをお認めになりますか、なりませんか。
その答えは保留いたします。（注23）

（注23）質問を理解したうえで、「保留」なる言葉を使って答えを回避している。

――保留。あなたは、分からないとおっしゃるんですか。

法律上のことによって……。（注24）

（注24）著作物といったのは依田証人自身である。

――証人はこれまで……。

法律上のことなので、答えません。

――ちょっと待ってください。証人はこれまで、経歴、研究論文を書いてきましたよね。そうすると、研究資料に基づいて図表を作ったこともおありでしょう。当然ありますよね。その図表が、新たな研究業績であると、自分の、そういうふうに理解していましたか、いませんか。

原告代理人（道）
――それは、具体的に聞いていただかないと。（注25）

（注25）これ以上具体的に聞く必要などありえない。民事訴訟規則115条1項は「質問は、できる限り、個別的かつ具体的にしなければならない。」と定めているが、十分具体的な質問である。

被告代理人（渡邊）
――いや、本件のように、典拠資料に基づいて図表を作ったということです。しょっちゅうやるでしょう、研究者は。何を言っているんですか。答えなしでいいですか。じゃ、逆に言います。逆に、先行研究者がある一定の史実を示すために、典拠資料に基づいて図表を作成した、その図表を、あなたが仮に、あなたはよく研究論文を書いてきたでしょうから、その中で先行研究者の図表を利用しようとしたとき、そのときに、先行研究者のその図表は、新たな研究業績、その人の研究業績として扱ってきましたか、きませんか。
はい、それは扱ってきました。
――それは著作物だと思ったから、そういうふうに尊重したんじゃないですか。

原告代理人（道）

――それは、誤導だと思います。（注26）

（注26）誤導とは誤った前提で質問することをいう。ここで何故誤導だというのか理解できない。

被告代理人（渡邉）

――誤導じゃないよ。それが嫌だったら、研究、著作物と、私は分かりませんといえばいいんだから。そうしたら、後で著作物は問題になっていることと完璧に矛盾するわけですから。そういう尋問なんですよ。分かりませんか、あなた。

被告準備書面4の28ページ及び29ページを示す

――次に、原告の著書において、さっきの図面の下を見てください。この「前掲『大東亜共栄圏』の経済的実態」、それから「前掲『戦時中金融統計要覧』より作成」と書いてありますね。

うん。

――このことについて、例えば原告自身が、原告第4準備書面の35ページ、下から4行目、端的に示しますと、こう書いてあります。「既に引用した論文等を引用するに際し」と、まさにこのことは原告も引用であるというふうにお認めになっているんですよ。このことはお分かりになりますか。

答えません。（注27）

（注27）答えると図表が著作物ということになるから答えられない。

――引用としてお認めになっているんですが、引用というのは……。

原告代理人（道）

――すみません、引用として認めているのは、誰が認めているという趣旨ですか。

被告代理人（渡邉）

――原告と言っているじゃないですか。

原告代理人（道）

――今それを明らかにしてなかったので。（注28）

（注28）これらは全く意図的な不規則発言としか理解できない。

被告代理人（渡邉）

――言っているじゃないですか。第4準備書面と言っているじゃないですか。

原告代理人（浦川）

——第４準備書面を示していただけませんか。

被告代理人（渡邊）

——引用というのは、著作権法上32条1項では、公表された著作物は、引用して使用することができる、こう定めているんですよ。要するに引用というのは、公表された著作物、このことが前提となっているんですが、そのことをお分かりになりませんか。

分かります。

——じゃ、著作物ですね。

原告代理人（道）

——いや、それは何を……。

被告代理人（渡邊）

——被告作成のグラフというのは。

原告代理人（道）

——何を著作物と聞いているのか、あと著作物……。（注29）

（注29）原告代理人はほとんど意味のない発言を執拗にしている。

被告代理人（渡邊）

——あなたは理解できないんですか、日本語を。著作は、引用という条文は。こんなの時間がかかるだけですよ。

原告代理人（道）

——証人に分かりにくい質問だと言っているんです。

被告代理人（渡邊）

——分かりにくいじゃない。引用という、引用しているということを言った上で、著作物の32条の1項では、引用について論じているんです。定義しているんです。

原告代理人（道）

——それはまた法解釈の問題だと思います。（注30）

（注30）「引用するもの」が著作物でなければならないかという議論はあるが、「引用されるもの」は著作物であろう。「引用」を法解釈の問題だというのは、執拗な不規則発言としか考えられない。

被告代理人（渡邊）

——いや、ですから、法解釈じゃなくて、公表された著作物は引用して利用することができる、ここに解釈の余地がありますか。

原告代理人（浦川）

――そういうこと自体は、条文ですけども、あなたが言っているのは、この問題について当てはめようと解釈のことですよ。

被告代理人（渡邊）

――だから、あなたが意味がないなら、意味がないって論じたらいいでしょう。

原告代理人（浦川）

――それは証人に聞くことじゃないじゃないですか。

被告代理人（渡邊）

――だって、引用、前提として引用であると、引用と言った場合には、公表された引用物、これが前提となっているんではありませんか。分からないなら分からない、イエスならイエス、ノーならノーと答えてもらえば結構です。どうですか、結論を言ってください。分かりませんか。

　私には表現の自由がありますから……。

――表現の自由じゃなくて、あなたは証言に立って、私の質問に答えなきゃいけない義務があるんです。

　だけど、答え方というのは、私の自由ですよ。（注31）

（注31）証人は「良心に従って真実を述べ、何事も隠さず、偽りを述べないことを誓います。」と宣誓して法廷に立っているにもかかわらず、完全に証人の立場から逸脱している。

――だから、答え方、答えればいい。さっき言ったように3つ言ったじゃないか。

裁判長

――ちょっとやりとりが長くなったんで、端的にちょっと質問だけ、もう一回やってもらえますか。（注32）

（注32）自己（裁判長）の介入により不規則発言が多用されたことを理解していない。

被告代理人（渡邊）

――だから、32条の引用という、引用と原告は認めているんですよ。そうすると、著作権法上の引用というのは、公表された著作物を前提として定められて、そうだとすると、一般的に引用という言葉を使った場合には、その前提たる引用された対象というのは、公表された著作物ではありませんか。それについて、分からない、イエス、ノー、この3つの答えがあるわけです。それのどれですかと言っているんです。

　私自身の答えがあります。

――いや、だから、どれですか。端的にお答えください。分からない、イエス、ノー。
　表というものは、著作権に当たるというぐあいには、私は考えております。（注33）

（注33）依田証人は、グラフが著作物ということを当然知っていた。裁判長の介入と不規則発言からこれまでのやりとりは完全に無駄であったことになる。

――考えています。
　はい。それだけです。
――だから、その引用というのは、対象は著作物なんでしょうか、それとも分からない、イエス、ノー、本件で。
　あなたの聞き方によって、分からなかったりする。

原告代理人（小島）
――端的に申し上げますと、必ずしもそうではないケースが多くある中で、無理やり……。（注34）

（注34）ここでも意図的な不規則発言。被引用物が著作物でないことはありえない。少なくとも「そうではないケースが多くある」ことはない。

被告代理人（渡邊）
――そんなことは、あなたの意見を聞いてるわけじゃないですよ。だから、分からない、違うっていう、答えればいいじゃないですか。

原告代理人（小島）
――いや、無理やり、その法の解釈について間違っている解釈について、押しつけています。

被告代理人（渡邊）
――押しつけていませんよ。３つの答えを、あなたはどれですかと言っているんだから、何を押しつけているんですか。

原告代理人（小島）
――引用されたら、全てが著作物に当たりますか。（注35）

（注35）引用について全く無理解で、意図的な不規則発言としか考えられない。

被告代理人（渡邊）
――当たりますよ。

原告代理人（小島）
――全てが当たるんですか。

被告代理人（渡邊）

――当たりますよ、こうやって創作したものは。

原告代理人（道）

――ちょっと待ってください。

被告代理人（渡邊）

――そんな議論はやめましょう。時間がないですから。次に、分からないなら分からないで結構です。答えないなら、答えないで結構です。それじゃ、あなたの考える著作物法10条1項6号に当たる学術的な図表、例えばこれは図表というのはグラフですね。これは、どんなものがありますか。あなたの見解で答えてください、それだったら。

図表とか統計表とか、その人自身が、著作者自体が作ったものというぐあいに思っております。

――被告も、そういう目的で作ったんではありませんか。

そうですね。

――あなたは首を縦に振っていますね。

原告代理人（道）

――いや、それは、ごめんなさい。

被告代理人（渡邊）

――横を見ないでください。前を見て答えてください。

原告代理人（道）

――いや、どの表のことを言っているのかが分からなくなっていると思いますけど。

被告代理人（渡邊）

――分からなくなっているんじゃない。あなたが書いていることを質問しているだけなんだよ。

原告代理人（道）

――目の前にないので、一般的な表のことを聞かれて。

被告代理人（渡邊）

――だから、見せたじゃないですか。何を言っているんですか。反対尋問の方法を知らないんですか、あなたは。

原告代理人（道）

――また表とグラフも違いますから。

被告代理人（渡邊）

――結構です。あなたと議論したくありません。甲三三号証4ページの下から5行目、「同じデータをもとに、多少強調される点が違う、似て非なるグラフを作ることも、学会では一般的にあること」ですというふうに述べていますね。

　はい。

被告準備書面４の28ページ及び29ページを示す

――そうだとすると、似て非なるものとおっしゃるんで、今度はこのページに掲げられたグラフです。これは、新たは著作物になるんですか、ならないんですか。

　図表は著作物になります。

――被告が作成したものも、新たな著作物になるんですか。

もちろん、そうです。

原告代理人（道）

――それは、どこの。

被告代理人（渡邊）

――原告、ごめんなさい、原告の。

原告代理人（道）

――どちらですか。

被告代理人（渡邊）

――原告の。原告です。

原告代理人（道）

――原告ですね。

被告代理人（渡邊）

――はい。そうすると、あなたは被告のグラフと原告のグラフは、時期と名称が、時期が月別、半期別に変わり、名称が下欄にあったものがグラフ中にあると、この２つを変容したことによって、新たな著作物になるとおっしゃるんですか。

　質問の趣旨が、よく分かりません。（注36）

（注36）不利な回答を避けるための常套手段である。

――分からないって、簡単、あなたが著作物だと言っているんだから、被告と原告のグラフを比較したことがあるでしょう。その比較をすれば、時期が月別、半期別で、名称が下欄にあるのがグラフ中に書いてある、この２つだけなんですよ。この２つの違いによって、被告のグラフとは別の新たな創作物、著作物になるとおっしゃったから、そんなことがあるんですかと聞いているんです。

　……。

――答えないなら、答えないで結構です。

　答えません。

――普通、一般的にある資料から、ある文献から別の文献に変えた場合に、別の著作物だというと、前の文献なり資料なりを換骨奪胎して新たなものを作るということが新たな創作物だと、これは一般的な常識では言われているんですが、この2つの要素を変えることによって、換骨奪胎したものだというふうに、あなたは評価できますか、できませんか。

原告代理人（道）

――それも誤導じゃないですか。大分前提を……。

被告代理人（渡邊）

――誤導じゃありません。イエスかノーか、イエスかノーかを聞いているんだから。

原告代理人（道）

――じゃ、同じ質問の繰り返しだと思いますけれども。

被告代理人（渡邊）

――違いますよ。違う角度から聞いていますよ。

原告代理人（道）

――その前提が、代理人のお考えなのではないですか、今おっしゃったのは。（注37）

（注37）またも執拗な不規則発言である。

被告代理人（渡邊）

――反対尋問を邪魔しないでください。

原告代理人（道）

――邪魔ではなくて、異議、意見です。

被告代理人（渡邊）

――イエスかノーか、答えてください。

そういう質問には答えません。

――はい、結構でございます。それから、先ほど言ったように原告は、被告のグラフを引用しているというふうに言っていることは、先ほど指摘しましたね。引用しているにもかかわらず、新たなものに、新たな著作物になるとおっしゃるんですか。

これは、著作を引用して書いて、誰のであると書いてあるのもありますね。たくさんあります。（注38）

（注38）あれだけ不規則発言の対象となった「引用」をここで語っている。

――何を言っているか、さっぱり分からないんですが。

うん、私にも分かりません、あなたの言っていることはあなたの言っていることが、分かりません。

――いや、というのは、引用については、あなたは同一性保持権があるということは、御存じですか。同一性保持権というのは、引用された著作物を変容、これは20条に規定しています。こういうふうに定めています。「著作権者は、その著作物の改変及びその題号の同一を変更、切除、その他の改変を受けないものとする」と、これが著作物人格権の同一性保持権と言われるものなんです。この同一性保持権を、この２つの時期と、それから名称の変更によって、同一性を失っているものですか、失っていないものなんですか。簡単なんですよ。

分かりません。

――そうすると、この２つの被告作成のグラフと原告作成のグラフは、別々の著作物として成り立つということをお考えなんですか。

小林さんのとそれから原さんのですか。

――そうです。

別のですね。（注39）

（注39）わずか２ヶ所の違いで別の著作物としている。これまで原告は「引用」と主張してきたし、引用であれば同一性保持権の規定に反しないかという尋問の流れがある。

――そうすると、あなたはこれまでの研究の中で、こういう２つの変更を加えれば、別々の著作物として、あなたは今までの研究の中で、そういうふうに扱ってきて、研究論文をお書きになってきたというふうに伺ってよろしいですか。

別々に扱ってきてはいました。

――あなたは、甲四九号証の４ページ、大体18行目なんですが、原告著書の課題ということで、この18行目に、これは工業化政策の成否を検討していた、原告著書、というふうに書いていますが、そのとおりでよろしいですか。

もう一度言ってください。

――課題ということの本文、原告著書で、工業化政策の成否を検討していたということを言っていますが、それでよろしいですか。（注40）

（注40）ここでは尋問対象をテーマ論にして質問した。

はい。

甲第五〇号証（陳述書）を示す

――これは原告の陳述書、この12ページの10行目で、こういうふうに言っています。こうした分析を踏まえて、「私は、植民地工業の形成と崩壊を「大東亜共栄圏」の形成と崩壊の論理とし」たと、こういうこととあなたの見解は、一緒なんですねというふうに伺ってよろしいですね。

これは、そうですね。

――よろしいですか。

うん。

——そうだとすると、今度は次に、被告の見解を示します。

乙第一二号証（「『大東亜共栄圏』の経済的実態」（乙５））を示す

——28ページの左欄、このVのむすび、これを読みますと、「以上の考察によって、植民地・占領地の各地域において日本帝国主義が試みたいわゆる経済開発の方式は、一貫して軍需物質の掠奪を基調としつつも、各時期・各地域ごとにその基本構想と中心機構の形態を変化させており、また各地域ごとに異なった形態の貨幣制度を採用せざるをえなかったこと、この結果、共栄圏内の各地域間の経済的連携も、物質交流と送金関係の両面において分断されていったことが明らかであろう。」、こう書いてありますね。

うん、うん。

乙第三一号証（『土地制度史学会／政治経済学・経済史学会60年のあゆみ』と題する学会誌）を示す

——それから、このことについて石井寛治氏は、この50ページの8行目から、こう書いてあります。「基調報告として の原報告は、「大東亜共栄圏」全域の経済構造を貿易・金融の側面から概観し、その崩壊を必然化する矛盾の所在を明らかにし」と、こう書いてありますね。そうだとすると、今言った被告の見解、それからそれをまとめた石井さんの見解と、あなたが言うように、大東亜共栄圏の課題として、植民地工業化の成否が問題となるということとは、全く別の見解でございますよね。分かりませんか、そんなこと。

答えません。（注41）

（注41）不都合なものには一切答えない。これは訴訟指揮の影響としか考えられない。

——答えません。

はい。

——違うかどうかも分かりません。

はい、そうしましょう。

——答えられないんですか。

はい、答えられません、今、今の状況では。（注42）

（注42）「今の状況」は、民事訴訟法196条（刑事訴追を受けるおそれ等）、197条（守秘義務がある場合）に該当しないから、ここで証言を拒絶することはできない。

——今の状況じゃない。あなたは、そのために証言しているんですよ。じゃ、こう聞きましょう。今言った、私が指摘したんですが、あなたの言う工業化の問題と、貿易、金融の側面から概観した問題とは違うレベルの問題なんだけれども、そのことが２つの大東亜共栄圏の形成と崩壊に２つの見解があるということを書いた論評なり論文なりがございましたが、ございませんか。あなたの記憶の範囲内で結構です。

それは、記憶はありません。（注43）

（注43）当然ながら別のテーマであることを指摘した文献などないことを認めた。

――それから、工業化の問題というのについてお聞きしたいんですが、大東亜共栄圏というのは、華中、華北、南方が入りますよね。

（うなずく）

――工業化の問題というのは、華中、華北、南方では工業化など問題にならなかったんではありませんか。

大東亜共栄圏には、そのほかいわゆる満州と朝鮮……。

――いやいや、違います。私が聞いていることだけ答えて。そんなこと私は分かっています。私が言っているのは、大東亜共栄圏全域というと、華中、華南、南方が入るんではありませんか、そうでしょう。

それは、入ります。

――そうすると、華中、華南、南方というふうについて、工業化の問題というのは、問題にもならなかったんじゃないですかという質問なんです。

そういう質問には、答えません。（注44）

（注44）華中、華南、南方では工業化が問題となったことがなかったことは歴史上の事実だが、不都合な質問には一切答えない。

――そうすると、分からない部分が、大東亜共栄圏全体の崩壊と形成に関与することはあるんですか。要因になることはあるんですか。

原告代理人（道）

――関与するというのは、誰が関与するんですか。（注45）

（注45）またも不規則発言。「要因」と言い直しているのだから、「関与する」とは言っていないことは明白である。

被告代理人（渡邊）

――関与ではない、要因です。

原告代理人（道）

――要因……。（注46）

（注46）まだ言っている。意図的な不規則発言であることは明らかである。

被告代理人（渡邊）

――はい。大東亜共栄圏の形成と崩壊の要因になることは、あり得るんですか。だって入ってないんだから。

原告代理人（道）
——それは学術的な意見を聞いているんですか、今。（注47）

（注47）テーマが違う（工業化の問題）と証言したから聞いているのに、またも不規則発言。

被告代理人（渡邊）
——もちろん。だって、あなたはそう言っているんだから。分からないなら、分からないで結構です。

原告代理人（道）
——いや、証人ですので、事実を聞いていただければと。（注48）

（注48）テーマ論は依田証人の陳述書の要点のひとつであるのに、この不規則発言。

被告代理人（渡邊）
——じゃ、事実ですよ、それは。何が、それは歴史的事実じゃないですか。

裁判長
——次の質問で終わりにしてください。

被告代理人（渡邊）
——もう次の2問でいきます。

裁判長
——2問でね。

被告代理人（渡邊）
——あなたは、そうだとすると、植民地工業化の問題が大東亜共栄圏の形成、特に崩壊の要因となっているということを、原告著書に書いてある箇所はありますか、ありませんか。

答えません。（注49）

（注49）ここでも重要な点を不都合と考えて答えない。

——あなたは、それを分からずに書いているの。

はい。分かりません。答えません。（注50）

（注50）宣誓をした証人としてあるまじき態度である。

——私が見たところ、全くそんなことはありません。

原告代理人（道）

――今のは何ですか、質問ですか。

被告代理人（渡邊）

――質問ですよ。

被告復代理人（武藤）

――今のは質問じゃなくて。

原告代理人（道）

――最後の質問。

裁判長

――じゃ、一つだけ。それで終わりにしてください。

被告代理人（渡邊）

――あなたは、甲四九号証5ページの11行目から、「そのこととも関連して、「『大東亜共栄圏』の形成と崩壊」というテーマで著書を書くとすれば、小林さんのほうがはるかに先行していたといってよいと思います。」、こういうふうに言ってますよね。

はい。

――ところで、この浅井良夫さんの書評、これは『日本戦時経済研究』、乙二号証、これは被告論文とそれ以前の論文を集めたものです。

原告代理人（道）

――乙六九号証ではありませんか。

原告代理人（浦川）

――号証をちゃんと言ってください。

被告復代理人（武藤）

――乙六九号証です。

被告代理人（渡邊）

乙第六九号証（書評『日本戦時経済研究』（『歴史と経済』２０１６年７月号所収））を示す

――53ページの左欄の下から９行目から、「また本書は、日本の戦時統制経済を、①戦時統制経済への移行は日中戦争勃発以前に、すでに国際収支危機によって必然化していたこと、②戦時経済の制約要因は１９４１年以前には国際収支と金・外貨であり、その後は輸送（主として海運）であったこと、③円ブロックは統制経済の矛盾によって分断化され、円と植民地・占領地を含む単一の円ブロックは形成されなかったこと等の特徴を持った体制として説得的に描いている。これらの点はすでに定説となっているが、改めて著書の功績であることを強調しておきたい。」と、こういうふうに論じています。それから、先ほど言った石井寛治さん、乙三一号証、この50ページの8行目なんですが、これを繰り返しますと、「原報告は、「大東亜共栄圏」全域の経済構造を貿易・金融の側面から概観し、その崩壊を必然化する矛盾の所在を明らかにし」と書いてありまして。また浅田氏は、乙五八号証197ページの上段の後ろから7行目に、こう書いていています。「また、原朗は、『大東亜共栄圏』の経済的実態」、という中国本部はいうに及ばず、南方諸地域をも含めた日本帝国主義の植民地の経済的実態を検討した画期的報告」、こういうふうに評価しています。

原告代理人（道）

——すみません、それは余りにも長い読み上げなので。何ページでしょうか。（注51）

（注51）証拠を示しているのだからわからないことはない。

被告復代理人（武藤）

——乙五八号証の197ページ。

被告代理人（渡邊）

——上段の後ろから3行目です。よろしいですか。

原告代理人（道）

——後ろから3行目で終わっている部分ですか。

被告復代理人（武藤）

——そうです。6行目から始まっていますね。

被告代理人（渡邊）

——何も言わなくても、全部聞けば分かるように尋問しているんですけど。そうだとすれば、原告は「大東亜共栄圏の形成と崩壊」という基本的な理念、基本的な見識について、相当程度のこれを書ける程度の学識を、当時有していたというふうには理解できませんか。

誰が持っていたと。

——原告です。被告です。被告です。

被告ですか。

——はい。

被告は、持っていたでしょうね。

——持っていたんですか。

はい。（注52）

（注52）ここでは当時の原朗の論文作成能力を認めた。

——にもかかわらず、あなたはさっき言ったように……。

私は両方とも、小林さんにしろ、それから原さんにしろ、両方とも長い研究の積み上げの中になっているわけなんで、それで……。

――ちょっと待ってください。あなたの書いているのは、こういうふうに、さっき読み上げたでしょう。甲四九号証、この５ページ11行目、「そのこととも関連して、『『大東亜共栄圏』の形成と崩壊』というテーマで著書を書くとすれば、小林さんのほうがはるかに先行していたといってよいと思います。」と言っているんですよ。

はい、そう思います。

――そう思いますのに、同じようなものだとおっしゃるんですか。

原告代理人（浦川）

――答えています、答えています、答えています。（注53）

（注53）これは妨害的不規則発言である。

それは……。

被告代理人（渡邉）

――答えてないから聞いている、矛盾しているから聞いているんです。わかんないのか。

私は、小林さんには、それは書いたように言ったのは、彼が70年代から一貫して、朝鮮それから台湾、それから満州、中国、それから南方というぐあいに積み重ねて、彼の学説は作り上げていったと、そういうぐあいに考えているわけです。そして、原さんもまた、彼なりにあなたの今おっしゃったように、ずっと研究を重ねていったというぐあいに思うわけなんです。

――そうだとすると、小林さんがはるかに先行していたということは、あり得ないんじゃないですかという質問です。

私は、70年代から見ていますから、先行していたというぐあいに思いますね。

――だって、74年ですよ。

裁判長

――もう尋問はやめてください。もう最後、答えましたから。

被告代理人（渡邉）

――ちょっと1問だけ。

裁判長

――いや、だめ。

被告代理入（渡邉）

――被告論文は１９７４年、75年度のことですよ。（注54）

（注54）ただこの回答の誤りを一言指摘したかっただけ。不当

な裁判長の介入尋問で、不規則発言を看過していながら、強引に打ち切った。

裁判長
――もう尋問はやめてください。

被告代理人（渡邊）
――何でだめなんですか。極めて異議を申します。だって、そのことは74年だから、75年なんだから。

裁判長
――もう答えを言ったから。

被告代理人（渡邊）
――極めて偏頗なあれですよ。場合によったら忌避します。

裁判長
――もうちょっと非常に長く……。

原告代理人（浦川）
――1点だけあるそうです、すみません。

原告代理人（道）
――1点だけです、すみません。最後の主尋問のところで、少し言葉がかぶったので、もう一度そこだけ確認ですが、この小林さんの本件著作、「大東亜共栄圏の形成と崩壊」は、何かほかの研究業績を剽窃、盗用したものだという ふうに思ったことがありますか。

ありません。

以上

5 小林英夫本人尋問調書（平成三〇年二月一三日）

被告代理人（渡邊）
原告第5準備書面を示す
――まず第一に、何点か確認したいと思いますが、まず原告の準備書面の第5準備書面の17ページの7行目、ここでは、すなわち本件学会で原告が配付した資料、乙27の1、27の2は、そのほぼ全てが原告著書に使用されていると、こう書いてありますね。これは、お分かりになりますね。

いや、ちょっと待ってください。7行目。

――次の質問、そうすると。

7行目の何ですか、どこのことを言ってるのか。

――じゃ、これだけ聞きます。資料をあなたが、原告が配付した資料がありますね、本件大会で。これ二七号証の一及び二七号証の二、これは、先ほどあなたも言及されましたから、お分かりですよね。

はい。

――これについて、あなたは独自に、自分で作成したというふうに伺ってよろしいですね。

ちょっとすみません。

――それから、次に確認したいのは、あなたの陳述書、先ほどの原告の校正は、最終校正が75年の1月ごろであるという趣旨の御発言がありましたけれども、それ以前の経過について確認したいんですが。

甲第五〇号証（陳述書）を示す

――あなたの陳述書、五〇号証の11ページの13行目から、「私は、浅田氏の支配の「３本柱」論というあまりに固定的な方法を批判するとともに、植民地支配は、その段階と地域によって課題が異なるので、「時期別・課題別」に柱を設定し、その柱を打ち壊す勢力の分析の必要を強調し、朝鮮、満州、台湾、華北、華中、南方という地域区分を、時期ごと、課題ごと、地域ごとに再編成したのである。これは、章別編成の組み換えであるから、さほど困難な仕事ではなかった。こうした作業をしたのは、１９７４年初めのことだった。」と、これでよろしいですね。

はい。

――それから、同じく五〇号証の13ページの11行目、７というところで、「本件著書の完成と学会報告原稿の完成」というところです。「既に述べた経緯から、本件学会報告当時、私は、本件著書の8割方を完成させていた。朝鮮、台湾、満州、華北はむろんのこと、華中、南方の図表の大半はすでに作成済みだったし、中国関連は、大会発表前に出した華北占領政策論文で発表済みだった。本件著書を脱稿したのは、遅くとも、１９７５年1月頃であった。」というふうに書いてありますが、このとおりでよろしいですね。

そうでございます。

――よろしいですね。

はい。

原告第5準備書面を示す

――それから次に、先ほどちょっとあなたが触れていた浅田氏との論争なんですが、これは原告の第5準備書面25ページの10行目から、「被告は、浅田氏と「原告との論争などは全く聞いていない」と主張する。しかし、原告が、１９７３年頃から、浅田氏と頻繁に研究サークルを開始し、１９７４年には、原告が「金融」「土地」「鉄道」の三本柱で植民地の支配構造を分析すべきという手法を提示したこと、浅田がこの議論に応じ」る「ことの詳細は、原告自身、その著書のなかで、克明に振り返っている（甲四三号証、こういうふうになってます。これもよろしいですね。

ちょっと。

原告代理人（道）

――よろしいの意味は。

被告代理人（渡邊）

——確認だから言ってください。確認してると言ってるじゃないですか。それから、私どもは、この浅田氏の論争が必ずしも原告著書になっているとは聞いてないんですけれども、あなたはこの甲四三号証、これのその内容が書いてあるのは、16ページの注2に内容が書いてありますけれども、それは、あなたの一貫した記憶に基づいて、叙述されたものであるというふうに伺ってよろしいですか。それどこなんですか。もう一度おっしゃっていただけますか。

甲第四三号証（『「大東亜共栄圏」と日本企業』（社会評論社））を示す

——あなたは克明に書いてあると言って、克明に書いてあると言ってるわけです。

今のどこでしょうか。すみませんが、もう一回。

——ですから、その著書の中で克明に振り返っている甲43と、あなたが書いてあるんですよ。ですから、その書いてある部分、部所である16ページの注の（2）の内容は、あなたの一貫した記憶に基づいて書いたものと伺ってよろしいですかという質問だけです。難しい質問では全くありません。あなたが書いていることは、それはあなたの記憶、克明に書いているというんだから。

この注2のことですか。16ページの注2のことですか。

——はい。四三号証の注2の中で、ずっと書いてあるわけです。そのこと。

この注2の内容のことですね。

——だから、四三号証に書いた内容、その中で具体的に書いてあるのは注2だから、そのことをあなたが記憶に基づいて書いたものかどうかだけ確認してるんです。

一応確認しました、はい。

——よろしいですか。

はい。

原告第2準備書面を示す

——それから次に、もう一点、御確認したいんですが、原告の第2準備書面5ページの4行目から、このように浅田氏のあなたのオリジナリティーについて述べています。「しかし、この構成は、まさに原告の「アイディア」の重要部分であり、被告の「創造的論旨・構想・アイディア」に拠るものでは全くない。原告が原告著書の章別編成に至ったのは、「時期別・問題別」構成にするか、「問題別・時期別」編にするかについての浅田喬二氏（以下（「浅田氏」という。）との論争の末のものであり、原告が研究に研究を重ねた末の学問的成果なのである。」と、こういうふうに主張されてますが、そういうことでよろしいですね。

前後を見てないんで、どういう脈略なのかが、よくちょっと理解できないんですけれども。

——その部分は、内容分かるでしょう。研究に研究を重ねて作ったものだということは、お分かりになりますか。あなたの文章なのですよ。こんなことでは時間がかかりすぎますよ。自分の書いたもの。時間延ばすのは、やめてよ。こんな簡単な文章をお分かりにならないの。

「しかし」というところから「学問的成果なのである。」までですか。

——そうです。６行目からと言ってるじゃないですか。読み上げてます。ゆっくり。

４行目じゃないですか。

——よろしいですか。

はい、どうぞ。

乙第二六号証（共通論題準備研究会報告—（3））（被告作成のレジュメ）を示す

——次に、具体的にお聞きしますが、乙二六号証の1枚目、

共通論題準備研究会報告—(3)
1974、10、12

「大東亜共栄圏」の経済的実態　原　朗

Ⅰ　課題
Ⅱ　「大東亜共栄圏」の形成過程
(1)　「日満ブロック」の形成—満州産業統制と産業別特殊会社方式—
(2)　「日満支ブロック」の形成—五ヵ年計画と国策的投資会社方式—
(3)　「大東亜共栄圏」の形成—南方軍政と担当企業者指定方式—
Ⅲ　「大東亜共栄圏」の貿易構造
(1)　日本資本主義の貿易構造と「円ブロック」貿易
(2)　「自給圏」の貿易構造—「植民地資本主義」と域内物資交流遮断—
(3)　「補給圏」の貿易構造—植民地貿易構造と日本帝国主義—
Ⅳ　「大東亜共栄圏」の金融構造
(1)　満州事変—と日円資金移動問題
(2)　華北・華中における通貨戦と円元パー原則
(3)　南方占領地におけるインフレーションと臨時軍事費特別会計
Ⅴ　むすび—「大東亜共栄圏」の崩壊—

これは、お分かりになりますよね。これは、１９７４年12月12日に学会報告での打ち合わせのときに、被告が作った大会報告のレジュメであることは、お分かりになりますよね。

いや、12月12日じゃなくて、10月12日のじゃないでしょうか。

——ごめんなさい、10月12日の打ち合わせ。これは主張でずっと認めてきたんで、簡単に認められるんじゃないかと思ったんですが。

はい。

——いいですか。

はい。

——これを読みますと、一番上が「『大東亜共栄圏』の経済的実態」で、「Ⅰ」が「課題」、「Ⅱ」が「『大東亜共栄圏』の形成過程」、「(1)」が「『日満ブロック』の形成—満州産業統制と産業別特殊会社方式—」、それから「(2)」が「『日満ブロック』の形成—五ヵ年計画と国策的会社方式—」、「(3)」が「『大東亜共栄圏』の形成—南方軍政と担当企業者指定方式—」、これは、(3)は南方までと書いてありますよね。

はい。

——これは、当然お分かりになってるでしょう。それから、「Ⅲ」「『大東亜共栄圏』の貿易構造」、それから今Ⅱと同じように(1)、(2)、(3)、それぞれの時期別、地域別

に書かれてます。それから、「Ⅳ」「「大東亜共栄圏」の金融構造」、それから同じように（1）、（2）、（3）という形で時期区分と地域区分に分けて、この表ができ上がってますよね。

今の目次はね。

——これ見て、あなたはこの段階で8割方書いてるというんだから、お分かりになるでしょう。時期別、問題別、これは問題別、時期別に区分けして発表をするということは、この目次を見たら、8割方完成していたなら、一目で分かるでしょう。分からなかったんですか、あなたは。

何が8割なんですか。

——被告が発表する、レジュメというのは、被告が発表する予定の目次なんですよ。あなたは打ち合わせのときにやるのは、そういうものでありませんか。

つまりこれ、8割できてるとおっしゃってるのは、何の8割ですか。

——被告の発表の柱がそういうふうになってる、問題別、時期別、これは投資形態、貿易構造、金融構造が柱になって、それから1、2、3と（1）、（2）、（3）という形で、時期別、問題別に構成されているものが発表されるということが、あなたは理解できなかったんですか。

ということは、これは被告の、つまり原さんの大会報告が8割できてるという意味です。

——あなたが8割、そのときに書いたと確認したじゃないですか。本当に8割完成してたの。

原告代理人（道）

——何のこと。

何のこと。

被告代理人（渡邊）

——あなたが原稿、あなたが本件原告著書の8割方を完成していたとおっしゃって、その前に、その原告著書は問題別、時期別にするか、時期別、問題別編にするか、問題別にするかを先ほど指摘したとおり、考えに考え抜いてあなたは作成したとおっしゃって、それが8割方できてるとおっしゃってるんだから、これを見れば、すぐにお分かりになるんじゃないですか。

いろんなことを、一遍にいろいろ言われてるんで、私ちょっとよく分からないんですよね。

——だって、よく分からないって。

いろんなこと読み上げられて。

——いってみれば、目次を見れば、こんなことぐらい分かりませんか。分からないなら分からないで結構ですよ。分からない、分かる、イエス、ノー、どちらでもお答えください。

確認、確認です。

——次にいきます。だから、この時期、この乙一号証は。

原告代理人（道）
——乙一号証じゃないです。

被告代理人（渡邊）
——あなたは、原告著書と言っています。原告著書の８割ができ上がってる、その原告著書は問題別、時期別にするか、時期別、問題別にするかについて、研究に研究を重ねて、あなたが時系列、問題別という形で選択したと、こういうふうに、さっき確認したじゃないですか。そうだとすれば、乙一号証の目次を見ただけで、被告の報告はこういう内容になるというふうに思いませんでしたかという簡単な質問ですよ。

原告代理人（道）
——乙一号証って。
　乙一号証って、どれですか。

被告代理人（渡邊）
——ごめんなさい、乙一じゃありません。乙二六号証です。

原告代理人（浦川）
——その辺はっきりさせていただかないと。

被告代理人（渡邊）
——乙二六と言ってるじゃないですか。何を言ってるんですか。乙二六号証の目次です。こんなのが８割方、この大著の８割方を、あなたは完成してたという時期なんですよ。その時期に、被告の乙二六号証の目次を見て、自分が考えに考え抜いたと、こういう内容で自分は一方の形態を選択してたと、そうだったら、逆に他方の問題別、時期別のレジュメには、二六号証にもあるにかかわらず、あなたは分からなかったとおっしゃるんですか。

原告代理人（道）
——何が分からないんですか。
　何が分からない。
——だから、発表する内容がですよ。予定発表がこういう目次、目次というのは、発表予定をあらかじめあなたに知らせるために、あなたに渡したんでしょう。あなたに渡ってることを認めるんだから。
　いや、分かんないんですけど。

被告復代理人（武藤）
——今の質問の趣旨は、そのレジュメを見たときに、乙二六号証のレジュメ、今ごらんになってますか。
　はい。
——それを見たときに、これは問題別、時期別の構成になっているなということがお分かりになりましたかと、そういう質問です。それは、どうですか。

問題別っていうのは、あれですか、ここで言うと貿易、貿易構造と金融構造を指すわけですか、問題と言ってるのは。

被告代理人（渡邊）

――あなたはほかのところで、原氏の考え方と違って、貿易構造、金融構造とは異なり別の構造をとったということを、陳述書でもおっしゃってるんですよ。そういうことを熟知しているはずの人間がそのことを、要するに74年10月12日というのは、大会の発表のために準備した打ち合わせ会でしょう。そのときに自分は、目次を持ってくれば、その目次の内容で発表されるということが誰でも分かるんじゃないですか、こんなこと。

いや、私は、ちょっとよろしいですか。これと私の。

――分かるか分からないか、分からないなら、分からないで結構です。

私、質問してるんですよ、分かろうとして努力してるんじゃないですか。

――だって、それ見て、だから、分からないなら、分からないで結構ですって言ってるんです。

そうじゃなくて、これは要するに8割の原稿ができてることと、どういう関係があるのか、私。

――8割の原稿ができてるなら、問題別、時期別、問題別に、あなたは研究に研究を重ねた上で8割の原稿ができてるわけです、この大著の。そうだとすれば、これが、あなたが選ばなかった問題別、時期別でこの報告がなされるということが、乙二六号証の目次を示された段階で分からなかっただけ、分かった、分からなかったということを、回答を求めているだけです。

質問ちょっとさせていただきたいんですが、問題別、時期別って言われるこの問題別っていうのは、ここではあれですか、何を指していらっしゃるのですか。

――あなたが自分の著書の中で、私はさっき何回も言った、原氏は問題別、時期別と言って貿易構造、金融構造から概観しているというものと、あなたは違ってるというふうに、陳述書の中でおっしゃってるんじゃないですか。

だから、私が確認したいのは、ここで言っているⅠ、Ⅱ、Ⅲ、Ⅳの、Ⅳ、Ⅴまでありますよね。そのうち問題別とおっしゃってるのは、どこですかと聞いてるんです。

――もう結構です。もう先にいきます。だから、先ほど言ったように、Ⅱ、Ⅲ、Ⅳというふうに私は言ったんですが、結構です、それで。それじゃ、もう次に移ります。

後に提出する乙第七四号証（『「大東亜共栄圏」と日本企業』）を示す

――これはですね。

裁判長
――ちょっと待って。ちょっと見せて。原告にも見せて。
被告代理人（渡邊）
――原告にも、裁判所にも全部用意してあります。
原告代理人（小島）
――後に提出するというのはどういうことでしょうか。
原告代理人（道）
――書証として提出されるんですか。後に提出される理由は。
被告代理人（渡邊）
――これは弾劾証拠だからです（注）。これは甲四三号証に私が。

（注）証人等の陳述の信用性を争うための証拠として使用する証拠を弾劾証拠という。書証は尋問を開始する時の相当期間前までに提出しなければならないが、弾劾証拠は例外とされている（民事訴訟規則102条）。

裁判長
――質問待って。これを見てから質問始めてください。
被告代理人（渡邊）
――甲四三号証に私が線を引いて数字を振ったものだけでございます。あなたが克明に書いてあると言ったものなんです。それ読みます。「①一九七四年頃の月例会で、小林は試論として宇佐美誠次郎、細川嘉六、矢内原忠雄らの学説整理とその整理の視角として金融、土地、鉄道の「三本柱」で支配構造を分析すべきではないかという手法を提示した。」と、「②出席していた浅田氏は、小林にレジメと報告論文の提出を求め、これを前提に小林の私案を積極的に受け入れて、七五年以降『歴史評論』に植民地研究方法論をめぐる上記論文を一、二年の短期間に矢継ぎ早に発表した。③浅田氏の発表論文は、思いつき的な中間段階の荒削りな小林のものをより精緻に仕上げてくれたわけで、それは感謝すべきだし、それを活用してさらに研究を進めればいいのだが、しかしその静態的・固定的な仕上げには賛成できなかったので、浅田氏が歴史科学協議会第九回大会で行った報告に対しては、」ちゃんと限定してます。「批判する側となって発言を行った。その批判は、佐々木隆爾氏が整理された同大会の討論要旨によれば、以下のようであった。」ということで、以下は、１９７５年の歴史評論12月号に掲載された佐々木隆爾氏の討論要旨が記載されています。その上で、18ページ8行目の④をごらんください。「④以降小林は、この浅田氏が「提示」した「三本柱」論を乗り越えて新しい植民地分析の方法論提示に余力を挙げたのである。小林英夫の最初の著作『「大東亜共栄圏」の形成と崩壊』御茶の水書房、一九七五年はこうした論争の過程で生まれたのであり、そこでは、意識的に浅田氏の縦割り的な三本柱論と対峙して、朝鮮、台湾、満州、中国占領地、東南アジアを包括的にとりあつかうための地域横割り的・段階論的方法を採用した」と、こういうふうに書いてありますね。この第9回大会というのは、先ほどの佐々木隆爾氏の歴史評論の12月号にあるように、1975年8月25日から27日の間に仙石原の箱根高原ホテルで開催されてます。そうだとすると、後に提出する乙七五号証を示します。

原告代理人（小島）
――念のため確認なんですけれども、乙七四号証は、こちらから提出してる甲第四三号証と全く同じものということでいいですか。

被告代理人（渡邊）
――に線を引いたもの、そうです。

原告代理人（道）
――範囲も一緒でしょうか。範囲、ページ。

被告復代理人（武藤）

乙第75号証

対照表

作成者　被告代理人弁護士　渡辺春己

年	1973以前	1974	1975	1976
客観的事実		1974年夏頃 原告、大会報告の組織者に指名決まる 10月12日 打合せ 10月27日 大会報告	4月 浅田氏、「歴史評論」1975年4月号掲載の論文【乙58】で「三本柱」論を展開 8月25〜27日 歴史科学協議会 第九回大会開催 ・「歴史評論」1975年12月号に同大会の「討論要旨」掲載 12月 原告著書発刊	4月 学会誌大会報告掲載
原告主張・陳述	1972年10月 原告、満州移民史研究会に入会【甲50 P7】 1973年 植民地分析の方法論を論争 ・浅田氏の「土地支配」「金融財政支配」「鉄道支配」の「三本柱」論に対し、原告は時期別・課題別に主要な柱を設定する必要があると強調【甲50 P11】	1974年初め 原告は、時期別・課題別に主要な柱を設定する必要があるとの浅田氏への反論「にもとづいて、1974年の初めには、本件著書の構成を決めた」【第2準備書面P19下L7】 10月 原告著書の「8割方を完成させていた」【甲50 P13 L12】	遅くとも1月頃 原告著書を脱稿【甲50 P13 L15】	
『「大東亜共栄圏」と日本企業』【甲43】	1973年 原告、駒沢大学に就職 ・以降、浅田氏と月1回の割合で植民地研究サークルを開催【甲43 P16後L1】	1974年頃 原告、植民地研究サークルの月例会で、「三本柱」で分析する手法を提示 ・浅田氏は原告にレジメと報告書の提出を求め、これを前提に小林の私案を積極的に受け入れる【甲43 P17 L4】	1975年以降 浅田氏、原告の私案を受け入れて「歴史評論」に複数の論文発表【甲43 P17 L5】 8月25〜27日 歴史科学協議会 第九回大会で、原告が浅田氏を批判する側として発言（「静態的・固定的な仕上げ」には賛成できない）【甲43 P17 L8】 ・「以降小林は、この浅田氏が「提示」した「三本柱」論を乗り越えて新しい植民地分析の方法論提示に全力を挙げた」（地域横割り的・段階論的方法）【甲43 P18 L8】 ・原告著書は「こうした論争の過程で生まれた」【甲43 P18 L9】	

——一緒です。全く一緒です。

原告代理人（道）

——全く一緒でしょうか。

被告代理人（渡邊）

——全く一緒です。ただ、分かりやすく線を引いて、数字を付しただけです。言ったじゃないですか。

後に提出する乙第七五号証（対照表）を示す

——この七五号証というのは、私が作成したものですけれども。

原告代理人（道）

——これは、また別のものですね。

被告代理人（渡邊）

——はい、そうです。この一番上に、客観的な事実と争いがない事実と思われるものを載っている。

原告代理人（道）

——これ弾劾証拠ですか、これも。

裁判長

——この七五号証は結局、何を書いたものになるんですか。

被告代理人（渡邊）

——一番上が今説明しようとした、一番上が争いない事実を、欄が一番上にあって、真ん中の段が原告の主張と書いてありますね。陳述。これを、要点を並べたもので、最後は甲四三号証の要点を並べたものであります。

裁判長

——それを渡邊先生が整理して一覧表にしたと、そういうものなんですか。

被告代理人（渡邊）

——はい、裁判所と相手方の理解の容易のために、作ったものという趣旨でございます。

裁判長

——だから、代理人作成の陳述書的なものだと思いますので、そういうことで理解しましょう。

被告代理人（渡邊）

——それで、74年からを見てください。「1974年頃、原告」が「植民地研究サークルの月例会で、「三本柱」で分析する手法を提示」、それから「浅田氏は原告にレジメと報告の提出を求め、これを前提に小林の私案を積極的に受け入れる」、それから75年以降、「浅田氏」は「原告の私案を受け入れて『歴史評論』に複数の論文」を「発表」してる、それから、先ほど言った25日から27日の「歴史科学協議会　第九回大会で、原告が浅田氏を批判する側として発言」、その次は「以降小林は、この浅田氏が「提示」した「三本柱」論を乗り越えて新しい植民地分析の方法論提示に全力を挙げた」と、この結果、次のところでは、「原告著書は「こうした論争の過程で生まれた」」と、こういうふうに甲四三号証、あなたの記憶ではまとめられ、流れができているんですが、そうだとすると、先ほど私が、二六号証で驚きませんでしたかとか、先ほどの二六号証の発表について、問題別、時代別とか、いろいろ言ったことに対して、あなたはよく分からなかったと、よく分からない発言をしてましたけれども、あなたが三本柱論を乗り越え、新しい植民地分析の方法論提示に全力を挙げたのは第9回大会、歴史科学協議会の第9回大会以降だったから、そのように驚きもしなかったし、分かりもしなかったのではありませんか。

……。

――何かありますか。答えなしなら、答えなしで結構です。

いや、突然出されましたので、ちょっと今検討してる最中です。

――突然出されたと言っても、あなたは原告の出された証拠説明書、平成26年12月24日付けかな。

原告証拠説明書（26．12．26）を示す

――これの甲四三号証の欄でございます。立証趣旨として、「原告が、１９７３年頃から、浅田氏と頻繁に研究サークルを開始したこと、１９７４年には、原告が「金融」「土地」「鉄道」の三本柱で植民地の支配構造を分析すべきという手法を提示したことなど」といって、甲四三号証の内容が立証趣旨になってるんですよ。あなた方の提出した立証趣旨も。そうだとすると、この四三号証の内容は、そのとおり正しいのではありませんかと、こういう質問だけでございます。読まれましたね、結論だけ言ってください。こんなことで時間をかけても意味がない。

74年の初めに、ここにありますように、73年からの彼の提起に従って、74年の初めに私は時期別、課題別に編成していったということです。

――そのなどです。などだから、それ以外のことも立証趣旨の中に入れてる。これは除くなんて、どこにも書いてありません。

原告代理人（道）

――これというのは、何ですか。

被告代理人（渡邊）

――だから、それ以外の部分は除くなんていうのは、何も

書いてありません。

除くって、どこに書いてあるんですか。

——書いてありません。ということは、その中の四三号証の立証趣旨として、四三号証で書かれた内容を、あなた方が立証趣旨として提出しているということ以外に、理解のしようがないじゃありませんか。

四三号証って、何でしたっけか。

——分からないなら分からないで、結論、もうじゃ答えなしで結構です。

原告第２準備書面を示す
——そうすると、時間がないので次にいきますが、あなたは、原告の第２準備書面の２ページの６行目から、「被告が自らの独創と主張する内容のほとんどが、」いずれも。

いずれもって、どこに書いてありますか。

——「他の」研究者の、「多くの」研究者「の先行研究に係るものである。」というふうに主張されてますね。

いや、そうは言ってないですよ。これ他の多くの学者ですよ。研究者なんて言ってませんよ。

——じゃ学者で結構です。

結構ですって。

——そうすると、これは、被告の研究には先行性がないという趣旨ではございませんか。それ以外にとりようがないでしょう。あなたは研究者なんだから、こんなことをすぐに返答できるでしょう。

……。

——じゃ具体的に言います。具体的に原告の被告の、あなたが認めている被告の先行研究について具体的に指摘します。

乙第六二号証の一（『満鉄「知の集団」の誕生と死』）を示す
——乙六二号証の一の150ページ、後ろから４行目、「こうした満業の満州での経営実態を満鉄改組の流れをふまえて分析し、先駆的な研究を残した原朗は」、こういうふうに言ってますね。この文章をそのまま普通の理解で普通の解釈で理解すると、原朗は満業の経営実態や満鉄改組の流れ、これについて先行研究をなしていると、こういうふうにしか読めないのではありませんか。答えは、答えなしなら答えなしでいいです。時間がないから次にいきます。

原告代理人（道）

——今考えようとしてますので、答えようとしてますので。

被告代理人（渡邊）

——簡単な文章ですよ。考えることないでしょう。

先駆的研究をしている人の一人ですよね。

乙第六三号証の一（『帝国日本と総力戦体制』）を示す
——２ページの後ろから４行目、「また原朗氏の生産力拡充計画や物資動員計画に関する先駆的研究（中村隆英・原朗編『現代史資料43国家総動員1』、満州史研究会編『日本帝国主義下の満州』）も、本書のベースになっている。」。要するにこれは、この生産力拡充計画や物資動員計画について原朗が、被告が先駆的研究をなしていて、あなたはこの乙六三号証の一を書くのに、ベースになっているということまで書いてあるんですが、今の2つの点について、原朗は、被告は先行的研究をなしていたんではありませんか。

この場合の本書って、私の今問題となっている本書とは違いますよ。

――その中にいろいろ入ってる、いろんな項目に入ってるんですよ。その幾つかの項目について、歴史的な幾つかの史実について、私は、被告が先駆的研究をなしているというんではないかと、あなたも認めているんではないかと、こういう質問だけでございます。

ここでは先駆的研究とは書いてなくて、本書のベースになってると書いてる。

――先駆的研究でありと書いてあるでしょう。

どこに書いてあるんですか。

――前に。読んでくださいよ。

どこにですか。この先駆的研究っていうのは、要するにあれですよね、ここで言うと、本書のベースになっているということですから。

――先駆的研究でありと書いてあるじゃない。いいです。あなたが何と言おうと、これは一般的に読む読み方で読みますから。

乙第六一号証（『「日本株式会社」を創った男』）を示す

――17ページ、後ろから7行目、ここに「宮崎の活動の重要部分である日満財政経済研究会については、中村隆英・原朗の編集で、『日満財政経済研究会資料―泉山三六氏旧蔵―』（全三巻）がある。五ヵ年計画の主要文献が収録され、解題とともに貴重な先行研究をなす。」と、こういうふうに書いてありますね。

うん。

――あなたは、この日満財政経済研究会あるいは五ヵ年計画の各史実について、被告が貴重な先駆的研究をなしているというふうに、認めているんではございませんか。

……。

――時間がないんでいいですか、次にいきたいんですが。

……。

――沈黙で結構です。

乙第六七号証（原告著書目次と被告の論文との重複箇所一覧表2）を示す

――この乙六七号証の、もう抽象的に聞きます。一々やったら時間がありませんので、この第3篇の2章とか3章などに、例えば今読み上げた関係の先駆的研究ではないかという関係の項目、例えば「満鉄改組」という項目、「新興財閥日産」という項目、「日産・満州重工業・利潤保証」という項目、さらに「物資動員計画」という項目、それから「生産力拡充計画」という項目、さらに「日満財政研究会作成案と政界・財界の首脳」という項目、「重要産業五箇年計画大綱」という項目、これらの項目がこの六七号証で、具体的にあなたの著書の中に書かれていると、その項目が、こう指摘してるんですが、この項目については、原告のあなたが認めている先行研究に依拠して書いているんではありませんか。

いや、そうじゃないと思いますよ。私。

——それではないということで結構でございます。

原告代理人（道）

——あなたが認めてる先行研究って、どの先行研究。

被告代理人（渡邊）

——それはさっき言った、今挙げてるじゃないですか。

原告代理人（道）

——それでは、今挙げたというふうに言わないと、誰の先行研究かを言っていただいて。

被告代理人（渡邊）

——被告の先行研究です。当然文章の流れから。

これだけ、これだけじゃ判断できないですね。

乙第六号証（『「大東亜共栄圏」の形成と崩壊』（御茶の水書房））を示す

——544ページの8行目、この部分は事前に言いますと、後書きの部分でありまして、原告著書が書き足りなかった点とか何とかを、そういうことについて触れられた箇所でございます。この中の先ほど言いました544ページの8行目から、「第二」にというところからでございます。こういうふうに書いてあります。「第一は、日本帝国主義本国の経済的動向と植民地におけるそれを有機的な連繋のなかで全体として把握することができなかったことである。この時期の日本本国でのそれについては、原朗「日中戦争期の外貨決済」」以下の括弧を略します。「とそれに関連する論文およびこれらをふくむ「物資動員計画」、「生産力拡充計画」研究がある。ために、この点に関しては、これらの研究成果をふまえ、今後再検討することとしたい。」と、こういうふうにあなたは述べているんですが、あなたは当然被告の、あなたの書いた原告著書ですから、こういう後書きの中でこういうことを書いたのは、御記憶にありますよね。それから、読めばお分かりになるでしょう。記憶喚起するでしょう。

質問の内容は何ですか。

——こういうふうに書いてありますよね。

それで。

——そうだとすると、あなたは、この外貨決済論文、これは、被告の外貨決済論文は、先行研究としてお認めになっているのではありませんか。

私。

——だから、それを踏まえて書きたいということではありませんか。

先行研究として認めたっていうか、私も日中戦争期の外貨の問題はやってますから。

——この文章の意味を聞いてるだけです。

今後の課題としたいって、ここで言ってるんです。

——だから、それを踏まえてと書いてるんです。

だから、それは、踏まえてっていう意味はあれですよね、私の研究も踏まえてっていうことです。

——これを今後の研究、あなたの研究を踏まえてなんていうことは一言も書いてありませんけれども、それで結構です。こういうことを書いてあるということは、原告著書の中でこの外貨決済以外の各種の論法、先行研究も、あなたは、被告の先行研究も原告著書の中で踏まえて書いているのではありませんか。あるならある、ないならないで結構です。

原告代理人（小島）

——異議があります。質問の内容が抽象的過ぎます。どういう部分に関して先行研究を踏まえてるのかどうか。

被告代理人（渡邊）

——抽象的じゃないじゃないですか。外貨決済の論文って特定してるから、それ以外の先行研究をいっぱいあると言ってるじゃないですか。その先行研究を踏まえて書いているかどうか、それだけですよ。極めて、極めて限定した尋問になってますよ。

原告代理人（小島）

——どの部分なのか特定していただかない限りは、抽象的だと思います。

被告代理人（渡邊）

——何の異議にもならないですよ。答えなしで結構です。

ちょっと私も質問の意味が分からないですね。

乙第四四号証（意見書Ⅱ）を示す

——それから次に、堀意見書、これ四四号証、堀意見書のⅡです。乙四四号証の2ページの6行以下、これは、あなたはお読みになったことはありますよね、意見書Ⅱ。

読んでます、はい。

——この意見書Ⅱでは、この2ページの下から6行目です。6行目と言ったのは間違いです。下からというのを入れてなかった、下から6行目以下です。この6行目以下には9名の方、竹山護夫氏、山崎志郎氏、それから高村直助氏ら、9名の方の書評が紹介されています。それからこの中で、そのうちの一人の加藤幸三郎氏を除くと、ほかの人は原論文、先行論文を書評の中で高く評価していると、堀証人は指摘していますけれども、あなたはこれらの書評で、被告の先行研究が高く評価されていることをお認めになりますか、お認めになりませんか。

高く評価されてるっていう場合、何、どういう点で高く評価されてるのかが分からない。

——だから、いろいろ読んで、具体的に言えば長くなるから。

でも、そう。

——分からないなら、分からないで結構です。では次に、堀証人が同じく意見書の乙四四号証の6ページの下から6行目で、こういうふうに言ってます。「評者によって焦点の当て方は異なるが、共通の指摘が多いのは、新資料の発掘である。ほぼ一様に新資料の発掘とそれによる新しい領域の開拓を成果としてあげている。」と、こういうふうに具体的に堀氏は評価していますが、この点について、あなたはお認めになりますか、なりませんか。

これも、それを答える前に、よく分かんない質問ですね。

——分からない、結構です。

甲第七号証（「最近における日本植民地史研究の問題点——小林英夫『「大東亜共栄圏」の形成と崩壊』の検討を中心に——」（『社会経済史学』第42巻第3号）及び乙第四四号証（意見書Ⅱ）を示す

——それから次に、あなたの原告著書の問題点について、浅田氏が甲七号証の93ページの下の段の1行目から、このように述べてます。「しかし、この時期別・問題別の分析方法は、それなりに欠陥をもっている。それは、各植民地・占領地での日本帝国主義による経済支配政策の展開を歴史過程として把握することを大きく制約することになっている、ということである。というのは、日本帝国主義の経済支配政策の展開過程が時期別・問題別に切断されることによって、経済支配政策の展開過程を一つの歴史的流れ（矛盾の総体）として具体的に把握することを著しく困難にしているからである。」と、こう書いてありますね。それから、同じように堀証人は意見書Ⅱ、さっきの乙四四号証の12ページに下から3行目、これは注の欄でございます。「筆者は」、これは堀証人でございますね。「筆者は、小林の著作の編別構成が地代別地域別もテーマ別にあまりに細分化されており、通読して歴史的に理解するのに苦しんだ経験がある。」。くしくも浅田氏と、それから堀氏が同じような指摘をしてるんですが、問題別でやった場合には歴史的流れが問題別で流れますから、そういうことは少ないと思いますけれども、時期別、問題別にやったために理解に苦しむと、歴史的流れとして把握するのに理解に苦しんでいる、苦しむということを指摘しています。あなたは先ほど何回も言うように、研究に研究を重ねて本件原告著書を書いたんでしょう。にもかかわらず、あなたは、この点について具体的な考慮をしてなかったんですか。

それも、またちょっと質問が、よく意味が分からないんですけど。

——分からないなら、分からないで結構です。

甲第五〇号証（陳述書）を示す

——本件著作物の内容についてお聞きしますが、五〇号証の12ページの10行目、「私は、植民地工業化の形成と崩壊の論理を「大東亜共栄圏」の形成と崩壊の論理とし」というふうに書いてありますよね。さっきも主尋問で、植民地工業化の問題として論じたと、こういう趣旨のことをおっしゃってますよね。よろしいですね。

はい。

——そうだとすると、被告が、乙一二号証の28ページの左側、「むすび」を読みます。

乙第一二号証（『「大東亜共栄圏」の経済的実態』（乙五））を示す

——「以上の考察によって、植民地・占領地の各地域において日本帝国主義が試みたいわゆる経済開発の方式は、一貫して軍事物資の掠奪を基調としつつも、各時期・各地域ごとにその基本構想を中心機構の形態を変化させており、また各地域ごとに異なった形態の貨幣制度を採用せざるをえなかったこと、この結果、共栄圏内の各地域間の経済的連繫も、物質交流と送金関係の両面において分断されていったことが明らかであろう」と、それから、このことについて、石井寛治氏は簡単に、非常に簡潔に要約しております。これは、乙三一号証の50ページの8行目からであります。

乙第三一号証（『土地制度史学会／政治経済学・経済史学会60年の歩み』と題する学会誌）を示す

——「基調報告としての原報告は、「大東亜共栄圏」全域の経済構造を貿易・金融の側面から概観し、その崩壊を必然化する矛盾の所在を明らかにし」と、こういうふうにまとめてあります。そうだとすると、アライ氏がまとめた被告論文の貿易、経済金融の側面から概観した方法と、あなたがおっしゃる植民地工業化の問題、この成否の問題ということは、別のレベルの問題であることを、あなたはお認めになりますよね。

原告代理人（小島）

——異議があります。抽象的過ぎます。

原告代理人（道）

——今アライ氏とおっしゃいましたね。アライって誰ですか。

アライって誰ですか。石井ですか。

被告代理人（渡邉）

——具体的に言いますと、あなたは、石井寛治さんは引き続いて、「小林報告は、植民地工業の軍事的再編成が本国からの熟練労働者と生産手段の供給難のために破綻することを論じ」と言って、明らかに区別して、植民地工業化の問題を区別してます。

甲第五〇号証（陳述書）を示す

――こういうふうな２つの、なおかつ、あなたは先ほど私が言いましたとおり、あなたの陳述書、甲五〇号証の10ページの８行目に、こういうふうに言ってます。「また、原氏の金融構造、貿易構造という」。

何ページですか。

――10ページです。

10ページの何行目ですか。

――８行目です。「また、原氏の金融構造」。

被告復代理人（武藤）

――12ページですね。

被告代理人（渡邊）

――12ページ、ごめんなさい。12ページの８行目、「また、原氏の金融構造、貿易構造という論理構成とは異なり」、あなたは自分で明白に言ってるんですよ。抽象的だと異議が出ましたけれども、まさに原告自身がそうやって異なってると言ってるんです。そうすると、２つの見解が、大東亜共栄圏の形成と崩壊にあるということになりますよね。

２つの見解って、何の見解と何の見解ですか。

被告復代理人（武藤）

――要するに小林さんの見解と被告の見解は異なるもので、２つの見解があると、この２つを比較すると、２つのものであるということになりますよねという質問です。

原告代理人（小島）

――それをどの点に焦点を合わせて、変わってくるので。

どの点のことを言っているのか。わかんないですね。一生懸命考えてるんだけど。

被告代理人（渡邊）

――結構です。分からないなら分からないで。

一生懸命考えてるけど、分からない。

乙第六号証（『「大東亜共栄圏」の形成と崩壊』（御茶の水書房））を示す

――537ページ、後ろから３行目から、この項目はその前にありますとおり、大東亜共栄圏の崩壊の要因という見出しがあるわけです。その見出しの後に書いてる内容です。「「大東亜共栄圏」の崩壊の要因」の４行目で、この中で、先ほど今上げた乙六号証の537ページの後ろから３行目以下で、この要因について３点挙げています。第一の点は、537ページの後ろから３行目、「第一に」というところでございます。

原告代理人（道）
——違うページじゃないでしょうか。

被告復代理人（武藤）
——537ページの後ろから7行目ですね。そこを読みます。乙六号証の537ページの後ろから6行目、そこをごらんください。

被告代理人（渡邊）
——3点挙げてるんで、その前に「この問題を検討するにあたり」と言って、第一、第二、第三というふうに挙げています。この第一のフレーズは、細かにもう時間がありませんから読みませんけれども、貨幣統一事業の成否の問題、それから、第二というのは539ページの後ろから6行目、第二にというのは、これはこのフレーズは、日本占領地後方の攪乱した解放区の問題、それから、第三にというフレーズは、これは540ページの後ろから5行目、これはこのフレーズを読むと、買弁の問題として指摘しております。すなわち、この大東亜共栄圏の崩壊の要因を検討するに当たりという内容は、幣制統一問題と、それから買弁の問題、解放区と買弁の問題、この3点を指摘しているだけで、植民地の工業化の成否の問題は全く指摘しておりません。このことはお分かりですか。

これは、最後のところは限定して書いてると違うんですか。3点って言うけど、絞ってますよね。

——指摘してないかどうかだけ答えてください。

何を指摘。

被告復代理人（武藤）
——大東亜共栄圏の崩壊の要因というところで、植民地工業化の問題を指摘していますか、していませんかと、そういう質問です。

原告代理人（小島）
——ちょっとぱっとこれを全部今読めないので、それを確認した上で。

被告復代理人（武藤）
——それは異議ということですか。

原告代理人（小島）
——異議です。

裁判長
——今聞かれたように、そういう問題点の指摘がされてないんじゃないですかと聞かれたので、ちょっと読まれて、1分ほど読まれて、そうかどうか答えてもらえれば結構です。

これは、工業化の問題は、もう前提にして触れてます。それに残る問題として、今ここで崩壊の要因を3点挙げてると。

被告代理人（渡邊）

――それでは、そのほかのところでも結構なんですが、原告著書の中で、大東亜共栄圏の崩壊について、植民地工業化が破綻したから崩壊したんだと、こういうことを書いた部分がありますか、ありませんか。あなたの記憶の中で結構です。

質問がかなりあれですけども、あると思います。

被告復代理人（武藤）

――具体的にそれを指摘していただけませんか。

それ今すぐ言われてもちょっと。

被告代理人（渡邊）

――あるけども、分からないなら、分からないで結構です。

原告第2準備書面を示す

――あなたは、グラフとか何かの著作権に関してはこういうふうに述べてますが、原告の第2準備書面の４ページの6行目からです。「『著作権法詳説・判例で読む16章』（三山裕三、雄松堂出版、２００４年　31頁）（甲６）によれば、「他人の著作物の全部又は一部を自己の著作物であるかのように発表すること」（「盗用」）、「他人の著作物の一部を無断で借用すること」（「剽窃」）の有無が、違法性阻却事由の存否として問題となる。」と、こういうふうにあなたのほうで主張してるんですが、あなたは、この見解と同じですか、違いますか。

何に関して言ってるのかが、よく分かんないですけども。

――この本件は、剽窃したか盗作したかということが、まさに争点になってるわけでしょう。そのことについて、原告側は、今私が読んだ主張をしているんですよ。そうだとすれば、あなたは同じ見解なのか、そうでないのかということを聞いているだけでございます。

これは、法律上のいろんな問題はありますからね、だけど。

――分からないなら、分からないでいいです。いろいろあるなら、いろいろあるで答えてください。先に進みませんから。

はい。

――答えなしで結構です。それじゃ、こう聞きます。ちょっと角度を変えますので、著作権法について答えてないものですから。あなたは、原告が１９７４年12月27日に大会、土地制度史学会、大会で研究発表をしましたね。

12月ですか。

――10月、ごめんなさい。10月27日、それは覚えてるでしょう。これは争点なんだから。しましたよね。

はい、しました。

——その研究発表というのは、研究として成果物になりますか、なりませんか。

成果物となるか、ならないかというのは、もうちょっと具体的に説明していただけませんか。

——一般的に成果物となるか、ならないかというがポイントなんですよ。

もうちょっと説明していただけませんか。

——それは、ここでずっと争ってきたじゃないですか。

原告代理人（小島）

——成果物の意味なんですけれども、どういう御趣旨ですか。

被告代理人（渡邊）

——それじゃ、こういうふうに聞きましょう。成果物の意味が分からないで、盗作とか何とか議論なんかできないと思うんですが、こう聞きましょう。研究業績として認められますか、認められませんか。

それは一般的にですか、それとも。

——本件です。この本件の被告の発表については、浅田氏が画期的報告と、こういうふうに書いているんですが、そういう画期的報告と評価されるものについて、あなたは研究成果と認めるのか、認めないのかという質問だけでございます。

ちょっと質問の意味が、まだよく分かりません。

——分からない。

はい。

——結構でございます。次に、あなたは、グラフについて問題になってることは御存じですね。

はい。

争点対照表を示す

——この点についてお聞きします。この点については対照表の23と24に、あなたも論争としてちゃんと加わってます。このグラフについては、被告が作成したのは乙二二号証の9ページにありますが、そのことは、あなたは御記憶ありますか。これであることは、御記憶ありますね。

はい。

乙第六号証（『「大東亜共栄圏」の形成と崩壊』（御茶の水書房））を示す

——それから、あなたが作成したのは乙六号証446ページと447ページ、このグラフが問題になってる、被告作成のグラフとあなたが乙六号証に掲載したグラフが問題なってると、このことは、あなたは御存じですよね。

はい。

——被告のグラフというのは、大東亜共栄圏内の地域間の急速なインフレ、インフレを示すために作成されたものであるということは、お認めになりますか。

ちょっと被告の。

乙第二二号証（報告資料）を示す

――９ページ、このグラフは、大東亜共栄圏の地域内でインフレが急速に進んだものである、進んだことを示す、進んでいることを理解するために作成されたものではありませんか。

これはインフレが進行してるというか、通貨発行高が増大してるということを示してるんじゃないですか。

――だって、あなた、じゃ先ほど言ったあなたの446ページと447ページについては、あなたは先ほど原告が主尋問で指摘したとおり、第４の４をごらんくださいと言って、インフレのことを論じているんではありませんか。

ですから、物価上昇、つまり通貨発行量が急速にふえたっていうことを示していますよね、この表は。

――だから、インフレの問題として論じてないんですか、論じたんですか、論じてないんですか。論じてるんですか、論じてないんですか。

いや、その結果としてインフレっていうのが出てくるわけで、これは通貨の問題を言ってるんだと。

――だから、発行高を示すことによって、インフレが進行してることを示すためなんでしょう。

結果として、この発行高が増大した結果としてインフレ。

――そうですね。

はい。

――それから、その前に資料の、原告のさっきの陳述書にありましたように、資料を選択してますよね。戦時中金融統計要覧、この統計要覧には２つありまして、円系通貨発行高と物価指数という、この２つの数字があって、あなたは物価指数も取り上げて、その物価指数については、原告著書の451ページで書いています。

乙第六号証（『「大東亜共栄圏」の形成と崩壊』（御茶の水書房））を示す

――書いてあるのは分かりますよね。

はい。

――被告は、この物価指数というのは信用に足らんということで、この物価指数を取り上げずに、円系発行通貨高、これだけ採用して、先ほどのグラフを作ってるのです。それから次に、このグラフの図形の形とは、片対数折れ線グラフ（注）を採用してますよね。この形については、74年10月12日の段階の被告が作成した表では、一番後ろに違った表ができていて、それを発表のときには、この片対数折れ線グラフにしているんですよ。こういう選択をしてる、作成の目的、それから資料の選択、それから図形の形の選択、こういうふうにして作成したものは、研究成果と認められませんか。

（注）グラフの一方の軸のメモリを対数で表したグラフ。小さい数のメモリが大きく表され、大きい数のメモリは小さく表

される。通貨発行高が大きく異なる満州・華北・華中・朝鮮と南方をひとつのグラフで表すのに適している。

すみません、質問の意味がよく分かんないですけど、そういう成果が。

――あなたは研究者でしょう。

そういう成果がって、どういう意味ですか。

――そういうふうにして選択したグラフというのは、研究成果の結果でしょう。

原告代理人（道）

――まず、どのグラフのことを言っているのか、幾つか出てきている。

被告代理人（渡邊）

――だから、被告のグラフです。

原告代理人（道）

――それ示してください。

被告代理人（渡邊）

――示さなくたって、先に示したじゃないか。

原告代理人（道）

――幾つか出てきているので。

原告代理人（小島）

――研究成果の意味なんですけども、どういった御趣旨ですか。

被告代理人（渡邊）

乙第二二号証（報告資料）を示す

――このグラフは、研究成果として認められますか、認められませんか。それだけです。結論を言ってください。

ちょっと抽象過ぎ、質問が抽象的過ぎて、私には理解できません。

――結構でございます。

後に提出する乙第七六号証（『日本軍政下のアジア――「大東亜共栄圏」と軍票――』）を示す

――岩波新書、この本でございます。このグラフは。

原告代理人（道）

――この趣旨は。

被告代理人（渡邊）

――後で分かります。

原告代理人（道）

――立証規則上、どういう趣旨ですか。

被告代理人（渡邊）
――後で分かります。すぐに分かります。

原告代理人（道）
――弾劾ですか。

原告代理人（小島）
――どういう御趣旨ですか。

被告代理人（渡邊）
――だから、後で分かる、すぐに言います。

裁判長
――それは、そういう使い方はいけませんので、これは弾劾証拠の趣旨ですか。

被告代理人（渡邊）
――はい。

原告代理人（小島）
――何を弾劾されるんですか。

被告代理人（渡邊）
――これは、あなたはまず。

裁判長
――これが何かというのを見て分かってもらえるまでは、こちらの書面を見てもらわないと、証拠を。

被告代理人（渡邊）
――分かりましたか。

原告代理人（小島）
――すみません、まだこちらは分からないです。

被告代理人（渡邊）
――これは、乙６の447ページと同じグラフではありませんか。

原告代理人（道）
――160ページがですか。

被告代理人（渡邊）
――はい。よく見てください。この出典を見てください。この出典は、『日本金融史資料昭和編』となってますよね。よろしいですか。

はい。

——この日本金融史資料昭和編というのは、先ほどグラフがありました被告が典拠資料として挙げた戦時中金融統計要覧、これが収録されてる資料でございますよね。そうですね。

いや、ちょっと確認してませんが、そうでしょう。

——統計要覧が収集されてるということも分からないの。

ちょっと資料的に、今すぐ確認してないもんですから。

——じゃ簡単に問題だけ言います。先ほどの被告作成のグラフと原告の作成のグラフ、これについては前掲「『大東亜共栄圏』の経済的実態」というふうに掲げられてるように、これはあなたの主張でも、引用だと主張してきましたよね。イエスかノーか答えてください。沈黙なら沈黙で結構です。

……。

——ところが、この乙七六号証では、全く被告作成の引用というのはどこにも見られませんよね。なぜ引用、これだけ見れば、あなた自身が独自に作ったグラフである、これとしか一般読者は理解できないでしょう。

ちょっとまたそれも、質問の意味がよく分かんないんですけど。

——理解できないですよね。

理解できないっていうのは、なぜですか。

——なぜ引用があなた独自の作成というふうに変わったのか、何か理由がございますか。

いや、だから、ここに書いてあるとおりで、日本金融史資料昭和編から作ったということです。

——要するに引用であれば、いつまでも引用ということを書くことが、学会の研究方法の鉄則ではありませんか。ノーならノーで結構です。

いろんな状況によって違いますね。

——あなたは、いろんな状況によって、いろいろ変えることができるということですね。結構でございます。

争点対照表、乙第二二号証（報告資料）及び乙第六号証（『「大東亜共栄圏」の形成と崩壊』（御茶の水書房））を示す

——地図の問題なんですが、これは、まず地図について、あなたは、これは対照表の25番、これでお互いに議論してるんですが、これは、被告が作ったのは乙二二号証の8ページにある地図ですよね。それで、あなたが作成した地図は乙六号証の109ページ、この109ページはこの一番下に、「原朗「『大東亜共栄圏』の経済的実態」というふうに、それが「(『土地制度史学』第71号　1975年4月予定)、より作成」とあって、あなたの主張でも、これは引用だというふうにおっしゃってるんですが、御記憶ありますか。

御質問の意味は何でしょうか。

——順番に確認してから質問します。

いや、だけど、どういう質問なのかも分かんないと、確認だけしたんじゃしようがないじゃないですか。

——この点、引用だということですよね。ところが、原告第５準備書面の32ページの６行目から、こういうふうに書いてあります。

原告第５準備書面を示す

——ゆっくり読みます。原告著書の所論の地図（被告準備書面４別紙２）にも、被告論文掲載地図以上の創作性が、まさに被告指摘の華北と華中に分断したことや「戦局の展望」を中心にしていることから肯定されると言うべきであろう。すなわちこの文章を要約しますと、あなたの作成した乙六号証の109ページの地図は、被告が作成した地図と比べて独創性がある、被告の作成した地図よりも独創性がある、すなわち別の研究業績である、研究成果であるとしか読めないんですが、あなたは、そういうふうに理解してよろしいですか、それとも、そういう理解は間違いですか。

あれですか、この２つの表を見たときに、別物だっていうことを認めるかどうかですか。

——そういうことです。

それでよろしいんですか。

——質問してる、それだけです。それを認めるかどうかという、その答えだけです。

これは別物だと思いますが。

——別物ですか。

はい。

——あなたは、引用しているというふうに認めているのに、別物であるというふうに考えてるわけですね。

そうです。

——そうすると、あなたはこういうやり方をやった場合で、今まで研究して長い研究生活があると思うんですが、もう退職しましたんで、そうすると、その研究論文の中で被告のような地図があって、それから自分で手を加えた場合には、別の研究成果だというふうに考えて、研究論文をお書きになってきたというふうに伺ってよろしいですか。

違います。

——違うんですか。

はい、これは別物ですから。

——よく分からないですね。結構です。

争点対照表を示す

——それから最後に、対照表17ページの35、これは共栄圏ならぬ共貧圏の問題でございます。原告の反論の部分です。①「共栄圏を共貧圏」とすることは、１９４７年３月８日の読売新聞の朝刊の見出しに「〝共栄圏〟は〝共貧圏〟の汎称に」と記載されているように、一般的な言葉であり、被告が初めて学術的に用いた概念ではないと、こういうふうに反論されてますね。

はい。

——よろしいですね。

はい。

——あなたは、共栄圏ならぬ共貧圏と書いたのは、あなたが指摘した1947年3月8日の読売新聞の記事を見て、書いたわけではありませんよね。

いや。

――見て、書いたの。

確認してありますが。

――今じゃなくて、書いたときです。書いたときです。

いえ、だけど、それはあれですね、共貧圏という言葉は。

――結論はいい、そこの結論について最後にお聞きますので、私が聞いているのは、先ほどのあなたが御指摘になった読売新聞の記事を利用してお書きになったかどうか、まず、それだけお聞きしたいんでお答えください。

はい、書いてます。

――それ以外の朝日新聞とか毎日新聞で、こういう共貧圏とか共栄圏ならぬ共貧圏というような言葉は出てきましたか。

それは確認していません。

――朝日にも毎日新聞にも、被告は全部インターネットを使って確認したんですが、全くないんですが、あなたは、確認されたことはあるんですか。

読売新聞では確認してます。もう随分前に。

――あなたは、この共栄圏ならぬ共貧圏というのは、被告が大東亜共栄圏の特徴を示すために、短いフレーズでその特徴を言い得て妙な表現をしてると、私は考えてるんですが、そういうことから、あなたは被告の論文を見て、これを書いたんではありませんか。

違います。

原告代理人（道）

後に提出する乙第七四号証（『「大東亜共栄圏」と日本企業』）及び後に提出する乙第七五号証（対照表）を示す

――今日出た証拠ではあるのですが、小林先生の書かれたものということなので、この18ページ、改めてこの線の部分ですが、「以降小林は、この浅田氏が「提示」した「三本柱」論を乗り越えて新しい植民地分析の方法論提示に全力を挙げたのである。」とあります。その後なんですが、「小林英夫の最初の著作『「大東亜共栄圏」の形成と崩壊』」、本件著書ですね。「御茶の水書房、一九七五年はこうした論争の過程で生まれた」というふうにあります。この過程の意味なのですけれども、この乙七五号証のほう、この一番下の段、今の『「大東亜共栄圏」と日本企業』というところの欄を左側に見ていただきますと、こうした論争の過程で生まれたという今の記載部分が一番後ろに来てます。これですと、1975年8月25から27日の時間的には後ろに来ておりますけれども、先ほどの甲七四号証のこの該当記載は、そういう時間的な先後関係を記載したものなんですか。

違うと思います。

乙第三七号証の二（堀和生意見書に関する参考資料）の

（16）を示す

――先ほど来、問題になっているこのグラフなんですが、ここの446ページと447ページ、この折れ線グラフで、あなた、小林先生が伝えたかったこと、主張したかったことは何ですか。簡単に言ってください。

これは、要するに私が主張する工業化のポイントになる労働力及び資材の購入という、つまり直接的生産過程における結合が壊れていく、そのメルクマールとして私は使いました。

被告代理人（渡邉）

甲第四三号証（『「大東亜共栄圏」と日本企業』（社会評論社））を示す

――この四三号証の記述内容は、論脈がきれいに流れてるんですよ。そのことはお分かりになりませんか。それから、もう一点、それからもう一点、この四三号証の内容は、一般読者が通常の理解で読めば、理解できる内容になっているんではありませんか。

私は、あそこに書いてあることがなったのは、時系列で、さっき示されたような時系列ではないと思います。原告主張のした時系列で進めてると思います。

以上

6　依田証人に対する証拠弁論（準備書面15）

平成25年（ワ）第１６９２５号　謝罪広告等請求事件

原　告　小林英夫

被　告　原朗

準備書面15

平成30年5月7日

東京地方裁判所　民事第42部A合は係　御中

記

本書面において被告は依田証人に関して以下のとおり証拠弁論を行う。

第1　依田証人の陳述・証言内容

1　依田証人の陳述・証言による「剽窃・盗作」の内容

依田証人は陳述書において、「剽窃・盗作」の内容について、

「小林さんと原さんの裁判において問題となっている「剽窃」「盗用」の意義についても、一言申し上げておき

たいと思います。

私ども学界の世界において、「剽窃」「盗用」とは、他の研究の著作権を侵害するという意味において重大な非違行為である、という認識が常識として共有されているところです。」（甲49　6頁）

「以上の次第で、まず、小林さんの本件著書においては、原さんの著作権を侵害する「剽窃」「盗用」行為が一切存しないことは勿論、より広い意味での、例えばアイディアやオリジナリティの「盗用」等がなかったことは、疑う余地もありません。」（甲49　7頁【下線代理人】）

と陳述し、証言においても、

「――最後に、今回の訴訟で、小林さん、原告は被告原さんの論文の剽窃、盗用したというふうに言われております。あるいは先ほどの証人尋問では、盗作という言葉が意見書の中に出ていたことが確認をされていますが、あなたは今回のこの裁判に接して、どうお感じになりましたか。

盗作ということは、私は著作権の侵害だというぐあいに思っております。そうでなければ、同じテーマでもって複数の研究者が取り組んでいった場合に、同じような結論も出てくるし、また違った結論も出てくると思います。そうして、そうやって幾つもの研究、各々が研究して、そして定説というものが形成されていくということだと思います。ですから、例えばある場合には、原さんが先になるということもあるでしょうし、あるときは小林さんが先になるということもあり得ると思います。そうして、同じテーマであれば、似たような結論も出てくることはあり得ると思います。それで、そうやって定説が形成されていくというぐあいに、私は理解しております。

――そのことをもって剽窃、盗用というふうに非難するべきだと思いますか。

研究者は皆、各々独立して研究しているということだと思います。

――そのようなたまたま結論が似通ってくることを、盗作であったり盗用であるというふうに、あなたはお考えになりますか。

これは、著作権の侵害に相当するようなところがあれば、盗作だというぐあいには思います。だけど、そうでなければ、各々の研究の結果出てきたというぐあいに、私は考えます。」（依田調書　8、9頁【下線代理人】）

と述べている。

このように依田証人は、「剽窃・盗用」の有無は「著作権の侵害」の有無によって判断するものであると明確に述べている。

しかも、依田証人は学術的専門家として証人に採用され、専門的知見として上記のように述べているのである。

そうだとすれば、依田証人に対する反対尋問において、著作権法が定める「著作権」概念を前提として、証人がそれに合致した理解をしているか否かについて証人の知見を質す尋問をすることはごく当然である。

そこには、「著作権をどう理解しているか、著作権を侵害するとは何か、という「評価」が必要不可欠となることは論理必然的である。依田証人もそうした「評価」を前提として、著作権侵害の有無を述べていることは明白である。

すなわち、依田証人も前述したように、「著作権の侵害に相当するところがあれば」盗作に該当するものとして、著作権侵害の該当性という「評価」を含んだ判断に基づいて証言していることは同人の証言自体からして明白である。

2　依田証人の証言内容について

以上のような剽窃・盗用に関する依田証人の理解をもとに、依田証人は以下の内容について陳述・証言している。

①　原告の資料調査と原告の研究内容
②　原告著書における資料の扱い方
③　原告著書における被告論文等の扱い方
④　原告著書の主題（基本的テーマ）として日本植民地工業化の成否の問題として叙述されているか
⑤　被告作成のグラフと原告作成のグラフとの関係について
⑥　原告と被告の「大東亜共栄圏」に関する研究の進捗状況

そこで以下、これらの点について順次論ずることとする。

第２　原告の資料調査と原告の研究内容について

1　依田証人は、

「研究所の資料の公開の原則により、小林さんに対しても、いつでも自由に社会科学研究所にある史料を使用することを許可していたことも間違いありません。当時、小林さんとは満州移民史研究会などで共に研究をしており、小林さんが毎日のように史料を閲覧に来ていたことを覚えています。ですから、私が使用した、「北支那産業開発計画資料（総括の部）」、「北支那通貨金融方策」、「北支那投資方策」といった史料も、当然１９７４年３月頃までには小林さんは見ていたものと思います。前記の私の論文も当時彼に渡しました。」（甲33　２頁）

「また、満州移民史研究会開催中の１９７３年頃も、早稲田大学の社会科学研究所の図書館で、華北、華中そして南方関係の文献を良くチェックしておりました。」（甲49　６頁）

と述べている。

しかし、依田証人のこの証言は全く裏付けがないばかりか、原告には「中国中南部や南方について」の論文もない（堀調書　５頁）。仮に資料調査を繰り返していたら、その成果としての論文がないことはありえない。

2　この点に関して依田証人は学問的研究方法について、「……そもそも、歴史学を含めた社会科学というものは、過去や現在の客観的事実（史実）等を巡り、様々な角度、観点から研究を行うものです。研究者が扱う史実や史料は、自ずと重なり合いますし、新しい研究は、先行研究の発見した事実（史実）、資料（史料）等を踏まえて行われることになります。その結果、同じ分野の研究から同じ時期に同じようなアイディアが生まれるのもごく自然なことです。そうした営みの中で、互いに刺激、触発をし合いながら、その分野の研究を深め、発展させていくことが、研究者や学界に期待されていると言えます。」（甲49　1、2頁）

「……逆に申し上げれば、それ以外の行為、例えば、冒頭申し上げたような、先行研究に学び、それを踏まえながら研究を深め、新たな論文等を執筆することは、正当な研究活動として肯定されるもので、これを「剽窃」「盗用」と呼ぶという常識は、ありません。

いわんや、類似のテーマを研究対象とする研究者同士、同じ史実や史料を扱うことは常に起きていることであり、そのことをもって「剽窃」「盗用」と呼ぶことは、学界の常識としても存在しません。したがって、小林さんが、本件著書において、原さんの論文と同様の史実や史料を取沙汰したことをもって、「剽窃」「盗用」などと批判できないことは、当然のことです。」（甲49　6頁）などと繰り返し述べ、証言でも全く同旨の内容を述べている（依田調書　8、9頁）。

しかし、同じ分野の研究をしていても、すでに先行研究が存在すれば、先行研究を明示して叙述しない限り、「他人の文章等を自己のオリジナルであるかのように表現する行為」（乙15　2頁）となることは常識である。

表現方法の厳守は学界では厳格に守られるべきものであって、依田証人の前述した論旨は剽窃・盗用を常習化させていることを自ら自白しているというべきである。

したがって、先行研究が存在すれば、仮に同様の史実や史料を取り扱うこととなったとしても、先行研究を引用するかその存在を明記しなければ剽窃・盗用となるのであり、このことは学界の一般認識となっている（乙14～18）。

第3　資料の扱い方について

1　依田証人は、

「戦前には「極秘」とされていた文章としても、印刷・配布された政府や関係機関等の史料を引用するにあたっては、それを誰が発見したということまでを明記する必要がないことは、学会のマナーとして当然で、言うまでもないことです。」（甲33　3頁）

とも述べている。

２　しかし、歴史学研究において、一次史料を使用する際に当該史料が掲載された資料集等の出典の情報（出典名、編集者名、出版社名等）をも明記しなければならないことは研究上の基本的原則である。その原則を遵守しないで叙述すれば、叙述者自身が史料を発見し、その史料によって史実を認定していると読者に理解されることになる。

　このことは、堀証人が「東洋学報に載った岩武照彦さんの書評は、このように述べています。日満財政経済研究会の原案から満州国産業開発修正五ヵ年計画の一連の過程を一次資料の発掘によって解明したのは小林さんの本の功績だと述べています。しかしこれは間違いです。実際は泉山三六文書を発見し、４冊の資料集を出し200ページに及ぶ詳細な実証論文を書いて実証して明らかにしたのは、これは原朗さんの功績なんです。」（堀調書　７頁）と証言しているところである。出典情報がないと読者はこのように誤解するのである。岩武照彦氏の叙述は、原告が出典名等を隠すことによって被告の功績を剽窃したことを示す典型的な事例である。

３　このように、依田証人は引用に関する学問上の原則を理解していない。依田証人の理解でこれまで論文等を書いてきたとすれば、剽窃行為を常習的に行ってきたと評する他はない。

第４　原告の執筆経過

　この問題は原告が被告論文に依拠しえたか否かの問題と密接に関連している。

１　依田証人は、

「第４　本件著書の執筆、完成時期について

　私は、小林さんが具体的に、いつ本件著書を執筆、完成させたか、具体的に存じていたわけではありません。」

と断りながら、

「しかしながら、既に述べたように、小林さんは、１９６０年代から１９７４年までの間に、次々と「工業化」等をテーマに、朝鮮、満州、台湾、華北といった各植民地を題材とした研究を発表し、こうした論文の集大成として本件著書を世に出したと言うべきです。また、満州移民史研究会開催中の１９７３年頃も、早稲田大学の社会科学研究所の図書館で、華北、華中そして南方関係の文献を良くチェックしておりました。

　そのことを考えれば、１９７４年中には、本件著書の執筆作業の大半が完了していたと考えるべきで、何より、あれだけの大作を執筆することは、研究者として大仕事であり、例えば１９７４年の後半から執筆を始めていては、あの時期の発刊は不可能であったと推測しております。」（甲49　５、６頁）

と述べ、原告の供述と平仄を合わせている。

2　依田証人自身、前述したように、具体的に見聞したことを否定しているが、さらに依田証言の信憑性がないことは以下の点からも明白となっている。

　すなわち、原告自身が自著『「大東亜共栄圏」と日本企業』（甲43）において、1975年8月に開催された歴史科学協議会第9回大会「以降小林は、この浅田氏が「提示」した「三本柱」論を乗り越えて新しい植民地分析の方法論提示に全力を挙げたのである。小林英夫の最初の著作『「大東亜共栄圏」の形成と崩壊』（御茶の水書房、一九七五年）はこうした論争の過程で生まれたのであり」（18頁8～10行目）と記している。そしてこの執筆経過について原告は「私の処女作だから記憶が鮮明」（乙71　4頁）であると明記している。

　この原告自身の叙述によれば、原告が「新しい植民地分析の方法論提示に全力を挙げた」のは、1975年8月「以降」のこととなるのである。

　ここでも原告の主張・供述していた執筆過程と平仄を合わせていた依田証言は原告の「鮮明」な記憶によって叙述された原告の著作（甲43）の記述によって完全に崩壊したのである。

第5　原告著書の主題（基本的テーマ）について

　この問題は、原告著書が被告論文の内容と異なっていることから、剽窃・盗用はありえないとする原告の主張が成立し得るかという問題である。

1　依田証人の陳述・証言内容

依田証人は、

「第二には、視点の違いだけでなく、分析の方法論も全く違います。原さんが、「投資形態」、「貿易構造」、「金融構造」を時期別に「日満ブロック」、「日満支ブロック」、「大東亜共栄圏」と分けて説明しているのに対し、小林さんは、「日満ブロック」つまり満州事変期、「日満支ブロック」つまり日中戦争期、そして「大東亜共栄圏」つまり太平洋戦争期に分けて、それぞれの時期の植民地での支配形態の在り方と変化を軍事占領の成否→貨幣統一の成否→「工業化」政策〈金融・労働・物資収奪〉の3者結合の成否、という観点から、地域ごとに説明しています。つまりは、「課題別」、「時期別」ではなく、「時期別」、「課題別」「地域別」という構成をとることで、しかもその「課題」も、軍事占領の成否→貨幣統一の成否→「工業化政策〈金融・労働・物資収奪〉の3者結合の成否に論点を絞りながら「工業化」政策の成否を検討していることです。……こうした小林研究のオリジナリティは、まさに本件著書のオリジナリティの骨格を成しております。」（甲49　4頁）

というように、原告著書の独自性は「植民地工業化の成否」に関する論述であると述べている。すなわちこれは、原告が陳述書で「私は、植民地工業化の形成と崩壊を大東亜共栄圏の形成と崩壊の論理とし」（甲50　12頁）と述べているのと同旨であり、この論理こそが原告著書の独自性であって被告論文とは異なるという原告の主張と同じ見解であることを述べているのである。

　このことについて、依田証人は証言でも、

「甲第五〇号証（陳述書）を示す

――これは原告の陳述書、この12ページの10行目で、こういうふうに言っています。こうした分析を踏まえて、「私は、植民地工業の形成と崩壊を「大東亜共栄圏」の形成と崩壊の論理とし」たと、こういうこととあなたの見解は、一緒なんですねというふうに伺ってよろしいですね。

　これは、そうですね。

――よろしいですか。

　うん。」

と述べている（依田調書　28頁）。

2　被告の「大東亜共栄圏」に関する見解は、

「結局、被告の論文では、「大東亜共栄圏」というブロックが、その域内の各地域間で貨幣制度と占領地中央銀行の発券制度などの金融機構の構築方式が異なることにより、地域ごとのインフレーションの進行速度が異なったことが、円ブロックを崩壊させる重要な要因になった点を最終的に重視した。その結果として、物価上昇が急速に進む地域に対して、利潤を求める物資が殺到し、域内の各地域間の送金関係と商品流通関係を制限せざるを得なくなる。

　こうして地域間の金融的連関も貿易的連関も分断され、さらに深刻な船舶不足による海上輸送力の減退が加わって、「大東亜共栄圏」は崩壊への道をころげ落ちていったという、その全体像を一次史料に基づきつつ総合的に解明し、新たな歴史的意義の把握を行ったのである。」（乙43　55頁）

というものであり、被告論文のこの論旨について、石井寛治氏は「原報告は、「大東亜共栄圏」全域の経済的構造を貿易・金融の側面から概観し、その崩壊を必然化する矛盾の存在を明らかにし」たものであると的確に評している。

　とすれば、原告及び依田証人がいう「植民地工業化」の成否の問題と、「大東亜共栄圏の形成と崩壊」に関する上記の被告論文の見解とは、全く別のものとなることは論理上当然のこととなる。

3　ところが、この点について、被告代理人と依田証人の尋問のやり取りは次のようなものとなっている。

「――そうだとすると、今度は次に、被告の見解を示します。

乙第一二号証（「『大東亜共栄圏』の経済的実態」（乙5））を示す
――28ページの左欄、このVのむすび、これを読みますと、「以上の考察によって、植民地・占領地の各地域において日本帝国主義が試みたいわゆる経済開発の方式は、一貫して軍需物質の掠奪を基調としつつも、各時期・各地域ごとにその基本構想と中心機構の形態を変化させており、また各地域ごとに異なった形態の貨幣制度を採用せざるをえなかったこと、この結果、共栄圏内の各地域間の経済的連繋も、物質交流と送金関係の両面において分断されていったことが明らかであろう。」、こう書いてありますね。

うん、うん。」

と認めながら、

「乙第三一号証（『土地制度史学会／政治経済学・経済史学会60年のあゆみ』と題する学会誌）を示す
――それから、このことについて石井寛治氏は、この50ページの8行目から、こう書いてあります。「基調報告としての原報告は、「大東亜共栄圏」全域の経済構造を貿易・金融の側面から概観し、その崩壊を必然化する矛盾の所在を明らかにし」と、こう書いてありますね。そうだとすると、今言った被告の見解、それからそれをまとめた石井さんの見解と、あなたが言うように、大東亜共栄圏の課題として、植民地工業化の成否が問題となるということとは、全く別の見解でございますよね。分かりませんか、そんなこと。

答えません。

――答えません。

はい。

――違うかどうかも分かりません。

はい、そうしましょう。

――答えられないんですか。

はい、答えられません、今、今の状況では。

――今の状況じゃない。あなたは、そのために証言しているんですよ。じゃ、こう聞きましょう。今言った、私が指摘したんですが、あなたの言う工業化の問題と、貿易、金融の側面から概観した問題とは違うレベルの問題なんだけれども、そのことが2つの大東亜共栄圏の形成と崩壊に2つの見解があるということを書いた論評なり論文なりがございましたか、ございませんか。あなたの記憶の範囲内で結構です。

それは、記憶はありません。」（依田調書　28、29頁）

となっている。

この尋問内容をみれば、被告論文の内容も依田証人が述べる植民地工業化の成否の問題に関連して、石井寛治氏の見解を示すと、

「答えません」

「答えられません、今、今の状況では」

という訳の分からない理由で答えない。しかし、依田証人のこの回答は答えに全く窮したから「答えません」と述べ

たとしか評し得ないものである。

このことは、「大東亜共栄圏の形成と崩壊に２つの見解があるという論評なり論文がありましたか」との問いには「それは、記憶はありません」と答えている。この答えをみても、依田証人は被告代理人の質問を十分理解しているとしか考えられない。

また、この回答は「大東亜共栄圏」の形成と崩壊について２つの見解がなかったことを裏付けてもいる。

それにもかかわらず、「植民地工業化」の成否が「大東亜共栄圏」全体の成立と崩壊の論理であるとの見解が理論的に成り立ち得ないのではないかとの質問に対しては、

「――いやいや、違います。私が聞いていることだけ答えて。そんなこと私は分かっています。私が言っているのは、大東亜共栄圏全域というと、華中、華北、南方が入るんではありませんか、そうでしょう。

それは、入ります。

――そうすると、華中、華南、南方というふうについて、工業化の問題というのは、問題にもならなかったんじゃないですかという質問なんです。

そういう質問には答えません。」（同　30頁）

として回答を拒否し、また原告著書に、「植民地工業化」の問題が「大東亜共栄圏」の崩壊の要因であると記述が存在するのかという質問についても、

「被告代理人（渡邊）

――あなたは、そうだとすると、植民地工業化の問題が大東亜共栄圏の形成、特に崩壊の要因となっているということを、原告著書に書いてある箇所はありますか、ありませんか。

答えません。

――あなたは、それを分からずに書いているの。

はい。分かりません。答えません。」（同　31頁）

として回答を拒否した。

依田証人はこのように、証言義務に基づきなすべき証言を、意図的に回避・拒否している。

しかし、依田証人は、原告や証人自身の主張によれば、大東亜共栄圏の崩壊の要因に関する被告論文と原告著書の内容が、全く異なる２つの見解となることを認めながら、原告著書で「大東亜共栄圏」の崩壊の要因について何を書いてあるかも回答出来ないのである。事実に反する証言ゆえに答えを回避したという他はない。

４　要するに、依田証人は原告の主張に同調して、原告著書は「大東亜共栄圏」の形成と崩壊は「植民地工業化」の成否の問題として論じられていると述べ、被告論文とは異なる内容であるとし、当時全く別の２つの見解があったことになるのを認めながら、上記の論理が成立し得るのかという質問や、原告著書で「大東亜共栄圏」の崩壊の要因がどのように論述されているかという質問に対する答えに窮

し、「答えません」というのである。

この尋問の際、本書面「第8」などで指摘するとおり尋問妨害としか評せざるを得ない多くの不規則発言があったにもかかわらず、結局、依田証人も原告著書が植民地工業化の成否として書いていることを何ら具体的に述べることが出来なかったこと、さらに2つの見解がある旨の論評なり論文がないことを認めていることから、原告著書が植民地工業化の成否を論じたものでないことを実質的に認めたと評する他はない。

第6　被告作成のグラフと原告作成のグラフについて

1　依田証人の陳述・証言

依田証人はこの点について、陳述書及び証言で次のように述べている。

「著書に掲載された通貨発行残高のグラフ（被告準備書面4、28頁、29頁）についても、同じデータを使えば、どの研究者のグラフにしても、大体同じようなものになることは明白です。同じデータをもとに、多少強調される点が違う、似て非なるグラフを作ることも、学会では一般的にあることで、そのこと自体何ら問題となることではありません。そもそも、誰かが数値、データを視覚的なグラフに置き換えた後、その研究者以外の研究者がそのデータからグラフを作成することができなくなるとすれば、それは大変奇妙なことであり、何より学問の発展にとって大いに損失だと思います。」（甲33　4頁）

「乙第三七号証の二（堀和生意見書に関する参考資料）を示す

――（14）、52ページ、53ページになりますが、これは左側が小林先生の著作です。右側が、今ごらんいれた被告原さんの論文です。この2つの表を見ていただきますが、これは同じものでしょうか。

特に同じということは言えないんじゃないかと思います。

――もう一つ伺いますが、（15）、左側に地図がございますね。

はい、ありますね。

――これが小林さんの地図なんです、3―1図。右側、こちら55ページが原さんの論文、この地図を比べてみて、同じものだと言えますか。

これは、そうですね、これは両方とも、やはり防衛庁の戦史ですね、あれとよく似ているという感じがします。ですから、これは当然、戦史の中の日本の支配地区とか何とかと重なる部分ですね。これは当然出てくるでしょうね。」（依田調書　7頁）。

ちなみに、「……同じということは言えないんじゃないかと思います」「これは当然出てくるんでしょうね」という証言は評価を含んだ判断（理解）であることは明白である。

そこでこれらの点について検討する。

２　原告のグラフが被告に対する「著作権侵害」か否かを検討するのに必要な事項について

(1)　依田証言の内容は次のような点と関係している。

㋐　被告報告（及び配布資料）の言語著作物該当性

著作権法10条1項は［著作物の例示］としてその1号で「小説、脚本、論文、講演その他の言語の著作物」と定めているところ、１９７４年10月27日になされた被告報告及びその際配布された資料に掲載された被告作成のグラフが著作物となりうるか。

㋑　被告のグラフの図形著作物該当性

著作権法10条1項６号では「地図又は学術的な性質を有する図面、図表、模型その他の図形の著作物」が規定されているところ、被告作成のグラフが「学術的な性質を有する」ものとして著作物となるか。

㋒　原告のグラフが被告のグラフの引用であるかどうか

著作権法32条1項では、「公表された著作物は引用して利用することができる。この場合において、その引用は公正な慣行に従い合致するものであり、かつ、報道、批評、研究その他の引用の目的上正当な範囲でなければならない」と定められており、引用は「公表された著作物」であることなどが定められているところ、原告は被告からの引用としてグラフを掲載したものであるのかどうか。

（仮に何らかの法的保護の対象でなければそもそも「引用」する必要すらない（自由に書けばよい）のであるから、原告が引用を行ったのだとすれば、引用の対象（被告のグラフ）が著作物として保護されることを認識していたことが明らかとなる。）

㋓　引用にあたっての同一性保持権侵害の有無

同法20条1項は、「著作者は、その著作物及びその題号の同一性を保持する権限を有し、その意に反して、これらの変更、切除その他の改変を受けないものとする」と定めているところ、仮に原告のグラフが被告のグラフを引用したものである場合に、被告作成のグラフに関する被告の同一性保持権を侵害していないかどうか。

㋔　新たな著作物性の有無（著作物の同一性）

そもそも別々の著作物であれば著作権侵害は問題となり得ないところ、原告作成のグラフが被告作成のグラフとは別の創作性を有する別個の著作物となりうるか。

などの諸問題が存在している。

(2)　上記の各論点と依田陳述書（甲49）の内容との関係を具体的に指摘すれば、以下のとおりである。

①　まず、「同じデータを使えば、どの研究者も同じようなものになる」という内容は、そもそも被告作成の図表が「学術的な性質」を有するものとはいえず図形著作物として保護されないという主張として捉えられるところ、その

ような主張が成立し得るのかどうかが問題となる（上記㋑）。

② 次に、「似て非なるグラフ」とは一般的に考えれば原告・被告が作成したグラフが似ているが実質は全く別の著作物と認められる、という主張として理解されるが、そうだとすれば後発の原告作成のグラフには被告の作成したグラフと比べ、新しい創見性が認められるのかどうかが問題となる（上記㋔）。

③ また、本件で原告自身は被告作成のグラフを「引用」したものであると主張しているのであるところ、「引用」により掲載した著作物が被引用著作物とは異なる（「似て非なる」）著作物であるとするのは完全な背理であり、この点における原告の主張と証人の見解との齟齬が問題となる（上記㋒）。

④ 他方で、依田証人が「似て非なるグラフ」と述べながらも、正当な「引用」であると主張した場合には、引用の対象である被告作成のグラフを著作物として認めるのかどうかが問題となり（上記㋒）、また「非なる」グラフと述べていることから、同一性保持権侵害とならないのかが問題となる（上記㋓）。

　本件では、依田証人は専門家証人として専門的知見を述べるために採用され、同証人が陳述書で「同じデータをもとに、多少強調される点が違う、似て非なるグラフを作ることも、学会では一般的にあることで、そのこと自体何ら問題となることはありません」（甲33 4頁）などと述べている以上、この陳述が前述した著作権法上の諸問題とどのように整合するか否かを具体的に同証人の理解を質したうえ、その理解が誤っているか否か、誤っていた場合、故意によるものなのか、さらにその理解が常習的性格を有するものであるかどうかについて、尋問により明らかにする必要があるのである。

3 反対尋問に対する依田証人の証言の内容

(1) 上記の点に関する依田証人に対する反対尋問においては、多様で多くの不規則発言があったものの、その尋問結果は次のようなものである。

ア 被告作成のグラフの著作物性に関して

依田証人は、

「――ところで、著作権法の10条の7号【「1項6号」の誤り―代理人注】、これによりますと、この10条というのは、著作物の例示という条文です。で、この1項6号を述べますと、「地図又は学術的な性質を有する図面、図表、模型その他の図形の著作物」、これが著作権法上に規定された図形の著作物であると。先ほどあなたが著作権が問題だとおっしゃっているんで、この条文を引いたんですが、お分かりになりますね。

分かりました。

――そうすると、この被告作成のグラフというのは、先ほどあなたがお認めになりましたように、その目的は大東亜共栄圏の地域間でのインフレーションを示すためのものであると。

はい。

――それから、このグラフを作るためには、資料の選択がありますよね。

はい。

――これは、戦時中金融統計要覧、このうちの円系通貨発行高を選択していると、このこともお分かりですよね。

はい、分かりますね。」（依田調書　12頁）

として被告作成のグラフが資料の選択に基づき、一定の史実を明らかにすることを目的として作成されたものであることを認めた。

そして、被告のグラフが研究成果として認められるかという質問については、

「被告代理人（渡邊）

――いや、今の質問でぐだぐだ言ったから、今言ったように、このグラフの目的、資料の選択、それから図形の形態の選択、こういう選択を経たものは、新たな被告の研究業績であるということをお認めになりますか、なりませんか。

その答えは保留いたします。

――保留。あなたは、分からないとおっしゃるんですか。

法律上のことによって……。

――証人はこれまで……。

法律上のことなので、答えません。」（依田調書　18頁）

として答えなかったが、

「――いや、本件のように、典拠資料に基づいて図表を作ったということです。しょっちゅうやるでしょう、研究者は。何を言っているんですか。答えなしでいいですか。じゃ、逆に言います。逆に、先行研究者がある一定の史実を示すために、典拠資料に基づいて図表を作成した、その図表を、あなたが仮に、あなたはよく研究論文を書いてきたでしょうから、その中で先行研究者の図表を利用しようとしたとき、そのときに、先行研究者のその図表は、新たな研究業績、その人の研究業績として扱ってきましたか、きませんか。

はい、それは扱ってきました。」（同　18、19頁）

として、自身の経験として一般に図表を先行研究として扱ってきたことは認め、

「表というものは、著作権に当たるというぐあいには、私は考えております。」（同　22頁）

「被告代理人（渡邊）

――そんな議論はやめましょう。時間がないですから。次に、分からないなら分からないで結構です。答えないなら、答えないで結構です。それじゃ、あなたの考える

著作物法10条1項6号に当たる学術的な図表、例えばこれは図表というのはグラフですね。これは、どんなものがありますか。あなたの見解で答えてください、それだったら。
　図表とか統計表とか、その人自身が、著作者自体が作ったものというぐあいに思っております。」（同　23頁）
として、「著作者自体が作った」図表は一般に著作物となることを認めた。

イ　引用に関する規定との関係について

この点については、
「――このことについて、例えば原告自身が、原告第4準備書面の35ページ、下から4行目、端的に示しますと、こう書いてあります。「既に引用した論文等を引用するに際し」と、まさにこのことは原告も引用であるというふうにお認めになっているんですよ。このことはお分かりになりますか。
　答えません。」（同　19頁）
と証言を拒否したが、
「被告代理人（渡邊）
――引用というのは、著作権法上32条1項では、公表された著作物は、引用して使用することができる、こう定めているんですよ。要するに引用というのは、公表された著作物、このことが前提となっているんですが、そのことをお分かりになりませんか。
　分かります。」（同　20頁）
として、引用の対象になるのは著作物であることを認めた。

ウ　2つのグラフの同一性について

この点について、依田証人は
「乙第二二号証の9ページ、被告準備書面4の28ページ及び29ページを示す
――こういうふうに選択された、被告作成のグラフは……。
　この2つは、同じものではないと思います。」（同　13頁）
として2つのグラフは別のものであると述べた。
また、
「被告準備書面4の28ページ及び29ページを示す
――そうだとすると、似て非なるものとおっしゃるんで、今度はこのページに掲げられたグラフです。これは、新たな著作物になるんですか、ならないんですか。
　図表は著作物になります。
――被告（原告の誤り―代理人）が作成したものも、新たな著作物になるんですか。
　もちろん、そうです。」（同　24、25頁）
として、原告作成のグラフを別の（新たな）著作物としな

がら、

「被告代理人（渡邊）

――はい。そうすると、あなたは被告のグラフと原告のグラフは、時期と名称が、時期が月別、半期別に変わり、名称が下欄にあったものがグラフ中にあると、この2つを変容したことによって、新たな著作物になるとおっしゃるんですか。

　質問の趣旨が、よく分かりません。

――分からないって、簡単、あなたが著作物だと言っているんだから、被告と原告のグラフを比較したことがあるでしょう。その比較をすれば、時期が月別、半期別で、名称が下欄にあるのがグラフ中に書いてある、この2つだけなんですよ。この2つの違いによって、被告のグラフとは別の新たな創作物、著作物になるとおっしゃったから、そんなことがあるんですかと聞いているんです。

　……。

――答えないなら、答えないで結構です。

　答えません。」（同　25、26頁）

と一旦は回答を拒否したが、

「――はい、結構でございます。それから先ほど言ったように原告は、被告のグラフを引用しているというふうに言っていることは、先ほど指摘しましたね。引用しているにもかかわらず、新たなものに、新たな著作物になるとおっしゃるんですか。

　これは、著作を引用して書いて、誰のであると書いてあるのもありますね。たくさんあります。」（同　27頁）

「――そうすると、この2つの被告作成のグラフと原告作成のグラフは、別々の著作物として成り立つということをお考えなんですか。

　小林さんのとそれから原さんのですか。

――そうです。

　別のですね。

――そうすると、あなたはこれまでの研究の中で、こういう2つの変更を加えれば、別々の著作物として、あなたは今までの研究の中で、そういうふうに扱ってきて、研究論文をお書きになってきたというふうに伺ってよろしいですか。

　別々に扱ってきてはいました。」（同　27、28頁）

として、2つのグラフは別のものであり、証人のこれまでの経験としても、元の著作物に些細な変更を加えたものは別の著作物として取り扱ってきたと述べた。

(2)　この依田証言の結果を要約すれば、

①　被告作成のグラフの作成目的、資料やグラフの形態の選択といった「学術的な性質」をいったんは認めながら、原告代理人の不規則発言ののちには「法律上のことなど分かりません」と述べていること

②　図表の作成について研究業績として「はい、それは扱っ

てきました」と述べていること

③　原告作成のグラフが引用であるかどうかについては、被告論文が引用と掲示されていることを示しても「答えません」と述べていること

④　しかし引用は「公表された著作物」が前提であることを認めていること

⑤　「著作者自身」により作成された図表は著作物であることを認めていること

⑥　原告作成のグラフは被告作成のグラフと2点だけしか異なっていないことを指摘すると「答えません」と述べていること

⑦　それにもかかわらず、被告作成のグラフと原告作成のグラフは「別ですね」と答えていること

⑧　上記のような些細な2点が違うだけの著作物について「今までの研究の中で別々のものと扱ってきてはいました」と答えていること

との内容となっている。

　この証言内容は、図表の作成は目的等の選択があるから著作物であることを認め、原告作成のグラフが「引用」としていることについては答えず、被告作成のグラフと原告作成のグラフは2点の違いしかないにもかかわらず「別のものですね」とし、さらにそのような考え方でこれまで研究してきたとしているのである。

　この依田証言は、2点だけ些細な違いにもかかわらず新たな創作物になるというおよそ一般の研究者からみて考えられない回答を行っているのである。

　しかも、証人も今日まで同様な考え方で行ってきたというのである。明らかに依田証人も認めた被告の図表の著作権を侵害していることを認め、その著作権侵害を常用して行ってきたことを認めている。

　また、被告論文の掲示について、「引用」か否かは答えませんとしているのは、この点でも研究者としての常識に欠けたものとなっている。

　さらに依田証人は地図についても

　「これは、そうですね。これは両方とも、やはり防衛庁の戦史ですね、あれとよく似ているという感じがします。ですから、これは当然、戦史の中の日本の支配地区とか何とかと重なる部分ですね。これは当然出てくるでしょうね。」（依田調書　7頁）

と証言している。

　この証言の内容も、被告作成の地図と原告作成の地図とは別の著作物であるとの趣旨であることは疑いない。とすれば、後発研究である原告作成の地図が先行研究である被告作成の地図を別のものと扱っているのであり、矛盾、背理を抱えていることは前述したグラフの場合と同様である。

　ここでも依田証人は先行研究に対する注記の必要性及び著作物の創見性について誤った見解（評価）を意図的に述

べていると評する他はない。

依田証人は原告による被告の著作物の侵害を否定するためにこのような証言を行ったのであろうか。依田証人も認める著作権法の理解は到底成立しえず、逆に原告による著作権侵害を認めている結果を示すことになっていると評する以外にはない。

第７　原告の研究の進捗度について

1　依田証人の供述内容とこれに関する反対尋問の目的

依田証人は「そのことも関連して『大東亜共栄圏』の形成と崩壊」というテーマで著書を書くとすれば小林さんのほうがはるかに先行していたといってよいと思います」(甲49　5頁）と述べ、また、

「これは、私がそのとき感じたことは、小林さんは朝鮮から始め、台湾、それから満州、それから中国、それからさらには南方といったような研究をずっと広げていったわけですが、これは彼の一応のそれの集大成であるというぐあいに理解しました。」(依田調書　5頁)

と証言している。

この証言部分は、原告が被告の研究に依拠することは不要であるとの趣旨を述べている。

そこで、これに対する被告代理人の反対尋問は、依田証言とは逆に被告のほうが「大東亜共栄圏」全体の研究について先行していたことを、第三者である研究者の評価によって明らかにし、依田証言がこの明らかな事実について故意に証言したのか否か、依田証人は他の研究者の評価を知悉しているとすれば真に依田証人の見解なのかを明らかにすることを目的としていた。

2　反対尋問に対する依田証人の証言について

被告代理人は被告の研究に関し、浅井良夫氏、石井寛治氏、浅田喬二氏の評価を指摘したうえ、

「――何も言わなくても、全部聞けば分かるように尋問しているんですけど。そうだとすれば、原告（被告の誤り―代理人）は「大東亜共栄圏の形成と崩壊」という基本的な理念、基本的な見識について、相当程度のこれを書ける程度の学識を、当時有していたというふうに理解できませんか。

(中略)

被告は、持っていたでしょうね。

――持っていたんですか。

はい。

――にもかかわらず、あなたはさっき言ったように……。

私は両方とも、小林さんにしろ、それから原さんにしろ、両方とも長い研究の積み上げの中になっているわけなんで、それで……。

――ちょっと待ってください。あなたの書いているのは、こういうふうに、さっき読み上げたでしょう。甲四

九号証、この5ページ11行目、「そのこととも関連して、「『大東亜共栄圏』の形成と崩壊」というテーマで著書を書くとすれば、小林さんのほうがはるかに先行していたといってよいと思います。」と言っているんですよ。

はい、そう思います。

——そう思いますのに、同じようなものだとおっしゃるんですか。」（依田調書　33、34頁）

と述べ、依田証人は明らかに被告が「大東亜共栄圏の形成と崩壊」というテーマで著書を書ける程度に学識を当時有していたことを認めたのである。

そこで「『大東亜共栄圏』の形成と崩壊」というテーマで著書を書くとすれば小林さんのほうがはるかに先行していた」と述べていることの矛盾を質そうとしたところ、

「原告代理人（浦川）

——答えています、答えています、答えています。

それは……。

被告代理人（渡邊）

——答えてないから聞いている、矛盾しているから聞いているんです。わかんないのか。

私は、小林さんには、それは書いたように言ったのは、彼が70年代から一貫して、朝鮮それから台湾、それから満州、中国、それから南方というぐあいに積み重ねて、彼の学説は作り上げていったと、そういうぐあいに考えているわけです。そして、原さんもまた、彼なりにあなたの今おっしゃったように、ずっと研究を重ねていったというぐあいに思うわけなんです。

——そうだとすると、小林さんがはるかに先行していたということは、あり得ないんじゃないですかという質問です。

私は、70年代から見ていますから、先行していたというぐあいに思いますね。」（依田調書　34、35頁）

と答えたので、さらに矛盾を突き詰めるために「だって、74年ですよ。」と質問したところ、

「裁判長

——もう尋問はやめてください。もう最後、答えましたから。

被告代理人（渡邊）

——ちょっと1問だけ。

裁判長

——いや、だめ。

被告代理人（渡邊）

——被告論文は１９７４年、75年度のことですよ。

裁判長

——もう尋問はやめてください。」（同　35頁）

として尋問を打ち切られたのである。

そのため、原告の先行研究性に関する事項について、依田証人が故意に虚偽を述べているのか否かの明言を得ることは出来なかったが、被告が浅井良夫氏や石井寛治氏など

が指摘している「『大東亜共栄圏』の形成と崩壊」に関し、「相当程度のことを書ける学識」を持っていたことを認めたことにより、自らの証言及び陳述との矛盾が明らかとなった。そればかりか、『日本戦時経済研究』（乙２）に収録された諸論文は「満州第二」論文を除き、原告著書出版以前に公表されたものである。依田証人が「70年代からみている」ならば、当然被告論文等が原告著書出版以前に「大東亜共栄圏」に関する定説となっていることを知っていたことになる。依田証人はここでも不可解な弁明を図っているのである。

この点からみても依田証人は原告による剽窃・盗用を意図的に隠蔽するための証言を繰り返していると評する他はない。

第８　原告代理人の不規則発言について

依田証人に対する反対尋問は、時間が25分と短いことから、書面で容易に反論可能な点をのぞき、図表等の著作権法に関わる問題、原告が植民地工業化の成否を主題として原告著書を書いたとする問題、原告・被告の「大東亜共栄圏」に関する研究状況に絞って行った。

ところで、事実認定においては、主要事実・間接事実の認定にも証拠の評価を行わなければならないし、事実認定のあてはめにおいては評価が入ることは「事実認定」論の常識である。

まして、依田証人は研究者として専門的知見を述べているのである。そしてその内容も「著作権侵害」の有無を剽窃・盗用が論じられているのであり、この「著作権侵害」の有無については著作権法の理解及びそのあてはめという評価が入ることは必然である。この認定の過程については、法律家が当然備えている（あるいは備えるべき）常識である。

例えば依田証人の主尋問においては、被告の表と原告作成の表について、「特にこれは同じということは言えないんじゃないかと思います」（依田調書　７頁）、「これは著作権侵害に相当するようなところがあれば、盗作だというぐあいに思います。」（同　９頁）などと主尋問に答えている。表が同じか否かは当然、著作物であるか否かという評価を踏まえた「事実」を述べているのであり、「著作権の侵害に相当する」か否かは著作権法の理解を前提にその該当性（あてはめ）を述べているのである。

また、同証人は原告作成のグラフと被告作成のグラフについて、「この２つは、同じものではないと思います。」と述べている（同証人調書　13頁）。

「表が同じものではない」か否かは、著作物として別のものであるとの趣旨であることは歴然としている。そうであれば、依田証人のこの答えは、著作権に関する評価を含めた理解を「事実」として述べているのである。

したがって、依田証人の供述・証言の正確さ、常習性などについて問い質すためには、著作物に対する同証人の理解（評価）、さらには同証人のそれまでの論文執筆に関する姿勢を尋問することは至極当然のことである。

ここではいくつもの評価が入っていることの事実認定を日常的に行っている法律家が理解出来ないことなどありえない。これら評価を含む「事実」に関する証言を全て「意見を求める尋問」であるとして制限するのは明らかな誤りであり、およそ全ての尋問が困難になる。

ところが、例えば図形の著作権について論ずる際に、評価である、意見であるなどの不規則発言がなされて尋問を妨げていることは、依田調書を見れば歴然となっている。

また、被告代理人が著作権の具体的条文を示して、これにあたるか否かを尋問したとたん、原告代理人らは「評価である」などと様々な形で多くの不規則発言をして反対尋問を遮っているのがより理解出来よう。

すでに詳述したように、依田証人も行っている著作権についての判断（評価）について、事実を聞いていない発言をしたり、著作権法さえ理解していない発言などの不規則発言が、異常に多数おこなわれている。

これらの不規則発言は依田証人の「答えません」との発言と相まって反対尋問を妨げているのである。

例えば、

「法の解釈に問題がありますね」（依田調書　13頁）

「該当するかということは……」（同　14頁）

「いずれにしても証人は著作権侵害と言っているのでそれについての質問はやめて下さい」（同　17頁）

「それは誤導だと思います」（同　19頁）

「いや、どの表のことを言っているのかわからなくなっていると思います。」（同　24頁）

「それも誤導じゃないですか。大分前提を…」（同　26頁）

「答えています。答えています。答えています。」（同　34頁）

などと枚挙にいとまがない。

依田証人が著作権の侵害か否かが剽窃・盗用であると述べ、原・被告作成のグラフについて「この2つは同じものではないと思います」などの証言は依田証人が専門家証人として採用され、その専門的知見を証言しているのである。

それゆえ、これらの知見が正確なものか、常習性を持つ見解となっているかを尋問したり、またその際、被告代理人の見解を示し、それに対する回答を求めるのは、反対尋問の常道である。仮に被告代理人の見解が違っていたら被尋問者はその旨回答すれば良いだけである。

上述した原告代理人の不規則発言は「異議」に該当しないことは自明である。反対尋問対策とは、主尋問を行う本人や証人に対し、その供述や証言内容が不合理や論理不整合等があるか否かについての検討を尋問以前に綿密に打ち合わせして対応しておくことである。不利とみるや、根拠もなく理由のない発言等により相手方の尋問を妨げることが反対尋問対策ではないことは法律専門家ならば誰でも理解しているところである。

本件では、証人等が答えに窮した際に「答えない」としたり、答えを妨げる行為は、その行為（対応）自体、これまでの被告代理人には全く経験のない程多くなされている。このような事実も、証言の内容や証人の供述態度とともに、当該証人の証言全体の信用性を減殺するものとして、証拠評価の対象となることは当然である。

第９　まとめ

１　以上詳述したように、本書面「第１の２」で指摘した①～⑥の各事項は全て崩壊したか成立しえないものであることが明白となっている。

⑴　特に、

・③の原告著書が「植民地工業化」の成否という、被告論文とは別の主題を扱っているとの証言が崩壊したことは、原告が被告論文等の剽窃・盗用がなかったことの弁解の根本的な根拠の一つが喪失したことを意味すること。

・⑤に関する著作権の理解の誤りは、原告が剽窃・盗用を常用的に犯していることを示していること。

・⑥の原告が被告の研究より「はるかに先行していた」との見解が誤りであることが明らかになったことは、原告が被告論文等に依拠していたことを裏付ける結果となっていること。

・さらに①の執筆時期についての証言の誤りは、依田証言の全般的信憑性に影響する事実であること。

などは本件を判断するうえで重要な事項である。

⑵　また、依田証人の、

「盗作ということとは、私は著作権の侵害だというぐあいに思っております。そうでなければ、同じテーマでもって複数の研究者が取り組んでいった場合に、同じような結論も出てくるし、また違った結論も出てくると思います。そうして、そうやって幾つもの研究、各々が研究して、そして定説というものが形成されていくということだと思います。ですから、たとえばある場合には、原さんが先になるということもあるでしょうし、あるときには小林さんが先になるということもあり得ると思います。そうして、同じテーマであれば、似たような結論も出てくることはあり得ると思います。それで、そうやって定説が形成されていくというぐあいに、私は理解しております。」（依田調書　８、９頁）

との証言は、先行研究のオリジナリティを明記しなければ剽窃・盗用と評されるという『神戸大学国際協力研究科剽窃・盗用防止ガイドライン』（乙15）等で示された剽窃・盗用に関する常識を完全に無視する違法な見解である。

しかもこの証言内容は、

「研究者にとって、20歳代から30歳代にかけての10年あまりの期間は、特別な意味があり極めて重要である。それは、若手研究者が研究者?になることができるか、いいかえれば自分なりのオリジナリティを創ることができるか否か、という試練の時期である。若手研究者は日々の作業の中で、新しいオリジナリティの「着想」や「発見」に興奮するが、それが既に先行研究で扱われていることを知り失望するといったことを繰り返すことになる。そして、その長い精進を通じて、ようやくオリジナリティを備えた自立した研究者に成長していくのである。その試練に耐えきれなかった者や、運悪くテーマや資料に恵まれなかった者は、この進路から退場しなければならないこともある。これほど若い時期の研究者にとって、オリジナリティの獲得と陶冶は決定的に重要である。」（堀意見書　乙37の1　16頁）
という学界や研究者の状況をも全く無視した根拠のない見解を、あたかも一般の研究状況であるかのように述べているのである。

2　このように、依田証言の崩壊は、

「つまり小林さんの言っていることは、文献的に実証ができないことであります。大東亜共栄圏というものを研究するにはなくてはならない大東亜共栄圏の構造、その総合【相互】連関、こういうものについて、小林さんは研究したことがありませんし、大東亜共栄圏を構成する日本内地の経済について分析した論文もありません。中国中南部や南方について論文を書いたこともありません。つまり、70年代半ばにおいて、小林さんが大東亜共栄圏を研究するといっても、その時点においては、フレームワークも重要な部分、パーツもなかったわけです。これが現状であります。それに対して、原さんは、初めから一貫して日本帝国というものを正面に据えて研究されてきました。そのことを明らかにするために、多くの資料を発掘し、4冊の資料集を出し、6本の実証論文を書いた上で、まさに満を持して、この理論化に挑んでいたわけです。１９７４年10月に、土地制度史学会秋季大会共通論題という場において、原さんは大東亜共栄圏の最初から最後までを捉えるんだということを掲げて、大東亜共栄圏の経済的実態という総括報告を行いました。小林さんは、そのときに、朝鮮植民地の工業化についての各論報告を行いました。」（堀調書　5頁）

「原さんが書いたものと比較して、どれだけ小林さんが自分自身で書いたのかを量的に検討する方法であります。これは私が意見書Ⅲでやった方法であります。私の分析結果によれば、小林さんの本は105という多くの部分によって構成されていますが、そのうち小林さんがかつて自分で書いたもので支えられていることが確認できるのは、32か所であります。つまり残りの73か所が、この本書の書きおろし部分ということになります。結論的に言いますと、そのうち25か所が原朗さんの研究、２か所が松村高夫さん、かつて小林さんが原さんと一緒に共同研究した松村さんの業績【、】９か所が、引用が不適切、不誠実といういわばファジーな部分であり、その他が37ということになります。つまり、全体105のうちの27か所、４分の１を超える部分が、原さんないし他人の研究であるということです。これは４分の１を超えていますんで、到底引用ミスということではなく、この本全体が他人の研究によって支えられていると思います。」

（同　４頁）

という堀証言を裏付ける結果となっているのである。

以上

7　被告代理人口頭陳述書（平成三〇年五月二二日）

平成25年（ワ）第１６９２５号　謝罪広告等請求事件

原　告　小林英夫

被　告　原朗

被告代理人口頭陳述書

平成30年５月22日

東京地方裁判所　民事第42部Ａ合は係　御中

被告代理人は本件訴訟の結審にあたり、以下のとおり述べる。

記

本件における争点と証拠の評価については、すでに被告の平成30年５月８日付最終準備書面で詳述したところであり、ここでは繰り返さない。

ところで、本件における原告の陳述書及びその供述には三つの面からの特徴がある。

この三つの特徴とは、

①　争点対照表の項目に対して真正面から答えていないこと

②　そのかわり原告著書の執筆時期や主題など、客観的な反証が困難と思われた別の側面から、被告論文等を利用することが不可能・不必要などとして、剽窃・盗用などしていないと弁解していること

③　反対尋問で問題点を指摘されても「分からない」などとして回答を回避していること

である。

本書面ではこの三つの特徴を通して原告著書において被告論文及びその内容をなしている被告の研究が剽窃・盗用されていることを指摘する。

記

1　本件争点対照表作成の目的

(1)　本件における真実性の証明の対象は、原告著書で被告論文及びその内容となっている被告研究成果を剽窃・盗用しているか否かであるが、一般に真実性の立証は、主要な部分又は重要な部分についての証明で足りる（最判昭和58年10月20日　裁判集民140号177頁、最判平成元年12月21日民集43巻12号225頁など）とされていることは、周知のところである。

ところが、本件における剽窃・盗用の方法は、

・「しかもこの盗用は文章の一部分をそのまま盗用するような単純な形式ではなく、同論文や私のそれまでの他の論文の論旨を原告著書の各所に分散させ、文章表現を多少変化させせつつ、地図やグラフを改変し、盗用の事実を隠していた。未刊行の自分の論説の内容が、他人である原告により自説として単著の中に組み込まれて刊行され、その盗用箇所がおびただしく大量であった結果、私が単著を刊行することはほとんど全く不可能になった。」（乙43　6、7頁）

・「当請求事件の盗作は、ある頁をそのまま一字一句盗用しているケースではなく、より複雑で巧妙な方法を用いた盗作であるから、盗作か否かの判断には細心の注意が必要とされる性質のものである。『形成と崩壊』（1975年）のなかの小林の盗作のやり方は、原の先行研究のある部分の文章は要約して使用したり、原のある部分の文章は分割して小林の本の多くの箇所に分散させて使用しているので、綿密な対照表が必要になるのである。」（乙38　17頁）

との指摘のとおり、「複雑で巧妙な方法」をとっている。

(2)　本件は争点となるべき対象が複雑であることから、原告著書における剽窃・盗用の全体的具体的実態を明らかにするため、被告は裁判所との協議の下、被告論文等を原告著書が剽窃・盗用している内容として、課題設定・論理構成などに分類し、各項目に分け、詳細に明らかにする争点対照表を作成した。

このように、争点対照表を作成した目的は、裁判所との協議に基づいて原告・被告双方の主張をかみ合わせることであり、そのため、原告・被告は作成の中間で陳述書（案）の交換まで行い、互いの陳述の概要を事前に見たうえで、争点をかみ合わせて互いの陳述書を作成するよう図ったのである。

2　原告作成の陳述及びその供述内容の三つの特徴

(1)　争点対照表に対して正面から答えていないこと

以上のような経緯で争点対照表が作成され、争点対照表

において被告が具体的な盗用・剽窃の内容を主張し、原告が「原告の反論」欄で反論しているにもかかわらず、原告は争点対照表の項目を無視し、「原告の反論」欄で反論を主張しただけで、その陳述書及び供述において具体的な史実等の内容にはほとんど触れていない。

この点が原告の真実性・相当性に関する反論・反証に関する顕著な第一の特徴である。

(2)　反証困難と思われた別の面から剽窃・盗用がないことを主張していること

そして原告は、争点対照表に示された各論点の立証にかえて、被告の最終準備書面で具体的に明らかにしたように、

ⓐ　執筆時期の問題

ⓑ　原告著書の主題（テーマ）の問題

ⓒ　被告論文等の先駆性の問題

ⓓ　著作権に関する問題

ⓔ　被告の原告に対する個人攻撃であるとの問題

等の、本来は客観的な反証が困難と思われた内容を含む各事項について、陳述・供述しているのである。

この点が特徴の2点目である。

(3)　尋問においてことさら回答を回避していること

前述したように、わざわざ争点対照表を作成し、その具体的内容が剽窃・盗用となっているか否かについて、原告はことさら供述を避けたばかりでなく、被告代理人による反対尋問において、通常の能力ある者なら答えられる質問に対し、「分からない」あるいは質問をはぐらかすなどの回答を繰り返しているのが特徴の第3点目である。

3　被告が指摘した3つの特徴の意味するもの

(1)　裁判所との協議の下、労力をかけ争点対照表を作成したのは、本件における剽窃・盗用の方法が単純なものでなく、複雑であるがゆえに、原・被告双方の主張をかみ合わせて理解を容易にするために作成したものである。

ところが、原告はこの争点対照表を無視し、前述したⓐ～ⓔの内容を剽窃・盗用のないことの立証として陳述・供述を行っているのである。

(2)　原告がⓐ～ⓔを主張・供述したことの意味

原告がその陳述書及び供述でⓐ～ⓔの内容を述べた趣旨は、

①　原告著書が被告論文に依拠することは不可能であったこと

②　原告著書と被告論文とは主題（テーマ）が異なることから別の内容になっていること

③　被告論文等には先行性がなく、原告著書は被告論文等に依拠する必要がないこと

④　原告は被告の著作権を侵害していないこと

⑤　被告が原告に対し、剽窃・盗用した旨述べていることは公益性等を欠いていること

などを論じ、争点対照表に対する正面からの反論を避け、反証が困難と思われた別の側面から原告が剽窃・盗用しなかった旨立証しようと図ったのである。

　これは争点対照表に素直に直接対応すれば原告の剽窃・盗用の事実が第三者の目にも容易に理解されることから、ことさら争点対照表作成の目的に反した対応を行ったものと考える以外にありえない。

(3)　原告が反対尋問に対し、ことさら回答を回避して誠実な回答をしなかったのは、上述したように、被告の主張に対し真正面から陳述・供述しなかったと同様、被告代理人が原告の主張の問題点を指摘したことに窮し、それを回避したものと評する他はないものである。

(4)　要するに、被告が指摘した原告の陳述書及び供述の特徴は、

①　被告が主張する剽窃・盗用部分に対する直接の反論を回避し、

②　そのかわり、反証困難な事項を並べ立てて原告が剽窃・盗用したことはない旨述べ、

③　さらに、原告の矛盾点等を指摘するやその回答に窮して答えをはぐらかしているのである。

　このように、原告の陳述・供述の特徴は、客観的にみれば、互いに補充し合いながら、被告の主張する剽窃・盗用如何という問題を曖昧にし、回避する手段・方法となっていることがわかる。

4　被告が指摘した、原告が剽窃・盗用の事実を隠蔽しようとする主張はいずれも破綻していること

(1)　原告が争点対照表の各項目についての具体的反証を回避したことの破綻

　原告は、前述したように、争点対照表の各項目について、正面からの立証を回避している。

　それに対し、被告は争点対照表をもとに、そのうえ出来る限りの項目に絞って陳述書Ⅰ及びⅡで論じ、さらにその供述でも真正面から述べている。

　そして、堀証人作成の各意見及びその証言は、被告論文等に関して第三者である研究者の評価を紹介し、さらに原告著書及び原告の先行研究と被告論文等の被告の研究内容を具体的に比較検証した結果、原告著書で「全体105のうち27箇所、4分の1を超える部分が、原さんないし他人の研究である」ことを明らかにしたのである。

　堀証人の上記検証結果は、具体的研究論文の比較検証に基づくものであり、原告の執筆時期などの弁解に何ら左右されない客観的検証結果である。この事実に対し、原告からは具体的な反論・反証は全くない。

(2)　また、原告の陳述書及び供述の内容も破綻している。

①　原告が主張した執筆時期（ⓐ）は、原告自身が執筆し、当裁判所に提出した『「大東亜共栄圏」と日本企業』の叙述によって崩壊していること（甲43、乙74、乙75）。

②　原告著書の主題（テーマ）（ⓑ）として原告が主張する「植民地工業化」の成否は、「大東亜共栄圏」の崩壊の要因とはなりえないこと。

③　被告論文等の先行性（ⓒ）は、多くの研究者が被告論文等を高く評価していること（乙45～59、乙31、乙69など）から明らかであり、原告は同一の史実を叙述する際に、被告の研究の先行性を意図的に隠蔽していること。

④　著作権法上の問題（ⓓ）について、原告の陳述書及びその供述は、著作権法に違反するばかりでなく、各大学や研究機関のガイドライン（乙14～18）に反していること。

⑤　被告が東京国際経済大学院の最終講義で述べたこと及びその際の著述は、「日本の人文社会科学会の研究倫理のため」であり、原告への「個人攻撃」であるとする原告の主張（ⓔ）には一片の証拠すらないこと。

以上の事実が明らかとなっており、原告が意図的に争点対照表に真正面から対応せず、別の面から原告の主張を裏付けようとした試みは明らかに破綻している。

(3)　尋問における原告の供述内容の破綻

原告が反対尋問に対して、再三指摘したように、質問の意味が「分からない」、あるいは、質問の趣旨をことさら違えた回答を繰り返している。長い間大学の教員を務めてきた人物がこれだけ繰り返し「分からない」旨述べるのは、返答に窮したことから回答を避けているとしか評し得ないものである。原告のこの供述態度は被告側による質問に対して回答が出来なかったことを物語っている。

前述した原告の弁解ⓐ～ⓓについて述べると次のようになっている。

ア　ⓐについて

被告代理人が原告の著書であり、甲第四三号証として提出した『「大東亜共栄圏」と日本企業』の証拠提出部分を読み上げて質問すると、原告は以下のように回答を避けた。

「――あなたが三本柱論を乗り越え、新しい植民地分析の方法論提示に全力を挙げたのは第9回大会、歴史科学協議会の第9回大会以降だったから、そのように驚きもしなかったし、分かりもしなかったのではありませんか。

……。

――何かありますか。答えなしなら、答えなしで結構です。

いや、突然出されましたので、ちょっと今検討してる最中です。」（原告調書　40頁）

原告自身が執筆し、かつ証拠として本裁判所に提出した内容がわからないことはありえない。

イ　ⓑについて

「――12ページ、ごめんなさい、12ページの8行目、「また、原氏の金融構造、貿易構造という論理構成とは異なり」、あなたは自分で明白に言ってるんですよ。抽象的だと異議が出ましたけれども、まさに自分自身がそうやって異なってると言ってるんです。そうすると、2つの見解が、大東亜共栄圏の形成と崩壊にあるということになりますよね。

2つの見解って、何の見解と何の見解ですか。」（同50、51頁）

「被告代理人（渡邉）

――それでは、そのほかのところでも結構なんですが、原告著書の中で、大東亜共栄圏の崩壊について、植民地工業化が破綻したから崩壊したんだと、こういうことを書いた部分がありますか、ありませんか。あなたの記憶の中で結構です。

質問がかなりあれですけども、あると思います。

被告復代理人（武藤）

――具体的にそれを指摘していただけませんか。

それ今すぐ言われてもちょっと。」（同　53頁）

被告論文とは別の主題で原告著書が叙述されていれば、被告と原告の見解は別のものとなることは当然の理であることを、原告が理解できないことなどありえない。

また、原告著書で植民地工業化の破綻が「大東亜共栄圏」の崩壊の要因となった旨の叙述部分も指摘できない。もちろんそのような叙述は存在しないのであるから、この弁解自体も成り立ち得ない。

ウ　ⓒについて

「乙第四四号証（意見書Ⅱ）を示す

――それから次に、堀意見書、これ四四号証、堀意見書のⅡです。乙四四号証の2ページの6行以下、これは、あなたはお読みになったことはありますよね、意見書Ⅱ。

読んでます、はい。

――この意見書Ⅱでは、この2ページ下から6行目です。6行目と言ったのは間違いです。下からというのを入れてなかった、下から6行目以下です。この6行目以下には9名の方、竹山護夫氏、山崎志郎氏、それから高村直助氏ら、9名の方の書評が紹介されています。それからこの中で、そのうちの一人の加藤幸三郎氏を除くと、ほかの人は原論文、先行論文を書評の中で高く評価していると、堀証人は指摘していますけれども、あなたはこれらの書評で、被告の先行研究が高く評価されていることをお認めになりますか、お認めになりませんか。

高く評価されてるっていう場合、何、どういう点で高く評価されてるのかが分からない。」（同　47頁）

原告自身が堀意見書Ⅱを読んでいることを認めているに

もかかわらず、その内容が分からないことなどありえない。

エ　ⓓについて

「原告第2準備書面を示す

――あなたは、グラフとか何かの著作権に関してはこういうふうに述べてますが、原告の第2準備書面4ページの6行目からです。「『著作権法詳説・判例で読む16章』（三山裕三、雄松堂出版、２００４年　31頁）（甲６）によれば、「他人の著作物の全部又は一部を自己の著作物であるかのように発表すること」（「盗用」）、「他人の著作物の一部を無断で借用すること」（「剽窃」）の有無が、違法性阻却事由の存否として問題となる。」と、こういうふうにあなたのほうで主張してるんですが、あなたは、この見解と同じですか、違いますか。

何に関して言ってるのかが、よく分かんないですけども。

――この本件は、剽窃したか盗作したかということが、まさに争点になってるわけでしょう。そのことについて、原告側は、今私が読んだ主張をしているんですよ。そうだとすれば、あなたは同じ見解なのか、そうでないのかということを聞いているだけでございます。」（原告調書　53、54頁）

「――あなたは、引用しているというふうに認めているのに、別物であるというふうに考えてるわけですね。

そうです。」（同　62頁）

剽窃・盗用とは著作権侵害のことであるという、原告が繰り返してきた主張のことが、「よく分かんない」こともありえない。

また、グラフを引用していながら別の著作物であるとすることは、著作権侵害（同一性保持権侵害など）を認めていることである。

オ　このように、原告は自ら陳述書で弁解したⓐ～ⓓの内容すらまともに回答できないのである。

4　まとめ

以上のような本件事案における原告の主張・供述内容の特徴をみても、原告が被告の主張・供述に真正面から答えることを回避し、別の側面から原告の主張を維持しようとしていることが理解できる。

しかし、これらの陳述・供述は完全に破綻し、逆に争点対照表を作成したにもかかわらず、原告がそれにかみ合わせた供述をしなかったのは、剽窃・盗用行為を明らかにしたくないとの趣旨だったからと解する他はない。

しかも、原告の供述内容は自己の弁解すら正当化出来ず回答さえしていない。

これに対し、被告は争点対照表のうち、出来る限り絞って陳述書Ⅰ及びⅡで論じ、さらに供述でも真正面から述べている。そして堀証人作成の各意見書及びその証言、松村意見書の内容は、具体的な資料と研究者としての検証に基づきその見解を述べている。特に、堀意見書Ⅲで分析した方法は、学界で盗作問題が生じた場合に行う基本的分析方法である。

そして被告及び堀証人は反対尋問に対し、誠実に回答し、揺らぐことがなかった。

ちなみに、一例を挙げると、原告は堀意見書Ⅰ（乙37の1）4頁記載の表を論難しているが、原告の「批判」は全く的外れである。堀証人が同表で指摘したのは、原告が「その時点においては、フレームワークも重要な部分、パーツもなかった」ことを示すためである。それゆえ、堀証人が欠けていると指摘したパーツの存在を示さない限り、「批判」の意味はない。

裁判所におかれては、被告代理人が本陳述で述べた本件における原告の陳述及び供述内容の特徴を踏まえて、証拠に基づく公正かつ合理的、整合的な判決をなされるよう求めるものである。

以上

8　一・二審判決の概要とその問題

(1)　一審判決について

ア　一審判決の盗用の基準について

「剽窃という語句について、確定的な定義は存在しないところ、証拠（乙14、15）によれば、学問の世界においては、出典を明示することや適切な引用方法によらず、他人の著作物を無断で借用したり、自己の著作物であるかのように発表したりすることのみならず、著作物になっていない他人のアイデアや理論等を自己のものとして発表することも剽窃として非難されることがあることが認められる。」

としながら、

「先行研究を引用せずに記述した場合にも、剽窃を行ったと評価されると主張する。しかしながら、先行研究に依拠せずに単に同一の項目について記述したことを剽窃と表現する用法が一般的であるとはいえず、そのように解すべき理由もない」

と剽窃の基準を設定した。

そのうえで、剽窃判断にあたっては、具体的記述の比較検討を論ぜず、剽窃の具体的な判断については、たとえば

・「単に同一の項目を記述したことを剽窃したと表現することは一般的であるとはいえず」

・「（論述が）何人でも行いうる」

・「一部重なっていることが認められるものの当該重なる部分は上記のアイデアに属する事柄」である

・「ありふれた語句」

・「歴史的事実の記載にすぎない」

などという言辞を繰り返し使用し、剽窃を否定したのであ

る。

イ　一審判決の判断基準の問題性

（ア）　先行研究の無視

後発研究者は、先行研究を踏まえて研究したとしても、先行研究者の見解と後発研究者の見解とを区別して叙述しなければ、先行研究者の研究成果が後発研究者の研究成果と理解されてしまう。

このことは、裁判所に提出した研究倫理要綱のなかで「先行研究が示す知見と自らが明らかにした知見を区別して述べる必要がある」と指摘されているのであり、学問研究の常識である。

（イ）　依拠について

一審判決は、依拠の内容についてほとんど論じてもいない。

しかし、著作権法違反などで盗用・剽窃の判断は、「依拠は、被告の心理状態（既存の著作物を利用する意思の有無）が問題になるが、直接証拠により立証することは困難であり、通常は、間接事実を積み重ねて依拠を認定することになる」（牧野利秋他編集『知的財産法の理論と実務　第４巻』〔著作権法・意匠法〕新日本法規出版株式会社　189頁）

「同一内容であれば、依拠が推認されることになるため、独立して創作した事実等を反証する必要がある」（同書　188頁）

「依拠性の要件は、被告（著作権侵害を働いていると主張された者）の知不知（アクセスの有無）に加えて、別個独立に創作したか否かということが問題となる要件であり、その証明の責任を著作権者に負担させてしまうと、相手方である被告の主観的な態様を証明しなければならない点で酷となる。とはいうものの、知らないという消極的事実を証明することはこれもまた困難であるから、その証明責任を被告に課すわけにもいかない。結局アクセスの有無に関しては原告に負担させることとし、独立に創作していたものであるとか、他の類似の著作物を複製したに過ぎない等の独立創作の抗弁の方は被告に証明責任を負わせるべきであろう（小酒禮〔ワン・レイニー・ナイト・イン・トーキョー上告審〕『最高裁判所判例解説民事篇昭和53年度』（１９８２年・法曹会419頁参照）。」（田村善之著『著作権法概説　第２版』有斐閣　２００１年11月10日　50、51頁）

と一般教科書で指摘されている。

すなわち、盗用・剽窃の判断について、

①　（叙述の）同一性の存在

②　先行研究の存在と後発研究者のアクセスがあれば盗用・剽窃が推定され、

盗用・剽窃を否定するためには、後発研究者が

③　独立して自説を形成したことを反証しなければならな

いのである。

このように、盗用・剽窃の立証は、剽窃されたとする者が①②の立証をして剽窃・盗用を推定させ、これを否定する者が③を反証するという関係がすでに確立した判例・実務となっている。

ところが、原判決はこの依拠に関する判例・実務の理解を全く欠いているばかりか、触れてもいない。

しかも、学問研究における先行研究の事前の検討は必ず行うことが常識であるから、①が存在するとすれば、当然先行研究へのアクセスは満たしている。

本件でも小林は、

・原朗とともに1974年10月27日の同発表者であり、事前に発表内容を十分に知っていた

・原朗は発表後、発表内容の原稿の写しを小林に渡しており、この点の争いはない

・しかも小林(原告)の原告著書の中で時代区分について「原理論の時代区分のとおりである」と明記しているが、これは原告著書の発表前の被告本人の叙述である。

これらの事実からすれば、具体的に小林は原の発表内容やそれ以前の論文を十分に知悉していたことは疑いがない。

このように、一審判決の理由は明白に初歩的理解に反し、かつ盗用・剽窃の要件も学説の見解のみならず、現在の著作権に関する判例・実務に反したものになっている。

9　堀和生意見書Ⅳ（二〇一九年五月一七日）

意見書Ⅳ

2019年5月17日

堀　和生

はじめに

1月21日の被告側敗訴の一報は予想外であり、大変驚かされた。その判決文を精読して内容を把握すると、そこには裁判官の誤認が数多く見いだされるだけでなく、学術研究にかかわる裁判所の法律的判断として、看過できない重大な問題があることがわかってきた。これを判例として確定させてしまっては、現在重大な社会問題の一つになっている学術不正に関する対処において、今後深刻な悪影響を与える可能性がある。筆者が考える問題点とは次のようなことである。

第1に、原判決は、本文で指摘するように事実の間違いが多い。

第2に、係争案件の処理においては、双方から提出された主張と証拠を均しく検討すべきであるのに対して、今回の判決では被告側の多くの主張と証拠を無視している。これは、裁判の公平性の原則と相容れない不当な行為である。

第3に、本件が学術研究の領域での争いであるという特徴を持つ故に、専門家ではない裁判官がそれを裁くにあたっては、当該領域について必要な知識を備える必要がある。しかしながら、本件の審査では裁判長が4人も交代し、判決を書いた裁判官は、証拠として提出された文献を十分に参照した様子がうかがわれない。

第4に、学術研究は科学として普遍の原理の上に成立するので、その評価の方法や基準も同様に普遍性をもつ。であるから、たとえ裁判の場においても、学術研究に対する評価の方法や基準は、学界と同じでなければならないはずである。ところが原判決は、裁判官は学界では決して用いられない独自の判定基準や評価方法をつくりだして、判決を作成した。これは、学術研究からの甚だしい逸脱であり、見過ごすことができない。

以上の理由で、筆者は学術研究の観点から、原判決の問題点を具体的に明らかにするために、この意見書を執筆する。

なお、本文では一般用語としての盗作と学術不正行為としての剽窃と盗用を区別せず同じものとして用いる。原告と小林英夫（以降、小林と記す）、被告と原朗（以後も原朗と記す）を均しく使う。主に研究関係の記述では名前を、裁判関係では原告・被告を使う。

I．原判決の判定基準

本訴訟は被告の最終講義において原告の名誉が毀損されたという訴えである。原判決は被告の最終講義での発言に公共性と公益目的があったことを認めた点を除いて、被告の主張をことごとく退けて、ほぼ原告の完全勝訴とした。本稿は、訴訟中で学術的な剽窃の有無を争った事項（第3の2（3）イ「本件摘示事実1の真実性」）について、原判決の判断（判決25–36頁）を検討するものである。

裁判では、原告小林の『「大東亜共栄圏」の形成と崩壊』（以後、小林著書と記す）と、被告原朗の学会報告「『大東亜共栄圏』の経済的実態」（以後、学会報告あるいは「経済的実態」論文と記す）の間での剽窃の有無について、最初に裁判所が主導して双方の「争点対照表」を作成させた。原判決は、その「争点対照表」にそって、学術的な剽窃の有無に関する摘示事実(以後、本件摘示事実と呼ぶ)を、(ア)から（ケ）の9つの項目にまとめている。項目（ア）が2つにわかれており、項目（ケ）は具体的な争点を扱っていないので、ここでは9つの項目として検討する。

下記の表1は、筆者が、個別の本件摘示事実9項目に対する原判決内容を、その根拠とした基準6つに分類したものである。その基準とは、最初の3つは判決の検討が研究内容に及んでいない形式的な基準であり、つぎの3つは何らかの形で何らかの形で研究内容やその評価による基準である。つまり、原判決は9項目について、6つの基準で合計24事項の判断を下したことになる。本表に争点に対する裁判所の判断はすべて含まれる（地図とグラフについては直接言及しないが、各項目の争点中に実質的に含まれているとする）。以下、この6つの判断基準が妥当するのか、原判決の内容を順次検討する。

（1）形式的基準によって判断された16事項

事実発見や実証の質について学問的価値がある歴史学においては、剽窃の有無を形式的基準によって判断すると、さまざま矛盾が生じる。以下、具体的に指摘する。

「歴史的事実の記載」の一般化（表1の第1列）

小林著書と原朗の論文（学会報告）を対比して、判決は次のように述べる。

「記述内容については重なる部分があるものの、当該部分は歴史的事実の記載にすぎないから、これを他者が記述したことをもって剽窃ということはできない」（31頁22行）、「記述内容については重なる部分があるものの、当該部分は歴史的事実の記載にすぎないから、これを他者が記述したことをもって剽窃ということはできない」（32頁25行）、「記述内容については重なる部分があるものの、当該部分は歴史的事実の記載に過ぎないから、これを他者が記述したことをもって剽窃ということはできない」（35頁13行）、「記述内容については重なる部分があるものの、当該部分は歴史的事実の記載にすぎない

表1　判決　第3の2　イ「本件摘示事実１の真実性」

判断の基準・評価 ／ 判決の項目	形式的な基準			研究内容に関わる基準		
	「歴史的事実の記載」の一般化	主語述語、記述順序、表現形式が異なる	参照文献の注がある	（原告を含め）先行研究がある	理論創造の前後関係	何人・誰でもやれる
イ 本件摘示事実１の真実性…25	—	—	—	—	—	—
（ア）全体構想 課題設定 論理構成…25	—	—	—	—	—	—
a〈「大東亜共栄圏」全体を捉える〉…25-27	● 27p1,14					● 27p2
b〈課題の設定　原告の論理〉…27-29			● 29p2	● 28p26	● 28p1	● 27p24
（イ）表題・用語法について…29						● 29p11,18
（ウ）時期区分について…29-30	● 30p11					● 30p19
（エ）投資形態について…30-32	● 31p22	● 31p20	● 31p14	● 31p5,32p3		
（オ）貿易構造について…32-33	● 32p25	● 32p21	● 32p23			
（カ）金融構造について…33-34			● 33p17	● 33p14,26		
（キ）被告報告先行論文から剽窃…32-33	● 35p13	● 30p8	● 35p10			
（ク）総括について〈「共貧圏」・抗日運動〉…35	● 36p5	● 30p1	● 36p2			
（ケ）被告の主張…36	—	—	—	—	—	—

から、これを他者が記述したことをもって剽窃ということはできない」（36頁5行）

と、全く同文である。

　原判決は、両者に重複が多いことを認めたうえで、それは歴史の叙述なので剽窃にはならないという論理である。しかし、対象となっている2つの研究は歴史研究なので、全篇歴史の記述によって成り立っている。歴史的記述であるから剽窃ではない、というこの判決の論理でいけば、歴史研究では剽窃行為はありえないことになってしまう。この非学問的な矛盾は、それぞれの研究が当該部分で何を明らかにしたのか、という学術研究における最も重要な判断基準を、原判決がまったく持ち合わせていないことから生まれている。歴史学の研究においては、歴史的事実の発見のプロセスや実証密度の深化も学問的成果として評価される。原判決のこの基準は、剽窃の判断の基準にまったくなり得ない。

表現形式による検証（表1の第2列）

　原判決の上記の問題点は、「主語、述語、叙述の順序、表現形式」を基準とする判断によって、さらに顕在化する。表1のように、この類型の判断基準も多用されている。「本件原告著書と被告学会報告の各記述は、主語、述語、記載順序等の表現形式に同一性が認められず」（31頁20行）、「本件原告著書と被告学会報告の各記述は、主語、述語、記載順序等の表現形式に同一性が認められない」（32頁21行）、「本件原告著書と被告学会報告の各記述は、主語、述語、記載順序等の表現形式に同一性が認められない」（35頁9行）、「本件原告著書と被告学会報告の各記述は、主語、述語、記載順序等の表現形式に同一性が認められない」（36頁1行）、と同じ文章で判決は剽窃でないと断定している。

　各引用文の前の文章を見ると、「争点対照表」にあげられた当該個所を比較検討したようである。しかし、学術研究のオリジナリティ、プライオリティを評価・認定するのに、この基準は使えない。学生のレポートでインターネット上からの無断盗用、いわゆる「コピー&ペースト」などならともかく、専門研究者が専門の研究者の著作から意図的に剽窃しようとする際に、対象の研究の文章をそのまま使用することはまずない。例えば、意図的な剽窃者が、対象研究の論文を熟読して内容を完全に我が物とした後で、それを自分の言葉で論文として書いても、研究のオリジナリティが同じであれば、その行為は完全に剽窃なのである。実際に、筆者の「意見書Ⅲ」の13頁、17頁で具体的な事例を示したように、小林著書は原朗あるいは他研究者の研究を引用表示なく使う場合には改変を加えている。学界の剽窃嫌疑案件の審査において、このような「主語、述語、記載順序等の表現形式等」というような基準を、剽窃の問題の比較検証において使うことは絶対にない。筆者は、自分の40年間の学研生活の中で、そのような事例を一度も見たことがない。

参照文献の有無の検証（表1の第3列）

これは前項の表現形式による類型と結びつくことの多い判断のパターンである。原判決の中で、判断の根拠として参照文献の有無をあげているものを列挙すれば次のようである。

「本件原告著書には、上記①ないし④の観点からの叙述を基礎付ける参照文献が引用されていると認められる。」（29頁2行）

「本件原告著書には、上記投資機関に関する記述を基礎付ける参照文献が記載されていると認められる。」（31頁14行）

「本件原告著書には、貿易構造に関する記述を基礎付ける参照文献が引用されていることに鑑みれば、」（32頁23頁）

「本件原告著書には、上記各項目についての記述を基礎付ける参照文献が引用されていると認められる。」（33頁17行）

「本件原告著書には、上記記述を基礎付ける参照文献が引用されていることに鑑みれば」（35頁10行）

「本件件原告著書には、抗日運動強化に至る経過について、記述を基礎付ける文献が引用されていると認められることに鑑みれば」（36頁2行）

これらの引用文を根拠としてその後に、「原告が被告学会報告に依拠して本件原告著書を記述したと認めることはできない」、という定型の判断の結論が続く。一般的に研究不正の防止マニュアルでは、典拠となる文献を明確に示すようにと指示している〔例えば、早稲田大学「剽窃定義確認書」等（乙第一四号証）〕。しかし、専門研究者が意図的に剽窃を隠蔽している場合、このような出典注の有無は何ら不正検証の方法とならない。極端に言えば、剽窃対象の研究論文が引用している文献を再度引用すれば、引用注はきれいに備えられる。これは、荒唐無稽な話ではない。小林著書はこのことを随所で実践している。筆者の「意見書Ⅲ」の「Ⅲ．詳細照合と考証」で摘出・列挙している剽窃は、この事例が最も多い。例えば、「意見書Ⅲ」11頁14行以下で、小林は原朗が引用した文献を注で引用しながら、原朗の見解をあたかも自己のものであるかの如く叙述している例を示している。本文の次節でも、同じ文献を使いながら、原朗の研究成果を自己の成果としている事例を紹介する。

つまり、学生の「コピー&ペースト」を防ぐため、あるいは初学者の論文の質を改善するために、論文に引用注の完備を求めることに意味はある。しかし、専門研究者が意図的に剽窃をはかっている場合には、引用注の有無だけで判断する基準は、何ら剽窃行為の検証にはならない。

以上、3つの基準は極めて形式的で、学術的な検討に堪えうるものでないので、学界における論文審査ではけっして使われることがない。ゆえに、この基準によって剽窃なしと判断したよる原判決の16事項の判定結果は、学術的には何も意味がない。その判断は、学界における剽窃の判断と全く無縁のものである。

（2）　研究内容に関わる基準による判断

原判決が、多少とも研究内容に関して言及した上で判断したのは、前掲表1のように3つの類型に分けられる。まず、被告原朗の研究が発表される前にすでに別の先行研究があるとする基準（表1　第4列）による3事項、ついで論理創造時期の前後関係を根拠にした基準（表1の5列）による1事項、さらに当該の学術的な見解は「誰でもやれる」いう基準（表1の6列）による4事項、の判断である。以後、原判決に従って見ていこう。

全体構想の課題設定（表1の(ア)、第4列）

全体構想について、原告が自己の創見であるとするのに、原判決はそれらの見解はすでに先行研究のなかにあるという論理で、原告の主張を却下する。具体的に見よう。

全体構想の課題の設定に関して、原朗は次のように主張する。１９３０年代の日本経済は高級資本材と基礎原料を輸入する円ブロック外の貿易とブロック内の貿易とは内容が異なっており、日中戦争勃発後に日本がブロック内で資源的アウタルキーを追求しようとすると、逆にブロック外の入超が急増するという矛盾を深めていった。太平洋戦争への突入により、円ブロックへの物資供給が困難になると、物資略奪とそれによるインフレーションが激化し、結局経済破綻の中で日本帝国主義が崩壊した。このプロセス全体のメカニズムを把握したのが原朗の学会報告であり、その核心部分を小林が剽窃したとした（要約　①～③の番号省略）。

それに対して、原判決は小林の主張を全て受け入れて、「大蔵省昭和財政史編集室編『昭和財政史　第13巻』（東洋経済新報社）において、上記①ないし③の観点からの記述がされていることが認められるほか、本件原告著書には、上記①ないし④の観点からの叙述を基礎付ける参照文献が引用されていると認められる。したがって、原告が被告学会報告に依拠して上記①ないし④の観点からの記述を行ったと認めることはできない。」（傍点は引用者、以降も同じ。28頁26行）としている。

剽窃が疑われている論文・学会報告以外の注があるということをもって、剽窃嫌疑を否定する根拠にならないことはすでに述べたので、ここでは繰り返さない。『昭和財政史　第13巻』に原朗の学会報告・論文と同じ観点の記述があるので、小林の剽窃疑惑が否定されるという原判決の判断には、次の3つの問題点がある。

第1に、研究史・研究水準の評価を行っていないことである。『昭和財政史　第13巻』（１９６３年）の当該記述部分と原朗の学会報告（１９７４年）が、はたして学問的に同じ内容であるのか、先行研究に対する後続研究には新しい創造的な内容が付加されていないのか、そもそも判決はそのレベルの比較検討をおこなったのか、という問題である。2つ以上の研究を比較評価する場合、研究者はそれら対象となる研究の学術的な内容について、課題設定、研究方法、資料、分析過程、結論等を詳細に検討する。これらは、先行研究の歩みと到達点を理解する研究整理という作業で、研究者がごく普通に取り組む研究活動の一部であり、如何なる学術分野においても研究分析の第一歩である。ところが、原判決では「……の観点からの記述がされていることが認められる。」というだけで、両者の内容について何ら比較分析をおこなった形跡はない。

裁判官が自立的な立場で両者の主張を審査することは当然であるが、対象が学術的な研究についての判断であれば、学術的な次元での評価に堪えるものでなくてはならない。筆者の検討によれば、『昭和財政史　第13巻』と原朗学会報告・論文との間には、研究の水準として段階を画する大きなレベルの差がある。小林が『昭和財政史　第13巻』に依拠したとして指摘した個所（甲第二一号証）には、引用注がまったくない短い概説である。それに対して、原朗の学会報告・論文は、自身の5本の論文を基礎にして、さらに構想を拡大している。また、原朗は、日銀資料、満鉄調査會立案資料、十河信二文書、岡野鑑記文書、泉山三六文書、鮎川義介文書等、膨大な一次資料を自ら発掘し、それら広範な一次資料を精緻に分析したことにより実証の精度を格段に高めている。筆者が法廷で証人として述べたように、これは理論と実証の両面において、宇佐美誠次郎を含む戦前世代の研究水準を大きく乗り越えた新しい研究であった。このことは専門家でなくとも、2つの文献を比較して精読すれば容易に判断が付くことである。字面だけの一致不一致に拘泥する判定基準では、この剽窃の有無を正確に判定することはできない。

そのことを証明する2つの方法がある。一つは、当時の研究者が原朗の研究をどのように受けとめたかという評価である。筆者は「意見書Ⅱ」の第Ⅰ部で、当時の多くの論文評を引用して、同時代の研究者らが原朗の研究論文について、新資料の発掘と新しい領域の開拓においてすばらしい成果を上げた、と一様に高く評価していたことを明らかにした。高村直助（当時　東京大学助教授）の書評中で用いた表現のように、「まさしく圧巻」「画期的」と評価されたのである。いま一つの方法は、ここでとりあげた原朗の見解は、日本経済史研究の領域では原朗説として定着しており、それは今日「通説」（山崎志郎『経済学論集』81巻1号）、「定説」（浅井良夫『歴史と経済』232号）としてその功績が認められ、さらに「古典」（沢井実『社会経済史学会』80巻2号、堀和生『歴史学研究』922号）と呼ぶ研究者もいる。研究史において、冒頭で取りあげた学術的見解を、宇佐美誠次郎説と呼ぶことはないし、それを小林英夫説と書いた論文を筆者は見たことがない。原朗こそがこの分野の開拓者であることは学界から広く認められている。

第2に、小林が自著を執筆するのに、この『昭和財政史　第13巻』宇佐美誠次郎執筆論考に依拠し、原朗学会報告を参考にしていないのか、ということである。まず、小林著書のなかで、『昭和財政史　第13巻』を引用しているのは4個所である（257頁、448頁、452頁、505頁）。そのうち257頁は、1967年小林の卒業論文である「朝鮮産金奨励政策について」における朝鮮の産金政策に関する引用が、そのまま著書に取り込まれたものである。日中戦争期とそれ以前については、小林著書は同書を引用していない。448頁と502頁は、太平洋戦争期南方における日本の資金・決済操作と南方開発金庫について説明した個所であるが、その内容は原朗の学会報告が一次資料に基づいてより詳細に解明している。505頁は本文での引用ではなく表の出典であり、『昭和財政史　第13巻』の当該頁にはその表の出典や根拠は示されていない。また、小林が「甲第二一号証」によって自分が依拠したと具体的に挙げている359‐360頁は、小林著書の中ではどこにも引用した注記がない。仮に、原判決のように引用の存在非存在を剽窃の基準とするのであれば、小林がこれに依拠したと主張するのなら、それは小林による宇佐美誠次郎からの無断引用、剽窃であるといえよう。ここでは小林による宇佐美誠次郎論考の剽窃の有無についてはこれ以上議論しないが、小林の主張が矛盾している1つの証拠である。さらに重要な点として小林著書が引用している『昭和財政史　第13巻』の該当頁には、先に示した原朗の創見による日本帝国がはらむ矛盾の展開、日本帝国の形成期から解体期までの解明に匹敵する密度の内容はない。

第3に、この判断に原朗学会報告と小林著書との関係が検討されていないことである。原朗の学術的見解に対する小林の剽窃の有無を検討するのに、原判決がこの「(ア)「全体構想（課題設定及び論理構成）について」」において、『昭和財政史　第13巻』という先行研究と原朗学会報告との比較に終始し、一番肝心な原朗報告と小林著書の「課題設定及び論理構成」の比較を全く行っていないことである。これは原告小林側の主張に沿った検証順序からきた問題であり、原判決が原告・被告間の剽窃について直接何も検討していないことを意味している。

筆者は、小林著作の全頁について、小林のそれ以前の全業績、原朗の学会報告を含めた全業績と比較してその内容の異同を詳細に検討した。その結果、堀和生「意見書 Ⅲ」の「Ⅲ詳細照合と考証」（6頁～20頁）と末尾掲載の表4によって、日本帝国の骨格に関わる問題に関して、小林著書の第2編の第1、2章、第3編の第1、3、4、5、7、8章、第4編の第2、3、7、8章に原朗の研究業績が大量に剽窃されている事実を、根拠と頁数をあげて具体的に明らかにした。この「意見書Ⅲ」は、この裁判に提出した証拠である（乙第七〇号証）。ところが、原判決は、小林側の法廷証言を利用しながら（28頁5行）、この分析結果を含めて、筆者の3つの意見書と法廷証言を全く取りあげていない。原判決の判断根拠と矛盾する事実が法廷において提出されていれば、判決はそれらについて見解を示すべきである。

なお、原判決は小林著書の中に、原の研究していない領域（労働問題や朝鮮・台湾経済）があることをもって、剽窃否定の根拠のひとつにしている（27頁10行）。しかし、オリジナリティ・プライオリティを争っている当事者の研究業績に、重複しない部分があることと、剽窃の有無とは全く関係がない。剽窃について争っていない点を取り上げる行為は、原判決が剽窃問題における業績の取扱で常識を欠いていることを示している。

原判決は、剽窃評価の前提となる研究史的な検討をおこなっていないこと、剽窃問題において最も重要な両側の争点について直接比較して検討していないこと、判決と矛盾する多くの事実が提示されているにもかかわらず、それを無視していることの3点において、決定的に間違っている。学界における剽窃問題の審査ではあり得ないことである。

投資形態について（表1の(エ)、第4列）

投資形態についても、原判決は被告の創見とする見解は、先行研究の中ですでに述べられていると判断をしている。具体的に見よう。

原朗は、日本の対植民地・占領地に対する投資形態について、中心機関が第一期には国策会社の南満洲鉄道株式会社であり、第二期には満州では満州重工業株式会社、華北華中では興中公司および北支那開発株式会社・中支那振興株式会社であり、第三期の南方占領地では指定民間企業者であるなど段階的に変化し、しだいに独占資本を全面に押し出したという自己の論理構成を、小林によって剽窃されたと主張した。それに対して、原判決は次のように判断した。小林著書と小林側の証拠（甲9、11、12、21）によれば、井上晴丸・宇佐美誠次郎『危機における日本資本主義の構造』１９５１年、前掲『昭和財政史　13巻』１９６３年、小林英夫「１９３０年代『満州工業化』政策の展開過程」１９６９年、同「日本帝国主義の華北占領政策」１９７４年において、「満州における満鉄及び満業、華北・華中における興中公司、北支那開発及び中支那振興並びに南方占領地域における財閥等の指定民間起業者など、各占領地の投資機関に関する記述があることが認められる」（31頁11行）ことをもって、剽窃を否定した。

原判決が、根拠の文献をあげているので、個別に見ていこう。

まず、原朗の学術的見解の独自性を否定するのに、井上・宇佐美（１９５１年）を持ち出してきたのは、研究者として驚きである。この著書は研究史において取りあげられることはあるが、それはあくまで戦後の研究が始まった時点における代表的な研究としての扱いである。後に原朗が分析するいくつかの会社名とそれに関連する簡単な評価はあるが、それは、戦前の認識を読み替えたレベルにすぎない。原朗をはじめとする研究者が発掘した資料を用いての実証研究が始まった１９７０年代以降は（２０１８年2月5日堀和生証言）、発想はともかくその著書中の歴史的事実が学術的に利用されることは全くなくなっていた。それは同じく宇佐美が執筆した『昭和財政史　第13巻』についてもいえることであり、大蔵省資料を利用できたために、井上・宇佐美（１９５１年）の著書よりは扱っている事実がより豊富になっていることは認められるが、研究史的に見れば日本政府と資本の一貫した結託を強調する１９５０年代以来の伝統的通説に沿ったもの過ぎなかった。それに対して、１９６７年から発表をはじめた原朗の一連の研究は、先に述べたように、また「意見書Ⅱ」で発表当時の学界の反響を明らかにしたように、そして今日研究史においてそう評価されているように、膨大な一次資料の発掘とこれに基づいた論理構成によって画期的な成果を出していたのである。

投資形態に関しては、満州では満鉄資料のみならず自ら発掘した泉山三六文書、鮎川義介文書等を駆使して、１９７４年の学会報告以前に、すでに200頁におよぶ「満州第一論文」、「満州第二論文」で詳細に解明していた。このような研究史発展の過程を無視し、井上・宇佐美の著書（１９５１年）や『昭和財政史　13巻』（１９６３年）中に同じ会社名やわずか数行の叙述があることをもって、原朗の一連の研究の画期的な意義を否定している原判決は、研究史、研究の進展に対して余りにも理解がなく、研究の発展に対する冒涜である。

投資形態に関する小林の2論文について論じる前に、学術的な業績審査ではあり得ない原判決の誤った判断の問題点を指摘しておく。学術論文の剽窃有無に対する検討においては、両当事者の先行研究との関係が決定的に重要である。それは、当該論文の独創性、先行性の成立を検証するうえで、重要な材料であるからである。ところが判決はその検証を放棄している。以下、具体的に説明しよう。

原判決は、上記のように小林の2論文に投資機関に関する記述があるので、原朗の学会報告からの剽窃は認めないと断じている。それでいながら、原朗の大会報告に先行する論文については、裁判の争点ではないので、そこからの剽窃有無は判断しないと重大な判断をくだしている（35頁2～7行)。原判決は、このように一方で小林の先行論文(１９６９年論文と１９７４年論文）と小林著書との研究の連関性を判断の根拠としてあげながら、原朗の先行論文からの剽窃有無については検討自体を排除している。これは研究成果の剽窃に関する検証として、恣意的で公平を欠くものである。学界における論文剽窃の審査では絶対にとらない非科学的な姿勢である。

筆者の「意見書Ⅲ」のⅢで詳しく明らかにしたように、小林は著書中で自らの既発表論文を利用する際には、ほとんど一言一句修正することなくそのまま使っている。ところが、ここであげている小林の「1930年代『満州工業化』政策の展開過程」（1969年）だけはそのまま引用したところは殆どない。その理由は専門研究者には容易に推察できる。その後原朗の200頁にも及ぶ重厚な「満州第一論文」「満州第二論文」（1971年）が出されたために、それ以前の研究段階である自己の既発表論文を使えなかったのである。それゆえ、小林は原朗の2つの研究論文を引用するのではなく、満鉄については原朗の「満州第一論文」から、満州重工業株式会社については「満州第二論文」から剽窃したと考えるのが自然である。

小林論文（1969年）が、満州の統制政策について「この間の動きについてはより詳しい資料探究が必要であるが……詳しい研究は後日の課題としたい」（28頁）、「本稿は日産の対満州進出の視点が弱い」（43頁）と、その問題点を自ら認めていた。その後小林著書が、原朗の満州の2論文を活用することによって、自らの1969年論文の多くの見解を修正した事実は、堀和生「意見書Ⅲ」9-10頁で具体的に例を挙げて指摘したとおりである。そのなかには、満州の特殊会社という投資形態の中核的問題についての見解修正も含まれる。

小林の「日本帝国主義の華北占領政策」は、華北のある領域について一定の実証分析をしたことを認めたとしても、興中公司の投資形態の内実についてはまったく分析されていない。小林著書中の、興中公司から北支那開発株式会社、中支那振興株式会社への投資形態変遷の詳細な叙述は、興中公司社長を務めた十河信二の文書を発見し詳細に分析した原朗の学会報告に全面的に依存している。なお、原判決は、在中国投資会に関して、「上記本件原告著書の表と被告学会報告の表は、記載項目について重なりが見られるものの、記載順序や記載数値については違いがあり、表現形式に同一性が認められない」（32頁3行）ことを判断の根拠としている（このことは先に述べたように、全く誤った判断基準である）。筆者は、「意見書Ⅲ」のなかで当該部分を取りあげ、同じ資料からとった資料を別ものに見せるために、小林が如何に意図的に表を加工しているかを具体的に指摘している（16~18頁）。原判決は、それらの表の出典が、原朗学会報告と同じ国松文雄『わが満支廿五年の回顧』（原判決では、『わが満州廿五年の回顧』と誤記、満州のはずはない）と、原朗と同じ中支那株式会社『中支那振興株式会社及関連会社事業現況』の異なる年度版（原朗は1942年版、小林は1940年版）を使っていることをもって、剽窃ではないと断じている（原判決は頁を183頁と188頁としているが、実際は188頁の誤り）。筆者は意見書の中で、先に発表された報告の結論を、同じ資料を使って自己の見解として主張することは剽窃であると指摘している（意見書同上、筆者の法廷証人尋問20180205）。原判決は、学界では剽窃と見なされるこれら指摘を全て無視して、「原告が被告学会報告に依拠して上記表を作成したと認めることはできない」（32頁10行）と断定している。

以上のように、投資形態に関して、小林が原朗の学会報告を含めた研究業績を自己の著書に剽窃したことを否定する原判決の根拠は、いずれも具体的な検証に堪え得ないものである。学会の基準では、明らかに剽窃となる内容である。

貿易構造については、「研究内容に関わる基準」（表1による事項がないいので、ここでは触れない。

金融構造について（表1の(カ)、第4列）

金融構造についても、被告の創見とするする見解は先行研究中に述べられていると判断している。具体的に見よう。

原朗は「大東亜共栄圏」において、日本による金融機構の構築方式の違いにより、各地域のインフレーションの進行速度が異なるため各地域間で物資が移動する事態を招くのでとし、日本は送金や貿易を制限せざるを得ず、金融的連関が分断されていったことを解明したと主張している。ところが、原判決は、「本件大会が開催される以前、昭和40年10月発行の桑野仁『戦時通貨工作史論』（法政大学出版局）及び原告前出「日本帝国主義の華北占領政策」において、上記各項目についての記述があることが認められる」ほか、出典注があるので、「原告が被告学会報告に依拠して本件原告著書を記述したと認めることはできない」（33頁14行）としている。

また、原朗は、自己の学会報告によって、日中戦争期の華北及び華中における通貨戦争の経緯、並びに南方占領地域におけるインフレーションを解明したとして、この自己の創見を小林が剽窃したと主張した。それに対して、原判決は「本件大会が開催される以前、昭和19年9月15日発行の『支那占領地経済の発展』（財団法人東亜研究所）、原告前出「満州金融構造の再編成過程」及び「日本帝国主義の華北占領政策」、桑野仁前出「戦時通貨工作史論」において、日中戦争期の華北及び華中における通貨戦争の経緯に関する記述があることが認められる」ほか、出典注があるので、「原告が被告学会報告に依拠して本件原告著書を記述したと認めることはできない」（33頁26行）、と断定している。

ここで、検討すべきは2点である。第1は、先行研究としてあげている、東亜研究所刊行書（１９４４年）、桑野仁著書（１９６５年）、小林の2論文（１９７２年、１９７４年）と原朗の学会報告の内容が、研究史においてどのような学術的な位置づけになるか。第2は、当該分野について、小林著書と原朗の学会報告の内容が、どのような学術的な位置づけになるか。

第1について、原判決はいずれも、先行研究に「……に関する記述があることが認められる」と述べるだけで、どの本・論文のどこの記述が、原朗の学会報告とどういう関係になるのかについて何も述べていない。さらに両者の内容と関係について、学術的な評価をしていない。学術研究とは、研究者が解明した成果の積み重ねによって発展していくのであり、それぞれの研究の学術的貢献を評価していくのが研究史整理という作業である。学術的剽窃という行為の有無は、まずこの研究史の中で判断する必要がある。この観点に立つと、発表年代の異なる書籍や論文の評価において、ある記述があるか否かという単純な基準は、各学術研究の発展を捉えることができない。例えば、小林の１９７４年論文の金融機構に関して、東亜研究所刊行書（１９４４年）と類似の記述はあるであろうが、ではその小林論文はまったく同じ内容を繰り返しているだけだ、となるのであろうか？　当該分野の研究は、１９４４年、１９６５年、１９７２年、１９７４年と30年間にわたって、全く新しい展開がなかったのであろうか？　本当にそのように信じるのであれば、研究に携わるものすべてへの侮辱である。

原判決は、４つの先行研究のなかに原朗が創見とする諸見解に関わる記述があると述べているだけで、それぞれが何を示すのかが明示されず、さらに課題設定、資料、分析手法、分析結果等の学術的内容に、一切踏み込んでいない。このように原判決が具体的に学術的な検討をしていないので、筆者は原判決の誤りを具体的に指摘することができない。ただし、桑野仁著書については原判決が何度も言及しているので、一言コメントしておく。本書については、原朗が書評によって詳細に論評している（原朗「書評　桑野仁『戦時通貨工作史論』」（『経済学論集』33巻2号　１９６７年）。原朗は、中国の通貨工作については、戦前以来多くの研究蓄積があるが、「全時期にわたって詳細にその全貌を描いたのは本書を以て最初の文献とする」と、本書を極めて高く評価している。そのうえで、原朗は、本書が十分に説明できていない「円元パー原則の問題も、華北と華中南との経済交流の人為的切断の問題も、いわゆる『円ブロック』の実態がいかなるものであったのか」（91頁）という理論的な問題点を導きだして、それらを統一的な歴史的過程の中で解明していく見通しを論じている。原朗は、桑原著書が戦前以来の当該分野の研究水準を大きく引き上げたことを十分に認めた上で、本書と格闘しながら、自らの新しい研究視角の確立について論じている。そして、それを実践したものこそが、原朗の学会報告であった。このような、当該領域の研究史の発展過程を踏まえれば、１９４４年から１９７４年まで、同じ記述があるというレベルの認識で、原朗の学会報告の学術的な価値を否定するのは、学術評価とは無縁な暴論だというほかない。

第2に、原判決は研究業績の剽窃の検討において、小林の主張に引きずられ原朗の創見と先行研究との「照合」だけに留まっており、これまで指摘したことと同じく、一番肝心な原朗学会報告と小林著書との比較に全く取り組んでいない。占領地における金融研究に関連して、小林は２０１２年に刊行した著作で研究史を次のように整理している。戦前戦後の研究のなかで桑野仁の研究を労作とよび、先の『戦時通貨工作史論』をとりあげ、日本・国民党・共産党による三つどもえの「通貨戦」の認識を深めた研究だと、原朗と同様に高く評価している。続けて、「弱点をいえば桑野が中国連合準備銀行の顧問室員として、連銀の内情に通じ華北の通貨政策や金融事情に精通していた裏返しとして華中の通貨、金融政策への考慮がうすく、華中については華北にひきつけた通貨政策が論じられていることである。華北と異なる華中の特殊性を考慮した三つどもえの「通貨戦」の全体像を描くことは将来の課題となったのである。この点を意識した研究としては原朗「『大東亜共栄圏』の経済的実態」、『土地制度史学』第71号、１９７６年４月。小林英夫『増補版「大東亜共栄圏」の形成と崩壊』第３編第２章、御茶の水書房、２００６年を参照願いたい。」（小林英夫『「大東亜共栄圏」と日本企業』社会評論社　２０１２年　102～103頁）と述べている。原告である小林自身が、原朗の学会報告が前掲桑野仁著書を超える視点をもつ研究であることを認め、原朗学会報告と小林著書１９７５年）の増補版（内容は同じ）を同じように評価している。ならば、この領域について剽窃を否定する小林は、小林著書が前年発表の原朗学会報告と異なる独自性を有することを明らかにしなければならない。この金融機構については、原朗は理由を挙げて、客観的に時間的に後に刊行された小林著書が原朗学会報告と同じ見解を書いていると主張（「争点対照表」11～13頁、63頁10、11、12）している。筆者の「意見書Ⅲ」付表４の３頁で、両者の頁数を示して問題点を指摘しているが、原判決は根拠を示さずそれらの主張や指摘を無視している。そして、原判決は先述のように、先行研究中に原朗の学会報告と重なる記述があるという指摘を繰り返すだけで、肝心の原朗学会報告と小林著書と間における研究内容の重複、両者のあいだの創見性、先行性については一切検討も言及もしていない。それでいて、「原告が被告学会報告に依拠して本件原告著書を記述したと認めることはできないから、この点に関する被告の主張は採用できない。」（34頁６行）と断じている。

このように、金融構造の研究に関する検証においても、原判決は研究史を踏まえない非学術的な叙述探索にとどまっており、原朗学会報告と小林著書の学術的な見解の比較検討を全く行っていない。これは学術研究の剽窃に関する検証作業ではない。

理論創造の前後関係（表１の(ア)b　第５列）

原判決の中で、小林が独自につくりあげた見解としてただ一つ具体的にあげているのは、著書の論理構成についてである。原朗の学会報告は、「大東亜共栄圏」の形成と崩壊に関して、投資形態、貿易構造、金融構造の3つの問題別に整理し、それぞれの問題を3つの時代別に叙述し、且つ対象地域を満州・中国占領地・南方へと叙述する。つまり、「問題別・時代別・地域別」の構成をとっていた。原朗によれば、小林はこれら論理構成を剽窃したうえで、それを不分明にする目的で、著書の編別構成を「時代別・問題別・地域別」の順序に組み替えて、原朗が明らかにした問題の諸論点を意図的に分散させる操作をした、と主張している。

原判決は、この両者の研究全体に関わる訴訟の核心的争点について、原朗の主張を退け、小林著書の「時代別・問題別・地域別」の論理構成は、小林本人によって作られたと断定している。その根拠として、「昭和48年初め頃からの浅田との論争の過程で、かかる方法論を採用するに至ったことが認められる」からだとしている（原判決　28頁8行）。その根拠は、小林本人の「陳述書」（2017年5月甲第五〇号証　11頁）のみであり、そこで小林は、「時期別・課題別・地域別」の方法を確立したのを1974年初めとしている。

ところが、この小林の発言と矛盾する資料と事実が存在する。

小林英夫著『「大東亜共栄圏」と日本企業』（社会評論社2012年刊……提訴の1年前）の16-18頁注（2）には次のように書かれている。

①　1974年初め頃、駒沢大学での浅田喬二との研究会において、小林自身が植民地支配史を金融、土地、鉄道の「三本柱」で支配構造を分析すべきではないかと提起した。

②　浅田はその小林の私案を積極的に受け入れて、75年以降『歴史評論』に植民地研究方法論をめぐる論文を1、2年の短期間に矢継ぎ早に発表した。

③　小林は、浅田の「三本柱論」の静態的・固定的な仕上がりに賛成できなくなり、歴史科学協議会第9回大会（1975年8月開催）で、浅田の「三本柱論」を批判した。

④　以降小林は、この浅田が「提示」した「三本柱」論を乗り越えて新しい植民地分析の方法論提示に全力をあげた。小林著書（1975年12月）はこうした論争の過程で生まれた。

⑤　そこでは、浅田の縦割り的な「三本柱論」に対峙して、地域横割り的段階論的方法論を採用した。

ちなみに、浅田が『歴史評論』に発表した一連の論文とは次のものである。

1975年4月「日本植民史研究の現状と問題点」（『歴史評論』300号）

1975年8月「植民地研究の課題と方法」（『歴史評論』304号）

１９７５年12月「日本植民史研究の課題と方法」(『歴史評論』308号)

１９７６年１月「日本帝国主義と植民地問題」(『歴史評論』309号)

この小林本人の手になるクロニクルな事態の叙述は、先の小林の「陳述書」の説明と矛盾し、全く両立しない。小林著書の「時期別・課題別・地域別」という論理構成を確立したのを、後者は１９７４年初めとしており、前者は１９７５年浅田の『歴史評論』論文との論争の過程であったと述べている。小林の論理構成の確立時期が重要な意味を持つのは、小林が原朗の創り上げた「問題別・時代別・地域別」という論理構成を知った時期が、おそくとも１９７４年10月12日(原朗「共通論題準備研究会報告(３)」１９７４・10・12　乙第二六号証)であったからである。小林は、原朗の論理構成を剽窃したとする指摘を否定するために、自己の論理構成を１９７４年初めに確立し、その著作原稿を１９７４年10月の学会当時に、すでに８割を完成させていた(「陳述書」20170502、13頁12行　甲第五〇号証)と主張した。

小林が自己の論理構成を確立した時期は、１９７４年初めなのか、１９７５年浅田との論争の過程においてなのか。両立しない小林自身の２つの証言の矛盾は深刻である。２０１８年２月13日の原告証言反対尋問で、被告側弁護士からこの矛盾を追及された小林は絶句して応答できなかった(「本人調書(小林英夫)20180213」37～40頁、乙第七五号証)。さらに、２０１８年５月22日の被告人口頭陳述で再度、この点を指摘されても、何ら弁明や反論をしなかった(「被告本人口頭陳述書」2018.05.22　１～２頁)。このように、小林が１９７４年10月の原朗学会報告に先行して、自身の「時代別・問題別・地域別」の論理構成を独自につくりあげたとする主張は、小林自身の２つの説明と証言、客観的事実との間の矛盾によって、明確に破綻している。

本件訴訟の中心的な争点に関して、被告原朗側は法廷において２回にわたり小林側の説明・証言の矛盾を指摘し、その重要性に注意を喚起した。にもかかわらず、原判決は被告原朗の指摘を一切無視し、小林の２つの矛盾する主張を裁判官みずから折衷して、「昭和48年初め頃からの浅田との論争の過程で、かかる方法論を採用するに至ったことが認められる。したがって、原告が時期別・問題別・地域別の順序に従って記述したのは、上記の過程で得た原告自身の着想に基づくものであるといえ、剽窃を不分明にするために叙述の順序を入れ替えたとの被告の主張は採用できない」(28頁８行)と断定した。これが、被告原朗の論理構成を剽窃されたとする被告側の主張を退け、小林著書の論理構成は原告小林が自ら創り上げたのだと判断した判決が掲げた唯一の根拠である。それが成り立たないことは、あまりに明白である。

原判決の判定根拠とは異なり、小林が、学会報告の論理構成を剽窃したことについては、被告原朗の「陳述書Ⅰ、Ⅱ」および堀和生「意見書Ⅲ」のⅢで、すでに多くの具体的な証拠を列挙している。原判決は、これらも全て無視している。

剽窃疑惑に対する審査においては、双方の挙証事実すべてについて公平厳格に検証しなければならないはずである。しかし残念ながら、理論構成の独創性にかかわる重要問題の審査においても、原判決には公平性も科学性も全く欠けている。学界における審査とはまったく異質な審査であるといわざるを得ない。

最後に、原判決の著しい錯誤の例を挙げておく。

この事例に見られるように、原判決は、事実の時間的な前後関係について鈍感で、粗雑な理解をしている。原判決は、争点に対する被告の主張として次のように述べている。

「被告は、被告学会報告の半年前に、原告及びその他の共同報告者に対し、本件大会における発表に備えて、被告学会報告の手書原稿を交付した。そのため、原告は、その時点で、被告学会報告の編別構成・論理構成を把握していたのであるから、本件原告著書に利用することができた。」(14頁8行)

また、裁判所の判断として、

「被告は、原告が、本件大会の半年前に、被告学会報告の手書原稿を受け取っていたことから、原告が被告学会報告を剽窃したものであると主張するが、かかる事実が認められても、前記結論を左右しない」(36頁10行)。

判決文で2度書いているので誤記・誤植のはずはなく、裁判官はこのように認識していた。学会の半年前となると、1974年4月ということになり、土地制度史学会では同年に共通論題を開催するか否かを議論していた時点であった。共通論題のテーマを「植民地経済史」にすることはおろか、共通論題を日本史部会が担当することさえ決まっていなかった(被告「陳述書Ⅰ」2016093、乙第四二号証　10頁)。当然に、74年4月に原朗が学会報告論文を書いたことも、小林に渡したこともない。もちろん、被告原朗側からこのような主張をしたことは一切ない。原判決は、事実とまったく異なる事柄を、被告原朗の主張だと繰り返している。原判決は、未公開学会報告の剽窃に関して非常に重要な事実関係を、これほど粗雑に理解している。

以上、原判決が学術的見解について判断しているうちで、3件は被告が創見と主張している内容は別の先行研究があるので、剽窃ではないという論理であった。しかし、各研究の見解の領域や深さ、研究の段階的な発展は、全く意識されていない。このような語句や時間軸を遡及する基準は、実質的に研究史に踏み込んでいないので学術的に意味がない。また、本件剽窃関係の焦点となる被告学会報告と原告著書との関連の解明にまったく取り組んでいないので、この原判決は本件剽窃問題について何ら根拠ある結論を出せていない。原判決が、唯一原告の学術的見解の創見性を認めている事項は、時間的な前後関係に明白な錯誤と誤認があり、まったく成り立たない。これら原判決の検討方法自体は学術的に意味がなく、剽窃審査の方法として役立たない。学界ではこのような審査方法はとらない。

学術的価値の無視（表1の第6列）

原判決の判断類型の最後に、学術研究の見解に対してあえてなにも評価を行わないという一連の判断をとりあげる。これは、研究者として特に奇異に覚える原判決の独特の認識である。原判決は極めて安易に「誰でも行い得る」という評価を繰り返し、剽窃だという主張を退けている。具体的には以下の個所である。

全体構想について、「大東亜共栄圏の始期から終期までの期間、同圏内での投資、貿易、金融の各分野の問題について論じる点」は、先にも言及したように原朗、小林ともに共通するが、原判決は、「大東亜共栄圏の同期間における上記各分野を問題とした論述を行うこと自体は、何人でも行い得るものであって」（27頁2行）、剽窃とはいえないとしている。

また、「大東亜共栄圏の形成と崩壊について、投資形態の変遷、貿易構造及び金融構造という三面から、圏内各地域間の経済的連携を把握するという課題設定方法」については、「そのような観点からの検討自体は、誰でも行い得ること」（27頁24行）なので、剽窃ではないと断定している。「大東亜共栄圏の形成過程と崩壊過程を同時に把握しようとする点で被告の創見である」という原朗の主張に対して、原判決は「大東亜共栄圏の形成過程と崩壊過程を論じることそれ自体は誰でも行い得るものであり」（29頁11行）、剽窃ではないとする。また、「大東亜共栄圏の分析に当たって占領政策史的観点が必要不可欠であること及びこれを展開過程として捉える方法を用いることは被告の創見である」とする原朗の主張に対して、原判決は「占領政策の把握やその展開過程を把握することは、一般的な研究手法ということができ、誰でも行い得るものであって」（29頁18行）、剽窃ではないとする。

原朗が自分の学会発表で使った独創性ある時期区分を剽窃されたとしているのに対して、「長期にわたる歴史的事実を叙述するに際し、これを複数の時期に区分して論じることそれ自体は誰でも行い得るものであり」（30頁19行）、剽窃ではない判断した。

これら原判決の「誰でも行い得る」という極端な決めには、次のような問題がある。

第1に、そもそもここでとりあげた被告原朗の全体構想、課題設定、研究方法等の学術的見解は、氏の10年に及ぶ研究研鑽の結果として到達・構築したものである。研究課題の設定とは、単なる思いつきで生まれるのではなく、研究の蓄積のなかで創り出すものである。適切な研究課題と研究手法を確立できれば、その研究は半分成功したようなものだと、学界でよく言われている。大東亜共栄圏の形成過程と崩壊過程を、投資形態、貿易構造及び金融構造という三面から捉え、それらを通した論理を追究すること、圏内各地域間の経済的連携を把握すること、大東亜共栄圏を旧来の講座派的な構造決定論によるのではなく、現実との対抗による政策史の展開として捉えることは、戦後30年間を経た1970年代半ばまで、原朗以前のどの研究者も行っていなかった。これらを総合した課題を掲げ、1974年10月に土地制度史学会が秋季学術大会共通論題で「1930年代における日本帝国主義と植民地問題」というテーマの下、総括報告「『大東亜共栄圏』の経済的実態」を行ったのは原朗である。投資形態、貿易構造及び金融構造という3つの分野について、原朗は「日中戦争期の対外決済(1)(2)(3)」(東京大学『経済学論集』第38巻1・2・3号1972年)、「日中戦争期の国際収支―外貨不足問題と経済統制―」(『社会経済史学』34巻6号 1969年)、「資金統制と産業金融」(『土地制度史学』9巻2号 1967年)等、いずれも実証度の極めて高い研究を積み重ねていた。原朗が学会報告において提起した三側面からの統合的な把握とは、このような実績を基礎にして構築した研究視角であった(堀和生「意見書Ⅲ」の「Ⅳ研究史的な検討」参照)。この課題設定は、決して「誰でも行い得ること」ではない。そのように、研究視角や課題、手法などの確立は、研究活動の中核であるがゆえに、このようにして生まれた原朗による学会報告の課題設定を、誰でも行い得るものとして学術的価値、剽窃の対象でないと決めつけることは、学術研究のプロセスを全く理解していないことを意味している。判決の単純な決めつけは、学界における認識とは全く異なる。ちなみに、小林の研究業績中には、1974年より前に大東亜共栄圏と日本帝国の投資形態、貿易構造及び金融構造を研究した論文はない。

時期区分についても研究視角と同様のことが言える。戦争期の始点を1935年11月に置くことは一般的な時期区分とは異なるものであり、当該時代を研究した結果として創りだした認識なのであり、決して年表上の単なる線引きではない。ゆえに、研究成果にもとづく時期区分には創意があるのであり、時代区分を「誰でも行い得る」として、原朗と小林との研究プライオリティの検討を放棄した判決は学術的判定として逸脱している。具体的に例によってみれば、原朗は大会報告で、日本戦争期の始点を1937年7月7日(盧溝橋事件)より前、1935年11月の中国幣制改革とそれに連動する日満両国の為替の等価連繋措置(いわゆる円元パー)、華北分離工作による現地傀儡政権の樹立等の時点に設定した。小林はその大会報告の手書き論文原稿では、「この時期区分であって、現実の日本帝国主義の侵略過程にそった時期区分であって、現実の占領政策展開過程は、侵略戦争より若干先行することは原論文の時期区分で述べられたとおりである」(乙第二五号証　4頁2行)と、原朗の時期区分を受け入れていることを認めていた。ところが、小林著書では、傍点部分は全て削除され、自己の見解として述べられている（小林著書　9頁)。この隠蔽については、被告「陳述書Ⅰ」(乙第四二号証　２０１６．９．２）21頁と「陳述書Ⅱ」（乙第四三号証　２０１７．４．28）32頁で詳しく指摘していた。にもかかわらず、原判決は小林がこの傍点部分を削除していることを無視して、時期区分は「誰でも行い得るもの」なので剽窃ではないと断定したのである。

そもそも学問研究は誰でもおこなうことができ、多くの資料はアクセスが可能であり、如何なる対象をどのような手法で研究しようとも、その自由は保障されている。しかし、そうであるからといって、それぞれの研究者が自己の研鑽によってつくりあげた研究の構想、課題の設定、研究の手法、歴史研究の時期区分等のオリジナリティとプライオリティを尊重する原則が疎かにされて良いはずがない。このような学界の基本ルールについて、原判決は全く無知であるといわざるを得ない。

第2に、原判決とは異なり、被告原朗の学術見解に関するオリジナリティとプライオリティが否定できなくなると、その延長に殆ど同様の見解を述べている原告小林と被告原朗との関係が浮かび上がってくる。原朗の学会報告による研究成果、すなわち大東亜共栄圏の形成過程と崩壊過程を、投資形態、貿易構造及び金融構造という三面から捉える論理、日本帝国主義の活動を政策の展開として分析する方法、原朗独自の時期区分等について、何故に小林著書に殆ど同じ内容が書かれているのかという疑惑が、当然に審査の課題とならざるを得なくなる。研究者間における未公刊の研究成果のオリジナリティとプライオリティを検討する場合には、その時点における両研究者の具体的な関係を見る必要がある。2人の研究は隔絶した地域で接触なく取り組まれたのではなく、緊密な交流関係のなかで進められた。2人は１９６９年から継続的に共同研究に取り組んでおり、とりわけ１９７４年10月の土地制度史学会大会共通論題で共同報告者であったことが特に重要である。そのために、原朗は同大会の前に、「経済的実態」論文の内容、つまり全体構想、課題設定、研究方法、時代区分や分析結果等すべてを小林に説明し、その原稿と資料を渡している。学界において、未公刊の学術発表内容の扱いについては、すべての研究者が倫理的に細心の注意を払うことを求められる。そして未公刊の学会報告・論文について、剽窃の疑惑が提起されれば、剽窃嫌疑者がその学会報告の場に参加していたか否か、アクセスする機会があったか否かが、きわめてクリティカルな事実として注視される。本件の場合、小林はその学会共通論題の共同報告者であったので、疑問の余地なく、小林は原朗の大東亜共栄圏の研究に関する全体構想、課題設定、研究方法、時期区分等の情報を、一方的に入手していた。故に、この両者の研究の全体構想、課題設定、研究方法、時期区分等の関係について、具体的に深く探究することなく、「誰でも行い得るもの」という原判決の決めつけは、剽窃審査の体をなしていない。原判決のこの4事項についての判断も、剽窃有無の審査結果としては全く意味がない。学界の審査基準としてはあり得ないものである。

最後に、原朗が考案した大東亜共栄圏研究の総括的な認識に関わる語句を、ありふれた表現とし、一般的な表現と安易に決めつけた事例について触れておこう。原朗が大東亜共栄圏を「『共栄圏』ならぬ『共貧圏』」と表現したのは、単なる言葉の対句ではなく、氏が全体構想で論じた「大東亜共栄圏」の構造的な特質を明示するためであった（原朗学会報告論文　28頁）。翌年刊行の小林著書524頁は、同じく大東亜共栄圏を「『共栄圏』ならぬ『共貧圏』」と表現した。この表現は大東亜共栄圏の実態を的確に表しているために、今日では経済史のみならず歴史学でも広く使われるようになっている。それらの起源をたどると、原朗論文か小林著書のいずれかにたどり着く。原朗は、これを考案した表現の剽窃だと主張するのに対し、小林はこれを一般的な表現に過ぎないとして、原判決も小林の主張を踏襲した。ところが、一般的な表現だとする根拠を問われて、小林は読売新聞１９４７年3月8日付け記事に「共栄圏」は「共貧圏」とするという表現があることをあげた（「争点対照表」18頁35）。現代は電子検索によって、大手新聞のあらゆる記事を、過去に遡って検索することができる。そこで、この「共貧圏」で検索に掛けると、この記事をピックアップできる。ところが、この言葉は、『読売新聞』ではこれ一例のみであり、『朝日新聞』『毎日新聞』の電子検索では探し出せない。一般用語だという根拠はないに均しい。

原朗が考案したのは「共貧圏」という単語ではなく、大東亜共栄圏の構造的特質を表した「『共栄圏』ならぬ『共貧圏』」という、特徴ある絶妙な語句である。小林は、１９７４年10月27日の原朗学会報告でこの印象的な表現を聞き、それが書かれた原稿を原朗から受け取っている。２０１８年2月13日原告証言の反対尋問において、この事実について追及された小林は、あくまで読売新聞１９４７年３月8日付け記事を見てこの言葉を使ったと言い張った（「本人調書（小林英夫）20180213」62～63頁）。無限に存在する新聞記事の中で、著書刊行の28年前の一記事の中から発見した「共貧圏」の言葉をもとに、自ら考案したという強弁よりも、当時小林自身か執筆直前に直接に聞いた学会報告で使われ、又受け取っていた原稿中にあった「『共栄圏』ならぬ『共貧圏』」を剽窃したと、判断するのが合理

表２　原朗と小林英夫の研究実績の領域

	原朗 ① 67.01	③ 69.03	⑤ 70.02	⑥ 70.1-5	⑦ 72.01	⑰ 76.03	⑧ 72.09	⑨ 72.4-10	⑲ 76.04
日本国際収支・外貨決済	●	●	●	●	●	●	●	●	●
日本貿易構造・ブロック	●	●	●	●	●	●	●	●	●
日本・日本帝国の投資・金融統制	●	●	●	●	●	●	●	●	●
日本の生産力拡充政策	●		●	●		●		●	●
日本物資動員計画・動員政策	●		●	●	●	●	●	●	●
日本の工業化			●	●	●	●	●	●	●
日本労働力統制			●	●	●	●		●	
満州の金融統制	●		●	●		●	●	●	●
満州経済建設計画	●		●	●	●	●	●	●	●
満州物資動員計画・動員政策	●		●	●		●	●	●	●
満州の工業化	●		●	●		●	●		●
満州の生産力拡充	●		●	●	●	●	●		●
満州の労働力統制				●		●			
朝鮮台湾の金融統制			●						
朝鮮台湾の工業化			●						
朝鮮台湾の生産力拡充政策			●	●					
朝鮮台湾物資動員計画・動員政策			●	●					
朝鮮台湾の工業化			●	●					
朝鮮台湾の労働力統制				●					
南方経済・南方支配			●	●				●	●
産金政策			●			●		●	●
北支開発・華北支配			●	●					●
中支振興・華中支配				●					●

	小林英夫 ② 67.02	③ 67.10	⑤ 69.07	⑧ 72.01	⑨ 73.10	⑩ 73.03	⑪ 74.02	⑫ 74.10	⑭ 75.12	⑮ 76.04
日本国際収支・外貨決済									●	
日本貿易構造・ブロック								●	●	
日本・日本帝国の投資・金融統制								●	●	
日本の生産力拡充政策									●	●
日本物資動員計画・動員政策									●	●
日本の工業化									●	●
日本労働力統制									●	●
満州の金融統制			●	●					●	●
満州経済建設計画			●	●					●	●
満州物資動員計画・動員政策									●	●
満州の工業化			●						●	●
満州の生産力拡充			●						●	●
満州の労働力統制			●						●	●
朝鮮台湾の金融統制		●							●	
朝鮮台湾の工業化	●	●			●	●	●		●	●
朝鮮台湾の生産力拡充政策					●	●	●		●	●
朝鮮台湾物資動員計画・動員政策					●		●		●	●
朝鮮台湾の工業化		●			●	●	●		●	●
朝鮮台湾の労働力統制		●			●	●	●		●	●
南方経済・南方支配									●	
産金政策	●								●	
北支開発・華北支配								●	●	●
中支振興・華中支配									●	

典拠：堀和生「意見書」2015年10月1日（乙第三七号証の一）４頁。
注：研究業績の配列を、公刊時代順に原稿完成が確認できる時期を加えて再調整した。

的である。しかるに、原判決は「『共栄圏』ならぬ『共貧圏』」を「ありふれた表現」とかたづけ、剽窃ではないと断じている（35頁）。これは、膨大な時間を掛け思索の末に一つの表現や概念を創り上げる研究者の知的な営みを全く無視した暴論である、と筆者は考える。

このように原判決は、学術研究における課題の設定から結論に至るまでの研究蓄積の意味について全く理解しておらず、創意と努力、時間を費やした研究成果を評価することができていない。そのために表2のように10年間の研究蓄積の上に構築された研究成果と、そのような先行論文がほとんどない者が突然生み出した小林著書との決定的な違いを、原判決はまったく識別することができていない。

以上、形式的基準による検証16項目と、研究に関わる検証8項目について検討した結果、その判断の基準、その審査の対象や方法、根拠との整合性等、いずれも剽窃に関する審査という目的に合致するものはなかった。原判決の都合24事項の判断の結論は、学術的な剽窃の審査結果として根本的に間違っており、その結論は科学的検証に堪え得るものでもない。

Ⅱ．研究不正に司法はどう向き合うべきか

近年学界における研究不正事件が、社会問題の一つとしてしばしば報道されるようになった。それらが生じる要因の詮索はさておき、学術研究の健全な発展を大きく阻害する不正の件数は、残念ながら増えているように思われる。裁判の争いは社会のありさまを反映するので、やがてこの研究不正の問題が法廷に持ち込まれることが増えてくるのではないか、と予想される。ここでは、本訴訟の審査において現れた問題につき、研究者の立場から見解を述べる。

私人間の紛争を解決する民事裁判と真理の探究をめざす学界とでは、その機能や社会的な役割のみでなく、思考方式や使う論理に違いがあることについて、筆者はある程度は予想していた。しかし、この裁判の過程で現れたそのギャップは、予想をはるかに超えるものであった。そのことは、まずなによりも、提訴から判決言い渡しまで、5年8ヶ月にもわたった審査期間の長さに表れている。文部科学省のガイドラインでは、学術不正についての審査期間について、おおむね150日で終えることを求めているので、この裁判の長さはその10倍を超えている（文部科学省「研究活動における不正行為への対応等に関するガイドライン」15頁　２０１４年8月26日）。さらに、その間に担当裁判官が４人も替わったことも、学界における不正調査では考えられない事態である。これらの事実は、裁判所にとっても、この提訴の扱いがきわめて困難であったことをうかがわせる。

本件訴訟は名誉毀損の成否を争う形になっているが、その中心的な争点は研究成果の剽窃の有無である。このような研究成果をめぐる争いが裁判に持ち込まれたことは、きわめて稀である。そして、この学術分野の剽窃有無の評価は、必然的に研究成果の内容に入っていかざるを得ないために、外形的な判断が可能な芸術作品の盗作の訴訟では見られない固有の性格を持つことになる。

（１）研究不正の判断

はじめに確認しておくべきことは、学術研究の成果に対する評価は、あくまで当該学術分野における基準と方法によって行わねばならず、それとは別に司法世界において独自の基準や方法が用いられるわけではない。であるから、科学にもとづく研究論文に対する剽窃有無の判断において、学界と司法が別の基準や方法を用いるということは、本来あってはならないはずである。ところが、原判決によってそれが現実に起きてしまった。このようなわけで、原判決は個別判断の誤りという次元を超えて、司法と学界の役割と両者の関係について、重大な問題を投げかけることになった。

（２）学界における剽窃審査のあり方

現在の学術研究とはきわめて専門化が進んでおり、同じ学問であっても分野が少し違うと、その学問的な価値を正確に把握することは難しい。例えば、同じ歴史学であっても、近代史と古代史は史料も分析方法が全く異なるし、さらに同じ近代史であっても、経済史の専攻者が思想史の論文を正確に読み取れるかどうかは心許ない。経済学のなかにおいて、近代経済学と経済史の双方に通じているものは稀であるし、たとえ経済史のなかでも、計量的手法を用いるものとそうでないものの間には､大きなギャップがある。このような研究分野の細分化は必ずしも望ましいことばかりではないが、研究の発展にともなっていずれの分野でも深化している。このために、研究機関や学会において剽窃嫌疑の訴えや通報があった場合には、組織的な対応がなされる。当該分野を専攻する研究者を中心とする審査委員会が設けられることが普通である。剽窃問題を判断するためには、当該学問分野の研究史に対する広い知識をもって、当事者の研究の内容はもちろん、両研究の見解の妥当性、深さや優劣、先行研究との関わり等を適切に評価しなければならない。先ほどのように学問の細分化が進んでいるために、剽窃問題の直接的な審査は、他分野の研究者では困難であり、かならず当該分野の専門研究が中心とならざるをえないのである。

実際の審査は、およそ次のように行われる。まず、剽窃が疑われる側と剽窃された可能性のある側双方の論文・書籍や学会報告の内容、つまり課題設定、研究方法、資料、分析過程、結論等を詳細に検討整理する。次に、その２つの研究成果をめぐる研究状況、および両者の先行業績について関係資料を収集して、両研究の研究史上の位置づけを明らかにする。さらに、未公刊の学会・研究会等の報告に対する剽窃疑惑であれば、当該機会における両者の接触についても調べることになる。調査のプロセスとしては、まず専門研究者が以上の調査を行い、調査結果を綜合して学術的なレベルで剽窃の有無について判定案を作成する。さらに、構成員の幅を広げた調査委員会がより多角的な観点から総合的な審査を加えたうえで結論を下す。調査の対象となる研究分野や実施する機関によって多少の差はあるにせよ、調査する事項とプロセスはこのようである。

筆者は、基本的に学術研究に関する剽窃問題は、本来学界において審査決定すべきだと考える。本件を例にすれば、原告小林は被告原朗による剽窃の指摘を容認できないのであれば、まずそれを学界において提起すべきであった。具体的には、東京国際大学における被告の最終講義の内容に異議があれば、それを掲載した東京国際大学紀要『経済研究』の編集委員会、あるいは東京国際大学経済学研究科当局に抗議し、同誌への反論あるいは謝罪文等の掲示を要求することが適切であったと考える。しかしながら、小林はそのような学界レベルにおける検証を一切飛ばして、「公正な判断を求める」としていきなり提訴したのである。今回の件は、そのような学界においての通常の対応や客観的な審査が行われなかったことが残念なことである。

（3）司法における剽窃審査

たとえ学界において一定の判断が下されたとしても、当事者が納得しない場合、裁判に持ち込まれることを防ぐことはできない。裁判所は、訴えに対して何らかの対応をせざるをえないであろう。真理の追求を目的とする学界における剽窃問題の審査と、あらゆる私人間の紛争に関わる民事裁判における同審理は、審理担当者が持っている条件が全く異なる。もちろん、裁判官は自律的に判断することが求められる。しかし、案件が学術研究の内容に関することである以上、その司法判断の根拠は当該学術研究の次元において認められるものでなければならない。つまり、学界における評価と司法での評価が対立するようなことは避けなければならない。すくなくとも、学界とはまったく異なる学術研究の基準や評価の方法を取るべきではなく、学界で行われる審査とほぼ同等なレベルで審理することが望まれる。ところが、原判決はこのような判断の基準や評価方法を学界と共有しようとはしなかった。

２０１３年6月の提訴から２０１９年1月の判決まで5年8ヶ月という長い時間、裁判所の中でどのような審理が行われたのかは、窺い知ることができない。しかし、結果的に下された原判決は、本稿のⅠ．で個別に明らかにしたように、学術研究の発展のプロセスや研究の内容を全く無視し、きわめて独自的で恣意的な判断を行った。（1）で検討した16事項は、学術的に何の意味も持たない形式的基準によって、原告の剽窃容疑を否定した。（２）で検討した４事項は、資料発掘や研究の発達と切り離された語句・文面を先行研究の中で遡及検出することによって、被告の学術的成果を否定し、また裁判官の事実誤認によって原告と被告の研究の関連性を否定した。さらに４事項は、長い研究研鑽で到達した学術的な見解の意義を、「誰でも行い得ること」として根拠なく無視することによって、剽窃審査自体を投げ出した。このように原判決が用いた審査の基準と方法は、学界における剽窃審査ではまったく用いられることのないものであった。そして致命的な欠陥は、剽窃問題の審査における最も核心的な対象である両研究の比較分析を一切行っていないことである。これは、学界における調査方法と全く異なり、学界においてはこのような審査は決してありえない。

裁判所が学術分野における剽窃紛争について提訴された場合、まず当該裁判官は双方から提出された書類と資料を精読して、当該分野の研究状況を正確に把握することが必要である。さらに争点である原告被告の研究内容、すなわち課題の設定、研究方法、資料、分析過程、結論等について厳格に比較審査することが求められる。その基準や方法は、少なくとも学術研究と共通のベースを持たなければならないはずである。

本件の初審には、原告側52件、被告側76件の証拠が提出されているが、原判決の認識はほとんど「争点対照表」の次元に留まっている。その後､原告被告が提出した多くの｢準備書面｣「陳述書」のうち、原判決が言及したのは、原告側の「陳述書」（小林「陳述書」20170502甲第五〇号証28頁５行）１回のみである。双方が提出した専門書籍・論文のうち、原判決が典拠として言及した文献は、小林著書と原告学会報告を除くと、原告側が９件（甲７、９、11、12、14、21、22、24、25）で被告側は０件である。引用証言の箇所も原告側が２件（本人と証人　28頁５行）で被告側は０件である。このように、原判決は、提出された証拠文献数に対して言及したものが少ないうえに、学術研究に関わる審査に必要な、関連資料を公平に精査する姿勢が欠けている｡また､専門外の裁判官が審査するのであるから、当該分野における評価や専門家の意見を積極的に参照する必要があろう。本裁判では専門家の意見として、原告側から２本（依田憙家「陳述書Ⅰ、Ⅱ」）、被告側から４本（松村高夫「意見書」、堀和生「意見書Ⅰ、Ⅱ、Ⅲ」）が提出されたが､原判決は回想にもとづく原告側依田憙家｢陳述書」（20170120　甲第四九号証　28頁５行）のみを使い、文献考証に取り組んだ被告側４本の「意見書」には一切言及がない。筆者の「意見書Ⅲ」は、原告著書と被告学会報告のみならず、両者の１９７４年以前の全ての論文（小林12本、原６本）の全頁を比較照合して、その異同を検証したものであるが、それを参照した形跡がない。原審では原告被告双方から証人が立ったが、原判決は原告側の証言のみ使い（28頁5行）、被告側の証言には言及していない。このように、原判決は学界における原告被告の研究に対する実証的な検討成果を全く参照していないだけでなく、原告被告側の情報を公平に扱っていない。原判決の判断と全く異なる事実が大量に提示されているのに、反駁して否定することなく全て無視している。これは学術研究の世界、科学の探究においてはあり得ない審査である。

このように原判決は学界と司法の間の規範を踏み外し、学界では通用しない基準と方法を独自につくりあげ、学界では想像もできないような判決を下した。これでは学術研究の内容に関わる評価を、学界ではなく司法が左右するという深刻な問題になると考える。本来的に学界と司法での結論が全く対立することはあってはならず、社会はそのようなことを容認しない。

（4）あるべき関係

ところが、原判決はそのような社会通念に反する事態を現実に引き起こしてしまった。もしも、このようなことが容認されてしまうと、学会や研究機関で剽窃と判定された案件が裁判に持ちこまれ、その結論を覆そうとする動きが出かねない。これは科学の根幹原理である普遍性と学術研究の自立性を根底から脅かす。

私人間の紛争を解決する民事裁判と真理の探究をめざす学界は、ともに社会にとって不可欠な存在なので、その役割を相互に尊重し、知識や情報が疎通するような関係が理想だと考える。本訴訟の裁判官は、当該案件に関わる学術研究の状況を詳細に把握し、原告被告間の係争の焦点を学術的な次元で分析したうえで判断することが望まれる。筆者は裁判官とはそのような能力を有し、実践される専門人であることを信じたい。しかし、もしも裁判所がある剽窃問題を学術的な基準と手法によって判断することが困難な場合には、その争いは裁判ではなく学界において判断すべきだとして、原告の訴えを退けるべきであったと、筆者は考える。これは、決して奇異な見解ではないはずである。

今回は、裁判官は本件が自分で判断を下せると考え、実際に独自の基準を作って独自の方法によって判決を下した。しかし、学問分野によっては、たとえば数学や自然科学の領域のように、専門外の人間が内容を十分に理解することがさらに困難な見解や命題が多々ある。もしも、それらの領域の研究内容について、剽窃や不正が提訴された場合、裁判所は如何に対応するのであろうか。

原判決が引き起こした司法の判断と学界の認識との乖離はあまりに大きい。裁判官は、もっと当該案件に関わる学術研究の事情と当該研究の内容について調査した上で判決を作っていただきたい。それとともに、学術研究に関わるすべての争いを、裁判で決着をつけるのは困難であることを、社会が認める必要がある、と筆者は考える。

おわりに

オリジナリティとプライオリティの取得をめざして日夜研鑽している研究者にとって、専攻が近い研究者の間で生じる剽窃嫌疑の問題は、きわめてセンシティブな案件である。そしてこの裁判は、経済史学・歴史学の学界においてそれぞれ著名な研究者の間で起こった、学術内容に関わる争いであったので、多くの研究者が関心を持ち、その訴訟審理の過程と判決を注目してきた。そのような中で、本年1月21日に言い渡された判決内容が伝えられると、大きな驚きと強い憂慮の声が広がっている。驚きとは、原判決のような原告小林側の一方的な勝利が予想されていなかったうえに、判決内容が本文で述べたように学界では決してあり得ない基準と方法による非学術的な判断であったからである。憂慮とは、そのような非科学的な判断が裁判の判決として確定されることで、学界における学術不正の審査に悪影響を与えるのではないか、ということである。これまで学術の不正については、その摘出と判断、制裁は、必ず学界内における基準と手続によって自主的に行われてきた。ところが、もしも原判決が確定してしまうと、学界ではない裁判の場において、研究者ではない裁判官が、学界の判断基準とは全く異なる独自の基準をつくり、学界の判断とは異なる判断を下すことが認められてしまう。とすると、研究機関や学会で剽窃や研究不正を行ったと断罪された者が、それを裁判に訴えて覆そうとする道が開かれることになる。これは、科学の黎明期のガリレオ裁判を彷彿とさせ、近代科学に対する深刻な脅威となる。

小林著書に対する剽窃の疑惑は、学界において裁判開始前にすでに静かに語られていたが、裁判が起こされたために小林著書の一書全般にわたる甚だしい剽窃の事実が広く知られるようになった。学界がこの裁判を如何に注目してきたかは、原審の法廷傍聴席を、毎回多くの研究者が埋めたことによく表れている。原審の原判決の内容は急速に伝わり、波紋を呼び起こしつつある。やがて、様々な学術メディアによって、原判決の判断がいかに異質で恣意的なものであるかを、さらに多くの研究者が知ることになるであろう。万が一、原判決が確定された場合、学界関係者の裁判制度に対する失望と原判決への批判が澎湃と湧き起こるであろう。大学・研究機関や学会の研究者が、専門外の裁判官が非科学的な判断を行ったと、公然と批判することになるであろう。研究者・教育者の間で司法制度への信頼性が失われることは、現代の社会において極めて深刻な問題である。

筆者は、この裁判を見守ってきた一研究者として、貴高等裁判所が控訴の訴えを真摯にうけとめ、再度事実を調べ直して慎重に審査を行っていただきたいと、強く希望するものである。

10　控訴審判決の問題点

(1)　盗用・剽窃の判断基準

控訴審判決は、小林に対する反対尋問の一部を認めたが、その意味するところは全く検討していない。

そのうえ、盗用・剽窃の判断基準を

ⅰ　小林著書が原論文等と同一内容の叙述をしていても、先行研究たる原論文等の先行研究の指摘と明示が遵守されていない場合であっても直ちには剽窃・盗用とはいえない

ⅱ　小林著書に上げている参考文献等からは小林著書の記述ができないことを証明しなければ剽窃したとは認められない

ⅲ　原論文以外の先行研究からは小林著書の記述が行えないことを証明しなければ、相手方著書が中立人論文に依拠したとは認められない

旨設定している。

この基準が、前述した現行の盗用・剽窃に関する判断基準と全く異なっていることは一読すればわかる。

同一記述、アクセスから盗用を推定し、盗用を否定する側が独自で自説形成過程を立証するという方法とは全く異なっている。

原朗は、小林が参考文献として挙げている井上・宇佐美を含む諸見解を当然の前提として、原自身が新たに発掘した新資料により画期的に学説を発展させたものである。したがって、小林が挙げる井上・宇佐美らの参考文献等からそれを発展させた学説を形成することができないなどと証明することは不可能である。

それゆえ、ⅱは不可能を強いる基準である。

また、「原論文以外の先行研究からは小林著書の記述が行えないことを証明」するためには、多数の先行研究と小林著書の記述を比較対象とすることが必要となる。小林が自説の発展過程を示しているならばそれが可能かどうかを検証することが可能となるが、自説の発展過程を黙している場合、すべての先行研究と小林著書の記述を比較対象としなければならないことになる。そのようなことはおよそ不可能であるし、自説の学説形成過程を証明すべきなのは小林である。

したがって、ⅲも不可能であり、立証責任をも転嫁している。

これまでの判例・文献には存在しない特異な見解である。

(2)　歴史的見解について

ア　「原報告」では、投資・貿易・金融の三つのカテゴリーを問題別・時間別・地域別に「大東亜共栄圏」全体の崩壊過程を明らかにしているが（小林著書では時期別・問題別・地域別に分類）、この構想を控訴審判決は「資料の枠組み」

であり「枢要点」ではないと判示した。
この全体構造は、投資・貿易・金融の個別研究の結果によって「大東亜共栄圏」全体の推移を分析することが出来ることを研究の結果知り得たものであり、「枢要点」ではないとすることは歴史的研究の方法への無理解を示すに余りある（『「大東亜共栄圏」の経済的実態』『土地制度史学』第71号、1976年4月）2–3、28頁参照。）
イ　「形成と崩壊」「ブロックならざるブロック」「共栄圏ならぬ共貧圏」との表現は「大東亜共栄圏」内部の矛盾を表現するものと研究者は理解しているが、原判決はこの事実を無視した。
ウ　投資・貿易・金融に関する「重なる」部分について、歴史的事実で（創見性がない）と判示した。
エ　グラフについて
「被控訴人において、控訴人学会報告における図も参照として作成した」として盗用を否定した（先行研究のグラフを参照して同一のグラフを作成すればそれは盗用ではないか）。一審以上に歴史学研究、社会科学に反する判示には驚くほかはなかった。
控訴審で提出した堀和生「小林英夫盗作の起源」は２０２０年2月25日付「早稲田大学学術研究倫理委員会報告書」によって不正行為（盗用）があると明確に判定された。最近では若手研究者からの盗用の疑いもあると指摘されている。

本判決の既判力は、当事者間にのみ効力を有するのであるから、学術界（大学・学会等）には及ばない。原朗らが述べるように、学術界（大学・学会等）が独自の立場で検証することは判決のあり方を検証する意味で有用であろう。

11　上告受理申立理由書別紙・理由要旨

（上告受理申立理由書別紙・理由要旨及び目次）

理由要旨

原判決は、相手方の「剽窃」の有無について、第1に、学界の「剽窃」の判断基準に反し、第2に、確立した判例・実務の判断のあり方に反するという重大な経験則違反・採証法則違反による法令違反があり、破棄されるべきである。

第1　原判決は、「剽窃」について学界の基準と著しく異なった判断基準を用い、かつ申立人論文の研究成果を、学界の評価にも反して非専門的かつ一般的形式論理で否定し、剽窃の事実を否定するという誤りを犯している

1　原判決の用いた「剽窃」に関する判断基準の違法

(1)　原判決の「剽窃」に関する判断基準

ⅰ　中立人論文等と同一内容の叙述をし、相手方著書が先行研究たる中立人論文等の先行研究の指摘と明示が遵守されていない場合であっても直ちには剽窃・盗用とはいえない

ⅱ　相手方著書に上げている参考文献等からは相手方著書の記述ができないことを証明しなければ剽窃したと認められない

ⅲ　中立人論文以外の先行研究からは相手方著書の記述が行えないことを証明しなければ、相手方著書が中立人論文に依拠したとは認められない

(2)　学界の判断基準とその性格

学界では、少なくとも

①　先行研究の内容と後発研究の内容が一致している

②　後発研究者が執筆以前にその分野について研究実績がない

③　後発研究において、先行研究の存在を明示していない場合には、剽窃につき高度の蓋然性が認められることから、剽窃を疑われた側が、独自に自己の学説・見解を発展させたことを反証できない限り、剽窃が認定される。

(3)　原判決が用いた「剽窃」判断基準の誤り

原判決が定立した前記基準は、上記の学界での判断基準とは全く異なり、しかも、相手方が挙げた参照文献等によっては相手方著書の叙述が不可能であること、及び中立人論文以外からは相手方著書と同一の叙述ができないことというあらゆる可能性を否定しなければならないという、事実上不可能な立証（いわゆる「悪魔の証明」）を中立人に求めている。本人にしか知り得ない相手方の学説形成過程の証明まで中立人に強いることの理不尽さは明白である（経験則違反）。

2　原判決における具体的歴史叙述に関する「剽窃」の判断の違法

(1)　堀和生証人について

堀証人はその意見書及びその証言において、学界の厳格な慣行に則り科学的に分析した結果、剽窃があったと判断されることを実証した。

ところが、原判決は、堀証人による分析を何ら具体的根拠にもよらず否定している（採証法則違反、経験則違反）。

(2)　相手方の弁解の破綻

ⓐ　執筆の時期からして依拠することは不可能であった

ⓑ　相手方著書の主題（テーマ）は中立人論文と異なる

ⓒ　中立人論文等には先駆性がない

との相手方の弁解につき、原判決は、

ア　ⓐ執筆時期については、相手方の弁解を認めず、１９

７５年８月以降に執筆されたことを認めた。上記認定によれば、

（ア）相手方は相手方著書を執筆するにあたり、申立人報告の手書き原稿（乙24）を既に受け取っており、申立人報告を書面の上からも熟知していた。

（イ）相手方は、１９７５年８月以降「新しい植民地分析方法論提示に全力を挙げ」」、わずか４ヵ月後の同年12月20日に545頁にのぼる相手方著書を発行するという、通常の研究者には全く不可能な執筆経過であることを裁判所が認めたことになる。

イ　ⓑ相手方著書の主題については、相手方著書の結論において、「大東亜共栄圏」崩壊の要因として、自らが陳述書の一部で力説した「植民地工業化の崩壊」について全く触れていない。

ウ　ⓒ申立人論文の先駆性についても「控訴人の研究成果について、先駆性があると捉えている研究者が多いということはできる」と認め、実質的に申立人の研究成果の先駆性を認めている。

(3)　全体構想

　申立人が、投資・貿易・金融の三つの問題を設定し、問題別・時期別・地域別に「大東亜共栄圏」全体の崩壊過程を解明したことは、「思考の枠組み」であり「枢要点」ではないとして、創見性を否定した（経験則違反）。

(4)　表題・用語法

「形成と崩壊」とは、「ブロックならざるブロック」」、「共栄圏」ならぬ「共貧圏」と同様、「大東亜共栄圏」内部の形成時に既に崩壊する矛盾が存在していたことを表す表現であり、これを研究者（石井寛治、山崎志郎）も同様の評価をしている。

　にもかかわらず、原判決は、「そのようなものであるとまで読み取ることはできない」と判示している（採証法則違反、経験則違反）。

(5)　時期区分

　相手方著書の時期区分において、小区画を設定しているが、これは申立人の創見的見解に基づいたものであるにもかかわらず、これを否定している。

(6)　投資形態

　原判決は、相手方著書のうち申立人論文の内容と「重なる」部分についても、「歴史的事実」に過ぎないとの理由創見性を否定することによって、剽窃を否定している。この「重なる」部分の具体的内容は、以前の研究にはなかった申立人独自の先駆的研究であるが、原判決は、その創見性を否定している（採証法則違反・経験則違反）。

(7)　貿易構造

　相手方著書と申立人論文の内容が「重なる」部分について、歴史的事実であるとの理由のみにより剽窃を否定している点は前項と同様である。

(8)　金融構造

「円系通貨発行高」のグラフ、「中国における日本軍占領地と解放区」の地図の剽窃に関しては著作権法の初歩的理解を誤った（法令の解釈・適用の誤り）うえ、「被控訴人において控訴人学会報告における図も参照として作成したこと」という剽窃の内容そのものを認定していながら、剽窃を否定するという誤りを犯している（経験則違反）。

(9) 相当性

申立人が学問的見地から剽窃があったと発言、叙述したことにつきの学問的評価及び申立人が2001年に剽窃の事実を明らかにした際、相手方は申立人に謝罪した上、申立人の東京国際大学大学院における最終講義にいたるまでの8年間、申立人としては何らの抗議も受けておらず、最終講義当日の申立人は相手方が謝罪し抗議しなかったことを信じて本件発言に至ったことについての判断を原判決は欠如させている（採証法則違反、経験則違反）。

第2 現在の判例・実務の確定した判断基準からしても原判決は違法である

1 判例・実務の基準

著作権侵害に関する判例・実務では著作物の同一性及び「依拠」が問題となるところ、「依拠」は心理状態（既存の著作物を利用する意思の有無）であり直接立証することが困難であるから、間接事実からの推認による。具体的には、「① 被告が原告の著作物に関与し、又は著作物を受領した事実」

「② 被告が原告の著作物に接する機会があった事実」

「③ 被告作品の原告の著作物を利用せずに作成されたとは経験則上考えられないほど類似している事実」

などの間接事実があれば依拠の事実が推定され、相手方には反証が求められる。

2 原判決の判断基準の違法

判例・実務では、上記のとおり類似性・周知性など種々の間接事実があれば「依拠」の高度の蓋然性があるとしているにもかかわらず、原判決では上記ⅱⅲのとおりおよそ立証不可能な事実の立証を要求している（経験則違反・判例違反）。

3 原判決の判断の違法

以下の事実からすれば、判例・実務の確立した判断基準では剽窃があったと判断される。

(1) 執筆時期

ア 相手方は申立人論文を十分に知悉していたこと

イ 1975年8月に「新しい植民地分析論提示に全力を挙げ」たが、同年12月に相手方著書を発行したことは実際上不可能である

(2) 全体構想の類似性

投資・貿易・金融の面から時期別・問題別・地域別に構成

している。

(3) 同一内容の叙述が極めて多いことを原判決も「重なる」部分として認め、堀意見書Ⅲでは105項目のうち25項目が中立人論文等と同一内容となっている。

(4) 表現の方法の一致

「形成」と「崩壊」、「ブロックならざるブロック」、「共栄圏」ならぬ「共貧圏」との中立人論文以前には研究書にはなかった独特の表現が三つとも相手方著書で使用されている。

(5) 相手方の弁解（反証）が破綻したこと

第１の２（２）で述べたとおり。

(6) 小括

原判決は判例・実務が行っているこのような観点からの判断は全く行っていない（経験則違反・判例違反）。

第３　結語

以上のように、原判決は学界及び現在の判例・実務の判断基準を大きく逸脱しているばかりか、具体的な叙述内容を検討しても、学界の判断評価に違反し、かつ、判例・実務の依拠性についての判断から逸脱しており、原判決には結論に影響する重大な法令違反がある。

原判決が維持されれば、学界の判断や一般の社会的判断とかけ離れ、特に重要な点は、学界で剽窃と判断された著作が、司法では剽窃が否定される事態が十分に起こりうる。このような事態を避けるためにも学界の基準に基づいて原判決を破棄されるべきである。

補論　「裁判と学問」のあいだ（序論）

――京都大学が公表した「盗用」とされた事案（以下「京大事案」という。）と原朗事件（以下「本事案」という。）一・二審判決（以下「本件一・二審判決」という。）とを比較検討する――

1　本事案と京都大学の盗用に関する判断基準

（1）２０２１年5月25日、京都大学は学位論文に「不正行為（無断引用（盗用））が認定された」として学位の取消しを決定したことを公表した。京都大学では、記者発表資料を公開しているが、全5章からなる博士学位論文の第4章において、被通報者が紀要に発表し、「盗用」と認定された論文を転用していたとのことである。

紀要に発表した論文については、２０２０年8月7日に「研究活動上の不正行為に係る調査結果について（２０２０年8月7日）」を公表している。その際の記者発表配布資料「京都大学における研究活動上の不正行為に係る調査結果について」では、「文章、アイデア、研究結果の無断引用、無断借用」を「盗用」と判断した旨が記されている。

京都大学では、文部科学省のガイドラインと同様、「捏造」、「改ざん」、「盗用」を「研究活動上の不正行為」とし、「盗用」については、「他の研究者のアイデア、分析・解析方法、データ、研究結果、論文又は用語を、当該研究者の了解もしくは適切な表示なく流用し、論文等により発表すること。」としている（「京都大学における公正な研究活動の推進等に関する規程」（以下単に「規程」という。）2条4項3号）。

（2）京大事案では、「盗用元論文を読んで被通報論文を着想したと被通報者が認めて」いる点が（「京都大学における研究活動上の不正行為に係る調査結果について」）、本事案とは異なっているが、「盗用元論文を読んで被通報論文を着想した」ことから「論文の主旨にかかわるアイデアの無断借用」を「アイデア、研究結果の盗用」と認定している。

また、出典注記漏れを不適切引用とし「地の文に埋め込んだ形式」でなされていること等から意図的な不適切引用と認定している。

さらに、「文章、アイデア、研究結果の無断引用、無断借用」を「盗用」と判断している。

（3）これに対して、本件一・二審判決では、「盗用」を否認している事案ではあるが、「アイデア、分析・解析方法、データ、研究結果、論文又は用語」等に同一性、類似性があり、かつ、注記がないにもかかわらず、盗用を否定した。

（4）京都大学における盗用認定の判断基準は、学問の世界では一般的に用いられている基準であることから、以下、「学問」の世界の判断基準と本件一・二審判決との相違と問題を簡潔に論じてみたい。

2　公正な研究活動の推進に関する京都大学の規程と本件一・二審判決の判断内容について

（1）盗用について

京都大学の「規程」2条4項3号で「他人のアイディア、分析・解析方法、データ、研究結果、論文又は用語を当該他人の了解又は適切な表示なく流用し、論文等により発表すること。」を盗用と定義し、盗用を「研究活動上の不正行為」と定めている。そして、同項柱書のただし書きで「故意又は教職員等としてわきまえるべき基本的な注意義務を著しく怠ったことによるものに限る。」と定めている。

このように、研究結果等が「適切な表示なく流用」されれば、盗用が認定されるのである。

これに対して、本件一・二審判決は、上告受理申立理由書別紙・理由要旨の第1の1で述べたように、先行研究と同一内容でも直ちに剽窃・盗用とまではいえないとしている。

本件控訴審判決で示された判断基準、すなわち(i)先行研究と後発研究の叙述が同一内容であるにもかかわらず、先行研究の指摘と明示がされていない場合でも、直ちに剽窃・盗用とまではいえない旨の判断基準は、学界における盗用の判断基準に決定的に反している。

まして、高裁判決の(ii)　小林著書に上げている参考文献等からは小林著書の記述ができないこと、(iii)　原論文以外の先行研究からは小林著書の記述が行えないこと（独立創作不可能性）を、盗用かどうかの判断基準とすることは、学界ではあり得ない。

上告受理申立理由書別紙・理由要旨の第1の1（1）（本書311頁以下参照）で述べているように、学界では引用注記を厳格にしているかどうかのみ、すなわち、「(i)　申立人論文等と同一内容の叙述をし、相手方著書が先行研究たる申立人論文等の先行研究の指摘と明示が遵守されていない」かどうかのみの問題とされる。この基準を充足しても剽窃・盗用とならない場合がありうるとする高裁の判示は学界の基準に反する。

（2）研究上の不正行為に係る盗作を疑われた者の反論の必要性の有無についての比較

ア　「京都大学における研究活動上の不正行為に係る調

査要項」（以下「調査要項」という。）12条4項では、「被通報者は、第2項の弁明の機会において、当該通報の内容を否認するときは、当該研究が科学的に適正な方法及び手続に則って行われたこと並びに当該論文等がそれに基づいて適切な表現により記載されたものであることを、科学的根拠を示して説明しなければならない。」と規定し、盗用が疑われた者の説明義務（反証）を定めている。

このように、「調査要項」12条4項が定めていることからも明らかであるが、剽窃が疑われた者は、「科学的根拠を示して説明」する反証義務があるというのが「学問」の世界の基準である。

この基準は著作権法の判例実務とまったく同じであり、本件でもこの反証義務を果たさせるべく、小林の学説形成過程を挙げることを再三求めてきた。

イ　これに対し、本件一・二審判決の基準では剽窃が疑われた者の説明義務を全く考慮しない点で、「学問」の世界の基準とは大きく異なっている。

本件控訴審判決のこの判示は、原朗に不可能な立証を強いる一方で、小林に反証義務を逃れさせるものとなっているのである。

実際、一審の被告代理人口頭陳述で明らかにしたように、原告小林の弁解はことごとく崩壊しているが（本書「被告代理人口頭陳述書」参照）、本件一・二審判決はこの事実を盗用の成否の要素として考慮していない。

本件控訴審判決の上記判示が極めて不合理であることは、通常の判断能力を持った一般人からみても容易に理解できる。

3　歴史叙述に関する学問の判断基準と本件一・二審判決の判断基準及びその適用の相違

（1）原朗による学会報告の全体構造・論理構成は、投資形態・貿易構造・金融構造から大東亜共栄圏の形成と崩壊を明らかにした基本的分析方法であり、京都大学の「規程」2条4項3号に定めるアイディア、分析・解析方法に該当するものである。

すなわち、この全体構造・論理構成は、原朗が貿易・金融などの個別研究の研究成果をもとに「大東亜共栄圏」全体の「形成と崩壊」過程を分析・解明した、以前の学問状況と比べて独創的手法であり、それゆえ学界でも極めて高く評価されている。これを単なる「判断の枠組み」として「枢要でない」とした本件二審の判示は、社会科学の基礎的方法論の理解を決定的に欠いているといわなければならない。

また、歴史学における歴史的事実は、歴史研究の結果から導き出されるもので、同規定に列挙されている研究成果そのものである。

同規定には「用語」の流用も盗用にあたる旨を定めている。学会報告において用いられた「「大東亜共栄圏」の「形成」と「崩壊」」、「ブロックならざるブロック」」、「共栄圏ならぬ共貧圏」という用語は、原朗が「大東亜共栄圏」の性格を端的に示すものとして独自に考案し使用したものであり、同規定の「用語」に該当する。

（2）ところが、本件一・二審判決は、多数の同一又は類似した「アイディア、分析・解析方法、データ、研究結果、論文又は用語」をありふれたアイデア、歴史的事実等として依拠性を否定している。

そして本件控訴審判決では原朗の見解（研究）が多くの研究者から高く評価されていることを認めながら原朗報告と諸論文の先駆性、独創性を否定するという自己矛盾を来している。

（3）これに対し、京都大学の「規程」11条には研究活動上の不正行為に関する通報の方法の定めがあるが、その2項（3）号では、通報に際して「研究活動上の不正行為の内容を不正とする科学的合理的理由」の明示を定めているところ、本事案では、小林は学会報告の共同報告者として大会報告を共同して準備し、報告の場にいて報告を聞いていたことが明らかなだけでなく、原朗の学会報告の原稿を受け取っていたことが証拠上明らかになっている。とすれば、本事案のような場合に、上記歴史的事実や用語がありふれたアイデアや誰でも使用できる歴史的事実といえるようなものでないことを措くとしても、同一又は類似のアイデアや用語等が多数存在することは、その報告に依拠したという科学的合理的理由に該当する。

この点、本件一審判決は、小林が原報告の原稿を受け取ったことを認めながら、結論を左右しないと依拠性の要件について全く理解を欠いた判示をしている。

（4）本件控訴審判決では、前述したように、剽窃が疑われる著書が掲げている参考文献等からは同著書の記述ができないことが証明されなければ、剽窃したと認められないという独立創作不可能性の立証責任を剽窃を主張する側に負わせる判断基準を示している（判決書　23頁）。

しかし、上述したように、京都大学の「調査要項」12条4項では、盗用が疑われた者が盗用を否認する場合には、「当該研究が科学的に適正な方法及び手続に則って行われたこと並びに当該論文等がそれに基づいて適切な表現により記載されたものであることを、科学的根拠を示して説明しなければならない。」のであって、盗用を否認する側に科学的根拠に基づく反証を求めている。

この京都大学の「調査要項」の規定も、著作権の盗用に関する実務・判例と一致している。

田村善之『著作権法概説』（有斐閣、第2版、2001年）

52頁では、「アクセスの有無に関しては原告に負担させることとし、独立に創作していたものであるとか、他の類似の著作物を複製したに過ぎない等の独立創作の抗弁は被告に負わせるべきであろう」としている。

また、依拠性の推認の場面では、類似する表現の創作性は必要ないというのが実務判例である。ところが、本件一・二審判決では、ありふれた表現、誰でも書ける歴史的事実として依拠性を否定している。

この点では一般的理解でも、高部眞規子元知財高裁所長は、依拠の認定手法について、「依拠の場面では、創作性のある表現が同一である必要はなく、誤記が共通する事実や、無断複製物発見用の罠（トラップ）または電子透かし（デジタルウォーターマーク）が再現されている事実は、依拠を推認させる有力な間接事実である」（『著作権判例百選』（有斐閣、第6版、2019）87頁）として、「東京タクシータリフ事件」（東京地判平成4・10・30判時1460号132頁）等をあげている。

本書で収載している上告受理申立理由書別紙・理由要旨で述べた「剽窃を疑われた側が、独自に自己の学説・見解を発展させたことを反証できない限り、剽窃が認定される。」というのは、学界の判断基準と同一であることがわかる」と指摘している。

このように、実務・判例も原朗の指摘と同趣旨であることは明白である。

しかるに、前述したように本件訴訟でも原は小林の学説形成過程の説明を再三求めているが、説明が全く行われなかった。

すでに発表された原朗の見解（先駆的研究）と同一の見解を小林が後発的に発表したのであるから、小林こそが自己の学説形成を独自に打ち立てたことを立証すべきだったのである。

これが学界と実務・判例の立場であり、原朗の代理人が訴訟手続きの中で裁判所に対し小林の反論の不十分性に対し、釈明権を利用してでも明らかにすることによって、小林と原朗の学問的営為の違いと実態を明確にするよう求めていたのである。

しかし、この要請に対し、裁判官は当事者本人の見解ということでこれに全く応じなかった。この裁判官の対応は学説発展に関する知見が欠落していたことに起因すると評する他はないものであった。

裁判官が具体的論点の内容を十分理解していなかったとすれば自らすすんで釈明権の行使を含めて具体的な争点についての考え方の違いを明らかにするのがその責務ではないか。

こうした訴訟経過の結果として、本件一・二審判決は反論の理解――学説発展の在り方――の欠落からその争点すら明確にされないまま判決がなされた。そして学界・実務・判例や学説の在り方を全く踏まえない矛盾し、かつ、不合理な判示に陥ったといわなければならない。

（5）このように、本件一・二審判決は、学界の基準だけでなく、著作権法に関する実務や判例と異なる判断基準を定立して依拠性を否定している。しかも、判決が設定した判断基準についての根拠すら示されていないのである。

4　裁判（本件一・二審判決）と学問の実態（京大事案）との間にはすでに述べたような隔絶した落差がある。

学問上の盗用が問題となっているとき、学問の実態とかけ離れた判断が罷り通って良いはずはない。しかも、裁判（本件一・二審判決）にはその隔絶について合理化する根拠も示されていない。

学問的判断なら、基本たる学問的基礎の上になされるべきことは、裁判の要件事実論からしても当然の在り方である。

特に、本件判決の判断基準に至った理由や実務・判例と異なった判断基準に至った根拠が示されていないのは、判決の在り方からして極めて問題があるといわなければならない。

判断基準は、すでに述べたとおり、学界の共通の基準や実務・判例と隔絶しており、これに加えて、内容的にも、たとえば「判断の枠組み」は貿易・金融の面から概観して大東亜共栄圏の崩壊の矛盾を析出した分析方法であり、極めて独創的な学問的手法であるところ、この方法を枢要でないと判決をすることは（本件控訴審判決）、公知ともいうべき学問上の専門的見解を全く無視しているものといわなければならない。

このような京大事案と本事案に示された「裁判と学問のあいだ」を詰めるためには、公正なジャッジをするための訴訟手続きを踏まえたうえ判断を行うに足りる知見を獲得し、適正な判断を行う旨の覚悟（注）が必要であると考える。これらの要請を実現するため具体的努力が「裁判」に課されているのではないか。

（注）早稲田大学学術研究倫理委員会は、小林英夫の最初の論文「元山ゼネスト――1929年朝鮮人民のたたかい」について、「盗用」という学術的不正行為があると認定した。適正な判断の結果、数十年の長きに渡る評価を覆すことになったが、裁判所も、かかる覚悟を持って、適正な判断を行う必要があると考える。そして、そのような適正な判断を行うことが、戒能通孝が『法廷技術』（岩波書店　昭和27年）26頁で指摘するように「説得のもつ魅力の方を、より大きく育てる」ことになるのである。

また、本件一・二審判決は、訴訟のあり方、訴訟手続（弁論整理、証拠調等）及び判決のあり方（専門的知見に基づく判断）を検討する恰好の材料を提供している。

おわりに

1　本書で取り上げた歴史にかかわる事件について

筆者は、家永教科書裁判に関与したことが契機となり、本書で取り上げた歴史に関わる各事案に関与することになった。ここで家永教科書裁判、戦後補償事件、南京事件に関する他の名誉毀損事件について、まず紹介しておきたい。

(1)　家永教科書裁判について

家永三郎元東京教育大学教授が高校日本史教科書「新日本史」(三省堂出版)を1952年以降執筆していたところ、文部省が検定不合格とするなど検定が厳しくなった。そこで、家永は国に対して検定制度は学問、教育の自由等に反し、違憲、違法であるとして、国家賠償請求あるいは検定処分の取り消しを求めて提訴した事案が家永教科書裁判である。(注)

家永教科書訴訟は第一次から第三次にわたり提訴されたが、この訴訟は多くの市民、学者などから支援され、裁判においても法律学、歴史学、教育学などの高名な研究者が出廷し証言した。

本書に収録した七三一部隊に関する記述が争われた第三次家永訴訟では、8件10箇所（別表）を訴訟の対象とした。そのうち南京事件については、一審では『中国の旅』『南京への道』を著した朝日新聞記者（当時）本多勝一、一橋大学教授（当時）藤原彰、二審では宇都宮大学教授（当時）笠原十九司が、国側からは軍事史研究家の肩書きで児島譲が証言した。

沖縄戦については、集団自決の状況やその歴史的意味が問題となり、家永側から大田昌秀、金城重明、安仁屋政昭、山川宗秀が証言し、国側から曾野綾子が証言している。

また、教育法学者兼子仁東京都立大学教授、歴史方法論として弓削達東京大学教授（いずれも当時）などが証言した。この訴訟のなかで法律や歴史研究のあり方だけでなく、専門研究者に対する尋問の方法も学ぶことができた。

（注）家永訴訟については、その全記録をまとめた『家永・教科書裁判』（文一総合出版など）があるが、その概要を描いたものとして家永教科書弁護団編『家永教科書裁判』（日本評論社　1998年）がある。

第三次教科書訴訟争点表

	原稿記述	検定意見	最終記述
草莽隊	朝廷の軍は年貢半減などの方針を示して人民の支持を求め人民のなかからも草莽隊といわれる義勇軍が徳川征討に進んで参加したが、のちに朝廷方は草莽隊の相楽総三らを「偽官軍」として死刑に処し、年貢半減を実行しなかった。	朝廷は年貢を約束していない。朝廷が約束を破ったような記述は不正確。（修正意見）	徳川追討の軍には人民のなかから草莽隊といわれる義勇軍も参加した。その一つである相楽総三（1839-68）らのひきいる赤報隊は旧幕府領の当年の年貢半減などの方針を高札に掲げて人民の支持を求めたが、朝廷方は進軍途中の相楽らを「偽官軍」として死刑に処した。 年貢半減は実行されず、新政府の出現に期待をかけていた農民は、それが必ずしも期待どおりにならないことを知った。
親鸞	法然・親鸞らは朝廷から弾圧をうけたが、親鸞はこれにたいし、堂々と抗議の言を発して屈しなかった。	親鸞が教行信証で朝廷を批判したのは後日の追憶であるから、弾圧当時に批判したかのように読める原稿記述は不適切。（改善意見）	原稿のまま
日本の侵略	中国では、西安事件をきっかけとして、国民政府と共産党の抗日統一戦線が成立し、日本の侵略に対抗して中国の主権を回復しようとする態度が強硬にあらわれてきた。	「侵略」のように自国の行為につき否定的な価値評価を含む用語は教育上好ましくない。たとえば「武力の進出」といった客観的な表記に統一すべきである。（改善意見）	原稿のまま
南京大虐殺	（脚注）南京占領直後、日本軍は多数の中国軍民を殺害した。南京大虐殺（アトロシティー）とよばれる。	占領直後に、軍が組織的に虐殺をしたというように読みとれるので、このように解釈されぬよう表現を改めよ。 「混乱のなか」での出来事であったことに必ず言及せよ。（修正意見）	日本軍は、中国軍のはげしい抗戦を撃破しつつ激昂裏に南京を占領し、多数の中国軍民を殺害した。南京大虐殺とよばれる。
朝鮮人民の反日抵抗	1894（明治27）年、ついに日清戦争がはじまった。その翌年にわたる戦いで、日本軍の勝利がつづいたが、戦場となった朝鮮では人民の反日抵抗がたびたびおこっている。	「戦場となった朝鮮では」以下を削除せよ。朝鮮人民の反日抵抗とは何を指すのかわからない。（修正意見）	1894（明治27）年、ついに日清戦争となり、その翌年にわたる戦いで、日本軍は勝利を重ねたが、戦場となった朝鮮では労力、物資の調達などで人民の協力を得られないことがたびたびあった。
日本軍の残虐行為	（脚注）日本軍は南京占領のさい、多数の中国軍民を殺害し、日本軍将兵のなかには中国婦人をはずかしめたりするものが少なくなかった。南京大虐殺とよばれる。 （脚注）とくに八路軍は華北などに広大な解放地区をつくりだし、住民の支持をえて、点と線とをたもっているにひとしい日本軍にくりかえし攻撃を加え、ゲリラ戦の経験のない日本軍をなやませた。このために、日本軍はいたるところで住民を殺害したり、村落を焼きはらったり、婦人をはずかしめるものなど、中国人の生命・貞操・財産などにはかりしれないほど多大の損害をあたえた。	「日本軍将兵のなかには中国婦人をはずかしめたりするものが少なくなかった」の部分、および「婦人をはずかしめるものなど」と「貞操」の部分を削除せよ。軍隊において士卒が婦人を暴行する現象が生ずるのは世界共通のことであるから、日本軍についてのみそのことに言及するのは、選択・配列上不適切であり、また特定の事項を強調しすぎる。（修正意見）	（脚注）日本軍は南京占領のさい、多数の中国軍民を殺害し、日本軍将兵のなかには暴行や略奪などをおこなうものが少なくなかった。南京虐殺とよばれる。 （脚注）……このために、日本軍はいたるところで住民を殺害したり、村落を焼きはらったりして、中国人の生命・財産などにはかりしれないほどの多大の損害をあたえた。
731部隊	ハルビン郊外に731部隊と称する細菌戦部隊を設け、数千人の中国人を主とする外国人を捕らえて生体実験を加えて殺すような残虐な作業をソ連の開戦にいたるまで数年にわたってつづけた。	731部隊のことは現時点ではまだ信用にたえうる学問的研究、論文ないし著書などが発表されていないので、これを教科書に取り上げることは時期尚早である。全文削除を命ずる。（修正意見）	全文削除
沖縄戦	（脚注）沖縄戦は地上戦の戦場となり、約16万もの多数の県民老若男女が戦火のなかで非業の死をとげたが、そのなかには日本軍のために殺された人も少なくなかった。	犠牲者の最も多かった集団自決の記述を加えなければ、沖縄戦の全ぼうは分からない。（修正意見）	（脚注）沖縄戦は地上戦の戦場となり、約一六万もの多数の県民老若男女が、砲撃戦にたおれたり、集団自決においやられたりするなど、非業の死をとげたが、なかには日本軍に殺された人びとも少なくなかった。

家永教科書訴訟弁護団『家永教科書裁判——三二年にわたる弁護団活動の総括』（日本評論社1998年）167－168頁より引用。ただし、731部隊の検定意見欄中の「前文削除」は「全文削除」に訂正した。

(2) 中国人戦争被害賠償請求事件について

中国人戦争被害賠償請求事件（注）は、いわゆる戦後補償裁判の一環として提訴された事件である。中国人に対する強制連行、いわゆる従軍慰安婦、七三一部隊、南京事件、毒ガス遺棄事件などである。いずれも中国人被害者が原告となって、国や企業に対し損害賠償請求をなした事件である。

これらの旧日本軍による加害の実態が証拠調べのなかで赤裸々に語られた。

たとえば、「慰安婦」とされた原告の尋問では、原告が証言（供述）の途中でトラウマのため証言が不可能になり、休廷した。原告らが受けた被害が何十年後にもトラウマとなっていることをまざまざと実感したのである。

これらの事件は最終的には一部を除き全て敗訴したが、強制連行事件や毒ガス遺棄弾事件では一審で勝訴判決がなされたり、和解が成立した事件も存在する。

その審理の中で、国際公法、国際私法の理論や国家無答責、除斥に関する理論が展開され、その法律論の発展にも寄与している。

また、困難な訴訟でも勝訴しうる可能性も実感することができた。

（注）中国人戦争被害賠償裁判については、中国人戦争被害賠償請求事件弁護団編『砂上の障壁』（日本評論社　２００５年）及び同『Justice』（高文研　２０２１年）がある。また、戦後補償裁判の総括的、全体的な訴訟を紹介したものとして『法廷で問われる日本の戦争責任』瑞慶山茂責任編集（高文研　２０１４年）がある。

(3) 南京事件に関する名誉毀損訴訟について

本書で収録した李秀英名誉毀損事件の李秀英は、中国人戦争被害賠償請求事件の原告の一人であった。同事件以外にも南京事件に関する名誉毀損裁判にも関与することになった。いわゆる〝百人斬り競争〟事件、夏淑琴名誉毀損事件である。（注）

〝百人斬り競争〟とは、１９３７年12月の南京攻略戦に至る途上、二人の少尉がどちらが早く100人の敵を斬ることができるか競争をしたと東京日日新聞（現毎日新聞）に報道された事件である。この報道は虚偽であり、事実無根であるとして、〝百人斬り競争〟を行ったとされた二人の少尉の遺族らが原告となって、新聞報道した東京日日新聞（現毎日新聞）と「百人斬り競争」の話を『中国の旅』などで紹介した本多勝一、『中国の旅』を出版した朝日新聞社などに対し、遺族に対する名誉毀損であるとして提訴した事案である。

一、二審ともいずれも名誉毀損の成立が否定されたが、控訴審判決は「百人斬り競争」の事実について、戦闘成果の問題と「百人斬り競争」自体の存否を明確に区別した。

そして、前者については「日本刀の剛性ないし近代戦争における戦闘武器としての有用性等」を踏まえて「甚だ疑わしいものであると考えるのが合理的」とし、後者については「『百人斬り競争』として新聞報道されることに違和感を持たない競争をした事実自体を否定することはできず」と判断している。

夏淑琴名誉毀損事件は、南京事件当時、一家9名のうち7名が殺され、生き残った夏淑琴に対し、『「南京虐殺」の徹底検証』（展転社　1998年）のなかで著者である東中野修道が李秀英と同様、〝ニセ被害者〟であると中傷を加えた事件である。

東中野修道の論理は、マギーフィルムの解説文の解釈にあたり、自ら〝bayoneted〟の語を誤訳したうえで、夏淑琴を〝ニセ被害者〟としたものであった。

このような論理が通用すべくもなく、夏淑琴の勝訴に終わった。

一審判決では、「以上述べた二点だけからしても、被告東中野の原資料の解釈は、およそ妥当なものとは言い難く、学問研究の成果と言うに値しないと言って過言ではない。」とまで断じられている。

そして、李秀英名誉毀損事件を含むこれらの3件の訴訟で共通しているのは、資・史料を合理的・科学的に判断するかどうかということであった。

資料（証拠）の合理的・科学的な判断の必要性は、裁判だけでなく、真偽とり混ぜた様々な情報の下にある現在の私どもにとっても重要であることは言うまでもない。

（注）李秀英名誉毀損事件については筆者も共著者の一人となっている、本多勝一他著『南京大虐殺　歴史改竄派の敗北』（教育史料出版会　2003年）と〝百人斬り競争〟事件及び夏淑琴名誉毀損事件については、本多勝一ほか著『南京大虐殺と「百人斬り競争」の全貌』（株式会社金曜日　2009年）がある。

2　本件各事案についての事実認定と判決について

本書の各事案のなかで指摘したように、本件各事案における反対尋問は、筆者としては一定の成果をあげたと考えている。

ところが、その結果はすでにみたごとく大きく異なったものとなっている。

この点についていくつかの面から考察し、裁判のあり方を考えてみたい。

(1)　尋問の成果とその準備

ア　尋問の成果

七三一部隊については、秦証人が、検定当時、「公表された文献で、七三一部隊が細菌戦部隊であったこと」、「捕虜を人体実験したこと」を否定した文献があったかとの質問に「記憶ありません」と回答している。

李秀英名誉毀損事件では、名誉毀損の事実の摘示の存在を認めたうえ、別人であることを示す資料についても、「そういう具体的なものはありません。あくまでも推定資料しかございません。」と根拠のないことをも自認している。

吉見義明名誉毀損事件でも、吉見義明の著書『従軍慰安婦』(岩波書店　1995年)の文章を指摘し、「事実でないと知りつつ、虚偽の事実を書いたというふうにお考えなんですか」との問いに「そうは考えておりません。……」と回答して、「捏造」とはいえないことを被告は自認している。

原朗名誉毀損事件においても、原告小林英夫はその陳述書で様々な反論、すなわち、

原朗の論文を利用することが時期的にも不可能である、

原朗論文には創見性がない、

原朗論文と小林著書はテーマ(主題)が別である

などの弁解をしていた。

この弁解はいわば、原朗の剽窃の指摘に対する反証の意味を持っていた。小林によるこれらの弁解は全て破綻していることが、準備書面や被告提出の証拠、被告本人口頭陳述、被告代理人反対尋問によって明らかにされている。これらの被告の反論に対して原告は全く回答することができず、ただ沈黙するのみであり、裁判長はそれを黙認するのであった。

イ　尋問の準備

ところで、これらの反対尋問を行うための準備は、七三一部隊に関しては松村高夫(当時・慶応大学)、君島和彦(当時・東京学芸大学)らと6回以上、李秀英事件は、笠原十九司(当時・都留文科大学)と3回、吉見義明事件は、吉見本人と6回、原朗事件は原と6回以上にわたり、筆者が作成した尋問事項(案)をもとに打合せをして教示を受けたうえで何度も作り直している。

こうした尋問準備は、医療過誤事件では医師から、建設事件では設計士などから何度も教示を得たうえで完成させてきた。一般事件でも当事者と何度も尋問の打合せを行っている。そのなかから新たな、重要な間接事実や証拠を発見することによって、尋問内容も豊かになり、尋問順序も決められていくのである。

この点では、松波淳一弁護士『ある反対尋問』(日本評論社　1998年)や、ドキュメント「ブレイブ　勇敢なる者〝えん罪弁護士〟」(NHK　2016年11月28日放映)に描かれた今村核弁護士の立証の努力(法廷技術)などは実務家として常に心掛ける必要があろう。このような作業を経て尋問が準備されるが、そのなかで発問の順序や方法の工夫がなされるだけでなく、新たな事実や資料の発見も

可能となる。それ故、裁判所も新たな事実や証拠、さらには尋問に対して慎重、正確な対応をなすべきである。陳述書すら充分に理解していないような裁判官の訴訟指揮など論外である（本書「七三一部隊」における裁判長の訴訟指揮と、原朗事件における裁判長の訴訟指揮とを比較すれば一目瞭然である）。

ウ　裁判所のあるべき対応について

ある判事は

「当事者や証人のいうことに良く耳を傾けて真実を探求しようとしております。そこで、正しい事実認定を実現するためには、弁護士さんからも、ご自身が事件の審理を通じて認識された事件の問題点・疑問点、当事者の主張・証拠の問題点、当事者・証人の供述の問題点、弾劾証拠の有する意味等についてのご指摘はできるだけ分かりやすく端的に裁判官に提示していただきたいと思っています。」

と述べ、また、

「実は本来訴訟に顕出されてしかるべき間接事実、証拠などが的確に顕出されておらず、裁判官に認識されないままになっていて、そのために証拠評価や、心証形成が非常に難しくなっていることもあると感じています」

（加藤新太郎編『民事事実認定と立証活動』第2巻〔村田渉発言〕判例タイムズ社　130頁）

と述べている。この発言をみても、裁判という生き物を判断するためには、それまでの主張や証拠が不十分な場合だけでなく、当事者が予想していなかった事実や証拠も〝発見〟されることもあるのである。

しかも、当事者にとっても様々な機会によってはじめて「事実」や資料（証拠）の意味を理解するという実態を理解する必要がある。

このように、十全な手続と証拠調べのうえに合理的な証拠評価によって正しい事実認定がなされうる。

一般市民は裁判官（弁護士も含めて）が予想するような理解をしていない事情を踏まえて、懐の深い対応が求められると痛感している。そのために十全な手続と証拠調べが必要である。このことは「正しい事実認定を実現する」ために必要な事情である。

ところが、最近の裁判の〝効率化〟のなかで、見過ごされる証拠や不十分な証拠調べが見受けられる。さらには控訴審でも、一回結審は当事者の十全な主張の応酬もないままになされる。控訴審判決には、事実に関する主張のやりとりや証拠調べもないままに不意打ち的な判示がなされることが多くなった。

裁判への信頼を得るためには、効率化でなく、正確性が必要不可欠である。ちなみに、阿部泰隆『最高裁上告不受理事件の諸相2』ではその副題として「高裁判事のやり放題をなぜ放置するか」となっている（株式会社信山社　2011年（平成23年）10月30日）。

(2)　本書各事案における判断（判決）について

七三一部隊については、高等裁判所では敗訴したものの最高裁判所では逆転して勝訴した。その判決のなかで原審が「本件検定当時、七三一部隊の存在等を否定する学説はなかった。少なくとも一般には知られていなかったものとみられる」と判示されている。

李秀英名誉毀損事件では、尋問の成果が判決の内容に反映されている。

これに対し、吉見名誉毀損事件では、争点について①発言中の第二の「これ」の指示代名詞が「吉見さんという方の本」を指しているか、「性奴隷制」（sex slavery）を指しているか、②被告発言の「真実性・相当性」について「慰安婦性奴隷との見解はねつ造か否か」が、当事者間で争いがなく、この争点に基づく証拠調べが行われた。

ところが、一審判決は「捏造」の意味を「誤り」「不適当」「論理の飛躍がある」などと、一般人の誰も到底理解し得ない判示を行った。ちなみに裁判官が行った補充尋問の結果をみても、どうして「捏造」の語彙が前記のような意味になるのか日本語としても到底理解できない。

控訴審では、発言の趣旨を一般視聴者が様々に理解するとしているが、これらの見解について、控訴審で主張し合ったこともなく、またその根拠は何もない。しかも、一審の裁判官の理解とも全く異なっている。

「一般視聴者の判断」なるものがこれほど裁判官によって異なること自体、判決の客観性、妥当性を疑わしめるものとなっている。

また、原朗名誉毀損事件では、一審判決は、歴史学の初歩的理解、先行研究の意味の理解を欠いた剽窃の基準を設定している。しかも、そのあてはめ方も歴史学の初歩的見識に反する判断を行った。加えて、一審判決は「依拠性」を問題にしていながら、「依拠性」に関してこれまでの実務の基準を完全に無視している。

控訴審判決は、反対尋問によって原朗の研究を多くの研究者が高く評価していることを認めた。多くの研究者が高く評価しているということは、原朗の研究に創見性があることにほかならない。

また、「被控訴人が浅田の支配の「3本柱」論を批判したのが1975年（昭和50年）8月のことであったとしても……陳述が虚偽であるということはできない」としている。これでは1975年8月末から小林が方法論の研究を開始したことになる。方法論の研究を開始してからわずか4か月後の同年12月20日に、545頁に及ぶ小林著書が発行したことになる。そのようなことは不可能である。

加えて、小林は1974年10月の学会報告時には8割方自説が形成されていると主張し供述しているのである。しかし、小林著書の基本的構成である方法論の研究が1975年8月に開始したのであれば、その前年の学会報告時に8割方自説が形成されているとの主張は成り立たない。しかも依拠性を強く推認させる事情である。

しかるに、小林の供述を信用できるとする証拠評価はありえない判断である。

そればかりか、控訴審判決では一審判決の矛盾を、これまた学問的見識を欠いた論理で取り繕い、被告が準備書面で精密に行った学術界における「盗用（剽窃）」の定義を参照すら行わず、一般的辞書の『広辞苑』の定義をわざわざ引用してそれに頼るなど、専門的学術的定義を無視し、判例・通説等の一般的常識的定義からも逸脱している。

しかも、事実上立証不可能であり、現在の実務とは全くかけ離れた盗用・剽窃の判断基準を何らの根拠も示さず設定して、剽窃の事実を否定したのである。

(3) これらの判決の判断が分かれた理由について

事実認定の正確性が判決の基礎であることは裁判の中で繰り返し指摘されているところである。

ところで、この事実認定の正確性に関連して、

「これでは、極論すれば、裁判官が一方の当事者を勝たせようと決めたときは、その当事者に有利な証拠を事実認定の根拠に掲げ、それで要証事実は証明された（あるいはされなかった）とし、その当事者に不利な証拠はまとめて「信用できない」、だからその当事者の勝利だという判断が罷り通ることになる。中途半端な事実解明に加え、証明度を軽減して事実を存在するものとして扱い、かつ証拠を信用できない理由を示さなくともいいということになれば、右のような認定も可能なのである。もちろん現在の裁判官がすべてこのような安易な判決を下しているというのではない。ここで指摘したいのは、右のような手抜きをした判決も違法とされない余地がある――当事者からすればそのような危険も考えられる――ということである。」（小島武司ほか『民事実務読本Ⅲ』（東京布井出版　1989年）180、181頁）。

との指摘がある。

1996年の段階でも坂元和夫弁護士は「モーパッサンと事実認定」（『自由と正義』Vol.47　日本弁護士連合会5～7頁）において、「争点について個々的に認定作業を積み重ねることはもとより重要であり」として、個別的事実の認定による積み重ねの重要性を指摘したうえ、「人間社会の出来事としてみた場合に、その生起が自然であるかどうか、合理的、常識的であるかどうかといった視点から検証することが必要になる場合もあるように思う。『出来事としての自然さ』とでもいうべき検証基準である。」と指摘し、さらに「上告制限が立法化され、上告審における個別救済の機会が閉ざされようとしている今日、事実における事実認定のあり方が真剣に再考されるべきであろう」

と述べられている。

吉見事件や原朗事件に内在する問題は、前記の指摘を遥かに越えるものであり、前記の範疇では理解することができない。

吉見事件では当事者の争点から大きく逸脱し（当事者主義違反）、また発言の趣旨を何らの根拠もなく認定している。吉見事件の訴訟の目的は、自己の研究に対し「捏造」と公言されたことに対する名誉の回復である。にもかかわらず、本件判決では原告の名誉回復は図られなかった。従軍慰安婦問題は国策なのかとまで感じられた。

原朗事件では、証拠調べの結果を全く無視し、当事者が全く主張していない剽窃の判断基準（しかも、判例・実務の基準と比べても全く異なる基準）を設定している。

また、不十分な訴訟指揮により専門的知見の顕出を怠り、証拠調べの結果や学問研究の知見に反する判断を行っている。そして重要なことは、原朗事件は専門的事案であるから、専門性に対する十分な審理と理解の必要性があることにつき裁判所には全く理解しようとする態度もみられないことである。

当事者主義を無視した不意打ち的判断をされたら当事者は防禦しようがない。両事件判示は、事実認定のあるべき姿とかけ離れている。

この二つの事案の判断（判決）の論理とその内容は、七三一部隊や李秀英名誉毀損事件の判断方法と対照的であり、「出来事としての自然さ」を追求する姿勢はみられない。「ねつ造」の用語を、通常人の視聴者が理解することのない趣旨に判断したことや学問の世界ではありえない学説の形成過程を認定したこと等は、出来事としての自然さを追求する姿勢がまったく見られない。

主張のかみ合った整理、専門的知見の顕出、（必要なら釈明権の行使）、正確な証拠評価という訴訟手続き面と証拠の合理的・整合的判断という裁判の基本的あり方について問題点が存在する。

これらの事案の検討は改めて公正な裁判とは、あるいは裁判官とはという重要な問題を考察する材料を提起しているといえる。

ちなみに、１９７４年10月の土地制度史学会秋季学術大会共通論題報告者3人のうちのひとりである高橋泰隆は次のように記している。

「小林氏は原氏の資料を只で入手し、原氏の論理を使用して誰も書かなかった「大東亜共栄圏」を発表した」、「原氏の気前の良さ、すなわち資料は独占しないという研究者としての高い品性に対して、小林氏は貰えるものは何でも論理も資料も頂いてしまえという貪欲さが対照的だ。……原氏は常にオープンだった。それをいいことに小林氏はこの分野で先陣を切り、デビューしたのであり、原氏はライフワークを失った。」（高橋泰隆「守護するのか破壊するのか―行田市須賀熊野神社―」令和3年2月11日有限会社アルム発行　77、78頁)。

＊　＊　＊

本書に掲載を承諾していただいた研究者の方々に感謝いたします。

吉見名誉毀損事件の秦郁彦の証拠弁論は「秦郁彦証言とその非学問性」『商学論纂　第58巻第5・6号』(中央大学商学研究会　2017)267-316頁」に掲載されています。兒嶋俊郎の論稿は『論争731部隊』(晩聲社　1994年、増補版　1997年)、笠原十九司意見書「学問的常軌を逸した否定論者」は『南京事件と日本人』(柏書房　2002年)に掲載されています。

また、原朗名誉毀損事件については、『創作か盗作か――「大東亜共栄圏」論をめぐって』(同時代社　2020年)をご参照ください。

校閲・校正については近藤俊之氏、酒井信義氏にご協力いただき、酒井信義氏には打合せを含め多くの時間を割いていただきました。

深くお礼申し上げます。

渡邉春己（わたなべ・はるみ）
山梨県生まれ。東京大学法学部卒。
弁護士（東京弁護士会所属、30期）。
著書に『反対尋問と事実認定１』（花伝社）、共著書に『「事実」をつかむ』（こうち書房）、『歴史の事実をどう認定しどう教えるか』（教育史料出版会）など。

尋問共同担当弁護士

小林正彦（20期）
新京橋法律事務所（当時）

武藤行輝（67期）
桂協同法律事務所

反対尋問と事実認定２――歴史をめぐる事件の記録と解説

2022年２月20日　初版第１刷発行

著者――――渡邉春己
発行者―――平田　勝
発行――――花伝社
発売――――共栄書房
〒101-0065　東京都千代田区西神田 2-5-11 出版輸送ビル 2F
電話　03-3263-3813
FAX　03-3239-8272
E-mail　info@kadensha.net
URL　http://www.kadensha.net
振替　00140-6-59661
装幀――――佐々木正見
印刷・製本――中央精版印刷株式会社

ISBN978-4-7634-0997-3 C3032

反対尋問と事実認定 1
――尋問の記録と解説

渡邊 春己 著
定価：3300 円

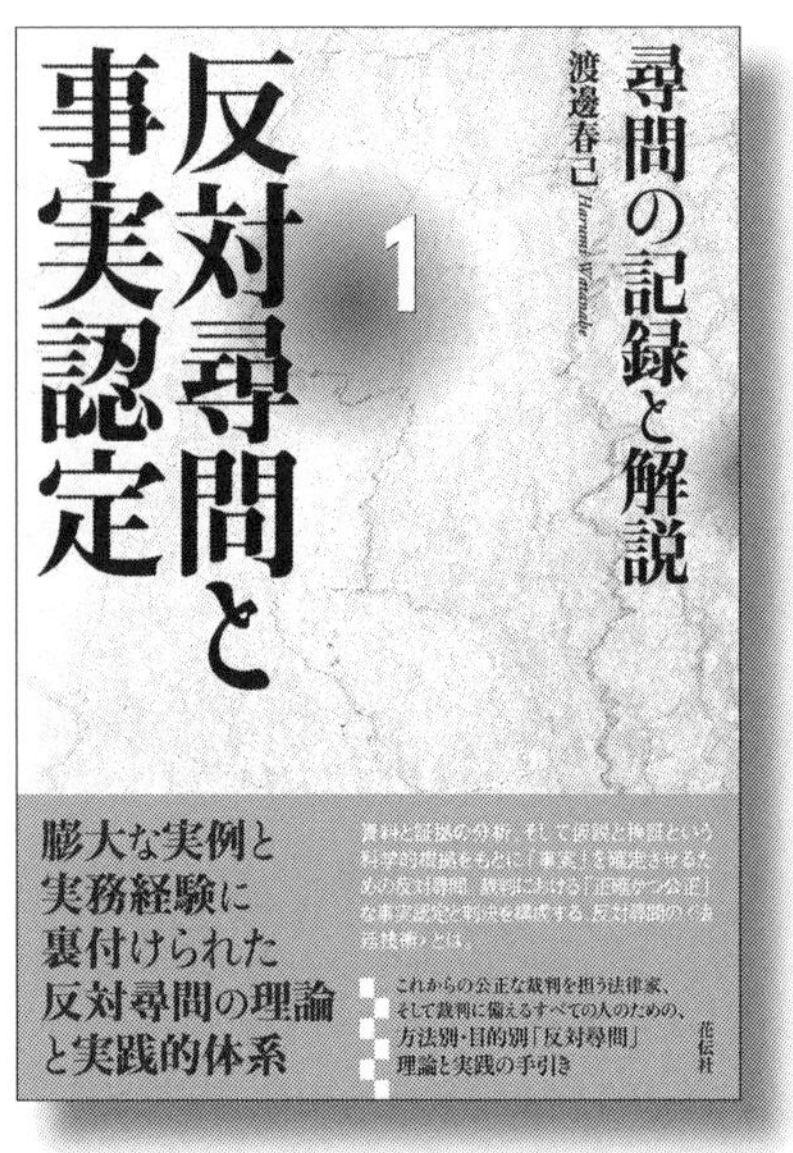

●膨大な実例と実務経験に裏付けられた反対尋問の理論と実践的体系
資料と証拠の分析、そして仮説と検証という科学的根拠をもとに「事実」を確定させるための反対尋問。裁判における「正確かつ公正」な事実認定と判決を構成する、反対尋問の〈法廷技術〉とは。

これからの公正な裁判を担う法律家、そして裁判に備えるすべての人のための、方法別・目的別「反対尋問」理論と実践の手引き。